Innovatives Markenmanagement

Reihe herausgegeben von

Christoph Burmann, Bremen, Deutschland

Manfred Kirchgeorg, Leipzig, Deutschland

Marken sind in vielen Unternehmen mittlerweile zu wichtigen Vermögenswerten geworden, die zukünftig immer häufiger ger auch in der Bilanz erfasst werden können. Insbesondere in reiferen Märkten ist die Marke heute oft das einzig nachhaltige Differenzierungsmerkmal im Wettbewerb. Vor diesem Hintergrund kommt der professionellen Führung von Marken eine sehr hohe Bedeutung für den Unternehmenserfolg zu. Dabei müssen zukünftig innovative Wege beschritten werden. Die Schriftenreihe will durch die Veröffentlichung neuester Forschungserkenntnisse Anstöße für eine solche Neuausrichtung der Markenführung liefern.

Weitere Bände in der Reihe http://www.springer.com/series/12286

Irena Nikic-Cemas

Virtual Reality als neuartiges Kommunikationsinstrument der internen, identitätsbasierten Markenkommunikation

Eine wissenschaftliche Untersuchung am Fallbeispiel der Corporate Brand Merck

Springer Gabler

Irena Nikic-Cemas
Frankfurt, Deutschland

Das Kolloquium fand in Bremen, dem 10.06.2020, statt. Erstgutachter der Dissertation war Herr Prof. Dr. Christoph Burmann und Zweitgutachterin Frau Prof. Dr. Christine Klein der Universität Bremen, Fachbereich Wirtschaftswissenschaft, markstones Institute of Marketing, Branding & Technology.

ISSN 2627-1109 ISSN 2627-1117 (electronic)
Innovatives Markenmanagement
ISBN 978-3-658-32070-6 ISBN 978-3-658-32071-3 (eBook)
https://doi.org/10.1007/978-3-658-32071-3

Die Deutsche Nationalbibliothek verzeichnet diese Publikation in der Deutschen Nationalbibliografie; detaillierte bibliografische Daten sind im Internet über http://dnb.d-nb.de abrufbar.

Planung/Lektorat: Carina Reibold
Springer Gabler ist ein Imprint der eingetragenen Gesellschaft Springer Fachmedien Wiesbaden GmbH und ist ein Teil von Springer Nature.
Die Anschrift der Gesellschaft ist: Abraham-Lincoln-Str. 46, 65189 Wiesbaden, Germany

Geleitwort

Virtual Reality eröffnet neue Möglichkeiten zur Schaffung intensiverer Marken- und Produkterlebnisse und bietet einzigartige Wege der emotionalen und individuellen Kunden- und Mitarbeiteransprache. Das große Erfolgspotenzial von Virtual Reality Anwendungen wird jüngst auch für das Internal Branding entdeckt. Allerdings führen fehlendes Anwendungs-Know-how und eine damit einhergehende Verunsicherung zurzeit noch zu einer großen Zurückhaltung beim Einsatz von VR im Internal Branding. Markenmanager/innen stehen somit aktuell vor der Herausforderung, zu beurteilen, in welchem Ausmaß und auf welche Weise VR auf die Ziele der internen Markenführung wirkt und eine attraktive Alternative zu klassischen Instrumenten der internen Markenführung darstellt. Leider gibt es bislang keine wissenschaftlichen Beiträge zu diesen Fragen.

Genau an dieser Lücke knüpft die Arbeit von Frau Dr. Nikic-Cemas an. Die Autorin stellt sich die Aufgabe, die Funktionsweise dieses neuen Kommunikationsinstrumentes wissenschaftlich fundiert zu beleuchten und die Anwendungspotenziale für die interne Markenkommunikation konkret zu benennen. Im Fokus der Arbeit steht der Prozess zur Entstehung von Immersion als wichtigster Voraussetzung zur Ausschöpfung der Erfolgspotenziale von VR-Anwendungen. Ziel der Arbeit ist es, auf Basis der eigenen empirischen Ergebnisse Hypothesen zur Wirkung von VR auf die Ziele der internen Markenführung zu entwickeln. Damit bearbeitet Frau Dr. Nikic-Cemas mit ihrer Dissertation eine ebenso praktisch relevante wie hoch innovative Fragestellung.

Die vorliegende Dissertation ist der **zweiundsiebzigste Band der Buchreihe zum „innovativen Markenmanagement“** des Springer-Verlags. Diese Reihe dokumentiert die Markenforschung am markstones Institute of Marketing, Branding and Technology an der Universität Bremen und ausgewählte Markendissertationen von der privaten Handelshochschule Leipzig (HHL) und anderer Universitäten. In dieser erfolgreichen Buchreihe wurden bislang jedes Jahr 3 - 5 neue Dissertationen veröffentlicht. Dadurch ist es gelungen, in kurzen Abständen immer wieder mit neuen Ideen das sehr große Interesse am innovativen Markenmanagement zu beleben. Diese große Nachfrage wird auch durch die Publikation des allen Dissertationen dieser Reihe zu Grunde liegenden Buches „Identitätsbasierte

Markenführung“ in Deutsch (3. Aufl. 2018), Chinesisch (2. Aufl. 2017), Englisch (1. Aufl. 2017) und Französisch (1. Aufl. 2021) eindrucksvoll unterstrichen.

Abschließend wünsche ich der Dissertation von Frau Dr. Nikic-Cemas aufgrund der hohen Aktualität des Themas und ihrer Qualität eine weite Verbreitung in Wissenschaft und Praxis.

Bremen, im August 2020 Univ.-Prof. Dr. Christoph Burmann

Vorwort

Digitale Medien gewinnen im Marketing und anderen Disziplinen zunehmend an Bedeutung. In diesem Kontext ist Virtual Reality (VR) als neuartiges Kommunikationsinstrument momentan in vielen Wirtschaftsbereichen „in aller Munde“. VR erlebt in den letzten Jahren, insbesondere aktuell im Umfeld der Corona-Pandemie, eine enorme Dynamik und hält sukzessive Einzug in die externe Markenkommunikation. In der internen Markenkommunikation ist es noch relativ unbekannt.

VR schafft vielversprechende Möglichkeiten intensiver Marken- und Produkterlebnisse über eine einzigartige emotionale Kunden- und Mitarbeiteransprache. Gerade im Zeitalter der digitalen Kommunikation, in der die Zielgruppen mit einer großen Fülle an Informationen konfrontiert und überflutet werden, ist es besonders wichtig, die Aufmerksamkeit für die eigenen Markenbotschaften zu schaffen. Die bislang beobachtbare Praxis der externen Markenkommunikation zeigt zahlreiche interessante VR-Anwendungsbeispiele mit beachtlichen Erfolgen beim Aufbau vom Markenwissen, bei der Verbesserung der Markeneinstellung und Erhöhung der Kaufbereitschaft. Wegen der guten Vergleichbarkeit der Ziele der externen mit der internen Markenkommunikation, stellt sich die Frage, ob VR nicht auch in der internen Markenkommunikation sinnvoll genutzt werden könnte.

Ziel dieser Arbeit ist es, im Kontext der identitätsbasierten internen Markenführung nach Burmann/ Meffert zu untersuchen, in welchem Ausmaß und auf welche Weise VR auf die Ziele der internen Markenkommunikation wirkt und eine Alternative zu herkömmlichen Instrumenten darstellt. Dabei soll die Funktionsweise des Kommunikationsinstrumentes am Fallbeispiel Merck, als Corporate Brand eines traditionellen, internationalen Chemie- und Arzneimittel-Konzerns, wissenschaftlich fundiert beleuchtet werden. Im Fokus der Untersuchung steht die Erklärung des komplexen Entstehungsprozesses der Immersion. Der Praxis der internen Markenführung sollen die Anwendungspotenziale von VR aufgezeigt und greifbare Handlungsempfehlungen zur gezielten Nutzung dieser gegeben werden. Es soll praxisnah vermittelt werden, wie eine erfolgreiche VR-Experience markenbasiert zu konzipieren und zu gestalten ist; was ebenso für Praktiker der internen als auch der externen Markenführung von großem Interesse ist.

Die vorliegende Arbeit wurde im Juni 2020 vom Fachbereich Wirtschaftswissenschaft der Universität Bremen als Dissertationsschrift angenommen. Sie ist im Rahmen eines externen Promotionsvorhabens neben der beruflichen Tätigkeit als Beraterin und Dozentin für Marketing entstanden. Bereits mit 18 Jahren hatte ich mir fest vorgenommen, nach dem Universitätsstudium zu promovieren. Wie das Leben so spielt, kamen jedoch 16 Jahre Marketingmanagement bei der Firma Ferrero, meine Beraterin- und Dozententätigkeit sowie meine 2 wundervollen Kinder Damian und Dalja dazwischen, bis ich mich dann „im fortgeschrittenen Alter" entschloss, mir diesen Herzenswunsch tatsächlich zu erfüllen.

Der erfolgreiche Abschluss meines Promotionsvorhabens wäre ohne die Unterstützung zahlreicher Personen nicht möglich gewesen. Bei diesen Personen möchte ich mich an dieser Stelle herzlich bedanken. Zunächst möchte ich Herrn Prof. Dr. Herbert Meffert meinen großen Dank aussprechen. Er war es, der mich vor 4 Jahren in einem längeren Telefongespräch in meinem Promotionsvorhaben bekräftigte und mir den Kontakt zu meinem Doktorvater Prof. Dr. Christoph Burmann herstellte. Meinem Doktorvater möchte ich an dieser Stelle ebenfalls meinen großen Dank aussprechen. Er hat mich kompetent in all den Jahren begleitet und in vielen Treffen und Telefongesprächen zielorientiert an die Hand genommen. Er hat mich motiviert und mir unermüdlich immer wieder frischen Input gegeben. Auch gilt mein Dank Michi (Dr. Michael Schade) vom Lehrstuhl Prof. Dr. Burmann. Er stand immer für alle möglichen Fragen und Diskussionspunkte rund um mein Dissertationsthema bereit und hat mich über die ganze Zeit hin ebenfalls kompetent unterstützt. Zudem möchte ich mich bei Tanja bedanken, die immer versucht hat, für mich noch einen günstigen Termin in dem so vollen Terminkalender von Herrn Prof. Dr. Burmann zu erwischen. Auch hat sie mich bis ins Kolloquium begleitet, das in Coronazeiten ganz besondere Herausforderungen mit Maske und Videoverbindung mit sich brachte. Als die Videoverbindung gleich zu Beginn der Prüfung abbrach, hatte sie kooperativ mit mir ebenso geschwitzt wie ich.

Des Weiteren gilt mein ausdrücklicher Dank dem Kooperationspartner Merck sowie den Interviewpartnern der VR-Agenturen und Marketingabteilungen von Dienstleistungs- und Industrieunternehmen, die in Experteninterviews motiviert Auskunft gegeben und durch ihren Input die Arbeit stark bereichert haben. Zudem möchte ich mich auch bei den Studenten der International School of Management (ISM) in Frankfurt bedanken, die mich im Rahmen ihrer Assistenzen bei der Literaturrecherche und Erstellung von Charts unterstützt haben. Hier möchte ich Philipp Götting hervorheben, der mir v.a. bei der quantitativen Analyse zuverlässig zur Seite stand.

In Zeiten der Doppelbelastung spielt die Familie eine ganz besondere Rolle; sie bietet Rückhalt und ist die Quelle fortwährender Motivation. Das Schreiben einer Dissertation bringt Höhen und Tiefen mit sich und beschneidet spürbar die so wertvolle Familienzeit. Hier gebührt mein allergrößter Dank meinem lieben Ehemann Bora, der meinem Herzenswunsch zu promovieren überhaupt erst ermöglicht hatte und immer an das Gelingen dieses Projekts geglaubt hat. Er hat mich immer wieder gestärkt und war immer für mich da. Obwohl er gänzlich fachfremd ist, hat er sich ständig meine Ideen interessiert angehört und sie mit mir ausschweifend diskutiert. Ich bedanke mich auch bei meinen beiden Kindern Damian und Dalja für das Verständnis und die fortlaufende Bereitschaft zum Verzicht auf gemeinsame Freizeit und Wochenenden. Da meine Familie meinen Wunsch, nebenberuflich zu promovieren hat wahr werden lassen, möchte ich meine Dissertation meiner Familie und meinen Eltern widmen.

Inhalt

Abbildungsverzeichnis

Tabellenverzeichnis

Abkürzungen

Abb.	Abbildung
App	Applikation
AM	Arithmetisches Mittel
Aufl.	Auflage
BC	Brand Commitment
BCB	Brand Citizenship Behavior
Bd.	Band
bspw.	beispielsweise
B2B	Business to Business
B2C	Business to Costumer
BMWi	Bundesministerium für Wirtschaft und Energie
BP	Brand Prominence
BSC	Brand Self Connection
bspw.	beispielsweise
bzw.	beziehungsweise
CDJ	Customer decision journey
CLV	Customer Livetime Value
Dez.	Dezember
d.h.	das heißt
dt.	deutscher
et al.	et alii, et alia, et alteri
f., ff.	folgende
HMS	Head Mounted Set
HR-	Human and Resources
i.d.R.	in der Regel
i.V.m.	in Verbindung mit
Jg.	Jahrgang
KEP	Kaufentscheidungsprozess
KPI	Key Performance Indicator
LH	Lufthansa
MA	Mitarbeiter
N	Nachfrager

Nov.	November
Nr.	Nummer
S.	Seite
SEA	Search Engine Advertising
SEO	Search Engine Optimization
Sp.	Spalte
u.	und
UGC	User generated Content
u.a.	unter anderem
vgl.	vergleiche
Vol.	Volume
WKR	Wiederkaufrate
z.B.	zum Beispiel

A Virtual Reality in der internen Markenkommunikation als Untersuchungsgegenstand

1 Bedeutung der Digitalisierung in der Markenkommunikation

Die Digitalisierung[1] verändert grundlegend auf nationaler und internationaler Ebene die gesamte Gesellschaft und Wirtschaft. Sie beeinflusst entscheidend sämtliche Wirtschaftsbereiche[2] mit dem Ziel der Optimierung von betrieblichen Strukturen und Prozessen. Dabei steigert sie die Effizienz sowie Innovationsfähigkeit der Unternehmen, beschleunigt das ökonomische Wachstum und macht sie zukunftsfähig[3]. Für die sich in der Wirtschaft ergebenden Veränderungen wird in der Wissenschaft und Praxis häufig der Begriff **digitale Transformation** benutzt. Schalmo (2016) bspw. definiert[4] die digitale Transformation als **digitale Vernetzung von Akteuren, wie z.B. Unternehmen und Kunden, über alle Wertschöpfungsstufen** hinweg unter Einsatz neuer Technologien. Ca. 20 Mrd. Geräte und Maschinen sind mittlerweile über das Internet[5] vernetzt[6]. Die Studie[7] „Digitalisierungstrends 2017" dokumentiert, dass 83% der mittelständischen Unternehmen beabsichtigten, im Jahr 2018 noch stärker in die Digitalisierung von Geschäftsprozessen zu investieren. Das Internet ist mittlerweile in Wirtschaft und Gesellschaft[8] zu einem zentralen Instrument der Information, Orientierung und Beziehungspflege geworden. Die

---

1 Der Begriff **Digitalisierung** hat mehrere Bedeutungen. Er kann die digitale Umwandlung und Darstellung sowie Durchführung von Information und Kommunikation oder die digitale Modifikation von Instrumenten, Geräten und Fahrzeugen umfassen. Ebenso kann er die digitale Revolution, die auch als dritte Revolution (digitale Wende) bekannt ist, meinen. Vgl. Definition von BENDEL (2017), Prof. für Wirtschaftsinformatik, Wirtschaftsethik, Online Gabler Lexikon, zugegriffen am 06.06.2017. http://wirtschaftslexikon.gabler.de/Definition/digitalisierung.html. Vgl. BMWi (2015), S. 4.

2 Vgl. BMWi (2015), S. 6; Studie Digitalisierungstrends (2017) u. THEIJS (2016).

3 Vgl. BMWi (2015), S. 5 u. SCHALMO (2016), S.9 ff.

4 Die digitale Transformation kann für Geschäftsmodelle, Prozesse, Beziehungen, Produkte etc. erfolgen. Vgl. SCHALMO (2016), S. 3 u. S. 5. Siehe auch die Definitionen nach BENDEL (2017) u. BMWi (2015), S. 4.

5 Das Internet kann verstanden werden als ein komplexes, umfassendes System von miteinander verbundenen Kanälen, die SCHULTZ (2011) wie folgt strukturiert: 1. Web Research über Suchmaschinen (z.B. Google und Yahoo); 2. diverse Möglichkeiten der electronic Word-of-Mouth (eWOM); 3. Social Media (z.B. Facebook und Twitter) sowie 4. mobile Kommunikation. Vgl. PLEIL/ ZERFAß (2014), S. 733 f. u. SCHULTZ (2011), S. 11 f.

6 Vgl. SCHALMO (2016), S. 3. Siehe auch Studie Digitalisierungstrends (2017). Dazu wurden im Dezember (2017) 189 Führungspersonen mittelständischer Unternehmen online befragt.

7 Vgl. Studie Digitalisierungstrends (2017), S. 4.

8 Vgl. PLEIL/ ZERFAß (2014), S. 731.

I. Nikic-Cemas, *Virtual Reality als neuartiges Kommunikationsinstrument der internen, identitätsbasierten Markenkommunikation*, Innovatives Markenmanagement, https://doi.org/10.1007/978-3-658-32071-3_1

aktuelle ARD/ZDF Onlinestudie[9] bestätigt bei der **mobilen Internetnutzung** über Smartphone und Tablet für Kommunikationsdienste, Audio- und Videonutzung **eine dynamische Entwicklung:** Seit dem Jahr 2000 hat sich die Zahl der Internetnutzer in Deutschland fast verdreifacht und ist auf 90% gestiegen[10]. Die intensive Nutzung von Suchmaschinen und **Social Media[11] hat eine feste Rolle in der Meinungsbildung** bekommen; während **Augmented und Virtual Reality** als neue Kommunikationstechnologien auf gutem Wege sind[12], sich in diesem digitalen Umfeld zu etablieren. Unter **Virtual Reality** (VR) versteht man[13] eine in sich geschlossene, computergenerierte Wirklichkeit unter Nutzung einer VR-Brille; während **Augmented Reality** (AR) die virtuelle Erweiterung der realen Umgebung um Informationen durch Bilder oder Text mit Hilfe einer AR-App umfasst. **VR** ist aktuell[14] in vielen Wirtschaftsbereichen und Disziplinen **„in aller Munde"** und erlebt gerade in den letzten Jahren eine enorme Dynamik. Goldmann Sachs prognostiziert[15], dass VR das Potenzial hat, die nächste große Computing Plattform zu werden, die neue Märkte generiert und global für 2025 ein Umsatzvolumen von ca. 80 Milliarden US-Dollar hervorbringt. So haben auch die Investitionen[16] in diesem Bereich weltweit deutlich zugenommen. Insofern ist es nicht verwunderlich, dass Unternehmen von Startups bis zu Dax-Konzernen der Nutzung[17] von VR-Anwendungen strategische Priorität einräumen. Eine Studie von Bitkom[18] (2019) zeigt, dass mittlerweile 10% der Privatpersonen in Deutschland eine eigene VR-Brille besitzen und 32% schon einmal eine VR-Brille ausprobiert haben. Die

[9] Vgl. ARD/ ZDF Online-Studie (2019). Die Studie wurde in Deutschland mit einer Stichprobe von n=1.500 Personen ab 14 Jahren erhoben.

[10] Vgl. ARD/ ZDF Online-Studie (2019). 37% der Bevölkerung gehen täglich mobil ins Internet und sind jederzeit online. Bei den 14 bis 29-jährigen beträgt die mediale Nutzung des Internets täglich 3 Stunden und 21 Minuten.

[11] Der Begriff **Social Media** (soziale Medien) baut auf der begrifflichen Bestimmung von „Web 2.0" auf: Web 2.0 definiert sich nicht als technologische Innovation; es beschreibt eine neue Verhaltensweise der Internetnutzer. Nutzer generieren heute eigenständig Inhalte und treten in direkten Dialog mit ihrer Umwelt und den Unternehmen. Dabei bilden Social Media die mediale Grundlage, auf der sich die Interaktion der Netzteilnehmer (User) vollzieht. Vgl. BENDER (2011), S.145. Für eine umfassende Erläuterung von Web 2.0 siehe ARNHOLD (2010), S. 57-58.

[12] Vgl. Studie zu AR/ VR des Bundesverbandes Digitale Wirtschaft (BVDW) (2018), S. 9; HEIM/ DERTINGER (2017), S. 38; BUTTKEREIT (2017), S. 24 u. Studie Digitalisierungstrends (2017).

[13] Vgl. HEIM/ DERTINGER (2017), S. 5 ff. und S. 24 sowie YAOYUNEYONG ET AL. (2016).

[14] Vgl. PORTER/ HEPPELMANN (2017), S. 48 f.

[15] Vgl. GOLDMANN SACHS-Studie (2016), S. 4 u. S. 8.

[16] Vgl. PORTER/ HEPPELMANN (2017), S. 48; KPMG-Studie zu VR (2016), S. 4.

[17] Vgl. KPMG-Studie (2016), S. 4 und GOLDMANN SACHS-Studie (2016), S. 4.

[18] Vgl. BITCOM-Studie zur Consumer Technology (2019), S. 49.

dargestellten medialen Entwicklungen tragen wesentlich zur Realitätskonstruktion in modernen Gesellschaften bei und sind Teilaspekte eines **grundlegenden Wandels in der öffentlichen Kommunikation**[19]. Funktionale Grenzen[20] zwischen Unternehmenskommunikation, Werbung, Kundenbetreuung, Freizeit und kaufentscheidungsvorbereitendem Suchverhalten beginnen zu verwischen.

Auch in der Markenführung[21] **manifestieren sich** die **Einflüsse des digitalen Kommunikationszeitalters** und führen **zu einem grundsätzlichen Wandel.** Die **wachsende Bedeutung von Internet, Web 2.0, AR und VR**[22] sowie das Vorherrschen technologischer Systeme und Hilfsmittel (PCs, Smartphones, Tablets und VR-Brillen/ Head Mounted Sets) **beeinflussen das Kaufverhalten in hohem Maße**. Dies führt zu grundlegenden **strukturellen Veränderungen in der Markenkommunikation**[23]. Generell ist festzustellen, dass die zunehmende Vernetzung der Nachfrager, die omnipräsente Verfügbarkeit von Informationen über neue **mediale Kanäle wie Social Media, AR und VR**[24], die **Asymmetrie des Wissens**[25] **zwischen Firmen und Nachfragern reduziert haben**. Folglich zeigt sich der Markt[26] höchst interaktiv mit hoher Informationstransparenz. So z.B. kann sich heute der Nachfrager im Netz[27] mobil über Social Media, AR und VR **vor dem Kauf über die Marke ausgiebig informieren**. Vor allem in der Dienstleistungsbranche und im B2B-Geschäft, die besonders beratungsintensiv sind, hat der Einsatz dieser digitalen Instrumente in der externen Markenkommunikation eine zunehmende funktionale Bedeutung eingenommen[28]. Hier dienen sie als Informationssurrogat bei der Ex-ante-Beurteilung einer Dienstleistung[29].

---

19 Vgl. PLEIL/ ZERFAß (2014), S. 731 f. u. BRUHN (2015), S. 585 ff.

20 Vgl. PLEIL/ ZERFAß (2014), S. 731 f.

21 Vgl. PERREY ET AL. (2015), S. 1 ff. u. MÜLLER (2012).

22 Vgl. KPMG-Studie zu VR (2016), S. 9; GOLDMANN SACHS-Studie (2016), S. 6 u. WARWITZ (2015), S. 1-15.

23 Vgl. PERRY/ FREUND/ SPILLEKE (2015), S. 2 ff. u. PLEIL/ ZERFASS (2014), S. 733.

24 Vgl. BURMANN (2018) S. 223 ff. Vgl. auch IND (2014), S. 739 u. KING/ RACHERLA/ BUSH (2014).

25 Vgl. CHRISTODOULIDES ET AL. (2012), S. 54.

26 Vgl. z.B. DAVCIK ET AL. (2014), S. 2 u. VAN NIEROP ET AL. (2010), S. 63.

27 Vgl. DIRKS (2017), S. 10; BUGHIN (2014), S. 356 u. PLEIL/ ZERFAß (2014), S. 732.

28 Vgl. BUTTKEREIT (2017), 24 f. u. 9 leitfadengestützte Experteninterviews im Rahmen der qualitativen Vorstudie des eigenen Forschungsprojektes; Februar bis April (2018).

29 Vgl. BUTTKEREIT (2017), 24 u. BRUHN (2016), S. 372.

Die Digitalisierung hält ebenfalls sukzessive Einzug in die interne Kommunikation der Unternehmen[30], um Kommunikationsprozesse und -strukturen zu optimieren[31]. Von der Digitalisierung versprechen sich Organisationen[32] eine **flexiblere und schnellere Kommunikation.** Zudem soll sie offener und transparenter werden und den **Wissenstransfer und -austausch**[33] in allen unternehmerischen Bereichen von Forschung und Entwicklung über Produktion bis hin zu Vertrieb und Marketing fördern. **Im Jahre 2017 verfügten nur 16% der Unternehmen**[34] über eine umfassende Digitalisierungsstrategie, wobei jedoch 48% dabei waren, eine Digitalisierungsstrategie zu entwickeln. Dies zeigt, obgleich die Digitalisierung im unternehmensinternen Umfeld[35] sehr wohl bei Kommunikationsexperten präsent ist, dass sie erst am Anfang ihrer Entwicklung steht. Dennoch lässt sich konstatieren, dass sich die **interne Kommunikation durch die neuen, digitalen Medien aktuell**[36] **in einem strukturellen Umbruch befindet.** Sie werden[37] zum Begleiter im Prozess der digitalen Transformation. Dies führt[38] zu **einer neuen crossmedialen Unternehmenskultur**. In diesem Kontext spielt der Generationswechsel[39] in den Unternehmen eine bedeutsame Rolle. Die **Generationen Y und Z**[40], die durch den Internetboom und Smartphone-Hype gekennzeichnet sind,

---

30 BRUHN (2015) definiert interne Kommunikation (auch Organisationskommunikation genannt) als ein Bestandteil eines integrativen Kommunikationskonzeptes. „Integrierte Kommunikation ist ein strategischer und operativer Prozess der Analyse, Planung, Durchführung und Kontrolle, der darauf ausgerichtet ist, aus den differenzierten Quellen der internen und externen Kommunikation von Unternehmen eine Einheit herzustellen, um ein für die Zielgruppen konsistentes Erscheinungsbild des Unternehmens bzw. eines Bezugsobjektes...zu vermitteln". Die interne Kommunikation nach Bruhn impliziert ebenfalls die interne Markenkommunikation, die sich ausschließlich markenbezogen Inhalte bezieht. Vgl. BRUHN (2015), S. 92 ff.

31 Vgl. LIPPOLD (2017), S. 192.

32 Vgl. Studie Interne Kommunikation (2014) S. 17, HERBST (2016), S. 37 u. Studie Digitalisierungstrend (2017), S. 21.

33 Vgl. Trendmonitor Interne Kommunikation (2017), S. 14; Studie Digitalisierungstrend (2017), S. 21; Studie Interne Kommunikation (2016) S. 4 u. 17. Siehe zudem HERBST (2016), S. 37.

34 Vgl. Trendmonitor Interne Kommunikation (2017) S. 25. Es wurden 204 Teilnehmer aus diversen Wirtschaftsbereichen, davon ca. ein Drittel in Führungsposition, befragt.

35 Vgl. Telefongespräch mit Herrn DÖRFEL, Experte für interne Unternehmenskommunikation, Geschäftsführer der School for Communication and Management (SCM) in Berlin. Das Gespräch wurde von der Autorin am 01.10.2019 geführt und dauerte 30 Minuten.

36 Vgl. Telefongespräch mit Experte Herrn DÖRFEL (a.a.O.) u. LIPPOLD (2017), S. 192.

37 Vgl. Telefongespräch mit Experte Herrn DÖRFEL, (a.a.O.).

38 Vgl. FISCHER/ KNAUP (2016), S. 145.

39 Vgl. Studie AdReaktion - Gen X, Y and Z (2017) von Millward Brown, die in 39 Ländern via Online-Befragung durchgeführt wurde.

40 Die Generation Y (Millenials) ist zwischen 1980 u. 1994 und die Generation Z nach 1995 geboren. KLAFFKE (2014), S. 3 ff. u. Studie AdReaktion von Millward Brown. Vgl. auch LIPPOLD (2017), S. 311 ff.

fassen nun sukzessive Fuß in der aktuellen Arbeitswelt. Diese jüngeren, technikaffinen Arbeitnehmer, dies gilt in besonderem Maße für die Generation Z, begrüßen und unterstützen die weitere Digitalisierung der internen Kommunikation. **Die strukturellen Veränderungen** in der internen Kommunikation **belegt der aktuelle Trendmonitor** „interne Markenkommunikation (2019)“. Er zeigt[41], dass mittlerweile 68% der Unternehmen Social Media-Anwendungen intern nutzt und 17% eine zeitnahe Einführung vorsieht. Zudem zeigt die Studie zur internen Kommunikation (2017)[42], dass 35% der Unternehmen mittlerweile mobile Lösungen für die interne Kommunikation verwenden.

2 Relevanz von Virtual Reality in der internen Markenkommunikation

In jüngster Zeit hat sich VR technologisch[43] mit leistungsstarken Prozessoren, Grafikkarten und hochauflösenden Displays, die mobil bereitgestellt werden, in zügigen Schritten weiterentwickelt. Zunehmend sinkende Preise, die weitest gehende Beseitigung wesentlicher, hinderlicher Applikationsprobleme[44], wie VR-Motion-Sickness[45], scheinen dieser neuartigen Kommunikationstechnologie den **Weg zur Massentauglichkeit** zu ebnen[46]. Allerdings ist festzustellen, dass nur **sehr wenige Pionierunternehmen**[47], wie z.B. VW, Beiersdorf, Deutsche Bahn, Merck und BayWa, VR zur Schulung der Mitarbeiter zum jetzigen Zeitpunkt in der internen Kommunikation faktisch vorsehen; obwohl zukünftige Projekte[48] zur

41 Vgl. Trendmonitor (2019), S. 16.

42 Vgl. Studie Interne Kommunikation (2017), S. 32.

43 Vgl. PORTER/ HEPPELMANN (2017), S. 48 f. u. KPMG Studie zur VR (2016), S. 6.

44 Vgl. KMPG Studie (2016), S. 4 u. GOLDMANN SACHS Studie (2016), S. 8.

45 Für den Begriff VR-Motion-Sickness gibt es aktuell keine einheitliche Definition, da dieses durch VR-Erfahrungen induzierte Krankheitsbild noch nicht abschließend neurologisch erforscht ist. Nach herrschender Expertenmeinung versteht man darunter eine im virtuellen Umfeld entstehende Bewegungsübelkeit; oft begleitet von aufkommendem Schwindel. Diese Symptome sind darauf zurück zu führen, dass die über Sensoren der Bild- und Mustererkennung gesteuerte Reaktion des Systems auf die Aktion des Nutzers hin (Blickveränderung des Users) zeitlich verzögert erfolgt. Vgl. LAWSON (2014), S. 543.

46 Vgl. PROF. W. PRINZ, Fraunhofer-Institut (2016) in KMPG Studie (2016), S. 14.

47 Vgl. auch eigene Experteninterviews im Februar-April (2018).

48 Vgl. eigene Experteninterviews (a.a.O.) u. Telefongespräch mit Experte Herrn DÖRFEL, (a.a.O.). Siehe auch Deutscher Markenreport (2017), S. 5; für die Studie befragte Brandoffice online von November 2016 bis Januar 2017 120 Marketing- und Kommunikationsmanager als Experten aus führenden Unternehmen verschiedener Größen in Deutschland. Die Teilnehmer stammen aus dem Panel des Deutschen Markenreports und decken die Bereiche Dienstleistungen,

Mitarbeiterschulung und -akquise bereits in Planung sind. **Innovatoren und Pioniere haben auch in der externen Markenkommunikation VR als wirksames Kommunikationsinstrument**[49] zur Steigerung des Markenerfolges[50] erkannt. Im Zeitalter der digitalen Kommunikation, in welchem die Zielgruppen mit einer großen Fülle an Informationen konfrontiert werden[51], die das Rezeptionsvermögen des Nachfragers oft überfordert, ist es besonders wichtig, Aufmerksamkeit für die eigenen Markenbotschaften zu schaffen. Die einzigartigen Möglichkeiten der Marken[52]- und Produktpräsentation im virtuellen Umfeld von VR bieten neuartige Formen der emotionalen Kundenansprache und -bindung[53]. Während der Zuschauer bei einem TV-Spot die Marke mit einer physisch gegebenen Distanz betrachtet, ermöglicht VR[54] das Eintauchen in die Markenwelt und bietet eine besonders intensive, markennahe Erfahrung. Der Nachfrager schenkt der Marke seine volle Aufmerksamkeit[55], da er von externen Reizen nicht abgelenkt wird. Dies wird von neuartigen multisensualen Erlebnissen[56] begleitet, wie bspw. haptischen Erfahrungen über virtuelles Anfassen von Objekten, die andere mediale Alternativen nicht bieten.

Erste praktische Erfahrungen bestätigen einen positiven Einfluss auf die angestrebten Ziele der externen Markenkommunikation und treiben die weitere Etablierung dieses Instruments voran. Ein Beispiel ist der **VW-Konzern**[57], der sich bereits seit 2009 mit den Einsatzmöglichkeiten von VR in der Kommunikation

---

Konsum- und Investitionsgüter ab. Es wurden jeweils zu 1/3 Experten kleiner Unternehmen, von Mittelständlern und Konzernen berücksichtigt.

49 Vgl. u.a. BUTTKEREIT (2017), S. 24 ff; KPMG-Studie (2016), S. 4 und Deutscher Markenreport zur Virtual Reality (2017), S. 32 ff.

50 Der Markenerfolg kann über psychografische Ziele (z.B. Markenimage) erfasst werden. Die finanzielle Bewertung aller psychografischen Ziele führt zum ökonomischen Markenerfolg. Vgl. BRUHN (2015), S. 546 ff. u. BURMANN/ NIKIC-CEMAS (2017), S. 17.

51 Vgl. ESCH/ EICHENAUER (2016), S. 304; ESCH (2012), S. 27 ff. Vgl. dazu auch Ausführungen von KROEBER/ RIEL/ ESCH (2011).

52 Die identitätsbasierte Markenführung versteht in Anlehnung an MEFFERT (1974), MEFFERT und BURMANN (1996) und KELLER (1993) unter einer Marke „ein Bündel aus funktionalen und nicht-funktionalen Nutzen, deren Ausgestaltung sich aus Sicht der Zielgruppen der Marke nachhaltig gegenüber konkurrierenden Angeboten differenziert". Vgl. BURMANN et al. (2018), S. 13.

53 Vgl. GIBERSON ET AL. (2017), S. 10 u. HUANG ET AL. (2016), S. 116.

54 Vgl. KINZINGER ET AL. (2018), S. 7 u. BUTTKEREIT (2017), S. 24.

55 Vgl. ebenda.

56 Vgl. GIBERSON ET AL. (2017), S. 11 u. HUANG ET AL. (2016), S. 116.

57 Vgl. Telefongespräch mit Herrn GRUSZKA; Head of digital Visualization der Marke VW. Das Gespräch wurde am 10.10.2019 von der Verfasserin geführt und dauerte 30 Minuten.

beschäftigt. Der Konzern setzt VR momentan **bei den Marken Audi und VW** bei Events wie z.B. Messen oder Produkteinführungen im Handel sowie in den Verkaufsräumen seiner Autohäuser als image- und verkaufsförderndes Instrument flächendeckend ein. Der Nachfrager hat die Möglichkeit über VR, das Auto virtuell zu erleben und zu bewerten. Er kann, das Auto umgehen, öffnen, sich hineinsetzen und diverse Funktionen testen. Eine Testfahrt ist in diesem Kontext bisher nicht möglich. Nach Aussagen des Managements[58] **gelang es durch diese Maßnahme die Leadquote, d.h. die Rückläufe bei den Anfragen für eine Probefahrt, deutlich** im Vergleich zu den durchschnittlichen Erfahrungswerten beim Besuch der Webseite, **zu steigern**. Ein wesentlicher Vorteil ist, dass das Produkt, obwohl es noch nicht im Handel physisch verfügbar ist, bereits zuvor von den Kunden getestet und erlebt werden kann. Zudem betont das Management von VW[59], auf diese Weise auch Ausstellfläche und -kosten für die Autos einzusparen. Dies ist insbesondere für kleinere Autohäuser von Interesse, die aus Kapazitätsgründen nicht alle Modelle platzieren können. Ein weiteres Beispiel aus der **Hotelbranche** liefert **das Hotel Marriott[60]**, das seit 2015 in den größeren Hotels die Zimmer mit einer VR-Brille ausstattet. Über die virtuelle Erfahrung können sich die Gäste während ihres Aufenthaltes andere Hotels der Marke an verschiedenen Destinationen weltweit ansehen. Ziel ist es[61], noch am aktuellen Urlaubsstandort den Nachfrager zur Buchung weiterer Reisen zu bewegen. Die VR-Erfahrungen lassen beim Nachfrager das Gefühl entstehen, tatsächlich an den Urlaubsort transportiert zu werden und sich in Mitten des Traumziels, wie z.B. den Malediven am Strand unter Palmen, zu begeben. Dabei kann das Hotel besichtigt und der Blick auf das Meer genossen werden. Nach den Aussagen des Vice Presidents[62], (Global Brand Marketing Marriott Hotels) ergab sich bspw. am Standort New York, dass ca. **50% der VR-Nutzer die Bereitschaft** zeigte, **weitere Destinationen der Marke zu besuchen.** Dieser positive Effekt konnte ohne den Einsatz einer persönlichen Kundenberatung erzielt werden und spart auf diese Art

---

[58] Vgl. Telefongespräch mit GRUSZKA, Head of digital Visualization der VW Group, (a.a.O.).

[59] Vgl. ebenda.

[60] Vgl. Online-Beitrag von DAIL (2015), Emarketer; https://www.emarketer.com/Article/MarriottsVirtual-Reality-Transports-Guests-Around-World/1013409, zugegriffen am 11.10.2019.

[61] Vgl. ebenda.

[62] Vgl. Online-Beitrag von DAIL (2015), Emarketer, (a.a.O.).

Personalkosten ein. Hier ist jedoch kritisch anzumerken, dass der positive Effekt durch VR erst im Vergleich mit dem Anteil der Hotelgäste ohne Nutzung der VR-Brille hinreichend bewertbar wäre. Ein weiteres Beispiel **aus der Luftfahrtbranche** bietet **die Marke Lufthansa (LH)[63]**, die 2018 im Rahmen eines Pilotprojektes am Check-In die Kunden virtuell den Komfort einer höheren Buchungskategorie erleben ließ. Ziel dieser Maßnahme war es, dem Nachfrager Markenwissen über die besondere Ausstattung, den zusätzlichen Service und sonstige Vorteile der höheren Buchungsklasse zu vermitteln und ihn zum Kauf dieser zu bewegen. Nach Aussagen des Managements[64], wurde das Markenwissen nicht überprüft; wohl aber konnte ein positiver verhaltenswirksamer Effekt festgestellt werden, da ein großer Teil[65] der Kunden das Verhalten änderte und ein Upgrade erwarb.

Auch von wissenschaftlicher Seite[66] können diese ersten positiven praktischen Erfahrungen unterfüttert werden. Diverse Beiträge weisen empirisch[67] eine **positive Wirkung von VR auf die Markeneinstellung des Nachfragers** und **das Konsumentenverhalten** nach. Dabei wird zudem im Vergleich zu herkömmlichen Kommunikationsinstrumenten[68] eine stärkere Wirkung belegt.

Während VR aktuell in der externen Markenkommunikation sukzessive Fuß fasst[69] und auch die wissenschaftliche Auseinandersetzung mit diesem Thema fortschreitet, ist dieses Instrument in der Praxis[70] der internen Markenkommunikation noch wenig verbreitet. Aufgrund der guten Vergleichbarkeit der Ziele der externen und internen Markenkommunikation liegt die Annahme nahe, dass **die dargestellten Vorteile von VR** auch **in der Praxis der internen Markenführung** zur gezielten Mitarbeiteransprache **von großem Nutzen sein könnten.** Die interne, identitätsba-

---

63 Vgl. Experteninterview mit Digital Marketingmanager LH Herrn HOLTEY (März 2018) im Rahmen der eigenen A-priori-Forschung.

64 Vgl. Experteninterview mit dem Digital Marketingmanager LH, (a.a.O.).

65 Der genaue %-Satz wird von Lufthansa nicht veröffentlicht.

66 Vgl. u.a. KINZINGER ET AL. (2018), S. 7; KRISTOFFERSON (2017), S. 391; CHITARRO (2017), S. 18 u. KERRENBROECK ET AL. (2017), S. 9.

67 Vgl. ebenda.

68 Vgl. ebenda.

69 Vgl. u.a. KINZINGER ET AL. (2018), S. 7; Digitalisierungstrends (2017), S. 34 ff.; YAOYUNEYONG ET AL. (2016), S. 16 f.; EBERT ET AL., S. 4, S. 21 f.; KPMG-Studie, (2016), S. 3 u. eigene Experteninterviews (a.a.O.).

70 Vgl. eigene Experteninterviews (a.a.O.) u. ausgiebige Internetrecherche.

sierte Markenführung[71] verfolgt **als oberstes Ziel den Aufbau von Brand Citizenship Behavior (BCB)**. Dies besagt, dass Mitarbeiter dem Nachfrager gegenüber als Markenbotschafter[72] auftreten und ein konsequent markenidentitätsbasiertes Verhalten zeigen[73]. Dieses Ziel[74] wiederum basiert auf dem Markenwissen und dem Brand Commitment (BC). Das **Markenwissen**[75] umfasst „...die Kenntnis spezifischer markenbezogener Informationen, die für ein markenkonformes Verhalten der Mitarbeiter von Relevanz sind", während das BC[76] die psychologische Verbundenheit des Mitarbeiters mit der Marke als eine Art „Markenbekenntnis" darstellt. Die interne identitätsbasierte Markenführung geht davon aus[77], dass **Mitarbeiter als Markenbotschafter** aufgrund der sich immer mehr angleichenden und austauschbareren funktionalen Markenleistungen mittlerweile zu einem **der wichtigsten Differenzierungsmerkmale**[78] und zum **eigentlichen Wettbewerbsvorteil** entwickelt haben. Insofern kommt dem BCB[79] eine große Bedeutung zur positiven Einflussnahme auf den Kaufentscheidungsprozess (Customer Journey) zu. Der Mitarbeiter ist **entscheidend an der Qualität der Markenerlebnisse** an den einzelnen Brand Touch Points interaktiv **beteiligt** und schafft gleichzeitig beim Nachfrager Markenvertrauen[80] [81], was insbesondere auf den Dienstleistungsbereich zutrifft.

---

71 MEFFERT und BURMANN definieren die identitätsbasierte Markenführung als „außen- und innen gerichteter Managementprozess mit dem Ziel der funktionsübergreifenden Vernetzung aller mit der Markierung von Leistung zusammenhängenden Entscheidungen und Maßnahmen zum Aufbau einer starken Markenidentität." Vgl. BURMANN ET AL. (2018), S. 14; MEFFERT ET AL. (2005), S. 9; MEFFERT u. BURMANN, (1996) S. 15.

72 In Wissenschaft und Praxis wird der Begriff Markenbotschafter synonym zu Brand Citizenship Behavior (BCB) verwandt. Nach dem identitätsbasierten Markenführungsansatz umfasst das BCB alle Verhaltensweisen eines Mitarbeiters, „...die im Einklang mit der Markenidentität und dem Markennutzenversprechen stehen und in Summe die Marke stärken". Vgl. u.a. PIEHLER (2011), S. 303 u. BURMANN/ ZEPELIN (2005).

73 Vgl. BURMANN ET AL. (2018), S. 82; PIEHLER (2011) S. 190 u. 303; u. ZEPLIN (2006), S. 233.

74 Vgl. BURMANN (2016), S. 264 f. u. PIEHLER (2011), S. 442 ff.

75 Vgl. PIEHLER (2011), S.131. Siehe auch KING/ GRACE (2010), S. 364.

76 Vgl. PIEHLER (2011), S. 442 ff.; BURMANN ET AL. (2016), S. 188. u. KING/ GRACE (2010) S. 946.

77 Vgl. BURMANN ET AL. (2019), S. 80 f.

78 Vgl. BURMANN/ KLEINE-KALMER/ HEMMAN (2014), S. 56.

79 Vgl. BURMANN ET AL. (2018), S. 211 und auch IND ET AL. (2013).

80 Markenvertrauen ist die Bereitschaft eines Nachfragers, sich gegenüber der Marke verletzbar zu machen. Diese Bereitschaft begründet sich in der Überzeugung des Nachfragers, dass eine Marke zum einen die Fähigkeit und zum anderen die Bereitschaft aufweist, ihr Nutzenversprechen zu erfüllen. Vgl. HEGNER (2012), S. 59.

81 Vgl. Brand Experience und Trust Monitor (2015) S. 2. Dieser zeigt, dass das Niveau des Markenvertrauens unmittelbar an das Niveau des Markenerlebnis gebunden ist. Dem Monitor liegt eine Online Befragung in Deutschland mit 1000 Befragten über 90 Marken zugrunde.

Die Praxis zeigt allerdings, dass die interne Markenführung generell noch in ihren Anfängen steckt bzw. unzureichend umgesetzt wird. Dies lässt sich mit der jährlichen Gallup-Studie (2018) belegen[82], die seit 2001 mit 12 identischen Fragen eine **Erhebung zur Mitarbeiterbindung** durchführt. Der Gallup Engagement Index[83] ist Deutschlands renommierteste und umfangreichste Studie zur Mitarbeiterbindung. Nach dieser Befragung haben 2018 **nur 15% der Mitarbeiter eine hohe**, 71% eine geringe und 14% keine **emotionale Bindung zu ihrer „Employer Brand"**. Diese Ergebnisse bewegen sich seit 2001 auf einem vergleichbaren Niveau. Sie verdeutlichen, dass es in der Praxis einen hohen Nachholbedarf bei der Markenbindung der Mitarbeiter gibt.

In der wissenschaftlichen Literatur herrscht Einigkeit[84] darüber, dass im Rahmen der internen Markenführung beim Aufbau von BCB der **internen Markenkommunikation eine Schlüsselrolle zukommt.** Als integraler Bestandteil einer ganzheitlichen Markenführung ist sie das wirksamste[85] und damit **wichtigste Instrument** der internen Markenführung zur Mitarbeitersozialisation. Dies gilt auch in allen anderen Phasen der Mitarbeiterbetriebszugehörigkeit[86]. Piehler (2011) und Zeplin (2006)[87] definieren in Anlehnung an Bruhn (2006) die interne Markenkommunikation als die Summe aller Aktivitäten der Botschaftsübermittlung mit Markenbezug zwischen Mitarbeitern einer Organisation auf unterschiedlichen Hierarchieebenen. Sie bildet die Basis[88] für einen erfolgreichen **Transfer der Markenidentität im Denken, Fühlen und Handeln des Mitarbeiters und zum Aufbau von**

---

[82] Vgl. GALLUP-Studie (2018), S. 6. Im Rahmen dieser repräsentativen Studie werden 1000 Arbeitnehmer über 18 Jahre in Deutschland im Zeitraum 15.02 bis 15. April 2018 computergestützt per Telefon befragt.

[83] Vgl. Webseite der Unternehmungsberatung GALLUP; https://www.gallup.de/183104/-engagement-index-deutschland.aspx; zugegriffen am 13.10.2019.

[84] Vgl. PIEHLER / BURMANN (2016), S. 9.

[85] Vgl. u.a. BURMANN/ PIEHLER (2016), S. 9; ESCH/ EICHENAUER (2016), S. 302; SALEM/ IGLESIAS (2016), S. 44; TUOMINEN ET AL. (2016), S. 309 f.; DU PREEZ/ BENDIXEN (2015), S. 79; PIEHLER ET AL. (2015), S. 57; KREUZER (2014), S. 23 f.; ESCH ET AL. (2014); HARTMANN (2010), S. 95 u. PUNJAISRI/ WILSON (2007), S. 60.

[86] Vgl. u.a. TUOMINEN ET AL. (2016), S. 309 f.; SALEM/ IGLESIAS (2016), S. 44; ESCH/ EICHENAUER (2016), S. 302; BURMANN/ PIEHLER (2016), S. 9; PIEHLER ET AL. (2015), S. 57 DU PREEZ/ BENDIXEN (2015), S. 79; KREUZER (2014), S. 23 f.; ESCH ET AL. (2013 u. 2014); HARTMANN (2010), S. 95; KING/ GRACE (2008), S. 360 u. PUNJAISRI/ WILSON (2007), S. 60.

[87] Vgl. ZEPLIN (2006), S.114; PIEHLER (2011), S. 144; siehe auch BRUHN (2014, 2015).

[88] Vgl. ESCH/ EICHENHAUER (2016), S. 302.

BCB. Durch die interne Markenkommunikation lässt[89] sich die Einstellungs- und Verhaltensrelevanz der Marke bei Mitarbeitern nachhaltig erhöhen. Vor dem Hintergrund des übergeordneten Ziels Markenbotschafter aufzubauen, wird die Praxis vor die Endscheidung gestellt, eine **bestmögliche Auswahl der Instrumente der internen Markenkommunikation** in quantitativer und qualitativer Hinsicht zu treffen. Dabei stellt **die Auswahl der geeigneten Instrumente** per se eine **Herausforderung dar[90]**, denn der **Aufbau von Markenwissen, BC und BCB gestaltet sich als komplexe Kommunikationsaufgabe[91].** So sind nicht alle Instrumente der internen Kommunikation, im Hinblick auf die speziellen Anforderungen zum Transfer der Markenidentität, in gleicher Weise geeignet. Teilweise müssen **abstrakte Markenwerte in konkretes Mitarbeiterverhalten übersetzt** und dem Mitarbeiter verständlich übermittelt werden[92]. Mitarbeiter müssen angeleitet und motiviert werden, ihr Verhalten dauerhaft markenkonsistent auszurichten. De Chernatony (2006)[93] betont zudem, dass es bei der Verankerung der Markenidentität nicht nur darum geht, markenbezogene Informationen wie Markenwerte „einfach weiterzugeben", sondern Mitarbeiter müssen im Prozess des Wissensaufbaus entsprechend **emotional involviert und engagiert sein.**

Im Rahmen dieses Entscheidungsfindungsprozesses eröffnet das Kommunikationsinstrument VR[94] den Unternehmen neuartige Möglichkeiten der Mitarbeiteransprache mit kreativem Spielraum. Es bietet eventuell eine interessante, noch nicht erschlossene Alternative zu den herkömmlichen Kommunikationsinstrumenten. **Aufgrund der vergleichbaren Ziele** der internen und externen Markenkommunikation[95] liegt die Schlussfolgerung nahe, **die ersten Erfolgswirkungen in der externen auf die interne Markenführung zu übertragen[96].** Auch im internen

---

[89] Vgl. BURMANN/ PIEHLER (2016), S. 9; ESCH/ EICHENAUER (2016), S. 320; SALEM/ IGLESIAS (2016), S. 45; PREEZ/ BENDIXEN (2015), S. 79; ESCH ET AL. (2013, 2014), HARTMANN (2010), S. 95 u. ZEPLIN (2006), S. 115 f.

[90] Vgl. BURMANN/ PIEHLER (2016), S. 11 u. KERNSTOCK/ BREXENDORF (2014), S. 252.

[91] Vgl. BURMANN/ PIEHLER (2016), S. 14 u. ESCH/ EICHENAUER (2016), S. 303.

[92] Vgl. TUOMIN ET AL. (2016), S. 309; ESCH ET AL. (2014), S. 218; KING/ GRACE (2012), S. 472 f. u. WALLACE/ DE CHERNATONY (2011), S. 480.

[93] Vgl. DE CHERNATONY (2006), S. 823 f.

[94] Vgl. u.a. KINZINGER ET AL. (2018), S. 7; PORTER/ HEPPELMANN (2017), S. 48 f. und HUANG ET AL. (2016), S. 123.

[95] Vgl. BRUHN (2015), S. 545 ff.

[96] Vgl. 9 Experteninterviews (Februar bis April 2018) im Rahmen der eigenen A-priori-Forschung.

Bereich könnten die benannten Vorteile von VR von großer Relevanz sein, um die Markenidentität den Mitarbeitern auf einer innovativen, emotionalen und intensiven Erfahrungsebene kognitiv (Markenwissen) und affektiv (BC) zu vermitteln und somit Markenbotschafter aufzubauen. Nach einer Umfrage des deutschen Markenreports (2017) könnten sich **66% der befragten Unternehmen bereits den Einsatz von VR in Mitarbeiterschulungen und -events vorstellen[97].** Dies ist ein Hinweis auf das grundsätzliche Interesse an VR in der internen Markenkommunikation.

Es ist allerdings festzustellen[98], dass trotz des allmählichen fortschreitenden Einzugs der digitalen Kommunikation in die interne Markenführung **generell ein zurzeit** noch **geringes Know-how** in diesem Gebiet vorherrscht. Fehlende, interne digitale Kommunikationsstrategien und -konzepte[99], **unzureichende praktische Erfahrungen sowie mangelnde Vertrautheit** im Umgang mit diesen Instrumenten, **v.a. mit VR, tragen zur Verunsicherung** bei. Die Folge ist, dass in der Praxis weiterhin klassische Kommunikationsinstrumente vorherrschen[100]. Allerdings **weisen eigene durchgeführte Experteninterviews mit Marketingmanagern** bedeutsamer Corporate Brands darauf hin, dass Unternehmen ein **großes Interesse an dem Einsatz von VR** haben. Alle Befragten sprechen dem Instrument ein **sehr hohes Potenzial für die Zielerreichung** in der internen Markenkommunikation zu. Die höchste Relevanz und das größte Potenzial sehen die befragten Experten im B2B und Service-Bereich. Sie bestätigen weiter, dass aus diesem Grunde VR **von planerischer Seite her bereits eine hohe Bedeutung** in ihren Organisationen besitzt. Nach ihren Aussagen beschäftigen sie sich aktuell bereits konzeptionell mit VR, um **zeitnah erste Umsetzungen in Form von Pilotprojekten vorzunehmen[101]**. Dem Großteil der Unternehmen ist jedoch weitestgehend **unklar, wie dieses Instrument funktioniert[102]** und **sich auf die**

---

97 Vgl. Deutscher Markenreport (2017), S. 25.

98 Vgl. Studie Digitalisierungstrends (2017), S. 10 und Trendmonitor Interne Kommunikation (2016), S. 25.

99 Vgl. Studie Digitalisierungstrends (2017), S. 10.

100 Vgl. 9 eigene Experteninterviews, (a.a.O.).

101 Die Motivation der Unternehmen in der internen Markenkommunikation wird insbesondere von der Befürchtung angetrieben, den technologischen Anschluss zu verpassen, falls sie nicht rechtzeitig auf den digitalen VR-Trend „aufspringen". Vgl. selbst durchgeführte Experteninterviews, (a.a.O.).

102 Vgl. MAST (2014), S. 1137.

Zielgrößen Markenwissen, BC und BCB **auswirkt**[103]. Lediglich eins der befragten Unternehmen (Merck, globaler Chemie- und Arzneimittelkonzern) setzt VR im Rahmen der Neupositionierung seiner Corporate Brand bereits seit 2016 ein. Auch in diesem Fall herrschte zum Zeitpunkt der Befragung wenig Klarheit über die zielbezogenen Erfolgswirkungen[104]. *„VR hat bei uns eine hohe Relevanz, da es ein neues Tool ist, auf das man große Hoffnungen setzt; ...hoch experimentell, da man überhaupt nicht wusste und weiß, was am Ende herauskommt."*

Die Ausführungen verdeutlichen, dass Markenmanager aktuell vor der Herausforderung stehen zu beurteilen, in welchem Ausmaß und auf welche Weise VR, als neuartiges digitales Instrument auf die Ziele der internen Markenführung wirkt. Dabei gilt es zu bewerten, ob VR nicht nur ein aktueller, euphorisierender Hype in Praxis und Wissenschaft ist[105], sondern eine sinnvolle Alternative zu den klassischen Instrumenten darstellt.

Es lässt sich festhalten, dass im Umfeld des rasant fortschreitenden Digitalisierungstrends die Praxis das große Potenzial und die Relevanz des neuartigen Kommunikationsinstrumentes VR grundsätzlich erkannt hat. Trotz aktuell noch fehlenden Know-hows, herrschender Unsicherheit und Zurückhaltung, ist auf der Basis von Expertenmeinungen von einer zunehmenden Verbreitung auch in der internen Markenkommunikation in naher Zukunft auszugehen[106].

---

[103] Vgl. ebenfalls 9 eigene Experteninterviews, (a.a.O.).

[104] Vgl. dazu Experteninterview März (2018) mit Frau Menne, Head of Brand Management (Merck)

[105] Vgl. eigene Experteninterviews, (a.a.O.).

[106] Vgl. PIEHLER ET AL. (2015), S. 53; BRUHN (2014 u. 2015), S. 471 u. MAST (2014), S. 1137 sowie eigene Experteninterviews, (a.a.O.).

3 Darstellung der Forschungslücke und Zielsetzung der Arbeit

Die Literaturrecherche zur internen Markenkommunikation zeigt, dass von wissenschaftlicher Seite her der Praxis bei der Entscheidungsfindung über den Einsatz von VR keine Unterstützung geboten wird. Während es generell äußerst **viele Beiträge zur externen Markenkommunikation**[107] gibt, sind es nur wenige Wissenschaftler[108], die sich mit der **internen Markenkommunikation** beschäftigen. Eine erste wissenschaftliche Literaturrecherche zum aktuellen Zeitpunkt ergibt, dass die Untersuchung der **Wirkung der neuen Kommunikationstechnologie VR in den Beiträgen der internen Markenführung bisher keinerlei Beachtung findet**.

Die akademische Zurückhaltung erscheint jedoch verwunderlich, da auch von wissenschaftlicher Seite eine praktische und akademische Relevanz des Instruments in der internen Markenführung anzunehmen ist, weil **erste empirische Untersuchungen**[109] **zu VR in der externen Markenkommunikation positive Ergebnisse** bei der Erreichung der Kommunikationsziele zeigen. Aufgrund der guten Vergleichbarkeit der Ziele der internen und externen Markenkommunikation liegt eine wissenschaftliche Übertragung der Leistungsfähigkeit von VR auf die interne Markenkommunikation sehr nahe. Es bietet sich von daher akademisch an, auf die Forschungsergebnisse zu VR in der externen Markenkommunikation zurückzugreifen.

Die Literaturanalyse zum Forschungsstand der externen Markenkommunikation zu VR zeigt, dass sich auch hier die **Wissenschaft noch eher in ihren Anfängen** befindet. Es gibt bisher **keinen holistischen Ansatz**, der umfassend die Wirkzusammenhänge zwischen allen relevanten Determinanten und Zielen der externen Markenkommunikation untersucht. Dies impliziert, dass der aktuelle Forschungsstand nur **wenig Aufschluss** darüber gibt, **wie der Zustand der Immer-**

---

[107] Vgl. u.a. SALEEM/ IGLESIAS (2016); PIEHLER ET AL. (2015); DU PREEZ/ BENDIXEN (2015); WENZEL ET AL. (2010); HENKEL (2008); DE CHERNATONY ET AL. (2006) u. BREXENDORF/ TOMCZAK (2004).

[108] Vgl. ZEPLIN (2006); KIMPAKORN (2009); PUNJAYSI (2009); HARTMANN (2010); KING/ GRACE (2010 u. 2012), PIEHLER (2011) u. XIONG ET AL. (2013).

[109] Vgl. u.a. KINZINGER ET AL. (2018), S. 7; KRISTOFFERSON (2017), S. 391; CHITARRO (2017), S. 18; VAN KERRENBROECK ET AL. (2017), S. 9; VAN u. GAO ET AL. (2009), S. 501.

sion erreicht werden kann. Unter Immersion versteht man nach herrschender Meinung das Abtauchen[110] in eine als real wahrgenommene zweite Welt jenseits der Realität. Die **Wirkung von VR** bleibt somit weitestgehend unbeantwortet. Allerdings geben verschiedene **partialanalytische Untersuchungen[111] zu einzelnen Determinanten** wie z.B. Interaktivität, relevanter Inhalt, Emotionalisierung **erste Hinweise über die Art und Weise der zugrunde liegenden Wirkmechanismen**. Dabei weisen die verfügbaren Forschungserkenntnisse eine **positive Wirkung von VR auf die Einstellung des Nachfragers** und **auf das Konsumentenverhalten nach**. Zudem sprechen diverse quantitative, empirische Studien dem Kommunikationsinstrument einen **höheren persuasiven Effekt** zu als den klassischen Instrumenten (vergleiche dazu z.B. Van Kerrebroeck (2017) und Dobrowolski (2014)). Dieser wird über eine positive **markenimageprägende Wirkung nachgewiesen**. Darüber hinaus bestätigen empirische Untersuchungen eine **höhere konative Wirkung von VR** im Vergleich zu herkömmlichen Instrumenten. Diese zeigt sich in einer gesteigerten Kaufbereitschaft des Nachfragers und der Bereitschaft die Marken-Webseite wieder aufzurufen, vgl. z.B. Kerrebroeck (2016) und Kristofferson (2016). Weitere konative Effekte wie bspw. die Bereitschaft des Nachfragers, sich positiv über die Marke zu äußern ((e)WoM) waren bisher nicht Gegenstand wissenschaftlicher Untersuchungen. Zur Wirkung von VR auf das Markenwissen des Nachfragers gibt es aktuell nach dem Kenntnisstand der Autorin nur einen Beitrag (Borba et al. (2017)), der eine positive Wirkung auf diese Größe zeigt.

Für die interne Markenkommunikation implizieren diese Erkenntnisse, dass aufgrund der Vergleichbarkeit der Ziele von einer vermutlich ebenso **einstellungsformenden Wirkung von VR bei Mitarbeitern auszugehen** ist. **Darüber hinaus lässt sich auch für das BCB vermuten,** dass die positiven **konativen Effekte bei Nachfragern in gewisser Weise auf Mitarbeiter übertragbar** sind. Insofern lässt der Einsatz von VR ebenfalls eine positive Beeinflussung der Markenpartizipation

---

[110] Bisher gibt es keine einheitliche wissenschaftliche Definition des Begriffs Immersion. Vgl. HEIM/ DERTINGER (2017), S. 5 u. auch SHERMANN/ CRAIG (2003), S. 6.

[111] Unter der Partialanalyse versteht man eine Vorgehensweise, bei der die wissenschaftliche Untersuchung nur einen oder bestimmte Ursache-Wirkungszusammenhänge eines gesamten Ursache-Wirkungssystems eines Untersuchungsobjektes herausgreift. Vgl. Definition nach PIEKENBROCK (2018), online Gabler-Lexikon; https://wirtschaftslexikon.gabler.de/definition/-partialanalyse-42440, zugegriffen am 31.09.2018.

und Markenmissionierung erahnen. Unter Markenmissionierung[112] versteht die identitätsbasierte Markenführung den bewussten, eigenständigen Einsatz der Mitarbeiter zum Aufbau eines positiven Markenimages, die Weiterempfehlung der Marke sowie das Verteidigen dieser gegenüber akuten Bedrohungen. Die Markenpartizipation hingegen umfasst alle Verhaltensweisen, die darauf ausgerichtet sind, aktiven Einfluss auf die Weiterentwicklung der Marke und die Verbesserung der Kundenerlebnisse zu nehmen. **Beim Aufbau von Markenwissen** kann nach aktuellem Wissenstand der Autorin nur ein empirischer Beleg aus der Forschung zur externen Markenkommunikation über VR gefunden werden. Jedoch lassen **die positiven Forschungsergebnisse der Lerntheorie[113] zu VR** sowie die einhellige bestätigende Auffassung von Marketingwissenschaftlern[114] auch hier die erste Vermutung zu, dass mit einem positiven Effekt auf das Markenwissen beim Mitarbeiter zu rechnen ist.

Es bleibt zu konstatieren, dass die Übertragung der vorliegenden Forschungsergebnisse zur VR auf die interne Markenkommunikation gute Anhaltspunkte zur Annahme liefert, dass VR als neuartiges Kommunikationsinstrument eine wirksame Alternative zur Erreichung der internen Ziele bietet. Die Ausführungen weisen jedoch darauf hin, dass noch **recht großer Forschungsbedarf bei den zielbezogenen Wirkungen von VR gegeben ist.**

Auf Basis der im Kapitel A 2 erläuterten praktischen Relevanz des Untersuchungsgegenstandes und der bestehenden Forschungslücke leitet sich die **grundlegende Forschungsfrage ab:**

- **In wie weit hat der Einsatz von VR einen positiven Einfluss auf die Zielerreichung der internen Markenführung?**

---

[112] Vgl. BURMANN ET AL. (2018), S. 81.

[113] Vgl. u.a. BHAGAT ET AL. (2016), LUDLOW, (2015), CHITTARO ET AL. (2016) und Drake-Bridges et al. (2011)

[114] Vgl. u.a. MINDSHARE FUTURES & ZAPPER (2018), S. 15; GIBERSON ET AL. (2017), S. 10; MARTIN (2017), S. 1; HUANG ET AL. (2016), S. 117; KPMG-Studie (2016), S. 32 f.; SCHOLZ (2016), S. 22; JAVORNIK (2014), S. 68 u. GUTTENTAG (2010), S. 641.

Ziel dieser wissenschaftlichen Arbeit ist es, die bestehende Forschungslücke zu schließen. Im Rahmen dieser Zielsetzung gilt es zu überprüfen, welchen Beitrag VR zum Erreichen der Ziele der internen Markenführung leisten kann.

Da es sich in der internen Markenkommunikation um ein neues Forschungsgebiet handelt, sollen mittels eines primär qualitativen Forschungsdesigns ein **Gerüst erster Hypothesen zur obigen Forschungsfrage** aufgestellt werden, das in ein Modell der internen, identitätsbasierten Markenführung integriert werden soll. Zudem sollen auf der Basis der empirischen Ergebnisse die **größten Einsatz- und Erfolgspotenziale von VR aufgespürt** und **erste Handlungsempfehlungen** für die interne Markenführung erarbeitet werden. Des Weiteren sollen der Wissenschaft erste Erkenntnisse als Grundlage für die weiterführende Forschung geliefert werden.

4 Aufbau der Arbeit und Forschungsansatz

Kapitel A, als einleitender Teil, definiert den Untersuchungsgegenstand sowie die Ziele dieser Forschungsarbeit und erläutert die praktische wie wissenschaftliche Relevanz der zu untersuchenden Forschungsfrage. **Kapitel B** setzt sich mit den notwendigen theoretischen Grundlagen der Arbeit auseinander. Aufbauend auf einem Überblick über die wichtigsten Ziele und Instrumente der internen Markenkommunikation werden die **wissenschaftlichen Beiträge der internen Markenführung, die die interne Markenkommunikation** zum Untersuchungsgegenstand haben, dargestellt. **Bisher exkludieren diese Beiträge** in ihren Forschungsarbeiten das Instrument **VR.** Aus diesem Grunde wird in Kapitel B 2.3 im Rahmen einer ausführlichen Literaturrecherche **subsidiär auf die Forschungsergebnisse zu VR in der externen Markenkommunikation zurückgegriffen.** Bei der Erarbeitung und Analyse des aktuellen Forschungsstandes wird die Leistungsfähigkeit sowie die Wirkungsweise von VR auf die Ziele der externen Markenkommunikation herausgearbeitet. Danach werden die Erkenntnisse, sofern möglich, auf die interne Markenkommunikation transferiert. **Als Arbeitsergebnis wird eine Aufstellung** der Determinanten und die dazugehörigen Erfolgswirkungen für die Ziele der externen Markenführung sowie der Transfer dieser auf die internen Ziele angestrebt. Darauf aufbauend werden erste Vermutungen in der Form von **forschnunsgeleiteten Annahmen über Ursache-Wirkungs-Zusammenhänge** zwischen dem VR-Einsatz und dem Markenwissen, BC sowie BCB formuliert, was die theoretische Basis für die nachfolgende empirische Untersuchung dieser Arbeit liefert.

Im Kapitel C erfolgt die **empirische Fundierung zur Beantwortung der Forschungsfrage.** Wesentliches Ziel ist es, das zurzeit noch weitestgehend unbekannte Forschungsfeld weiter zu erschließen. Dabei ist die **Aufgabe** aus der Perspektive des internen identitätsbasierten Markenführungsansatzes vor allem die **Wirkung von VR auf die Ziele Markenwissen und BC näher zu beleuchten,** wobei auch erste Rückschlüsse auf den Einfluss auf das BCB gezogen werden sollen. Dies impliziert zudem, die Determinanten der Immersion zu erforschen und zu analysieren. Zu diesem Zwecke werden von der Hauptforschungsfrage 5 weitere Forschungsfragen abgeleitet:

- Hat der Einsatz von VR einen positiven Effekt auf das Markenwissen des Mitarbeiters?
- Welches sind die wesentlichen Determinanten, die beim Einsatz von VR zum Aufbau von Markenwissen führen?
- Hat der Einsatz von VR einen positiven Effekt auf das BC?
- Welche sind die wesentlichen Determinanten, die beim Einsatz von VR zum Aufbau von BC führen?
- Gibt es erste Hinweise auf eine positive Wirkung von VR auf das BCB?

Aufgrund des **neuartigen Forschungsgebietes** bietet sich ein **exploratives Forschungsdesign** an. Dieses ist primär qualitativer Art[115] und wird quantitativ um ein Experiment als kausaler Untersuchungsansatz[116] ergänzt. Zur Untersuchung des Forschungsgegenstandes ist eine **3-stufige Empirie** vorgesehen.

In der ersten empirischen Stufe erfolgt eine qualitative Vorstudie mittels leitfadengestützter Experteninterviews mit Geschäftsführern namhafter, führender VR-Agenturen sowie Managern der internen Markenführung in führenden Posi-

---

[115] Vgl. KUSS ET AL. (2014), S. 51.
[116] Vgl. KUSS ET AL. (2014), S. 40.

tionen renommierter, etablierter Corporate Brands (B2C- und B2B-Business). **Ziel der Expertengespräche ist, die praktische Relevanz der Forschungsfrage zu überprüfen und zu bestätigen.** Gegenstand der Befragung ist, die aktuelle und zukünftige Bedeutung von VR in der internen Markenkommunikation zu evaluieren und zu begründen sowie das Forschungsgebiet „abzustecken". Auch sollen erste Einblicke in die Probleme, Bedenken und Befürchtungen beim Einsatz von VR aus der Sicht kompetenter Praktiker gegeben werden, um Rückschlüsse auf die aktuelle Anwendungszurückhaltung zu ziehen.

In der zweiten empirischen Stufe wird in Zusammenarbeit mit der Corporate Brand Merck **ein Experiment** durchgeführt. **Im Anschluss daran erfolgen in der 3. Stufe neun Tiefeninterviews mit Mitarbeitern von Merck**. Die Autorin ist sich der atypischen Reihenfolge bei dieser methodischen Vorgehensweise bewusst. In der empirischen Forschung erfolgt normalerweise die quantitative Forschung mit Kausaluntersuchungen erst nach der qualitativen Grundlagenforschung[117], da erstere auf den qualitativen Erkenntnissen basiert. Im konkreten Fallbeispiel **begründet sich die wissenschaftlich atypische Vorgehensweise durch das spezielle Setting,** das sich aus der Kooperation mit der Firma Merck ergab. Nach ausdrücklichem Wunsch des Forschungspartners wurde zunächst ein Experiment durchgeführt, um erste Indizien über die Einflüsse einer VR-Experience auf das Markenwissen und BC zu erhalten. Aus dem für das Experiment intern organisierten Event wurden dann freiwillige Teilnehmer für die Tiefeninterviews rekrutiert. Dabei sollten die Interviews auf der Basis der ersten Ergebnisse des Experiments weiteren Aufschluss auf die Wirkung und Funktionsweise von VR geben. Da das Experiment nur in wissenschaftlich reduzierter Form, d.h. ohne Kontrollgruppe, realisierbar war, wird das Experiment lediglich einen geringen Teil der empirischen Untersuchung der vorliegenden Arbeit ausmachen. Das durchgeführte Experiment ist nach aktuellem Kenntnistand in der Forschung der internen Markenführung das erste dieser Art.

Der Schwerpunkt der empirischen Untersuchung dieser Arbeit liegt **auf der leitfadengestützten, qualitativen Befragung (9 Tiefeninterviews).** Befragt wer-

[117] Vgl. FLICK (2012), S. 124 u. MAYENHOFER (2009), S. 479.

den Mitarbeiter der Firma Merck aus verschiedenen Unternehmensbereichen und Hierarchiestufen. Im Anschluss an die empirische Datenerhebung und -analyse werden mittels der **qualitativen Inhaltsanalyse** über die theoretische Generalisierung grundlegende Hypothesen zur VR-Wirkung auf die internen Markenführungsziele entwickelt.

Im letzten Kapitel D werden die wesentlichen Forschungsergebnisse im Überblick zusammengefasst und auf Basis des internen, identitätsbasierten Markenführungsansatzes in ein Modell integriert. Auf der Grundlage der Erkenntnisse der wissenschaftlichen Auseinandersetzung werden Implikationen für die Praxis und Wissenschaft der internen identitätsbasierten Markenführung formuliert und ein Ausblick auf die weitere wissenschaftliche Forschungsarbeit gegeben. Abb. 1 zeigt den Aufbau und die Gliederung der Arbeit.

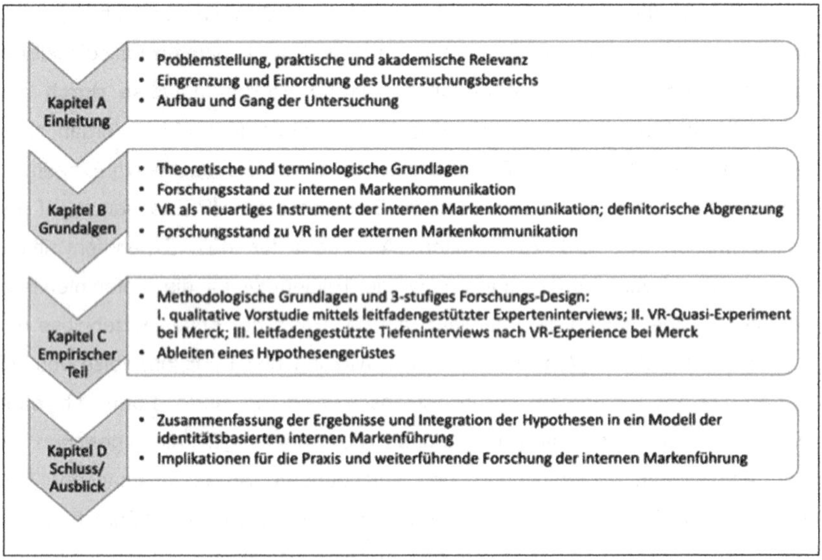

Abbildung 1: Aufbau und Gliederung der Arbeit

Quelle: Eigene Darstellung

B Theoretische Grundlagen

1 Grundlagen des internen identitätsbasierten Markenführungsansatzes

Die identitätsbasierte Markenführung wird nach Meffert und Burmann (1996)[118] [119] definiert als ein nach „außen- und innen gerichteter Managementprozess mit dem Ziel der funktionsübergreifenden Vernetzung aller mit der Markierung von Leistung zusammenhängenden Entscheidungen und Maßnahmen zum Aufbau einer starken Markenidentität.“ Sie versteht sich als ein integrativer ganzheitlicher Ansatz[120] , der sowohl **die Outside-in-Perspektive** (Nachfragerorientierung) als auch **die Inside-out-Perspektive** (Mitarbeiterorientierung) berücksichtigt. Insofern erfolgt eine Verbindung der internen Ursachenperspektive mit der externen Wirkungsperspektive einer Marke. Bei der internen Managementperspektive geht es um die **strategische Gestaltung des intendierten Nutzens**, den die externen Zielgruppen mit der Marke verbinden sollen zur Verursachung eines bestimmten Nachfragerverhaltens. Die Wahrnehmung sowie Bewertung einer Marke[121] durch die externen Zielgruppen manifestiert sich in der Wirkungsperspektive (Outside-in-Perspektive). Die **Inside-out-Perspektive** hingegen analysiert das **Selbstbild der Marke**[122] aus Sicht aller internen Stakeholder (Management, Mitarbeiter, Eigentümer inkl. verfügbarer Ressourcen und Kompetenzen) innerhalb der die Marke tragenden Institution. Dieses **Selbstbild wird als Markenidentität** bezeichnet. Die Verdichtung der Markenidentität führt zur Formulierung eines **Markennutzenversprechens**, das den kaufverhaltensrelevanten Nutzen umfasst, welcher gegenüber den externen Zielgruppen von der Marke erbracht werden sollen. Das **Markenimage**[123] formt sich **als Fremdbild** bei den verschiedenen externen Zielgruppen indirekt als bewertende Reaktion auf die Markenführungsaktivitäten. Es erfolgt ein

---

118 Vgl. MEFFERT u. BURMANN, (1996) S. 15; MEFERT ET AL. (2005), S. 355; BURMANN et al. (2015), S. 16.

119 Dieser Ansatz grenzt sich eindeutig von anderen Ansätzen ab wie bspw. KARPFERER (1992), der keine Definition seines Markenverständnisses vornimmt oder auch AAKER (1996), der unter der Marke nur ein formales Zeichen versteht. Vgl. BURMANN ET AL. (2018), S. 14.

120 Vgl. BURMANN et al. (2018), S. 13. Dieser Ansatz ist nicht auf die Service-Branche festgelegt, sondern lässt sich auf den C2C (Consumer-to-Consumer) als auch auf den B2B (Business-to Business) -Bereich anwenden. Vgl. BURMANN et al. (2015), S. 264.

121 Vgl. BURMANN ET AL. (2018), S. 13.

122 Vgl. (a.a.O.), S. 14.

123 Vgl. MEFFERT u. BURMANN (1996), S. 34) u. BURMANN ET AL. (2018), S. 14.

I. Nikic-Cemas, *Virtual Reality als neuartiges Kommunikationsinstrument der internen, identitätsbasierten Markenkommunikation*, Innovatives Markenmanagement, https://doi.org/10.1007/978-3-658-32071-3_2

Vergleich der Markenbedürfnisse und den gemachten Markenerlebnissen an den einzelnen Brand Touch Points im Rahmen des gesamten Kaufentscheidungsprozesses[124]. Abb. 2 zeigt das Grundkonzept der identitätsbasierten Markenführung.

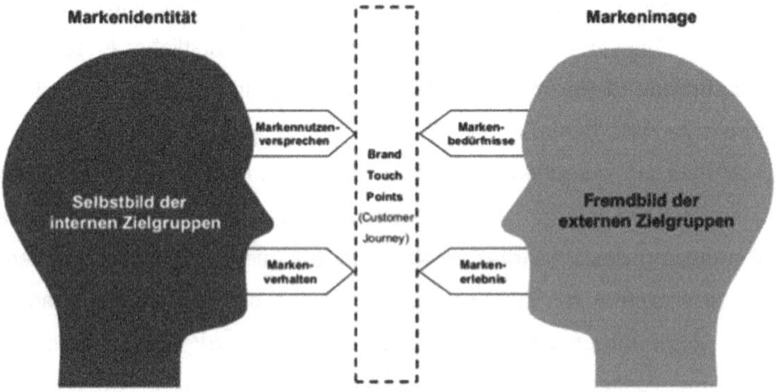

Abbildung 2: Grundkonzept der identitätsbasierten Markenführung

Quelle: Burmann et al. (2018), S. 15

Noch vor einigen Jahren spielte die interne Markenführung eine untergeordnete Rolle im Bereich des Marketings. Mittlerweile herrscht in der Wissenschaft[125] Einigkeit über die **hohe Relevanz der internen Markenführung** für den Erfolg der Marke. Burmann et al.[126] beschäftigen sich bereits seit über 23 Jahren mit der internen Perspektive der identitätsbasierten Markenführung (Inside-out-Perspektive). Ihre wesentliche Aufgabe ist die Sicherstellung der Umsetzung des gegenüber den relevanten externen Zielgruppen abgegebenen Markennutzenversprechens durch die Mitarbeiter an allen Brand Touch Points. Es sind also **originär die Mitarbeiter**, die als Träger der Marke den Unterschied zwischen konkurrierenden

[124] Das Markenverhalten umfasst die Produkt- und Serviceleistungen der Marke, an deren Entstehung alle Mitarbeiter der Marke direkt oder indirekt beteiligt sind sowie alle weiteren Kontakte des Nachfragers mit der Marke bspw. durch werbliche Aktivitäten. Vgl. BURMANN ET AL. (2018), S. 14 f.

[125] Vgl. u.a. BURMANN/ PIEHLER (2017), S. 2; Du Preez et al. (2014); ESCH ET AL. (2014), KREUZER (2014); PORICELLI (2014); TOMCZAK ET AL. (2012); PIEHLER (2011), BURMANN U. JOST-BENZ (2005, 2010); DE CHERNATONY (2010); KING/ GRACE/ FUNK (2010, 2012); HARTMANN (2010); HENKEL (2007); BREXENDORF ET AL. (2004).

[126] Vgl. dazu z.B. PIEHLER (2011); BURMANN/ JOST-BENZ/ RILEY (2009); BURMANN/ ZEPLIN/ RILEY (2009) und BURMANN/ ZEPELIN (2005) u. MEFFERT/ BURMANN (1996).

Marken ausmachen[127] und für eine besondere Stellung der Marke in den Köpfen der Verbraucher sorgen. Diese Betrachtungsweise geht auf die **kompetenzbasierte Theorie der Unternehmungsführung[128]** zurück. Sie integriert **diverse Stakeholder[129]**, u.a. auch den Mitarbeiter, als Zielgruppen in die marktorientierte Unternehmungsführung. Die interne, identitätsbasierte Markenführung verfolgt die Ziele Aufbau von Markenwissen, BC[130] und BCB, um die Mitarbeiter zu befähigen, als Markenbotschafter aufzutreten und das Markensprechen konsequent zu erfüllen. Piehler wies (2011) die **determinierende Bedeutung des Markenwissens** für **das BC und BCB[131] nach**. Zudem bestätigte er[132] empirisch den positiven Einfluss des BC auf das BCB. Abb. 3 stellt die internen Ziele grafisch dar.

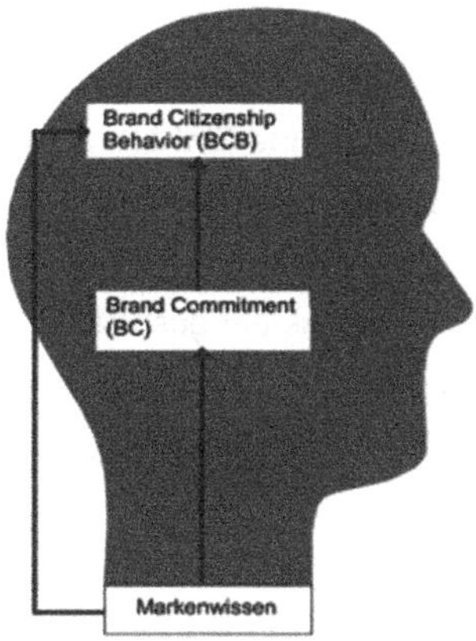

Abbildung 3: Ziele der internen identitätsbasierten Markenführung

Quelle: eigene Darstellung in enger Anlehnung an Burmann et al. (2012), S. 264

---

127 Vgl. DuBois Gelb/ Rangarajan (2014), S. 95, King/ Grace (2009) S. 26 u. (2010), S. 939; Burmann/ Jost-Benz (2005, 2010) u. De Chernatony (2010).

128 Die kompetenzbasierte Theorie der Unternehmungsführung (auch Competence based View genannt) ist einer der modernsten Ansätze zur Erklärung von Wettbewerbsvorteilen. Sie beschäftigt sich primär mit Kompetenzen, die aktivitätsorientiert und dynamisch in Prozessen erfasst werden. Sie sieht den Mitarbeiter als bedeutsame Quelle für Wettbewerbsvorteile und nachhaltigen Unternehmenserfolg. Vgl. Burmann et al. (2018), S. 9 f. u. Freiling (2004,) S. 6.

129 Vgl. De Chernatony et al. (2006), Jones (2006) u. Fiedler (2007).

130 Das BC umfasst die Markenidentifikation und Markeninternalisierung. Ersteres „...bezieht sich auf die Akzeptanz des sozialen Einflusses aufgrund des Zugehörigkeitsgefühls zur Gruppe, welche die Marke trägt und der Wahrnehmung, mit dem Schicksal dieser Gruppe verbunden zu sein." Die Internalisierung der Markenidentität stellt die durch die Mitarbeiter wahrgenommene Kongruenz der eigenen persönlichen Identität und der Markenidentität dar. Vgl. Piehler (2011), S. 218 f. u. auch Burmann et al. (2018), S. 89 f.

131 Vgl. Burmann et al. (2018), S. 82 f. u. Piehler (2011), S. 432 ff.

132 Vgl. Burmann et al. (2017), S. 264 u. Piehler (2011), S. 543.

Zur Erfüllung der Zielgrößen Markenwissen[133], BC und BCB sieht der identitätsbasierte Ansatz **diverse interne Markenführungsinstrumente** vor. Zu diesen zählen: 1. Ausgestaltung der Markenidentität, 2. Kontinuität und Konsistenz der Markenführung, 3. Interne Markenkommunikation, 4. Externe Markenkommunikation, 5. Markenorientiertes HR-Management und 6. Markenorientiertes Führungsverhalten. Unter diesen Instrumenten[134] **spielt die interne Markenkommunikation eine zentrale Rolle.**

Bruhn (2019)[135] greift konzeptionell den Zusammenhang zwischen der internen und der externen Kommunikation auf, indem er von einem integrativen Konzept der Kommunikation ausgeht. Demnach beinhaltet **integrierte Kommunikation den strategischen und operativen Prozess** der Analyse, Planung, Durchführung und Kontrolle, „...der darauf ausgerichtet ist, aus den differenzierten Quellen der internen und externen Kommunikation von Unternehmen **eine Einheit herzustellen**, um ein für die Zielgruppen konsistentes Erscheinungsbild des Unternehmens bzw. eines Bezugsobjektes...zu vermitteln". Bruhn versteht dabei den Begriff der internen Kommunikation als weitergreifendes Konzept, das die gesamte **interne Unternehmenskommunikation im Sinne der Mitarbeiterkommunikation** umfasst[136]. Insofern stellt die interne Markenkommunikation wiederum ex definitione ein Spezialgebiet der internen Kommunikation dar.

Die identitätsbasierte Markenführung definiert die interne Markenkommunikation[137] als „...alle Aktivitäten der Botschaftsübermittlung mit Markenbezug zwischen Mitarbeitern einer Organisation auf unterschiedlichen hierarchischen Ebenen". **Als wichtigstes Instrument der internen Markenführung** ist ihr grundlegendes Ziel der **Aufbau von umfangreichem Markenwissen** bei allen Mitarbei-

---

[133] Diese werden zum einen aus den Determinanten des Markenwissens abgeleitet und zum anderen auf der Basis anderer wissenschaftlicher Beiträge ergänzt. Vgl. BURMANN et al. (2018), S. 177 ff.; PIEHLER (2011) S. 190 u. ZEPLIN (2006), S. 233.

[134] Vgl. BURMANN ET AL. (2018), S. 180; PIEHLER (2011) u. ZEPLIN (2006).

[135] Vgl. BRUHN (2015), S. 92. Siehe auch Definition BRUHN (2015), S. 5. „Die Kommunikation eines Unternehmens umfasst die Gesamtheit sämtlicher Kommunikationsinstrumente und Maßnahmen, das Unternehmen und seine Leistungen den relevanten internen und externen Zielgruppen der Kommunikation darzustellen und/ oder mit den Zielgruppen eines Unternehmens in Interaktion zutreten".

[136] Vgl. BRUHN (2015), S. 6 f.

[137] Vgl. BURMANN ET AL. (2018), S. 180 u. PIEHLER (2011), S. 144.

tern. Dies impliziert[138] seitens der Mitarbeiter das Verständnis um die Relevanz der Marke und des eigenen Verhaltens für den Markenerfolg sowie die Kenntnis der Markenidentität und der erforderlichen markenadäquaten Verhaltensweisen. **Die Assimilation der Markenidentität[139]** bildet die Grundlage für die Fähigkeit und Bereitschaft des Mitarbeiters, **markenkonformes Verhalten zu zeigen.** Insofern reflektiert sich die kognitive und affektive Verankerung[140] der Markenidentität im Kopf des Mitarbeiters im Aufbau von BC und BCB. Mitarbeiter, die als Markenbotschafter fungieren, „leben die Marke" und machen die Markenwerte[141] in der Interaktion mit allen Stakeholdern bei der Erfüllung des Markenversprechens spürbar. Insbesondere **in B2B-Märkten und im Service-Bereich ist es essentiell[142]**, dass die Markenidentität nicht nur kognitiv verankert und bei Bedarf abrufbar ist, sondern auch **im direkten Kundenumgang praktiziert wird**. So kann ein positiver Effekt auf das Markenimage[143] und den Markenerfolg ausgeübt werden.

Die Vertreter der identitätsbasierten Markenführung erkannten sehr früh die Bedeutung der internen Markenkommunikation für die Mitarbeitersozialisation. Dies konnten sie mit mehreren wissenschaftlichen Studien beweisen. Burmann, Zeplin und Riley[144] weisen (2009) in einer Studie nach, dass die interne Markenkommunikation mit einem Pfadkoeffizienten von 0,40 im Vergleich zu den Instrumenten „markenbasiertes Führungsverhalten" und „HR" den mit Abstand stärksten Einfluss auf das BC hat. **Zeplin[145] wies bereits 2006** über eine **qualitätsbezogene Operationalisierung** der internen Markenkommunikation empirisch einen signifikanten **positiven Effekt der Kaskadenkommunikation** und der **lateralen Kommunikation auf das BC (vgl. Abb. 4) nach**. Bei der Kaskadenkommunikation[146] werden Informationen schrittweise von höheren Hierarchiestufen an niedrigere

---

138 Vgl. BURMANN ET AL. (2018), S. 193; BURMANN/ PIEHLER (2016), S. 10; PIEHLER/ HANISCH/ BURMANN (2015), S. 54 u. PIEHLER (2011), S. 144.

139 Vgl. IND (2013), S. 684. Vgl. auch BURMANN/ NIKIC-CEMAS (2017), S. 47.

140 Vgl. ESCH/ EICHENAUER (2016), S. 302; TUOMINEN ET AL. (2016), S. 308; IND (2013), S. 684; DE CHERNATONY (2006), S. 822. Siehe zudem u.a. BREXENDORF ET AL. (2012); HARTMANN (2010); PIEHLER (2011); KIMPAKORN (2009); PUNJAYSI (2009) u. ZEPLIN (2006).

141 Werte sind ein Set von Prinzipien, die das Verhalten beeinflussen. Vgl. BADOVICK/ BEATTY (1987), S. 20.

142 Vgl. KIMPAKORN/ TOCQUER (2009), S. 533.

143 Vgl. TUOMINEN ET AL. (2016), S. 308.

144 Vgl. BURMANN/ ZEPLIN/ RILEY (2009), S. 277.

145 Vgl. ZEPLIN (2006), S. 215 u. S. 227.

146 Vgl. BURMANN ET AL. (2018), S. 183 u. ZEPLIN (2006), S. 117.

Stufen weitergereicht. So ist es möglich, die Informationsweitergabe auch auf Teilbereiche der Unternehmenshierarchie zu begrenzen. Die laterale Kommunikation[147] hingegen beschreibt die informelle Weitergabe von Informationen zwischen den Mitarbeitern ohne Berücksichtigung von Organisationseinheiten und Hierarchiestufen. In der zugrundeliegenden Erhebung[148] wurden 1783 Mitarbeiter von 14 verschiedenen Marken aus sechs unterschiedlichen Branchen befragt. Im Rahmen ihrer Untersuchung hat Zeplin die **Qualität der Kommunikationsinstrumente über drei Kriterien[149]** gemessen: 1. Vermittlung der Relevanz der Marke, 2. Operationalisierung der Markenidentität und 3. Vermittlung der Markenidentität. Die zentrale Kommunikation[150] wurde pauschal[151] über Massenkommunikation, die Kaskadenkommunikation in Form von Gesprächen mit Vorgesetzten und die laterale Kommunikation in Form von Gesprächen zwischen Kollegen überprüft. Für die zentrale Kommunikation kann sie allerdings keinen signifikanten Einfluss auf das BC nachweisen. Zeplin erklärt dies damit[152], dass der zentralen Kommunikation die Glaubwürdigkeit, Relevanz und Dringlichkeit fehlt. An dem Ansatz von Zeplin ist kritisch anzumerken, dass die **drei Kategorien der Kommunikationsinstrumente jeweils nur pauschal abgefragt** wurden. Wünschenswert wäre eine differenzierte Analyse nach einzelnen Instrumenten sowie nach der Nutzungshäufigkeit dieser, um distinguierte Aussagen über die Wirkungsweise der internen Kommunikation zu treffen.

Piehler greift 2011[153] diese genannten Lücken z.T. auf und bezieht in seine Untersuchung die Nutzungshäufigkeit und die Anzahl der Kommunikationsinstrumente ein. Er untersucht den Einfluss der Quantität der zentralen Kommunikation, der Kaskadenkommunikation, der Lateralkommunikation und der Anzahl der Kommunikationsinstrumente auf das Markenwissen und BC. Zum Zwecke der Untersuchung wurden 922 Mitarbeiter aus verschiedenen Unternehmensbereichen

---

147 BURMANN ET AL. (2018), S. 183 u. ZEPLIN (2006), S. 120 f.

148 Vgl. ZEPLIN (2006), S. 227.

149 Vgl. (a.a.O.), S. 207.

150 Bei der zentralen Kommunikation erfolgt die Informationsübertragung von einem zentralen Absender aus an die Informationsempfänger. Vgl. ZEPLIN (2006), S. 116.

151 Vgl. (a.a.O.), S. 207.

152 Vgl. ZEPLIN (2006), S. 215 f.

153 Vgl. PIEHLER (2011), S. 513.

eines großen Dienstleistungsunternehmens[154], dessen Namen aus Gründen des Datenschutzes nicht genannt wird, über eine standardisierte Onlineerhebung befragt. Die Daten wurden über die PLS-Strukturgleichungsmodellierung[155] ausgewertet. Piehler[156] weist mit seiner Studie einen signifikanten Einfluss **der Nutzungshäufigkeit der zentralen Kommunikation und** der **Kaskadenkommunikation** sowie der **Anzahl der genutzten Instrumente** auf das **Markenwissen** nach. Dabei zeigt sich, dass sich die **Kaskadenkommunikation** mit einem Pfadkoeffizienten von 0,13 **zur Markenwissensvermittlung vergleichsweise deutlich besser eignet als die Zentralkommunikation** mit einem Pfadkoeffizienten von nur 0,06. Der Autor begründet dies damit, dass die persönliche Wissensvermittlung über Vorgesetzte glaubwürdiger wirkt, da sie aufmerksamkeitsstärker und authentischer ist. Hingegen kann Piehler keinen Einfluss der Nutzungshäufigkeit[157] der verschiedenen Kommunikationskategorien auf das BC nachweisen. Daraus lässt sich die Vermutung ableiten, dass es zum Aufbau von BC nicht so sehr auf die Quantität[158] im Sinne der Markenkontakthäufigkeit über die Instrumente ankommt. Vielmehr scheinen für den Kommunikationserfolg die Qualität der Inhalte und die Kommunikationsform entscheidend zu sein. Piehler (2011) empfiehlt der Praxis[159], den funktionalen Zusammenhang zwischen der internen Markenkommunikation und dem Führungsverhalten zu beachten. Das bedeutet, dass bei der Kaskadenkommunikation das markenbasierte Führungsverhalten des Vorgesetzten eine bedeutsame Rolle spielt. Abb.4 zeigt[160] die Forschungsergebnisse zur internen Markenkommunikation von Piehler (2011) und Zeplin (2006).

---

154 Vgl. (a.a.O.), S. 355.

155 Vgl. (a.a.O.), S. 385 u. S. 467 ff.

156 Vgl. PIEHLER (2011), S. 513.

157 Eine Überprüfung der Wirkung der Anzahl der genutzten Instrumente auf das BC erfolgte nicht. Vgl. PIEHLER (2011), S. 513 u. BURMANN ET AL. (2015), S. 195.

158 Vgl. BURMANN ET AL. (2015), S. 195.

159 Vgl. PIEHLER (2011), S. 514.

160 Vgl. Im Modell werden als moderierende Variable des BCB der **Struktur- und Prozessfit** integriert. Der Strukturfit umfasst die Organisationsstrukturen und Arbeitsprozesse, die es einem Mitarbeiter in der Organisation ermöglichen, BCB zu leben; während der Prozess-Fit beschreibt, inwieweit die organisationalen Prozesse und die Prozesse der Leistungserstellung die Mitarbeiter bei der Einlösung des Markennutzenversprechens unterstützen. Die 2. moderierende Variabel ist der **Ressourcen- und Kompetenz-Fit**. Er beinhaltet die Fähigkeiten (z.B. Sozial- und Sprachkompetenzen) und Arbeitsmittel der einzelnen Mitarbeiter. Vgl. BURMANN ET AL. (2018), S. 175 ff. u. PIEHLER (2011), S. 330 ff.

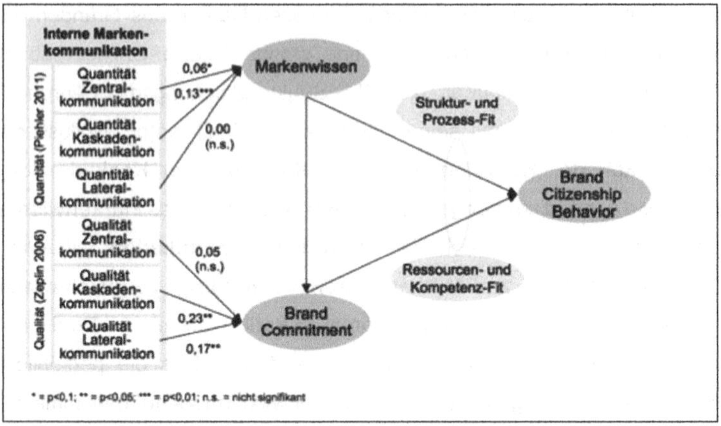

Abbildung 4: Wirkung der internen Markenkommunikation auf die Zielgrößen
Quelle: Burmann (2018) et al. S. 186 in Anlehnung an Piehler (2011), S. 534 und Zeplin 2006, S. 215

Es ist abschließend positiv festzuhalten, dass es im Rahmen des internen identitätsbasierten Markenführungsansatzes gelungen ist, die **Relevanz der internen Markenkommunikation zum Aufbau von Markenwissen und BC empirisch nachzuweisen.** Da bisher nur die positive Wirkung auf das Markenwissen und BC nachgewiesen wurde, ist anzuregen, die Untersuchung auch auf das BCB auszudehnen. Es ist kritisch anzumerken, dass die **drei Kategorien der Instrumente der internen Markenkommunikation jeweils nur global** und nicht auf operationalisierter Instrumentenebene auf die Wirkung der internen Zielgrößen untersucht wurden. Hinzu kommt, dass gerade im Umfeld der zunehmenden Digitalisierung der Kommunikation moderne digitale Instrumente wie z.B. Social Media, AR und VR in zukünftige Untersuchungen integriert werden sollten. Darüber hinaus ist zu erwähnen, dass auch die Wirkungsweise weiterer moderierender Variablen wie z.B. die Erlebnisorientiertheit der Instrumente, Mitarbeiter-Aufgeschlossenheit[161] oder persönliche Relevanz der Kommunikationsbotschaft empirisch untersucht werden sollten.

[161] Die Größe Mitarbeiter- Aufgeschlossenheit (Receptiveness) geht zurück auf KING und GRACE (2010). Die Autoren definieren Aufgeschlossenheit als einen psychologischen Status, der das Ausmaß, in dem der Mitarbeiter empfänglich für den Dialog mit der Organisation ist, misst. Vgl. KING UND GRACE (2010), S. 931.

2 Interne Markenkommunikation

2.1 Abgrenzung der internen von der externen Markenkommunikation

Von der internen ist die externe Markenkommunikation abzugrenzen. Sie umfasst[162] „...alle Aktivitäten der Botschaftsgestaltung zwischen einer markenführenden Organisation und ihren externen Zielgruppen“. Sie ist als ein Teil der externen Kommunikation zu verstehen, der sich mit dem Botschaftstransfer markenbezogener Inhalte befasst[163]. Als Kernbotschaft[164] ist dabei das von der Markenidentität abgeleitete Markennutzenversprechen zu übermitteln.

Bei der externen Markenkommunikation **unterscheidet Bruhn (2019)[165]** zwischen vorökonomischen (psychografischen) und strategischen (ökonomischen) Zielgrößen. Zu den **Vorökonomischen** zählen die kognitiven, affektiven und konativen Ziele. **Kognitive Ziele[166]** betreffen die Markenbekanntheit, auch Markenwissen oder Brand Awareness genannt. Nach dem Ansatz der identitätsbasierten Markenführung ist die Bildung der Markenbekanntheit Voraussetzung zum Aufbau des Markenimages. Sie besteht aus der Fähigkeit, sich an Markenzeichen wie Wortmarke, Bildmarke, Wort-Bild-Marke zu erinnern (Brand Recall als ungestützte Markenbekanntheit). Zudem umfasst die Markenbekanntheit, dass der Nachfrager die Marke nach akustischer und/ oder visueller Stützung wiedererkennt (Brand Recognition als gestützte Markenbekanntheit) und sie einer Produktkategorie zuordnen kann. **Affektive Ziele[167]** beziehen sich auf die emotionale Disposition des Nachfragers gegenüber der Marke. Dies impliziert die Entwicklung einer positiven, kaufverhaltensrelevanten Markeneinstellung, wozu auch das Markenimage zählt. **Konative Ziele[168]** stellen die markenbezogene Handlungsabsicht oder die Handlung des Nachfragers dar; während **die ökonomischen** Zielgrößen (ökonomischer

---

162 Vgl. PIEHLER (2011) S. 542; BURMANN ET AL. (2018), S. 195.

163 Vgl. BURMAN ET AL. (2018), S. 187 u. BURMANN/ PIEHLER (2016), S. 15.

164 Vgl. BURMANN/ PIEHLER (2016), S. 15 u. BURMANN ET AL. (2018), S. 188.

165 Vgl. BRUHN (2015), S. 545 ff.

166 Vgl. BURMANN ET AL. (2018), S. 48 u. AAKER (1991), S. 61.

167 Vgl. BURMANN ET AL. (2018), S. 188 f.

168 Vgl. BRUHN (2015), S. 546 ff.

Markenerfolg) auf einer finanziellen Bewertung der psychografischen Ziele basieren.

Als abgeleitetes Ziel der externen Markenkommunikation ergeben sich zudem **interne Wirkungen.** Dies besagt, dass die Markenidentität auch den **internen Stakeholdern zu vermittelt ist.** Zwar stellen die externen Stakeholder, v.a. die Nachfrager der Marke, die Kernzielgruppe der externen Markenkommunikation dar, jedoch richtet sie sich ebenfalls an die internen Stakeholder. Die Mitarbeiter nehmen[169] als eine Art **„second audiance"** an diversen Brand Touch Points markenbezogene, kommunikative Aktivitäten wahr. Der aus diesen Markenkontakten resultierende positive Effekt[170] auf die Ziele der internen Markenführung wurde bspw. von Zeplin (2006) und Piehler (2011) empirisch nachgewiesen. Auch De Chernatony et al. (2006) sehen die Bedeutung der externen Markenkommunikation zur Erreichung interner Ziele[171] im Kontext der internen Markenführung[172]. In diesem Zusammenhang ist zu berücksichtigen, dass jeder Mitarbeiter eine zweifache Kommunikatorrolle einnimmt. Zum einen absorbiert er markenbezogene Botschaften innerhalb der Organisation („inbound"), die er interpretiert und verarbeitet; zum anderen kommuniziert er diese nach außen an die Nachfrager oder sonstige Interessensgruppen („outbound")[173].

Ein Vergleich der Ziele der externen und internen Markenkommunikation zeigt, dass sich die psychografischen Ziele auf allen Wirkungsebenen gut miteinander vergleichen lassen. Abb. 5 gibt einen Überblick über die Struktur der externen Ziele der Markenkommunikation in Anlehnung an Burmann et al. (2018) und Bruhn (2019).

---

169 Vgl. GEORG/ BERRY 1984, S. 275; HENKEL ET AL. (2012); BURMANN/ PIEHLER (2013) und PIEHLER ET AL. (2015).

170 Vgl. ZEPLIN (2006) weist einen positiven Effekt der externen Markenkommunikation auf das BC empirisch nach. Vgl. ZEPLIN 2006, S. 215. PIEHLER (2011) bestätigt mit seinen empirischen Untersuchungen dieses Ergebnis und weist gleichzeitig eine positive Wirkung auf das Markenwissen nach. Vgl. dazu BURMANN/ PIEHLER (2016), S. 15 f.; PIEHLER (2011), S. 543. Siehe u.a. auch BURMAN ET AL. (2018), S. 195 u. PREEZ/ BENDIXEN (2015).

171 Vgl. CHERNATONY/ COTTAM (2006), S. 614.

172 Auch BRUHN ET AL. (2007) weisen empirisch einen positiven Einfluss von Sport- u. Kultursponsering auf das BC und markenkonforme Verhalten nach. Vgl. BRUHN ET AL. (2007), S. 289.

173 Vgl. MAST (2014), S. 1128.

Abbildung 5: Ziele der externen identitätsbasierten Markenkommunikation

Quelle: Eigene Darstellung in Anlehnung an Bruhn (2019), S. 501 u. Burmann et al. (2018), S. 89

Die erste grundsätzliche Vergleichbarkeit zeigt sich **auf kognitiver Ebene**. Sowohl beim Nachfrager als auch Mitarbeiter muss die Marke „im Kopf verankert" werden. Nach dem identitätsbasierten Markenführungsansatz sind durch den Einsatz der Kommunikationsinstrumente **sowohl beim Nachfrager als auch beim Mitarbeiter Markenwissen bzw. Markenbekanntheit** aufzubauen. In beiden Fällen soll die Vertrautheit mit der Marke und verhaltensrelevantes, markenidentitätsbasiertes Wissen gebildet werden.

Das **Markenimage** als eine weitere **Zielgröße** der externen Markenkommunikation ist als subjektives Einstellungskonstrukt der **affektiven Wirkungsebene** zuzuordnen. Es lässt sich allerdings nicht direkt mit den Zielen der internen Markenkommunikation vergleichen, da die identitätsbasierte interne Markenführung[174] diese Größe nicht explizit vorsieht. Da jedoch das BC ebenfalls ein subjektives Einstellungskonstrukt gegenüber der Marke darstellt, das über die Markenidentifikation und Markeninternalisierung zum Ausdruck kommt, ist auch hier im weiteren Sinne eine gewisse Vergleichbarkeit gegeben. Auf affektiver Zielebene ist vor allem die **Marke-Nachfrager-Beziehung zu stärken.** Diese **entspricht inhaltlich der Marke-Mitarbeiter-Beziehung** in der internen Kommunikation. Steigt man tiefer in die Konstrukte ein, zeigen sich Überschneidungen beim **Brand Attach-**

[174] Vgl. Piehler (2011) u. Burmann et al. (2018).

ment[175] (BA) mit dem Konstrukt BC. Das BA, als wesentliches externes Ziel der Markenführung stellt das Ausmaß dar, in dem der Nachfrager die Marke mit seinem Selbst verbindet[176]. Es umfasst die Größen **Brand Self Connection** (BSC) und **Brand Prominence** (BP). Das BSC[177] wiederum beinhaltet neben der Markeninstrumentalisierung die **Markenidentifikation des Nachfragers**. Diese korrespondiert mit der **Markenidentifikation des Mitarbeiters** als operationalisierte Zielgröße des BC. Das **Markenvertrauen des Nachfragers** als eine weitere affektive Zielgröße der identitätsbasierten Markenführung kann mit dem Markenvertrauen des Mitarbeiters verglichen werden. In beiden Fällen handelt es sich um die Bereitschaft, sich gegenüber der Marke verletzbar zu machen. Dies impliziert das subjektiv empfundene Risiko[178], die Marke könne gegebenenfalls ihrer Bereitschaft und Fähigkeit ihr Nutzenversprechen zu erfüllen, nicht nachkommen. Die **Markenauthentizität[179]** ist eine dem Markenvertrauen des Nachfragers vorgelagerte Zielgröße. Auch wenn **Markenvertrauen und die Markenauthentizität** nicht explizit als Ziele der internen Markenführung vorgesehen sind, so ist anzunehmen, dass sie über die externe und interne Markenkommunikation auch beim Mitarbeiter gefördert werden und zur Stärkung der emotionalen Markenbindung (BC) beitragen.

Auf der **konativen Zielebene** manifestiert sich die Verhaltensrelevanz der Marke-Nachfrager- bzw. Marke-Mitarbeiter-Beziehung. Auf dieser Wirkungsebene der externen Kommunikation ist die **Kundenloyalität** hervorzuheben. Sie zeigt sich im online und offline **Engagement des Nachfragers** bspw. über **positives WOM** in Form von Weiterempfehlung und in der **Bereitschaft zum Kauf** bzw. **Wiederkauf.** Das Engagement des Nachfragers kann in der internen Markenführung **mit der**

175 Vgl. KLEINE-KALMER 2016, S. 65 f. u. PARKER (2010), S. 2.

176 Vgl. BURMANN ET AL. (2018), S. 89 u. PARKER (2010), S. 2.

177 Die andere Komponente von BSC, d.h. die Instrumentalisierung der Marke zur Erreichung persönlicher Ziele, findet kein Pendant zu den Zielen der internen Markenführung. Auch ist die Brand Prominence nicht vergleichbar, da aufgrund des Arbeitsvertrages des Mitarbeiters davon auszugehen ist, dass die Marke kraft beruflichen Umfeldes permanent im Kopf des Mitarbeiters präsent sein sollte.

178 Vgl. BURMANN (2018), S. 92 u. HEGNER (2012), S. 59. Beim Mitarbeiter kann das subjektiv empfundene Risiko sich bspw. auf die Arbeitsplatzsicherheit oder die Möglichkeiten, sich in der Organisation beruflich weiterzuentwickeln, beziehen. Vgl. HEGNER (2012), S. 60.

179 Markenauthentizität ist definiert als „das Ausmaß ihrer identitätsbezogenen Handlungsverursachung" und stellt eine dem Markenvertrauen vorgelagerte Einflussgröße dar. Vgl. BURMANN ET AL. (2018), S. 58 f. u. SCHALLEHN ET AL. (2014), S. 193.

Markenmissionierung als operationalisiertes Ziel des BCB verglichen werden. Die Markenmissionierung impliziert[180] u.a., dass der Mitarbeiter sich über die Marke positiv äußert und sie generell oder als Arbeitgeber weiterempfiehlt. Die **Bereitschaft zum Kauf bzw. Wiederkauf** kann mit der Loyalität des Mitarbeiters gegenüber der Marke verglichen werden. Sie zeigt sich in der Absicht, dem Unternehmen über längere Zeit als Mitarbeiter treu zu bleiben.

Es ist festzuhalten, dass über alle psychografischen Wirkungsebenen eine **gute Vergleichbarkeit der Ziele** der internen und externen Markenkommunikation gegeben ist. Nach der identitätsbasierten Markenführung wird das Ziel verfolgt, sowohl **Nachfrager als auch Mitarbeiter als Markenbotschafter** aufzubauen. Abb. 6 zeigt die Vergleichbarkeit der Ziele im Überblick.

Abbildung 6: Vergleichbarkeit der Ziele in der internen und externen Markenkommunikation
Quelle: Eigene Darstellung

Im Weiteren soll der **Frage der Vergleichbarkeit der situativen Kontextfaktoren**, denen Nachfrager und Mitarbeiter ausgesetzt sind, nachgegangen werden. Bedingt durch die **Digitalisierung der Kommunikation** sind heutzutage Nachfrager und

180 Vgl. BURMANN ET AL. (2018), S. 82 u. S. 222 u. PIEHLER (2011), S. 432 ff.

Mitarbeiter gleichsam einer **zunehmenden Informations- und Reizbelastung** ausgesetzt[181]. Dies hat zur Konsequenz, dass es grundsätzlich schwieriger geworden ist[182], die Aufmerksamkeit sämtlicher Zielgruppen in einem multimedialen und -sensualen Umfeld zu gewinnen sowie Markenwissen aufzubauen. Neben dieser gemeinsamen kommunikativen Rahmenbedingung gibt es eine **Reihe besonderer Kontextfaktoren,** die das **tägliche berufliche Umfeld des Mitarbeiters prägen und unterscheiden**. Der Mitarbeiter steht i.d.R. in einem vertraglich geregelten längerfristigen **Angestelltenverhältnis**, während der Nachfrager in der Wahl der Marke sich flexibel jeder Zeit frei entschieden kann. Der Mitarbeiter ist somit schon rein juristisch verpflichtet[183], seine beruflichen Aufgaben gewissenhaft zu erfüllen. Insofern ist bei ihm aufgrund der Unternehmenszugehörigkeit im Vergleich zum Nachfrager von einer extrinsischen Motivation auszugehen, markenrelevante Informationen zu perzipieren und sich mit diesen auseinanderzusetzen. Auch wird von ihm erwartet, sich für das Wohl und den Erfolg der Marke zu engagieren. Darüber hinaus wird bereits bei einer **professionellen Personalakquise[184]** auf die **Erfüllung eines adäquaten Marken-Mitarbeiter Fits** geachtet, der sicherstellt, dass der Mitarbeiter von seinen Sozial- und Fachkompetenzen und seinen grundlegenden Einstellungen sowie Wertvorstellungen (Passung der Marken- und Mitarbeiteridentität) zur Marke passt. Zudem führt die **tägliche Markenkonfrontation im Arbeitsumfeld** per se zu einer **starken Markenpräsenz im Kopf des Mitarbeiters**. Beim Nachfrager hingegen baut sich diese erst im Rahmen der emotionalen Markenbindung über das Brand Attachment auf.

Abschließend ist festzuhalten, dass ein Vergleich der situativen Kontextfaktoren des Nachfragers und Mitarbeiter die Vermutung zulässt, dass aufgrund der besonderen Bedingungen beim Mitarbeiter eine tendenziell höhere Bereitschaft zur Absorption markenrelevanter Informationen vorauszusetzen ist. Zudem sprechen die besonderen Gegebenheiten im Arbeitsumfeld für eine gewisse grundlegende

181 vgl. PORTER/ HEPPELMANN (2017), S. 49; JAVORNIK (2016), S. 987 u. ZERFAß (2014), S. 738.

182 Vgl. BERG ET AL. (2017), S. 2; PORTER/ HEPPELMANN (2017), S. 49 f. Vgl. auch Studie des Alexander Humboldt Instituts, Prof. DR. SCHULZ ET AL. (2016), Schlüsselressource Wissen: Lernen in einer digitalen Welt. https://www.ie.foundation/content/4-publications/hiig-bdi-ief-schluesselressource-wissen.pdf; zugegriffen am 08.05.2018.

183 Vgl. TUOMINEN ET AL. (2016), S. 309, PIEHLER ET AL. (2015), S. 53 u. HARTMANN (2010), S. 84.

184 Vgl. BURMANN ET AL. (2018), S. 176; TUOMINEN ET AL. (2016), S. 311 u. PIEHLER ET AL. (2015), S. 54.

Motivation des Mitarbeiters, sich für die Belange der Marke einzusetzen. Dies stützt die methodische Vorgehensweise, die Erkenntnisse zu VR aus der externen auf die interne Markenkommunikation transferieren zu können.

2.2 Instrumente der internen Markenkommunikation

Die letzten Jahre sind geprägt von einer stetig wachsenden Dynamik in der Marken-Kommunikation, so dass sich immer wieder neue Instrumente auf Basis innovativer Konzepte und Technologien herauskristallisierten[185]. Aufgrund der wachsenden Relevanz neuer, digitaler Instrumente in der internen Markenkommunikation wird in der vorliegenden Arbeit zwischen **klassischer** und **neuartiger digitaler Markenkommunikation** unterschieden. Tab. 1 gibt einen beispielhaften Überblick über die Instrumente der internen Markenkommunikation.

Klassische Instrumente			**Neuartige digitale Instrumente**
Zentrale Kommunikation	**Kaskaden Kommunikation**	**Laterale Kommunikation**	**Social Intranet (2.0)**
• **Push Prinzip** - E-Mail/ Newsletter - Mitarbeiter-Zeitung - Markenhandbücher/ Marken-Broschüren - Rundschreiben • **Pull Prinzip** - Intranet 1.0 - Business-TV • **Marken-Events** - Vorträge/ Podiumsdiskussionen - Markenworkshops - Markenschulungen - Feiern - Business-Theater	• Besprechungen • vom Vorgesetzten durchgeführte Teamworkshops • Marken-Dialogbilder • Markenlernspiele • Brand Academy	• Flurfunk • Story-Telling	• **Internal Knowledge Communities** • **Internal Brand Communities** • **Internal Social Publishing** • (Augmented/ Virtual Reality)

Tabelle 1: Beispielhafter Überblick über die Instrumente der internen Markenkommunikation

Quelle: Eigene Darstellung in Anlehnung an Zeplin (2006), Piehler (2011) u. Bruhn (2019)

2.2.1 Klassische Instrumente

Der Darstellung in Tab. 1 liegt die Systematik der klassischen Kommunikationsinstrumente nach dem identitätsbasierten Markenführungsansatz zugrunde. Dabei wird **nach den Wegen des Informationsflusses[186] zwischen drei Arten** differen-

185 Vgl. BRUHN (2015), S. 588.

186 Vgl. ZEPLIN (2006), S. 116 u. BURMANN ET AL. (2018), S. 182.

ziert, die ergänzend aufeinander abgestimmt werden müssen[187]. Dazu zählen[188] die **zentrale Kommunikation, Kaskadenkommunikation und laterale Kommunikation,** vergleiche Tab. 1 und Abb. 7. Die Struktur basiert auf der in der Literatur vorliegenden Einteilung[189] in Top-Down und horizontale Kommunikation, formelle und informelle Kommunikation sowie einer netzwerkorientierten Betrachtungsweise von gruppenbezogenen Kommunikationsstrukturen.

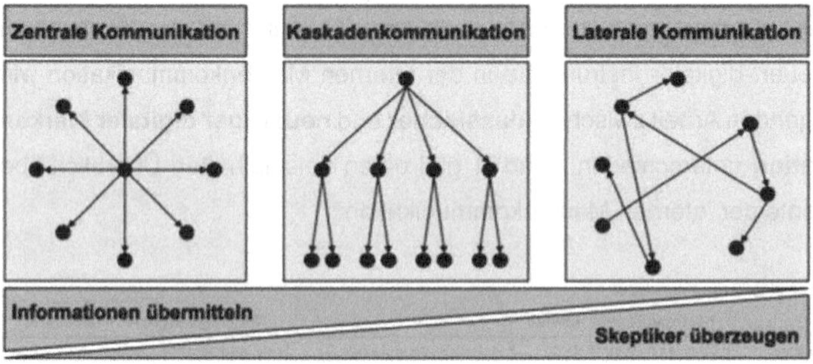

Abbildung 7: Arten interner Markenkommunikation
Quelle: Zeplin (2006), S. 116

Unter der **Zentralen Kommunikation**[190] versteht man die Botschaftsübermittlung von einer zentralen Abteilung, meist der Kommunikationsabteilung, direkt an den Mitarbeiter. Hierbei kann zwischen[191] dem Push- und dem Pull-Prinzip oder einer Kombination aus beidem unterschieden werden. Die Kommunikationsinstrumente nach dem **Push-Prinzip** sind dadurch gekennzeichnet, dass das klassische Kom-

---

[187] In der einschlägigen Literatur findet man diverse Kategorisierungen der Instrumente der internen Markenkommunikation, die nach unterschiedlichen Kriterien die Einteilung dieser vornehmen. An dieser Stelle sei auf ESCH ET AL. (2012 u. 2014) verwiesen, die zwischen **persönlicher** (direkter) und **Massenkommunikation** unterscheiden. Bei der persönlichen Kommunikation erfolgt die Kommunikation direkt von Person zu Person über z.B. Gespräche zwischen Vorgesetzten und Mitarbeitern und dient der Verständigung in der näheren sozialen Umwelt. Die Massenkommunikation wird meist mit Unterstützung von technischen Medien wie z.B. Mitarbeiterzeitschriften, Business-TV und Intranet/ Internet durchgeführt und vermittelt Informationen und Einflüsse der weiteren Umwelt. Die Autoren weisen bei der Entscheidungsfindung hinschlich der beiden Kategorien auf einen Zielkonflikt zwischen erzielbarerer Überzeugungswirkung und Reichweite im Unternehmen hin. Vgl. ESCH/ FISCHER/ STRÖDTER (2012), S. 101 ff. u. HARTMANN (2010), S. 96 f.

[188] Die Struktur geht auf BURMANN und ZEPLIN zurück. Vgl. BURMANN/ ZEPLIN (2005), S. 1021 u. (ZEPLIN) 2006, S. 115.

[189] Vgl. BRUHN (2015), S. 72 ff.

[190] Vgl. BURMANN ET AL. (2016), S. 193 u. ZEPLIN (2006), S. 116.

[191] Vgl. BURMANN/ ZEPLIN (2006), S. 1032 u. siehe auch HARTMANN (2010), S. 98.

munikationsmodell[192] Sender-Medium-Empfänger zugrunde liegt und eine einseitige Kommunikation dominiert. Es geht darum, möglichst viele Informationen einem breiten Publikum bereitzustellen, so dass als Instrumente schriftliche Materialien wie **Newsletter, E-Mails, Markenhandbücher oder Mitarbeiterzeitungen** in Frage kommen. Es wird nicht sichergestellt[193], ob der Rezipient die Kommunikationsinhalte erhalten und verstanden hat, da eine Rückmeldung nicht vorgesehen ist. Von daher eignen sich diese Instrumente nicht, um individuelle kognitive und emotionale Defizite beim Mitarbeiter auszugleichen. Sie finden vielmehr Anwendung in der Weitergabe eher allgemeiner Informationen, wie z.B. organisatorische Veränderungen im Marketingmanagement, die für einen Großteil oder alle Mitarbeiter von Interesse sind.

Dahingegen werden Informationen nach dem **Pull-Prinzip[194]** bewusst vom Mitarbeiter eigenständig abgerufen. Diese werden in einem zentral verfügbaren Pool von Informationen z.B. über das **Intranet oder Business TV[195]** bereitgestellt, um dem individuellen Informations- und Interaktionsbedürfnis der Rezipienten gerecht zu werden. Instrumente[196], die **sowohl nach dem Push- als auch nach dem Pull Prinzip** arbeiten werden als **interaktiv** bezeichnet. Hierzu zählen Events, die als zentral organisierte Veranstaltungsformen beispielsweise in Form von Markenworkshops, Markenschulungen oder markenbezogenen Vorträgen und Podiumsdiskussionen angeboten werden. **Sie weisen[197] i.d.R. eine erhöhte Informations-**

---

192 Vgl. BRUHN (2015), S. 588.

193 Vgl. LARKIN/ LARKIN (1996), S. 99 u. ZEPLIN (2006), S. 116.

194 Vgl. BRUHN (2015), S. 588. Nach Bruhn ist die Pull-Kommunikation essentieller Bestandteil der dialogorientierten Kommunikation. Dabei definiert er Dialogkommunikation als „sämtliche Kommunikationsinstrumente und -maßnahmen eines Unternehmens..., die eingesetzt werden zur Förderung des interaktiven Austausches mit den Anspruchsgruppen sowie zum Aufbau bzw. zur Intensivierung des Dialogs zur Kundenakquisition, -bindung und Rückgewinnung". Vgl. auch für weitere Informationen BRUHN (2016), S. 370 ff.

195 Unter Business TV versteht man die Nutzung der Fernsehtechnik für Zwecke der Kommunikation innerhalb von Unternehmen bzw. Organisationen. Gabler Online Lexikon zugegriffen am 05. 07. 2018, https://wirtschaftslexikon.gabler.de/definition/ business-tv. Vgl. zudem für weiterführende Informationen ESCH ET AL. (2016), S. 304 f.

196 Vgl. BURMANN/ ZEPLIN (2005), S. 1033 u. ZEPLIN (2006), S. 117.

197 Vgl. ZEPLIN (2006), S. 17 u. BURMANN ET AL. (2015), S. 195.

und Persuationswirkung[198] auf, da von einem höheren Involvement[199] des Mitarbeiters auszugehen ist. Da jedoch der Adressatenkreis klein und der finanzielle Aufwand relativ groß sind, haben Events oft eine tendenziell geringere Effizienz.

Die **Kaskadenkommunikation**[200], als zweite Grundform der klassischen Kommunikationsinstrumente, beginnt normalerweise auf höchster Hierarchieebene der Geschäftsleitung. Davon ausgehend werden die Informationen schrittweise top-down auf niedrigere Hierarchieebenen weitergeleitet; dabei kann sich die Informationsweitergabe auch auf einzelne Teilbereiche der Organisation beschränken. Beispiele[201] sind **Besprechungen zwischen Vorgesetzten und Mitarbeitern, vom Vorgesetzten durchgeführte Markenworkshops** oder auch **Marken-Dialogbilder.** Marken-Dialogbilder[202] werden genutzt, um dem Mitarbeiter komplexe Unternehmenszusammenhänge zu veranschaulichen und die Entstehung eines Wir-Gefühls zu fördern[203]. Sie stellen die komplexe Realität der Marke in einem einzelnen Bild dar, zeigen einzelne Ausschnitte der Wirklichkeit, die mittels Grafiken, Statistiken und Tabellen miteinander vernetzt werden können. Ein weiteres Instrument der Kaskadenkommunikation sind **Markenlernspiele**[204]. Auf der Basis von Regeln und Abläufen eines normalen Spielmechanismus schaffen sie Anknüpfungspunkte zwischen der Markenidentität und dem Tagesgeschäft der Mitarbeiter. Auf diese Weise kann die Markenidentität auf unterhaltsame Weise spielerisch vermittelt werden. Die **Brand Academy**[205] wird ebenfalls im Rahmen der Kaskadenkommunikation eingesetzt. Sie ist ein Konzept[206], bei dem an einem speziellen Schulungsort, normalerweise außerhalb des Standortes der Organisation, klassische Schulungselemente durch Erfahrungs- sowie Unterhaltungsmodule

---

198 Persuation beschreibt das Ausmaß, in dem die Kommunikation eine Veränderung der Einstellung herbeiführt. Vgl. SIMONS (1988), S. 21. Siehe auch BETTINGHAUS/ CODY (1994), S. 3 u. ESCH ET AL. (2012), S. 105.

199 KROEBER-RIEL/ ESCH (2015) definieren Involvement in Bezug auf Kommunikation als das Engagement, mit dem sich jemand einem Gegenstand oder einer Aktivität zuwendet. Vgl. KROEBER-RIEL/ ESCH (2015), S. 143.

200 Vgl. ZEPLIN (2006), S. 117 f.

201 Vgl. BRUHN (2015), S. 589. Für weitere Beispiele siehe BREXENDORF ET AL. (2019), S. 344 ff.

202 Vgl. BREXENDORF ET AL. (2019), S. 353.

203 Vgl. (a.a.O.), S. 356 f.

204 Vgl. (a.a.O.), S. 353.

205 Vgl. (a.a.O.), S. 363.

206 Vgl. ebenda.

ergänzt werden. Die BMW Group[207] legte durch die Gründung der markeneigenen Brand Academy im November 2002 den Grundstein für diese markenspezifische Art der Weiterbildung von Mitarbeitern. Durch die Brand Academy kann vor allem Wissen vermittelt und das BC gestärkt werden. Zudem wird sie zur Verbesserung von Fähigkeiten, wie bspw. dem Trainieren von Verkaufsberatungsgesprächen eingesetzt. **Vorteilhaft an der Kaskadenkommunikation**[208] ist ein gesteigertes Maß an Wertschätzung gegenüber dem Mitarbeiter und Glaubwürdigkeit bedingt durch die direkte persönliche Weitergabe der Informationen durch den Vorgesetzten.

Die Laterale Kommunikation[209], als dritte Grundform der internen Markenkommunikation, umfasst die informelle Kommunikation zwischen den Mitarbeitern, auch häufig in der Praxis als **„Flurfunk"** oder „Gerüchteküche" bekannt, ohne Berücksichtigung von Hierarchiestufen und Organisationseinheiten. Sie weist die höchste Form der Überzeugungskraft auf, da Informationen schnell verarbeitet und unter den Kollegen zügig verbreitet werden. Hinzu kommt, dass sie in der Perzeption der Mitarbeiter als wenig gesteuert und glaubwürdig angesehen werden. Auf der anderen Seite kann die laterale Kommunikation sich u.U. auch als problematisch erweisen[210], da sie oftmals spontan, unberechenbar und unkontrolliert ist, da relevante Informationen von den Interaktionspartnern addiert oder einfach weggelassen werden können. Sie setzt ein hohes Maß an Vertrauen bei den Mitarbeitern voraus und scheint zum reinen Informationstransfer eher ungeeignet zu sein. Das **organisierte Story-Telling**[211] bietet hier eine gute Möglichkeit, zu verhindern, dass die informelle der formellen Kommunikation entgegenarbeitet. Für den Begriff **Story-Telling** gibt es bisher keine einheitliche, allgemein anerkannte Definition. Im Folgenden werden beispielhaft 2 Definitionen angeführt. **Swap et al.**[212] **(2001)** definieren Story-Telling vereinfacht als „...Erzählungen, die die Mitarbeiter eines Unternehmens auf informelle Art und Weise untereinander aus-

---

207 Vgl. BMW Group (2005), S. 37.

208 Vgl. Zeplin (2006), S. 117. Burmann und Zeplin betonen die Wichtigkeit, dass Führungskräfte selber von der Marke überzeugt sind und in ihrem Verhalten die Identität der Marke reflektieren. Vgl. Burmann/ Zeplin (2005) u. Zeplin (2006), S. 118.

209 Vgl. Burmann/ Zeplin (2005), S. 1035; Laux/ Liermann (2005), S. 275 u. Zeplin (2006), S. 119.

210 Vgl. Burmann et al. (2018), S. 183.

211 Vgl. Bruhn (2015), S. 589; Zeplin (2006), S. 120 u. Hartmann (2010), S. 100.

212 Vgl. Swap et al. (2001), S. 103.

tauschen". Nach der komplexeren Definition **der Wissenschaftler Erlach/ Thier (2005)**[213] ist Story-Telling "...eine Methode, mit der (Erfahrungs-) Wissen von Mitarbeitern über einschneidende Ereignisse im Unternehmen...aus unterschiedlichsten Perspektiven der Beteiligten erfasst, ausgewertet und in Form einer gemeinsamen Erfahrungsgeschichte aufbereitet wird". Das Instrument Story-Telling kann genutzt[214] werden, um markenrelevante Informationen auf spannende und kreative Weise zu transportieren. Mitarbeiter haben die Möglichkeit über individuelle Erfahrungsberichte die Wirkung ihres eigenen markenkonformen Verhaltens auf den Nachfrager weiterzugeben. Durch eine spannend erzählte Geschichte[215] wird der Rezipient in das Erzählmoment „hinein transportiert" und „emotional involviert"[216]. Davon abzugrenzen ist das **Story-Living.** Aktuell gibt es noch keine wissenschaftliche Definition. Nach herrschender Meinung[217] wird es als eine **erweiterte Form des Story-Tellings** bezeichnet, das auf Interaktion ausgelegt ist und ermöglicht, dem Mitarbeiter **markenrelevante Inhalte unter persönlichem Involvement erlebbar zu machen.** Während beim klassischen Story-Telling der Rezipient i.d.R. zuhört und gegebenenfalls dem Erzähler zuschaut, wird er beim Story-Living[218] in das Geschehen integriert und zum Mitmachen aufgefordert. Bei der Umsetzung sind vielfältige, kreative Möglichkeiten denkbar. **So kann Story-Living textbasiert**[219] erfolgen, wobei der Mitarbeiter selbst einen Teil oder Teile der Story erzählt und den Verlauf steuert. Auch kann der Mitarbeiter während des Erzählvorgangs eine bestimmte Rolle einnehmen oder sogar zum Protagonisten der Story werden. Der Vorteil dieses Instrumentes[220] wird darin gesehen,

---

213 Vgl. ERLACH/ THIER (2005), S. 17.

214 Vgl. WENTZEL ET AL. (2012), S. 427 ff.

215 Erzählungen können dabei den kognitiven Prozess „Transportation" auslösen, der ein Eintauchen des Zuhörers in die Geschichte beschreibt. Vgl. dazu GREEN/ BROCK (2000), S. 701 u. KREUTZER (2014), S. 30

216 Die positive Wirkungsweise von Markengeschichten begründet sich durch ihren „dualen Charakter". Einerseits sind sie präskriptiv, da sie die Werte und Kompetenzen des Unternehmens und der Marke zeigen und andererseits haben sie einen deskriptiven Charakter, da sie demonstrieren, wie diese im unternehmerischen Alltag tatsächlich angewendet und umgesetzt werden. Vgl. SCHREYÖGG/ GEIGER (2003), S. 16; WENTZEL ET AL. (2012) u. KREUTZER (2014), S. 32.

217 Vgl. dazu mehrere Onlinebeiträge: Betrag der online Marketingberatung Seokratie, https://www.seokratie.de/storyliving/; Beitrag Brand Story-Telling Agentur Mashup, https://www.mashup-communications.de/; Blogbeitrag Contentbird, https://blog.contentbird.io/de/storyliving/; zugegriffen am 01.10.2019.

218 Vgl. (a.a.O.).

219 Vgl. (a.a.O.).

220 Vgl. online Beitrag https://blog.contentbird.io/de/storyliving/; zugegriffen am 01.10.2019.

dass sich markenbasierte Inhalte über die eigenen Erfahrungen im Rahmen des Story-Living nachhaltiger beim Mitarbeiter kognitiv verankern und die Markeneinstellung positiv beeinflussen können. Story-Living wird momentan noch überwiegend in der externen Markenkommunikation eingesetzt. Ein Beispiel liefert der **Spielwarenhersteller Lego[221].** Lego macht seine Produkte der Zielgruppe u.a. über Social Media erlebbar, indem die Kinder als Hauptdarsteller integriert werden. Dabei werden die Lego-Stories unter Einbeziehung der Kreativität der Kinder weiterentwickelt. Dies trägt dazu bei[222], die Markentreue zu fördern und Wiederkäufe zu generieren. Story-Living kann zudem im Umfeld computergenerierter (virtueller) Markenerlebniswelten[223] einsetzt werden, in denen der Mitarbeiter mit der Marke in Interaktion tritt. In diesem Fall würde das Instrument Story-Living jedoch den neuartigen digitalen Instrumenten zugeordnet werden.

2.2.2 Neuartige digitale Instrumente

Im Weiteren soll auf die Kategorie der **neuartigen digitalen Instrumente der internen Markenkommunikation** eingegangen werden. Der Strukturierung der digitalen Instrumente wurde bisher in der Wissenschaft der internen Markenführung eher wenig Aufmerksamkeit geschenkt, so dass bisher keine einheitliche Systematik vorliegt. Zudem besteht **kein Konsens über die definitorische Abgrenzung der einzelnen Instrumente.** In der wissenschaftlichen Literatur werden sie meist nicht gesondert behandelt, sondern in die Instrumente der internen Kommunikation (Organisationskommunikation) integriert[224]. **Digitale Online-Medien** bieten der internen Markenkommunikation **zum einen grundsätzlich eine technische Plattform[225],** auf der alle klassischen Instrumente wie bspw. Rundschreiben oder Mitarbeiterzeitung transportiert werden können. Zum anderen bieten sie **neuartige, digitale Instrumente[226] der netzwerkorientierten Kommunikation in alle Rich-**

[221] Vgl. online Beitrag von SPERK (2015), CASH; https://www.wiso-net.de/document/ACAS__06706508307209520151113006%2065406839641069.

[222] Vgl. online Beitrag von SPERK (2015), CASH; https://www.wiso-net.de/document/ACAS__06706508307209520151113006%2065406839641069.

[223] Vgl. dazu mehrere Onlinebeiträge: Betrag der online Marketingberatung Seokratie, https://www.seokratie.de/storyliving/; Beitrag Brand Story-Telling Agentur Mashup, https://www.mashup-communications.de/; Blogbeitrag Contentbird, https://blog.contentbird.io/-de/storyliving/; zugegriffen am 01.10.2019.

[224] Vgl. dazu u.a. BRUHN (2015), PLEIL/ ZERFAß (2014) u. MAST (2014).

[225] Vgl. MAST (2014), S. 1135.

[226] Vgl. PLEIL/ ZERFAß (2014) u. MAST (2014), S. 1136.

tungen[227], die in Anlehnung an Mast (2014) unter dem Begriff **Social Intranet** zusammengefasst werden können. Das Social Intranet wird definiert als jede Art der digitalen Dialogkommunikation auf der Grundlage des Intranets und beschreibt, analog zu Social Media[228] in Orientierung an Arnold[229] (2010), das Nutzerverhalten seiner Teilnehmer auf Basis diverser Kommunikationsplattformen. Die vielfältigen instrumentalen Möglichkeiten des Social Intranets verbinden die Mitarbeiter aus unterschiedlichen Unternehmensbereichen und ermöglichen, dass sich Mitarbeiter auf vielfältige Weise informieren, mit eigenen markenbezogen Beiträgen einbringen und austauschen. Es bietet facettenreiche Handlungsspielräume[230] zur Platzierung von markenbezogenen Botschaften. Die Gestaltung des Social Intranets[231] stellt aufgrund der Vielzahl an Endscheidungs- und Gestaltungsvariablen einen äußerst komplexen Bereich dar.

Die in dieser Arbeit genutzte Einteilung der Instrumente des Social Intranets lehnt sich eng an die Einteilung in der externen Markenkommunikation von Tuten und Solomon (2014)[232] an. Grundlage bietet ihre Strukturierung von Social Media in 4 Bereiche, von denen 2, nämlich **Social Communities** und **Social Publishing,** für die eigene Einteilung übernommen wurden. **Während Bruhn (2019)**[233] bei den Erscheinungsformen von Social Media in der externen Markenkommunikation **Knowledge Communities** als eigenen Social Media Bereich betrachtet, ordnen Tuten und Solomon diesen dem Bereich der **Social Communities** unter. Da jedoch

---

[227] Vgl. MAST (2014), S. 1136 u. PLEIL/ ZERFAß S. 732.

[228] Social Media im Intranet (bzw. Social Intranet) wird teilweise in den wissenschaftlichen Beiträgen zur internen Kommunikation (Organisationskommunikation) angesprochen. Dabei wird jedoch meist darauf verzichtet, Social Media im Kontext der internen Markenführung nach den Besonderheiten von den anderen Instrumenten abzugrenzen und zu definieren. Vgl. BRUHN (2015), S. 477.

[229] Vgl. ARNOLD (2010), S. 64.

[230] Vgl. BRUHN (2015), S. 477.

[231] Vgl. BURMANN ET AL. (2018), S. 220.

[232] TUTEN u. SOLOMON (2014) teilen in der externen Markenkommunikation die Instrumente der sozialen Medien in vier Bereiche ein: 1. Social Communities, wie Facebook, Google+, Wikipedia u. LinkedIn; 2. Social Publishing wie Twitter, Blogs, YouTube, Instagram; 3. Social Commerce wie Facebook, Groupon, u. 4. Social Entertainment wie Spotify, Myspace. Vgl. TUTEN/ SALOMON (2015), S. 8.

[233] BRUHN (2019) unterscheidet in der externen Markenkommunikation bei den Erscheinungsformen von Social Media zwischen Social Networks (wie Xing, Facebook), Consumer Communities (z.B. Amazon), Microblogs (z.B. Twitter), Filesharing-Communities (z.B. YouTube) u. Knowledge-Communities (z.B. Wikipedia). Vgl. BRUHN (2019), S. 435.

in der internen Markenkommunikation Knowledge Communities[234] eine wichtige Rolle zum Aufbau des Markenwissens spielen, schließt sich die Autorin der Auffassung Bruhns an und führt Internal Knowledge Communities als eigenständiges Instrument im Social Intranet auf. Insofern ergeben sich im Rahmen dieser Arbeit für **das Social Intranet drei Instrumente:** Internal Knowledge Communities, Internal Brand Communities und Internal Social Publishing.

Bruhn (2019)[235] unterscheidet in der externen Markenkommunikation bei den Erscheinungsformen von Social Media **nach dem Grad der Interaktion** und **nach dem Grad der Individualität der Kommunikationsinhalte.** Der Grad der Interaktion bestimmt die durch den User empfundene Nähe zur Marke. Die Individualität impliziert in wie weit die persönlichen Informations- und Mitteilungsbedürfnisse des Users Berücksichtigung finden. Bezogen auf die in der Arbeit vorgenommene Einteilung der Instrumente des Social Intranets impliziert dies, dass bei **Internal Knowledge Communities** eine geringe Interaktion und Individualität der Kommunikation gegeben sind, da der primäre Zweck die markenrelevante Bereitstellung von Wissen ist. Bei **Internal Brand Communities** hingegen liegt durch die weitreichende Vernetzung der Mitarbeiter untereinander eine hohe Interaktivität und auch Individualität der Kommunikationsinhalte vor. Beim Instrument **Internal Social Publishing** ist zwar eine hohe Individualität der kommunizierten Inhalte je nach Informations- und Mitteilungsbedarf gegeben, jedoch sind die Interaktionsmöglichkeiten wegen der weniger stark ausgeprägten Vernetzung der Mitarbeiter tendenziell geringer als bei Internal Brand Communities. Abb. 8 gibt einen Überblick über die Instrumente des Social Intranets.

---

234 Vgl. PLEIL/ ZERFAß (2014), S. 746.

235 Vgl. BRUHN (2019), S. 436.

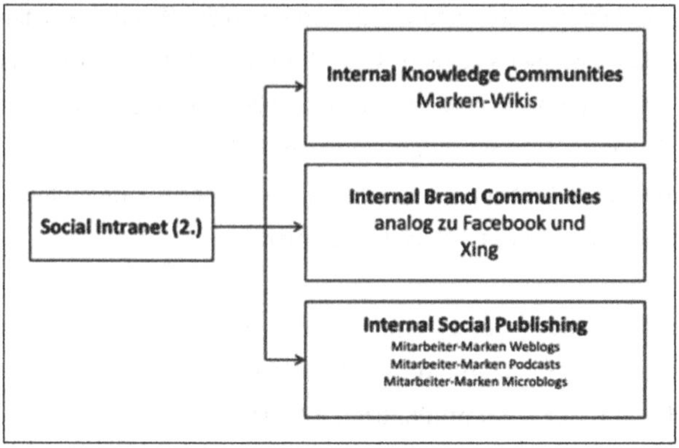

Abbildung 8: Erscheinungsformen von Social Media im Intranet

Quelle: Eigene Darstellung in Anlehnung an Bruhn (2019) u. Tuten et al. (2015)

Im Weiteren sollen die Instrumente des Social Intranets sowie ihre Bedeutung für die interne Markenkommunikation vorgestellt werden.

2.2.2.1 Internal Knowledge Communities

Internal Knowledge Communities[236] (Marken-Wikis) sind von den Mitarbeitern gemeinsam erstellte Webseiten im Intranet mit markenbasierten Informationsinhalten. Bruhn[237] (2019) definiert Wiki als „ein Online-Nachschlagewerk, bei dem jeder Nutzer Einträge editieren kann". Dabei können verschiedene Nutzer[238] gemeinsam an Texten arbeiten. Sie stellen ein virtuelles Gemeingut der Organisation dar und dienen dem interaktiven Markenwissens-Management. Je nach Informationsbedarf und Komplexität der internen Strukturen und Prozesse der Organisation können zu diversen markenrelevanten Themen oder Markenprojekten mehrere interne Marken-Wikis gebildet werden. Mitarbeiter generieren kollaborativ markenbezogene Erfahrungen und Wissen als eine **Art kollektive Intelligenz**. Sie stellen wertvolle Wissensdatenbanken[239] dar, auf die alle Mitarbeiter im Idealfall

236 Vgl. dazu PLEIL/ ZERFAß (2014), S. 748 u. MAAST (2014), S. 1137.

237 Vgl. auch dazu Wikipedia, welches eine unentgeltliche, öffentliche Online-Enzyklopädie in verschiedenen Sprachen darstellt. Sie gilt bei online Suchanfragen Art als Nummer 1. in der Ergebnisliste. Hier finden sich Artikel über Unternehmen, Marken, Leistungen, die dem User erste informative Ansatzpunkte bieten. Vgl. BRUHN (2015), S. 484 ff.

238 Vgl. PLEIL/ ZERFAß (2014), S. 740.

239 Vgl. LEEDERTSE (2017), S. 17.

Zugriff haben und die von ihnen fortlaufend gepflegt werden. Ein Marken-Wiki[240] ist eine einfach zu bedienende Plattform für das kooperative Erstellen von Texten[241] wie bspw. Public-Relation-Artikeln und der Brand-History. Ein Beispiel für ein Marken-Wiki bietet die Corporate Brand IBM. Der Mitarbeiter meldet sich mit seinem Nutzernamen und Password an und hat so Zugang zu verschiedenen markenbezogenen Wissensbereichen, zu denen er auch mittels Suchfunktion über die Stichworteingabe, z. B. Produktblatt eines bestimmten Artikels, direkt gelangen kann. Abb.9 zeigt die Maske im Fall von IBM[242].

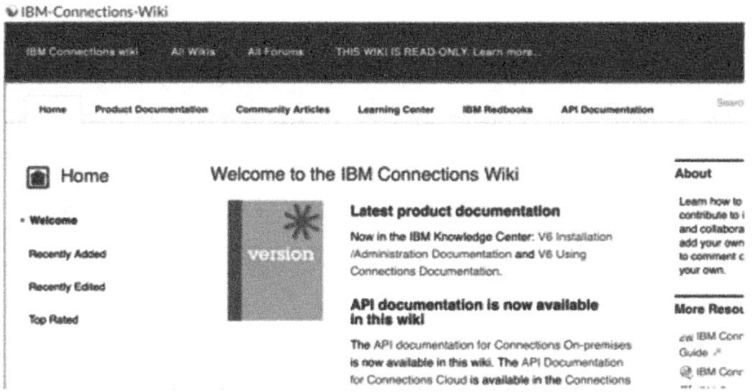

Abbildung 9: Marken-Wiki von IBM
Quelle: Webseite „Marketing-plus-Wiki“

Marken-Wikis haben nur begrenzte Möglichkeiten der Interaktion. Sie dienen in erster Linie dazu, die Informationsbedürfnisse von Mitarbeitern zielgerecht zu erfüllen und markenbezogenes Wissen aufzubauen. Sie sind weniger zur individuellen Sozialisierung des Mitarbeiters in der Organisation geeignet, da individuelle

---

240 Wikis ermöglichen die Entstehung von Hypertexten, die nicht lineare Navigationsstrukturen beinhalten; d.h. jede Seite eines Wikis enthält mehrere Querverweise zu anderen Seiten. Die Eingabe und Formatierung erfolgen nach einfachen Regeln. Auch bedarf es keiner weiteren Software, sogenannte Client-Software, um in den Wikis Einträge, Veränderungen vorzunehmen oder zu navigieren. Vgl. Bruhn (2015), S. 585 u. Koch/ Richter (2009), S. 37.

241 Vgl. Ebersbach/ Glaser (2009), S. 197 f. u. Alpar/ Blascke (2008), S. 42 f.

242 Vgl. Webseite „Marketing-plus-Wiki“, Betreiber Achim Lummer (freier Kommunikationsberater); http://produktmanager.biz/marketing/doku.php?id=enterprise20:wiki-beispiele#atlassian, zugegriffen am 09.09.2108. Genauere Informationen zu den einzelnen Inhalten der Marken-Wikis werden aufgrund des Datenschutzes von Firmen oder Kommunikationsagenturen nicht mitgeteilt.

affektive und behavioristische Defizite auf diese Weise nicht kompensiert werden können.

2.2.2.2 Internal Brand Communities

Internal Brand Communities[243], als weitere Form des Social Intranets, umfassen ein virtuelles Netzwerk von Führungskräften und Mitarbeitern einer Organisation, die ein gemeinsames Interesse an der Marke und ihrem Erfolg teilen. Wie bei den sozialen Netzwerken (z.B. Facebook) erhält **jeder Mitarbeiter ein persönliches, detailliert darstellbares Profil.** Hier können Informationen[244] zur Position und Funktion im Unternehmen, Lebenslauf, Projekterfahrungen, berufliche und persönliche Interessen hinterlegt werden. Über Internal Brand Communities können markenbezogene Inhalte multimedial und abteilungsübergreifend in Form von Fotos, Videobeiträgen, Markeninformationen erstellt, geteilt, geliked und auch kommentiert werden. Das Arbeiten im Team in Echtzeit an gemeinsamen Markenprojekten oder Dokumenten kann auf diese Art erleichtert werden, ohne reale Anwesenheit der Mitarbeiter[245]. Wie bei den sozialen Netzwerken außerhalb der Organisation, spielen virale Videos (z.B. Corporate Videos) eine besondere kommunikative Rolle. Wesentlicher Erfolgsfaktor der hohen und schnellen Weiterverbreitungsrate der Videos ist ihr hoher Unterhaltungswert[246]. Je nach **kommunikationstechnologischer Gestaltung**[247] **und zugrunde liegender Softwarelösung**[248] der Internal Brand Community ist der Übergang zum **digitalen Arbeitsplatz** fließend. Nach herrschender Meinung spricht man von einem digitalen Arbeitsplatz[249], wenn Arbeitsprozesse in das Intranet verlagert werden. Dabei steht

---

243 Vgl. MAST (2014), S. 1138 u. PLEIL/ ZERFAß (2014), S. 741.

244 Vgl. Telefongespräch mit Herrn BARTH, Experte für interne Unternehmenskommunikation der School for Communication and Management (SCM) in Berlin. Das Gespräch wurde am 30.09.2019 geführt und dauerte 40 Minuten.

245 Vgl. LEEDERTSE (2017), S. 18; BRUHN (2014), S. 482 u. PLEIL/ ZERFAß (2014), S. 740 u. 743.

246 Vgl. STENGER (2012), S. 149.

247 Vgl. Telefongespräch mit Herrn DÖRFEL, Experte für interne Unternehmenskommunikation und Geschäftsführer der School for Communication and Management (SCM) in Berlin. Die SCM veröffentlicht jährlich den Trendmonitor zur internen Unternehmenskommunikation. Das Gespräch wurde am 01.10.2019 geführt und dauerte 30 Minuten.

248 Mittlerweile gibt es einige Softwarehersteller, die Lösungen zu Internal Brand Communities anbieten über Standardprodukte bis hin zu maßgeschneiderten, kundenbezogenen Individuallösungen. Beispiele sind Sharepoint (www.prducts.office.de; Vantaio (www.vataio.com); Bitrix 24 (www.bitrix24.net) u. Linchpin (www.linchpin-intranet.de).

249 Vgl. Telefongespräch mit Herrn DÖRFEL, Experte für interne Unternehmenskommunikation, (a.a.O.) u. ARNS, Social Media Leitfaden (2015), S. 48.

vor allem der Gedanke der Kollaboration[250] und der Mobilität der Mitarbeiter im Vordergrund. Virtuelle Teams und Arbeitsräume ermöglichen es Mitarbeitern von unterschiedlichen Standorten aus, flexibel an gemeinsamen markenbezogenen Aufgaben und Projekten zu arbeiten. Ein Beispiel für einen digitalen Arbeitsplatz aus der Praxis ist der **Chemie-Konzern BASF[251] mit "connect.BASF",** der eine weltweite Internal Brand Community für alle Kommunikatoren zur Kollaboration von ca. 40.000 Mitarbeitern geschaffen hat. In fast 5.000 virtuellen Gruppen tauschen Beschäftigte bei BASF auf der ganzen Welt projektbezogen ihre Erfahrungen aus und arbeiten in Teams zusammen. Durch den schnellen Informationsaustausch und der hohen Informationstransparenz[252] konnte die Qualität der Arbeit der Mitarbeiter weltweit gesteigert werden. **Ein weiteres Beispiel aus der Praxis liefert Klöckner & Co[253].** Durch die Implementierung einer Internal Brand Community arbeiten 8.700 Mitarbeiter an 200 verschiedenen Standorten weltweit interaktiv zusammen. Auch hier teilen sich die Mitarbeiter und Führungskräfte abteilungsübergreifend[254] zu produktions- und markenrelevanten Themen in Echtzeit fachlich aus und coachen sich gegenseitig. Sie teilen Fotos, Videos oder Links zu Fachbeiträgen[255] und erarbeiten gemeinsam in „virtuellen Arbeitsräumen" an innovativen technologischen Produktlösungen. Das System sieht zudem vor, dass bei Bedarf die Mitarbeiter und Führungskräfte neue fachspezifische Internal Brand Communities gründen können. Das Kommunikationsmanagement verspricht[256] sich vom Einsatz dieses Instruments, die **kreative Kraft der gesamten Belegschaft zu nutzen, um so die Produktivität der Mitarbeiter zu steigern.** Zudem[257] sollen das Wir-Gefühl in der Belegschaft gestärkt und die Identifikation des Mitarbeiters mit der Marke gefördert werden.

Grundsätzlich lässt sich festhalten, dass die Stärke der Internal Brand Commu-

---

250 Vgl LEENDERTSE (2017), S. 18 f.; HOMMEL (2015), S. 1 u. KROOß (2012), S. 287.

251 Vgl. LEENDERTSE (2017), S. 18.

252 Vgl. (a.a.O.), S. 18 f.

253 Vgl. ebenda.

254 Vgl. ebenda.

255 Weitere Beispiele aus der Praxis sind zudem Deutsche Telekom, Daimler und Bosch. Vgl. LEENDERTSE (2017), S. 18 f.

256 Vgl. LEENDERTSE (2017), S. 18 f. u. ARNS, Social Media Leitfaden (2015), S. 48.

257 Vgl. Telefongespräch mit Herrn DÖRFEL, Experte interne Unternehmenskommunikation, (a.a.O.).

nities in dem **hohen Grad der Interaktion** liegt, da sie die Nähe zwischen der Marke und dem Mitarbeiter, aber auch der Mitarbeiter untereinander, steigert. Zudem bieten sie **viele Möglichkeiten zur individuellen Gestaltung der Kommunikationsinhalte**. Nach Expertenmeinung eignen sie sich[258] durch ihren hohen Persuationsgrad zum Aufbau von Markenwissen und Ausgleich individueller Schwächen und Defizite bei der Markeneinstellung sowie dem Mitarbeiterverhalten. Bisher liegen keine Forschungsergebnisse[259] zur Effektivität und Wirtschaftlichkeit dieses Instruments vor.

2.2.2.3 Internal Social Publishing

Eine weitere Form des Social Intranets ist das **Internal Social Publishing**. In diesem Umfeld haben Vorgesetzte und Mitarbeiter ebenfalls die Möglichkeit, eigene markenbezogene Beiträge intern auszutauschen und zu kommentieren. **Der Unterschied zu internal Brand Communities[260]** liegt jedoch darin, dass der Mitarbeiter i.d.R. kein umfangreiches eigenes Profil anlegt. Eine intern erteilte Zugangsberechtigung (Registrierung über Nutzername und Anmeldung mit einem Passwort) reichen zur Nutzung aus. Ein weiteres Unterscheidungsmerkmal ist, das die Textbeiträge deutlich kürzer und kompakter sind. Hier geht es primär **um die schnelle Publikation von markenbezogenen Informationen**. Unter dieser Kategorie werden in Anlehnung an Tuten und Solomon (2014)[261] **Mitarbeiter-Marken Weblogs, /Podcasts und /Microblogs[262]**, die im Folgenden erläutert werden, subsummiert.

In Anlehnung an Zerfass (2005) werden in dieser Arbeit **Mitarbeiter-Marken Weblogs[263] definiert als ein markenbezogener Nachrichtendient**, über den

[258] Vgl. ARNS, Social Media Leitfaden (2015), S. 48 u. ESCH ET AL. (2012), S. 105 sowie telefonisches Expertengespräch mit Herrn DÖRFEL, (a.a.O.).

[259] Vgl. Telefongespräch mit Herrn BAHRT, Experte interne Unternehmenskommunikation, (a.a.O.).

[260] Vgl. (a.a.O.).

[261] Vgl. TUTEN/ SALOMON (2015), S. 8 ff.

[262] Vgl. ARNS (2015) Social Media-Leitfaden (2015), S. 40 ff.; MAST (2014), S. 1137 u. PLEIL/ ZERFAß (2014), S. 747 f.

[263] Da es für Mitarbeiter-Marken Weblogs keine einheitliche Definition gibt, wird auf die Definition von Corporate Blogs aus der Organisationskommunikation zurückgegriffen. Der Kommunikationswissenschaftler ZERFASS (2005) definiert Corporate Blogs als „[...] persönliche oder thematische Nachrichtendienste, die von Unternehmen oder mit deren Unterstützung von Mitarbeitern [...] als Website im Internet publiziert, in regelmäßigen Abständen ähnlich wie ein

Vorgesetzte und Mitarbeiter eigenmotiviert Neuigkeiten und kurze Stellungnahmen zu bestimmten markenrelevanten Themen intern veröffentlichen. Marken-Weblogs[264] können bei Bedarf temporär für bestimmte aktuelle Markenprojekte, wie z.B. Planung eines Messeauftritts oder sonstiger Events, von den Projektbeteiligten erstellt werden. Wie in einer **„Art Kolumne einer Zeitung“[265]** werden kurze Nachrichten, die Neuigkeiten, Meinungen und Erfahrungen zum Inhalt haben, ausgetauscht. Mitarbeiter-Marken Weblogs sind eine **dynamische, interaktive Kommunikationsplattform[266]**, auf der Kollegen per Kommentarfunktion prompt reagieren können. Dies bietet Unternehmen und Führungskräften die Möglichkeit, sich aktuell über die Einstellung der internen Stakeholder zu markenbezogenen Themen und Inhalten zu informieren[267] und per Kommentarfunktion unmittelbar auf diese zu reagieren. Diese Nachrichten können zudem von Bildern oder Videos begleitet werden. **Zur internen Publikation von Audio- und Videobeiträgen** bietet sich die Option **Podcasts** an. Diese können[268] als einzelnes Instrument im Intranet bereitgestellt werden, oder aber funktional in den Mitarbeiter-Marken Weblog integriert werden. Pleil und Zerfass (2014)[269] definieren Podcast als eine Serie von markenbezogenen Beiträgen bzw. Episoden, die von den Führungskräften oder den Mitarbeitern im Audio- oder Videoformat erstellt werden. Diese Beiträge können sich auf bestimmte markenrelevante Themen beziehen wie z.B. das soziale Engagement einer Marke in Entwicklungsländern, das über eine Reihe von laufend aktualisierten Videos dokumentiert wird. Dieses Thema könnte den Mitarbeitern ebenfalls über eine Videoserie von Interviews mit Führungskräften kommuniziert werden. Über Podcasts lassen sich zudem die Mitarbeiter über die externe Markenkommunikations-Kampagne informieren, indem stets die aktuellsten Werbefilme und Radiospots präsentiert werden. Der Vorteil von Podcasts[270]

Tagebuch um neue Einträge ergänzt und in vielfältiger Weise mit anderen Blogs und Websites verlinkt sind. Die Einträge sind umgekehrt chronologisch angeordnet und können jederzeit von den Nutzern kommentiert [...] werden.“ Vgl. dazu ZERFASS (2005), S. 2 u. KREUZER (2014), S. 28. Diese Definition lässt sich aufgrund der Nähe zur Organisationskommunikation auf die Markenkommunikation übertragen.

264 Vgl. KREUZER (2014), S. 28.

265 Vgl. PLEIL/ ZERFAß (2014), S. 747 f. u. MAST (2014), S. 1137.

266 Vgl. ARNS (2015) Social Media-Leitfaden (2015), S. 44.

267 Vgl. ARNS, (a.a.O.), S. 42 f. u. BRUHN (2019), S. 478.

268 Vgl. Telefongespräch mit Herrn BAHRT, Experte interne Unternehmenskommunikation, (a.a.O.).

269 Vgl. PLEIL/ ZERFAß (2014), S. 746 f. u. BRUHN (2019), S. 445 f.

270 Vgl. BRUHN (2015), S. 480 f. u. Telefongespräch mit Experten Herrn BAHRT; (a.a.O.).

liegt darin, dass durch den hohen visuellen Charakter ein starker Aufmerksamkeit- und Unterhaltungswert entsteht. Wie bei den Internal Brand Communities **verspricht man sich in der Praxis[271] von Mitarbeiter Marken-Weblogs**, dass die **Nähe der Marke zum Mitarbeiter erhöht** und die **Identifikation des Mitarbeiters mit der Marke gefördert wird[272].** Zudem möchte man auf diese Weise das **Markenengagement der Belegschaft steigern**. Aktuell liegen keine Forschungsergebnisse[273] zur Effektivität und Wirtschaftlichkeit dieses Instruments vor. An diesem Instrument[274] ist die **hohe Individualität der Kommunikation** positiv hervorzuheben, während die Interaktivität eher begrenzt ist. Im Vergleich zu Internal Brand Communities haben Mitarbeiter-Marken Weblogs den Vorteil[275], dass **i.d.R. der Informationsaustausch schneller und damit aktueller** ist, da die tägliche Nutzungshäufigkeit tendenziell höher ist.

Mitarbeiter-Marken Microblogs[276] zeichnen sich dadurch aus, dass sie zwar ähnlich wie interne Marken-Weblogs funktionieren, jedoch **auf sehr kurze Nachrichten beschränkt** sind[277]. Die Micromedia-Nachrichten sind meist auf weniger als 200 Zeichen begrenzt. Sie eignen sich vor allem dann[278], wenn bspw. zu bestimmten aktuellen Markenereignissen, Markenprojekten oder zur gesamten Organisation **knappe Informationen aufmerksamkeitsstark kommuniziert** werden sollen. Diese Kurznachrichten haben eine **Art Teaserfunktion** und **dienen der Aufmerksamkeitssteuerung.** Dies kann in akuten Markensituationen, in denen schnell Entscheidungen getroffen werden müssen, sehr hilfreich sein. Im Falle eines Markenskandals z.B. ermöglichen sie **eine äußerst schnelle und gezielte Kommunikation** der thematisch involvierten Mitarbeiter, um durch zügiges Reagieren das Wohl der Marke zu schützen. Ihr wesentlicher Vorteil[279] liegt somit in der

---

271 Vgl. Telefongespräch mit Herrn BAHRT, Experte interne Unternehmenskommunikation, (a.a.O.).

272 Vgl. KREUZER (2014), S. 28. Unternehmen, die Mitarbeiter Markenblogs nutzen sind z.B. Intel, GM u. Sun Micro Systems. Zu diesen Beispielen werden über die Effektivität und Wirtschaftlichkeit keine Informationen veröffentlicht.

273 Vgl. Telefongespräch Experte mit Herrn BAHRT, interne Unternehmenskommunikation, (a.a.O.).

274 Vgl. BRUHN (2019), S. 436.

275 Vgl. Telefongespräch mit Experte Herrn BAHRT, (a.a.O.).

276 Vgl. PLEIL/ ZERFASS (2014), S. 747. Siehe auch BRUHN (2015), S. 480 f.

277 Vgl. BRUHN (2019), S. 447 u. BURMANN ET AL. (2018), S. 239.

278 Vgl. BRUHN (2015), S. 480.

279 Vgl. ARNS (2015) Social Media-Leitfaden 2015, S. 42 f.; BRUHN (2015), S. 480 u. PLEIL/ ZERFASS (2014), S. 754.

breiten und hohen Übertragungsgeschwindigkeit, so dass markenbezogene Nachrichten in Echtzeit direkt weitergeleitet und kommentiert werden können.

Abschließend sei die **Mitarbeiter-Marken-App**[280] für mobile Endgeräte noch zu erwähnen. Sie ist selbst kein eigenes Instrument, sondern stellt vielmehr eine technologische Applikation[281] dar, die es dem Mitarbeiter ermöglicht, die zuvor vorgestellten Instrumente auch mobil zu nutzen. Dies ist besonders interessant für Non-Desk-Worker, d.h. Mitarbeiter wie z.B. reisende Kundenbetreuer, die nicht digital über ihr Büro oder PC erreichbar sind[282]. Mit der Mitarbeiter-Marken-App[283] kann gerade in Zeiten der wachsenden Datenflut die Aufmerksamkeit gezielt zugunsten markenrelevanter Themen gesteuert werden[284]. Die App selbst kann über[285] eine Share-Point-Integration parallel oder mit einem vorhandenen Intranet funktionieren. Die Kommunikationsagentur Staffbase[286] hat ein Produkt namens „EYO-App" entwickelt, das bereits von mehreren Marken in der internen Kommunikation eingesetzt wird. So nutzt die Paulaner Brauerei in München seit Herbst 2016 ihre „Zapf-App", um markenrelevante Informationen z.B. zur Werbung, Events, speziellen Markenprojekten oder internen Markenworkshops zu kommunizieren. Markeninformationen, die von Interesse für alle Mitarbeiter sind, werden über Push Benachrichtigung vermittelt. Dies ermöglicht eine schnelle, aufmerksamkeitsstarke Ansprache der Mitarbeiter zu jeder Zeit, ohne dass sie sich erst anmelden bzw. einloggen müssen. Auch Hilton (Österreich) setzt seit 2016 in der internen Markenkommunikation bei einem großen Anteil von Non-Desk-Workern die Mitarbeiter-App ein. Weitere Fallbeispiele sind Sparda Bank, Blitzbank, T-Systems,

---

280 Vgl. LIPPOLD (2017), S. 231 f. und Blog-Beitrag (Neues aus der digitalen internen Kommunikation) von WOLF (Geschäftsführer von Staffbase; Entwickler der Mitarbeiter-App der Eyo) vom 28.05.15; zugegriffen am 27.09.2017.; www.ik-blog.de/neuedigitale-internekommunikation.

281 Vgl. LIPPOLD (2017), S. 231 f. Vgl. auch BÖHRINGER (2017), Pressesprecher des Online Magazins für Kommunikation, https://www.pressesprecher.com/nachrichten/wie-mitarbeiter-apps-die-interne-kommunikation-digital-und-mobil-machen-953437630, zugegriffen am 26.09.2017.

282 Vgl. BURMANN/ WARWITZ (2014), S. 1.

283 Vgl. Blogbeitrag WOLF (a.a.O.).

284 Vgl. Webseite von STAFFBASE mit Fallbeispielen, https://staffbase.com/blog-de/die-mitarbeiter-app-von-hilton-vienna/; zugegriffen am 18.06.2018.

285 Vgl. BÖHRINGER a.a.O.

286 Vgl. Webseite von STAFFBASE, (a.a.O.).

Trade Winds Resort, BVG-Berliner Verkehrsbetrieb. Zu den Erfolgen kann Staffbase wegen des Datenschutzes keine Informationen geben.

2.3 Forschungsstand zur internen Markenkommunikation

Im Kapitel B 2.2 wurden die **etablierten Kommunikationsinstrumente der internen Markenkommunikation im Überblick vorgestellt** und erläutert. Dabei wird in dieser Arbeit zwischen Instrumenten **klassischer** und **neuartiger digitaler Markenkommunikation** differenziert. Da VR in der internen Markenkommunikation noch nicht etabliert ist, wurde es im Kapitel B 2.2 nicht berücksichtigt; sondern wird im Kapitel B 3 separat behandelt. Ziel des Kapitels B 2.3 ist es nun, mittels Literaturrecherche **herauszufinden, ob es bereits empirische Beiträge der internen Markenkommunikation gibt, die VR zum Untersuchungsgegenstand haben**. Zudem sollen die Forschungsansätze und -ergebnisse der Beiträge **der internen Markenführung, die die Wirkung der Kommunikationsinstrumente auf die internen Ziele untersuchen,** dargestellt und kritisch analysiert werden. Die Literaturrecherche wurde über die Staats- und Universitätsbibliothek Bremen (SUB), die Zentralbibliothek der Johann-Wolfgang-Goethe-Universität und die Bibliothek der International School of Management (ISM) in Frankfurt am Main recherchiert. Es wurden dabei der Gemeinsame Verbundkatalog (GVK) und verschiedene wirtschaftswissenschaftliche Datenbanken wie Business Source Premier, WisoNet, Web of Science und Scopus herangezogen. Die Literaturrecherche wurde ergänzt durch die Suchmaschine Google Scholar sowie die direkte Suche auf den Webseiten des Springer-Verlags und Sage Publishing. **Folgende Suchbegriffe**[287] wurden u.a. bei der Recherche verwendet: affektive Mitarbeiterbindung, AR, Brand Commitment, Brand Citizenship Behavior, emotionale Mitarbeiterbindung, immersive Mitarbeitererfahrung, Immersion, innovative/ virtuelle Mitarbeiteransprache, interne Markenkommunikationsinstrumente, interne Markenführung, interne Markenkommunikation, interne Produkt-/ Markenpräsentation, Internal Branding, Instrumente der internen Markenführung, kognitive Wirkung, Markeneinstellung, Markenidentifikation des Mitarbeiters, Markeninternalisierung des Mitarbeiters, Markenweiterempfehlung, Markenwissen,

[287] Diese Suchbegriffe wurden einzeln oder auch kombiniert genutzt. Zudem wurden sie, falls nötig, ins Englische übersetzt, um auf internationale Publikationen zugreifen zu können.

virtuelle Markenerfahrung des Mitarbeiters, Markeninteraktivität, Mitarbeitermotivation, virtuelles Mitarbeitererlebnis, Präsenz, persönlich relevanter Inhalt, VR. **Bei der Auswahl der Artikel** wurden nur jene berücksichtigt, die das **Peer-Review-Verfahren**[288] erfolgreich durchlaufen haben.

Die Literaturrecherche bestätigt, dass es generell **nur wenige Ansätze** gibt, die die **Wirkung der internen Markenkommunikation** auf die Ziele der internen Markenführung zum Gegenstand haben. Es stellt sich zudem heraus, dass es **aktuell keinen Beitrag gibt, der die Wirkung** des neuartigen Instruments **VR auf die internen Ziele empirisch untersucht.** Die nun vorzustellenden Ansätze werden in ihrer chronologischen Folge hinsichtlich ihrer Stärken und Schwächen analysiert.

2.3.1 Ansatz nach Punjaisri et al. (2009)

Zunächst soll der Beitrag von **Punjaisri et al.** (2009, 2011)[289] behandelt werden. Die Wissenschaftler untersuchen 2009 die **Bedeutung von HR und der internen Markenkommunikation** für den Aufbau der internen Markenziele. Zu diesen Zielen zählen sie die Markenidentifikation, das BC, die Markenloyalität und das BCB, welches sie im Modell „Brand Performance" nennen[290]. **Die empirische Untersuchung**[291] basiert auf einer quantitativen Befragung von 699 Mitarbeitern der 5 größten Hotels Thailands, die im direkten Kundenkontakt stehen. Die Mitarbeiter kommen aus den Bereichen Empfang, Housekeeping und Catering. Die schriftlich abgefragten Items werden auf einer 5-stufigen Likert-Skala erfasst, wobei die verwendeten Items im Beitrag nicht veröffentlicht werden. Die Ergebnisse dieser Befragungen werden mittels eines Strukturgleichungsmodells ausgewertet. Die Wissenschaftler[292] **fassen konzeptionell** in ihrem Modell **unter der internen Markenführung (Internal Branding) die zwei Instrumente HR-Aktivitäten und interne Markenkommunikation als eine Determinante zusammen.** Nach ihren

---

[288] Beim Peer-Review wird ein wissenschaftlicher Artikel von unabhängigen Gutachtern aus demselben Fachgebiet (Peers) bewertet. Dieses Verfahren dient der wissenschaftlichen Qualitätskontrolle von Publikationen und wird von anerkannten Journalen vor der Veröffentlichung eines Beitrages durchgeführt. Die Gutachter überprüfen, ob der Artikel von fachlicher Relevanz ist und den wissenschaftlichen Anforderungen genügt. Für weitere Informationen vgl. GUTKNECHT-GMEINER (2008), S. 243 ff.

[289] Vgl. PUNJAISRI ET AL. (2011) u. PUNJAISRI ET AL. (2009).

[290] Vgl. PUNJAISRI ET AL. (2011), S. 1521 u. PUNJAISRI ET AL. (2009), S. 209.

[291] Vgl. PUNJAISRI ET AL. (2009), S. 215.

[292] Vgl. PUNJAISRI ET AL. (2011), S. 1521 u. PUNJAISRI ET AL. (2009), S. 211.

Ausführungen ist es die wesentliche Aufgabe der internen Markenführung, diese beiden Instrumente so zu koordinieren, dass die internen Ziele erreicht werden und die Erfüllung des Markenversprechens durch den Mitarbeiter gewährleistet wird. Die HR-Aktivitäten operationalisieren[293] sie durch Trainings, während sie die interne Markenkommunikation durch Meetings, Newsletter, Pinnwand und Briefings erfassen. Es gelingt ihnen empirisch nachzuweisen, dass **das „Internal Branding" die Markenidentifikation, das BC und die Markenloyalität**, d.h. der Organisation in Zukunft treuzubleiben, **direkt signifikant positiv beeinflusst.** Weiter belegen sie, dass diese Größen wiederum **als Mediator einen positiven signifikanten Effekt auf das BCB** ausüben.

An diesem Ansatz ist kritisch anzumerken, dass **Punjaisri et al.** die Instrumente der internen Markenführung auf HR und interne Markenkommunikation reduzieren, so dass bspw. die externe Markenkommunikation oder das markenbasierte Führungsverhalten keine Berücksichtigung finden. Auch ist zu bemängeln, dass die Wirkung der berücksichtigten Instrumente auf das Markenwissen, als grundlegende Zielgröße zur Bildung von BCB, nicht Bestandteil der Untersuchung ist. Positiv ist zu erwähnen, dass sie dennoch die **zentrale Bedeutung der internen Markenkommunikation** zum Aufbau der internen Markenziele wissenschaftlich nachweisen. Jedoch wäre es wissenschaftlich wünschenswert, die **Wirkung der beiden Instrumente auf die internen Ziele separat zu untersuchen,** um jeweils differenzierte Aussagen über ihre praktische Relevanz treffen zu können. In diesem Kontext ist zudem kritisch anzumerken, dass methodisch nicht offengelegt wird, wie die analytische Verknüpfung der beiden untersuchten Instrumente zu einer Determinante erfolgt. Auch ist zu kritisieren, dass die Autoren die Untersuchung der Wirkung auf die Kommunikationsinstrumente Meetings, Newsletter, Pinnwand und Briefings begrenzen. Es gibt in der internen Markenkommunikation eine Vielzahl weiterer Instrumente wie Markenhandbücher, Workshops, Mitarbeitergespräche, die in die Untersuchung hätten miteinbezogen werden können. Zudem ist davon auszugehen, dass auch die Nutzungshäufigkeit der Instrumente einen Effekt auf die Zielgrößen hat. Man vergleiche dazu Piehler (2011), der den signifikanten positiven Einfluss dieser Determinante auf das Markenwissen und BC nachweist.

---

293 Vgl. PUNJAISRI ET AL. (2011), S. 1525.

Die Ausführungen machen deutlich, dass die methodische Vorgehensweise der Autoren **analytisch betrachtet eher an der Oberfläche bleibt. Als Erklärungsansatz greift dieses Modell** für die Praxis der internen Markenführung in dieser Form **zu kurz, um konkrete Handlungsempfehlungen abzuleiten zu können.**

2.3.2 Ansatz nach Hartmann (2010)

Hartmann (2010)[294] untersucht die Wirkung der internen Markenkommunikation über die **Kontakthäufigkeit mit der Marke auf das BC** und **den durch den Mitarbeiter wahrgenommenen Fit** mit den Markenwerten (Mitarbeiter-Marken-Fit). Die empirische, quantitative Untersuchung[295] wurde in einem großen deutschen Unternehmen, dessen Namen aufgrund der Vertraulichkeit der Ergebnisse nicht genannt wird, durchgeführt. Es wurden 1.194 online Fragenbögen ausgefüllt, die über die Korrelationsanalyse ausgewertet wurden. Das **BC** wird durch **16 Items operationalisiert[296].** Dazu zählen bspw. „Ich bin stolz darauf, für die Marke...arbeiten zu dürfen"; „Ich fühle ein starkes Zugehörigkeitsgefühl zur Marke..."; „Die Marke...hat für mich eine hohe Bedeutung". Der **Mitarbeiter-Marken-Fit** wird **durch 4 Items gemessen**[297] wie z.B. „Ich denke, dass meine persönlichen Werte mit denen der Marke...gut übereinstimmen"; „Die Marke...hat die gleichen Werte wie ich in Bezug auf Fairness". Die Autorin differenziert[298] zwischen **zwei Kategorien von Kommunikationsinstrumenten: 1. massenmediale Instrumente** (Intranet, Mitarbeiterzeitung, Informationsbroschüren, Markenhandbuch und Vorträge) und **2. persönliche Kommunikationsinstrumente** (Gespräche mit Vorgesetzten und Kollegen, Informationen durch Führungskräfte und Markenschulungen). In diesem Kontext greift sie auf den **„Mere-Exposure"-Effekt**[299] zurück, der den Aufbau von Emotionen seitens des Mitarbeiters gegenüber der Marke durch den wiederholten Markenkontakt erklärt. Bei beiden Kategorien gelingt es ihr empirisch[300] einen **positiven, signifikanten Effekt der Kontakthäufigkeit mit der Marke auf das BC und**

---

294 Vgl. HARTMANN (2010), S. 140 f.
295 Vgl. (a.a.O.), S. 153.
296 Vgl. (a.a.O.), S. 148 f.
297 Vgl. (a.a.O.), S. 149 f.
298 Vgl. (a.a.O.), S. 148.
299 Vgl. HARTMANN (2010), S. 93.
300 Vgl. HARTMANN, S. 173. ff.

den Mitarbeiter-Marken-Fit nachzuweisen. Zudem belegt sie[301], dass diese Effekte von der moderierenden Variablen „Relevanz der vermittelten Markeninformation" signifikant positiv beeinflusst werden. Hartmann zeigt darüber hinaus, dass die **Wirkung der Kontakthäufigkeit über die interaktiven Instrumente** wie z.B. Gespräche mit Vorgesetzten **stärker ausfällt.** Dies führt die Autorin[302] einerseits auf die höhere Glaubwürdigkeit des Kommunikators als Vorgesetzter zurück; andererseits auf das Gefühl des Mitarbeiters, durch das Einbringen eigener Ideen und Kritiken, ernst genommen zu werden. Zudem belegt sie empirisch[303] für den Mitarbeiter-Marken-Fit als Mediator einen signifikanten positiven Effekt auf das BC. Aus diesen Ergebnissen leitet die Autorin für die Praxis verschiedene Handlungsempfehlungen ab. So legt sie der Praxis nahe, **insbesondere interaktive Instrumente zur erfolgreichen Vermittlung der Markenidentität** heranzuziehen. Zudem sollte bereits bei der Auswahl der Mitarbeiter auf eine hohe Passung der Werte zwischen dem Mitarbeiter und der Marke geachtet werden, um die Voraussetzungen für ein hohes BC zu schaffen.

An diesen Ansatz ist positiv festzuhalten, dass die Wissenschaftlerin verschiedene Kommunikationsinstrumente differenziert auf ihre Wirkung hin überprüft und daraus Empfehlungen für die Praxis ableitet. Zudem ist positiv festzustellen, dass Hartmann den moderierenden qualitativen Einfluss der „Relevanz der vermittelten Markeninformation" in die Untersuchung integriert. Hier hätten jedoch zudem andere moderierende demografische Effekte wie Alter und Betriebszugehörigkeit berücksichtigt werden können. Es ist insgesamt festzuhalten, dass dieser Beitrag **ebenfalls einen eher partialanalytischen Ansatz darstellt,** da zum einen alternative Instrumente der internen Markenführung nicht untersucht werden und zum anderen **weitere Ziele** der internen Markenführung **wie das Markenwissen und das BCB** außen vor bleiben.

301 Vgl. (a.a.O.), S. 189.
302 Vgl. (a.a.O.), S. 178.
303 Vgl. (a.a.O.), S. 199

2.3.3 Ansatz nach Poricelli et al. (2014)

Als weiterer Beitrag wird nun das Modell von **Modell von Porricelli et al.** (2014)[304] vorgestellt, dessen Ziel es ist, im Rahmen der internen Markenführung die **Determinanten auf das Mitarbeiterverhalten im Einzelhandel** zu erforschen. Zu diesen Zweck wird die **determinierende Bedeutung der 3 Instrumente** „Ausgestaltung der Markenidentität", „Führungsstil" und „interne Markenkommunikation" auf **die Mitarbeiterzufriedenheit, das BC und BCB untersucht.** Die empirische quantitative Untersuchung[305] wurde in den USA bei einer bekannten Lebensmittel-Einzelhandelskette, die über 1.000 Geschäfte verfügt und 100.000 Mitarbeiter beschäftigt, durchgeführt. Es wurde eine Region bestimmt, aus der 10 Geschäfte zufällig ausgewählt wurden. Aus diesen wiederum wurden 40 Mitarbeiter für eine schriftliche Befragung bestimmt. Von den insgesamt 400 kontaktierten Personen ergaben sich[306] bei einer Rücklaufquote von 60% 240 auswertbare Fragebögen. Im Fragebogen wurden **verschiedene demografische Merkmale**[307] wie Betriebszugehörigkeit, Position (Manager oder nicht), Vollzeit/ Teilzeit und die Kontakthäufigkeit zu Kunden erfasst, um später eine **selektierte Analyse der Wirkungen** nach diesen Merkmalen vorzunehmen. Das Alter und Geschlecht der Befragten sowie die Anteile nach den erhoben demografischen Merkmalen an der Stichprobe werden in dem Beitrag nicht veröffentlicht. Die abgefragten Items[308] werden über eine 5-stufige Likert-Skala erfasst. **Das BC wird über 7 Items operationalisiert** wie „I talk about the brand...to my friends as a great company to work for"; "I really care about the future of the brand..."; „I am proud to work for the brand...". Die **Mitarbeiterzufriedenheit wird über 6 Items** abgefragt wie "How satisfied are you about job security?"; "How satisfied are you about career advancement?" und "How satisfied are you about the job you do?". **Das BCB** wird 2-dimensional **über die Markenakzeptanz und Markenentwicklung** erhoben. **Ersteres wird operationalisert über 5 Items** wie „My coworkers have a positive attitude toward customers and other coworkers"; "My coworkers are always friendly towards customers and coworkers". Die **Markenentwicklung wird über 4 Items**

---

304 Vgl. PORRICELLI ET AL. (2014), S. 747.

305 Vgl. (a.a.O.), S. 747.

306 Vgl. PORRICELLI ET AL. (2014), S. 747.

307 Vgl. (a.a.O.), S. 747.

308 Vgl. (a.a.O.), S. 748.

erfasst wie z.B. „My coworkers actually ask other coworkers for feedback“ oder „My coworkers regularly take the initiative to participate in trainings”. Die Ergebnisse der Befragung[309] werden über ein Strukturgleichungsmodell mittels PLS-Pfadmodellierung ausgewertet. **Porricelli et al.** gelingt es **wissenschaftlich nachzuweisen[310]**, dass die **interne Markenkommunikation** einen signifikanten direkten **positiven Einfluss auf das BC und die Mitarbeiterzufriedenheit** ausübt. Sie beweisen weiter, dass dieser Effekt im Vergleich zu den anderen untersuchten Instrumenten mit einem Pfadkoeffizienten von 0,71 auf einem ähnlich hohen Niveau liegt. Dieser Effekt ist nur geringfügig schwächer als bei der Ausgestaltung der Markenidentität (Pfadkoeffizienten=0,75) und etwas höher als bei der Mitarbeiterführung (Pfadkoeffizienten=0,648). Zudem gelingt es den Autoren, **einen positiven indirekten Effekt[311] auf das BCB zu bestätigen**, wobei hier der Effekt aller Instrumente zusammen als „Internal Brand Management“ errechnet wird, ohne die Wirkung der Instrumente separat zu bestimmen. Die **selektive Analyse nach den demografischen Merkmalen[312]** ergibt zudem, dass Vollzeitbeschäftigte und Manager dazu tendieren, ein höheres Niveau an beruflicher Zufriedenheit, BC und BCB aufzuweisen als es bei Teilzeitbeschäftigten und normalen Angestellten der Fall ist. Die differenzierte Analyse der Mitarbeiter nach der Anzahl der durchschnittlichen Kundenkontakte[313] zeigt keine signifikanten Abweichungen bei den Zielgrößen. Aus diesen Erkenntnissen leiten die Autoren die **Handlungsempfehlung[314] ab**, **grundsätzlich auch im Einzelhandel die interne Markenführung** mit den im Modell bestätigten Instrumenten fest zu etablieren, um markenbasiertes Mitarbeiterverhalten aufzubauen und Kundenbindung zu fördern. Weiter legen sie der Praxis des Einzelhandels nahe[315], **bei Teilzeitbeschäftigten und normalen Angestellten** vor allem die interne Markenkommunikation zur Vermittlung verhaltensrelevanter Markeninhalte zu intensivieren, **um das BCB zu erhöhen**.

---

[309] Vgl. (a.a.O.), S. 747.
[310] Vgl. (a.a.O.), S. 748.
[311] Vgl. (a.a.O.), S. 749.
[312] Vgl. PORRICELLI ET AL. (2014), S. 750.
[313] Vgl. ebenda.
[314] Vgl. PORRICELLI ET AL. (2014), S. 750 f.
[315] Vgl. ebenda.

An diesem Beitrag ist positiv festzuhalten, dass im Rahmen des relativ komplexen Models **mehrere Instrumente der internen Markenführung gleichzeitig untersucht** werden, um ihre Bedeutung innerhalb der internen Markenführung auch im Einzelhandel festzustellen; wenngleich nicht das gesamte Repertoire abgedeckt wird[316]. Es ist jedoch zu kritisieren, **dass der direkte Einfluss der jeweiligen Instrumente** nur auf das BC und die Mitarbeiterzufriedenheit und **nicht auf das BCB** untersucht wird. Weiter ist zu kritisieren, dass die Autoren die fundamentale Zielgröße Markenwissen in ihrem Beitrag gänzlich unberücksichtigt lassen. Des Weiteren ist kritisch anzumerken, dass die **interne Markenkommunikation nur undifferenziert als eine „konglomerate" Einflussgröße** untersucht wird, worunter sämtliche Kommunikationsinstrumente subsummiert werden. Es wäre sowohl für die Wissenschaft und Praxis wünschenswert, die einzelnen Kategorien der internen Markenkommunikation **nach diversen Instrumenten operationalisiert zu untersuchen**. So wäre es interessant, die Wirkung von z.B. Markenhandbüchern, Mitarbeitergesprächen, Workshops, Mitarbeiterzeitung und Intranet **im Vergleich zu überprüfen.** Dabei wäre zu empfehlen, die Untersuchung nach demografischen Größen wie Alter, Betriebszugehörigkeit etc. zu differenzieren. Auf diese Weise könnten dem Handel zielgruppenspezifische Handlungsempfehlungen gegeben werden, wie die alternativen Kommunikationsinstrumente gezielt und effektiv einzusetzen sind.

2.3.4 Ansatz nach Du Preez et al. (2015)

Als nächster Beitrag wird das Modell von **Du Preez et al. (2015)** vorgestellt. Sie überprüfen[317] im Bereich der Finanzdienstleistungen den Einfluss der Instrumente der internen Markenführung auf die Mitarbeiterzufriedenheit, das BC sowie die Markenloyalität (Intention des Mitarbeiters, in der Organisation zu bleiben). Dabei orientieren sie sich[318] bei der Auswahl der Instrumente an dem Konzept der internen, identitätsbasierten Markenführung nach Burmann et al. (2009). Sie untersuchen die Wirkung folgender Instrumente: **1. Ausgestaltung der Markenidentität**, **2. markenbasiertes Führungsverhalten 3. interne und**

---

316 Vgl. auch hier BURMANN ET AL. (2016), S. 193 ff.

317 Vgl. DU PREEZ ET AL. (2015), S. 83.

318 Vgl. (a.a.O.), S. 81.

4. externe Markenkommunikation. Das Modell basiert auf einer empirischen Erhebung eines Finanzdienstleisters in Südafrika. Es wurden 156 Mitarbeiter online anonym befragt. Das Durchschnittsalter der Befragten liegt bei 30 Jahren, wobei 80% weiblich ist. 76% der Befragten arbeiten im direkten Kundenkontakt und 50% befinden sich in Führungsposition. Es werden 15 Fragen verwendet, wobei die Items über eine 7-stufige Likert-Skala unter Nutzung der Befragungsplattform Survey-Monkey erfasst werden. Die **Zielgröße BC wird durch 7 Items** operationalisiert, wie „I am proud to work for…"; „I really care about the future"; „My values are similar to those of…"; „I feel like I really fit in at..". Die **Mitarbeiterzufriedenheit wird durch 6 Items** erfasst wie bspw. „I am satisfied with my fringe benefits", „I am satisfied with the pay I receive"; „I am satisfied with the type of work I do". Die **Markenloyalität wird durch 3 Items** gemessen wie z.B. „I plan to be working for...five years from now"; „I am presently looking for a new job". Die Wissenschaftler werten die Ergebnisse der Befragung mittels Strukturgleichungs-Modells und PLS-Pfadmodellierung aus. Du Preez et al. gelingt[319] es, empirisch nachzuweisen, dass **die interne Markenkommunikation** mit einem Pfadkoeffizienten von 0,56 im Vergleich zu den anderen Instrumenten den **stärksten direkten Einfluss auf die Zielgrößen BC und Mitarbeiterzufriedenheit** ausübt. Bei der externen Markenkommunikation weisen sie lediglich einen Pfadkoeffizienten von 0,329 und bei der Ausgestaltung der Markenidentität von 0,35 nach. Für das markenbasierte Führungsverhalten[320] können die Autoren keinen signifikanten Effekt beweisen. Weiter zeigen sie[321], dass das **BC als Mediator die Markenloyalität signifikant** mit einem Pfadkoeffizienten von 0,61 **positiv beeinflusst**. Bei der Mitarbeiterzufriedenheit hingegen können sie keinen signifikanten mediierenden Effekt auf die Markenloyalität nachweisen.

An diesem Beitrag ist positiv festzuhalten, dass **4 Instrumente der internen Markenführung gleichzeitig untersuch**t werden, um ihre Bedeutung innerhalb der internen Markenführung zu festzustellen; wenngleich auch hier nicht das gesamte Repertoire abgedeckt wird[322]. **Auffällig ist**, dass die Wissenschaftler

319 Vgl. Du Preez et al. (2015), S. 83 f. u. S. 86.

320 Vgl. Du Preezet (2015), S. 83 f. u. S. 86.

321 Vgl. ebenda.

322 Vgl. auch hier Burmann et al. (2016), S. 193 ff.

keine signifikante Wirkbeziehung zwischen dem **markenbasierten Führungsstil und den internen Zielen** nachweisen können. Dies mag gegebenenfalls daran liegen, dass die Ergebnisse nur auf der Erhebung in einer einzigen Unternehmung einer bestimmten Region Südafrikas basieren. Es kann davon ausgegangen werden, dass die Ergebnisse aus diesem Grunde nur bedingt repräsentativ sind. Es ist positiv zu erwähnen, dass die Autoren **der Wissenschaft und Praxis die hohe Relevanz der internen Markenkommunikation** für die interne Markenführung belegen. Dabei ist jedoch zu kritisieren, dass der direkte Einfluss der Instrumente auf die Mitarbeiterloyalität nicht untersucht wird. Zudem ist zu kritisch zu bemerken, dass, obwohl sich die Wissenschaftler explizit in ihrem Beitrag auf den identitätsbasierten Markenführungsansatz nach Burmann et al. (2009) beziehen, **sie die Ziele Markenwissen und BCB nicht in die Untersuchung miteinbeziehen**. Darüber hinaus ist wie bei Porricelli et al. (2014) zu bemängeln, dass die einzelnen Kategorien der Kommunikationsinstrumente nicht operationalisiert untersucht werden. Da die Finanzdienstleistungsbranche i.d.R. technikaffin ist, ist wahrscheinlich davon auszugehen, dass teilweise auch neuartige digitale Kommunikationsinstrumente verwendet werden. Insofern wäre es interessant, **die Wirkung klassischer Instrumente** (wie Markenhandbücher, Workshops, Mitarbeiterzeitung) und **neuerer digitaler Instrumente** (wie Social Media, Augmented und Virtual Reality) **im Vergleich zu überprüfen.** Somit könnte man der Praxis interessante Handlungsempfehlungen auch unter Einbeziehung der neueren Kommunikationstechnologien zur Gestaltung eines effektiven Instrumente-Mix liefern. Vor dem Hintergrund der zunehmenden Digitalisierung der Kommunikation und der Vernachlässigung der elementaren internen Ziele Markenwissen und BCB sind die Erkenntnisse für die Praxis nur eingeschränkt nutzbar.

2.3.5 Behavioral Branding Ansatz nach Esch et al. 2019

Von den bisher aufgeführten Ansätzen grenzt sich der **Behavioral Branding Ansatz nach Esch, Tomczak, Kernstock et al. (2019),** Vertreter des identitätsbasierten Markenverständnisses, deutlich ab. Konzeptionell stellt er einen vollständigen Markenführungsansatz dar, dessen Kernelement das

Modell des **Brand Behavior Funnel**[323] ist. Dieser ist definiert[324] als ein handlungsorientiertes mehrstufiges Gliederungs- und Erklärungskonstrukt zum Aufbau von markenkonformen Mitarbeiterverhalten unter Betrachtung der notwendigen psychischen Mitarbeiterdispositionen. Das Modell dient sowohl zur Steuerung als auch zur Analyse[325] des markenkonformen Mitarbeiterverhaltens. **Die Form des Funnels (Trichters)**[326] begründet sich dadurch, dass erst, wenn die vorgelagerten Stufen des Konstruktes erfüllt sind, die Nachgelagerten erreicht werden können. Es postuliert, dass Mitarbeiter ein der Markenidentität konformes Verhalten aufweisen, sofern alle folgenden **drei Komponenten**[327] **erfüllt sind**: **1. Markenwissen**[328], **2. Commitment** (Wollen), **3. markenbezogene Fähigkeiten des Mitarbeiters** (Können)[329]. Dieser Ansatz entspricht im Grunde genommen dem internen identitätsbasierten Markenführungsansatz nach Burmann/ Piehler et al. (2011, 2018)[330]. Es werden unter Verwendung anderer Begriffe inhaltlich weitestgehend die gleichen Ziele angestrebt. Zudem ist eine Kongruenz der vorgesehenen Instrumente zur Erreichung dieser festzustellen. Beide Ansätze gehen zur Erfüllung des markenidentitätskonformen Mitarbeiterverhaltens vom Markenwissen als grundlegendes Ziel aus. Der **Behavioral Branding Ansatz** unterscheidet **zwischen dem Markenwissen im engeren Sinne und im weiteren Sinne.** Ersteres umfasst die allgemeinen Wissensstrukturen der Mitarbeiter bezüglich der Marke und kann in Markenbekanntheit und Markenimage unterteilt werden. Markenwissen im weiteren Sinne betrifft die spezifischen Wissensstrukturen, die sich auf die Umsetzung markenkonformen Verhaltens zur Erfüllung des Markenversprechens beziehen. Grundsätzlich liegt hier eine sehr ähnliche inhaltliche Auffassung wie beim identitätsbasierten Ansatz nach Burmann/ Piehler et al. (2011, 2018) vor. **Der einzige Unterschied ist**, dass Burmann/ Piehler et al. das **Mar-**

---

323 Vgl. ESCH ET AL. (2019), S. 269 ff. Siehe auch ESCH ET AL. (2014, 2013 u. 2012); KERNSTOCK/ BREXENDORF (2014); KREUTZER (2014) u. WENTZEL/ TOMCZAK et al. (2012).

324 Vgl. ESCH ET AL. (2019), S. 269 ff. Siehe auch ESCH ET AL. (2014, 2013 u. 2012); KERNSTOCK/ BREXENDORF (2014); KREUTZER (2014) u. WENTZEL/ TOMCZAK et al. (2012).

325 Vgl. (a.a.O.), S. 270.

326 Vgl. WENTZEL/ TOMCZAK ET AL. (2012), S. 88.

327 Vgl. (a.a.O.), S. 271.

328 Vgl. PIEHLER (2011), S. 103 u. WENTZEL/ TOMCZAK/ ET. AL. (2014), S. 85.

329 Vgl. ESCH ET AL. (2019), S. 269 ff. Siehe auch ESCH ET AL. (2014, 2013 u. 2012); KERNSTOCK/ BREXENDORF (2014); KREUTZER (2014) u. WENTZEL/ TOMCZAK et al. (2012).

330 Vgl. u.a. BURMAN ET AL. (2018); PIEHLER (2011) u. ZEPLIN (2006).

kenimage im Kontext des Mitarbeiters nicht explizit im Modell berücksichtigen. **Bei der Zielgröße BC** liegt ebenfalls eine konzeptionelle Kongruenz beider Ansätze vor. Auch hinsichtlich der **markenbezogenen Fähigkeiten** korrespondieren die Auffassungen beider Ansätze. Esch et al.[331] verstehen darunter alle Kompetenzen, die die durch die Markenidentität vorgegebenen Richtlinien in ein spezifisches, wahrnehmbares und konsistentes Verhalten umwandeln. Darunter werden psychische und physische Handlungskompetenzen des Individuums gefasst, die erlernt und entwickelt werden oder ganz bzw. teilweise genetisch gegeben sind. Die Größe „markenbezogene Fähigkeiten" findet sich im Modell von Burmann/ Piehler et al.[332] in der das BCB moderierenden Variable **„Resscourcen- und Kompetenz-Fit"** wieder. Dieser Moderator befasst sich neben den Voraussetzungen der Arbeitsmittel mit den psychischen und physischen Gegebenheiten und Fähigkeiten der einzelnen Mitarbeiter (Kompetenz-Fit). Auf der Basis des Wissens über die Erfolgsrelevanz des eigenen Verhaltens und der Marke, die markenkonformen Verhaltensweisen und den Inhalt der Markenidentität, **müssen Mitarbeiter über die notwendigen Kompetenzen zur Umsetzung dieses Wissens** in konkretes Verhalten verfügen[333].

Sind gemäß dem Brand Behavior Funnel die Ziele Wissen, BC und die Fähigkeiten erfüllt, entsteht markenbasiertes Verhalten, das die Autoren **Brand Behavior**[334] nennen. Brand Behavior[335] wird definiert, „als jegliche Form verbalen und non-verbalen Mitarbeiterverhaltens, das die Markenwahrnehmung und den Markenwert direkt oder indirekt beeinflusst. **Diese Auffassung entspricht ebenfalls dem Konzept des BCB nach Burmann und Piehler** (vgl. Ausführungen in Kapitel B 2.1.). Abb. 10 zeigt den Brand Bahavior Funnel nach Esch et al..

---

331 Vgl. ESCH ET AL. (2019), S. 270 f.

332 Vgl. PIEHLER (2011), S. 330 f. u. ZEPLIN (2006), S. 144 ff.

333 Vgl. PIEHLER (2011), S. 132 ff. Vgl. auch BURMANN ET AL. (2018) u. PIEHLER ET AL. (2015).

334 Vgl. HENKEL ET AL. (2012), S. 217 u. siehe auch WENTZEL ET AL. (2009), S. 89.

335 Vgl. ebenda.

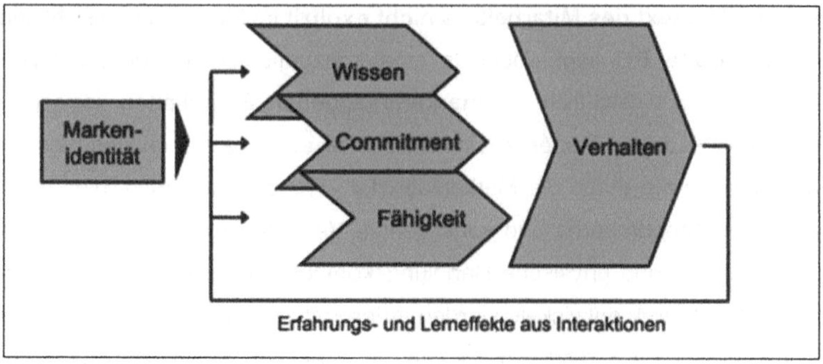

Abbildung 10: Brand Behavior Funnel nach Esch et al.
Quelle: Esch et al. (2012), S. 88

Die interne Markenkommunikation[336] spielt in diesem Ansatz zum Aufbau von Markenwissen, BC und BCB eine entscheidende Rolle. Grundlage für die Einteilung der Instrumente der internen Kommunikation bilden die **zwei Kategorien persönliche** und **massenmediale Kommunikationsformen**[337]. Als Instrumente der persönlichen Kommunikation kommen u.a. Gespräche mit Vorgesetzten und Kollegen, Meetings, Ansprachen der Geschäftsführung, Story-Telling, Trainings, Schulungen sowie Mitarbeiterveranstaltungen in Betracht. Als Massenkommunikationsinstrumente schlagen die Autoren u.a. die Mitarbeiterzeitung, das Intranet, die Raumgestaltung, das Brand Handbook, Broschüren, Rundbriefe sowie das Business-TV vor. Nach Esch et al. (2016)[338] eignet sich die Massenkommunikation insbesondere zur Vermittlung von grundlegendem Markenwissen. Mit Hilfe der persönlichen Markenkommunikation[339] hingegen können ein tiefergehendes Markenverständnis sowie abstrakte und komplexe Markeninhalte und -zusammenhänge vermittelt werden.

Eine umfassende, **empirische Validierung des Behavioral Branding Ansatzes ist bisher nicht erfolgt.** Lediglich einzelne Teilbereiche wurden einer empirischen Untersuchung unterzogen. So wurde die interne Markenkom-

336 Vgl. Esch et al. (2019) u. Brexendorf et al. (2012), S. 346 ff.
337 Vgl. Henkel et al. (2012), S. 216.
338 Vgl. Esch et al (2016), S. 310 f. u. Brexendorf et al. (2012), S. 350 ff.
339 Vgl. ebenda.

munikation in einer **ersten Studie von Henkel et al. (2007)**[340] untersucht[341]. Hierzu nahmen 167 Marketing Manager, Vorstandsvorsitzende und Geschäftsführer von Unternehmen aus Deutschland und der Schweiz an einer schriftlichen Befragung teil. 21% der teilnehmenden Unternehmen kamen aus der Konsumgüterindustrie, 41% aus der Dienstleistungsbranche, 21% aus der Industriegüterindustrie und 17% aus sonstigen Branchen. Die abgefragten Items[342] wurden auf einer 7-stufigen Likert-Skala erfasst und über ein Strukturgleichungsmodell mittels PLS-Pfadmodellierung ausgewertet. Wesentliches **Ziel** dieser Untersuchung war es, die **Relevanz des Brand Behaviors für den Markenerfolg im Vergleich zu massenmedialen Kommunikationsmaßnahmen herauszuarbeiten**. Zudem sollten aus den Erkenntnissen[343] erste Implikationen für die Praxis der internen Markenführung abgeleitet werden. Die Autoren stützen sich konzeptionell auf die **Theory of Marketing Control** von Jaworski (1988)[344]. Nach dieser Theorie ist ein integrativer Einsatz formeller und informeller Managementinstrumente nötig, um verhaltensbezogene Marketingziele erreichen zu können. Darauf aufbauend gehen Esch et al. davon aus, dass **der ideale Managementansatz zur Förderung des Brand Behaviors** eine **Kombination von 3 Maßnahmen, nämlich struktureller, formeller und informeller Art**, **ist.** Der Fokus der Untersuchung von Henkel[345] (2007) liegt somit auf der **Analyse der Wirkung** der drei Einflussgrößen **1. Massenmedialer Kommunikation** (formelle Instrumente), **2. persönlicher Mitarbeiterkommunikation** (informelle Instrumente) sowie **3. Empowerment** des Mitarbeiters (strukturelle Instrumente) **auf das Brand Behavior**. Über die 1. Determinante **„massenmediale Instrumente"**[346] werden u.a. schriftliche Anweisungen über E-Mails, Intranet u. Broschüren gefasst, über die mit den Mitarbeitern unpersönlich kommuniziert werden kann. Auch fällt hierunter die massenmediale externe Kommunikation, die ebenfalls dazu dient, Verhaltensvorbilder zu vermitteln. Unter der 2. Determinante **„persönliche Kom-**

340 Vgl. HENKEL ET AL. (2007), S. 313.

341 Vgl. ESCH ET AL. (2012) S. 222.

342 Vgl. HENKEL ET AL. (2012), S. 213 ff.

343 Vgl. HENKEL ET AL. (2009), S. 215.

344 Vgl. die ausführliche Darstellung dieser Theorie von JAWORSKI (1988), S. 23 f. u. HENKEL ET AL. (2019), S. 219.

345 Vgl. HENKEL ET AL. (2012), S. 208.

346 Vgl. ebenda.

munikationsinstrumente“[347] werden die informellen Instrumente zusammengefasst, die eine persönliche Interaktion zwischen Mitarbeitern und ihren Vorgesetzten vorsehen. Beispiele sind Story-Telling, Teamsitzungen und -events sowie Kamingespräche zwischen Mitarbeitern und Vorgesetzten. Unter der 3. Determinante **Empowerment** des Mitarbeiters verstehen die Wissenschaftler Esch/ Henkel et al.[348] in Orientierung an BOWEN/ LAWLER (1995) ein strukturelles, d.h. organisationales Instrument, das dem Mitarbeiter die Handlungsfreiheit einräumt, in spezifischen Situationen flexibel und markenkonsistent auf Kundenbedürfnisse unmittelbar zu reagieren und Entscheidungen treffen zu können. Das Empowerment bietet die Möglichkeit, das Selbstvertrauen des Mitarbeiters zu fördern. Sie betrachten es als eine wesentliche Determinante für das erfolgreiche Brand Behavior. Neben der Untersuchung der direkten Wirkungen dieser Determinanten wird im Modell auch **der Effekt** der mediierenden Größe **„Qualität des funktionalen Verhaltens“** auf die **Qualität des Brand Behaviors überprüft**. Die Qualität des funktionalen Verhaltens“ umfasst die notwendigen, jedoch nicht differenzierenden Verhaltensweisen wie freundliches Verhalten und Eloquenz des Mitarbeiters; während **die Größe Qualität des Brand Behaviors** die markenbasierten, differenzierenden Verhaltensweisen des Mitarbeiters beinhalten. Auf der Untersuchungsebene der Qualität des Brand Behaviors wird die Wirkung des Mediators **Qualität der massenmedialen Kommunikation** (Qualität Mass Media Branding) auf den Markenerfolg überprüft. Diese Größe misst das Ausmaß der massenmedialen markenkongruenten Kommunikation und wird über die Beurteilung der Effektivität von 15 Kommunikationsinstrumenten hinsichtlich der Glaubwürdigkeit des kommunizierten Markenversprechens erhoben. Abb. 11 zeigt den Ansatz[349] auf Strukturmodellebene[350].

---

[347] Vgl. HENKEL ET AL. (2012), S. 208.
[348] Vgl. BOWEN/ LAWLER (1995), S. 73 u. HENKEL ET AL. (2012), S. 209.
[349] Vgl. HENKEL ET AL. (2007), S. 313 u. HENKEL ET AL. (2012), S. 227
[350] Vgl. HENKEL ET AL. (2009), S. 220 ff. u. HENKEL ET AL. (2007), S. 313.

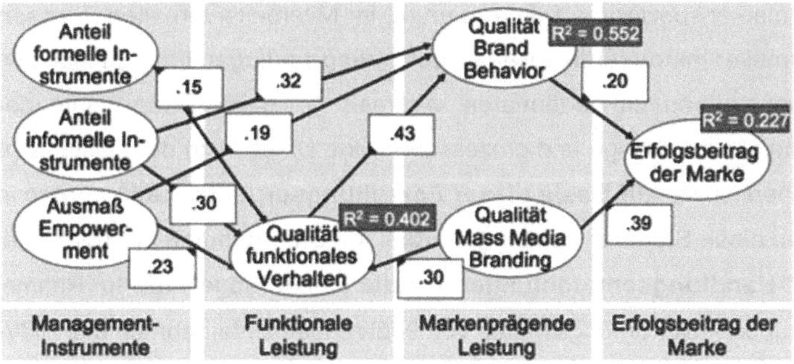

Abbildung 11: Modell-Design zu Einflussgrößen und Wirkungen von Brand Behavior

Quelle: Henkel et al. (2007), S. 313 und Henkel et al. (2012), S. 227

Die Wissenschaftler weisen einen **signifikanten positiven direkten Effekt der zwei Determinanten interne persönliche Kommunikation** (informelle Instrumente) und **Ausmaß des Empowerments auf die Qualität des Brand Behaviors** empirisch nach[351]. Bei den formellen Instrumenten, (interne massenmediale Kommunikation) hingegen, ist nur ein indirekter Einfluss über die Qualität des funktionalen Mitarbeiterverhaltens auf die Qualität des Brand Behavior nachweisbar. Zudem beweisen die Autoren[352], dass die Qualität des markenbasierten Mitarbeiterverhaltens und die Qualität der massenmedialen Kommunikation eine signifikante Wirkung auf den qualitativen Markenerfolg[353] ausüben. Dabei stellt sich heraus, dass die **Qualität der massenmedialen Kommunikation** mit einem Pfadkoeffizient von 0,39 eine **höhere Bedeutung zukommt als der Qualität des Brand Behaviors** mit 0,2.

Für die Praxis der internen Markenführung implizieren diese Ergebnisse, dass die **Übertragung von Verantwortung auf den Mitarbeiter** sowie der Einsatz der **Instrumente der persönlichen Kommunikation die größte Bedeutung zum Aufbau von markenkonsistenten Verhalten** haben. Sie ermög-

351 Vgl. HENKEL ET AL. (2012), S. 227.

352 Vgl. HENKEL ET AL. (2012), S. 214 f. u. HENKEL ET AL. (2007), S. 315.

353 Vgl. HENKEL ET AL. (2012), S. 214 f. Zur Erfassung des Beitrags am Erfolg der Marke wurden fünf Indikatoren herangezogen, die erfassen, 1. inwieweit Kunden wegen der Marke an neuen Produkten interessiert sind, 2. inwieweit die Marke die Kaufentscheidungen des Nachfragers beeinflusst, 3. inwieweit die Marke zu einer geringen Preissensitivität der Kunden u. 4. geringen Kundenakquisitionskosten sowie 5. zur Loyalität der Kunden beiträgt. Vgl. dazu im Detail HENKEL ET AL. (2007), S. 314.

lichen eine markenspezifische Differenzierung im Mitarbeiterverhalten. Massenmediale (formelle) Instrumente sollen wegen ihrer grundlegenden Funktion zum Markenwissensaufbau im adäquaten Ausmaß je nach Bedarf integriert werden[354], da sie die richtige und prozessorientierte Umsetzung der Leistungserbringung sicherstellen. **Auf Basis dieser Forschungsergebnisse**[355] wurden im Anschluss an diese Studie in Zusammenarbeit mit Unternehmen der deutschen Wirtschaft **7 Handlungsempfehlungen für die Praxis** abgeleitet. Im Rahmen von Fokusgruppen mit Führungskräften von 9 führenden Unternehmen u.a. BMW, Swisscom Mobile, Deutsche Telecom und Nestlé wurden die Erkenntnisse der Studie diskutiert und folgende **Empfehlungen erarbeitet:** 1. Buy-In des Seniormanagements, 2. 360° Feedback für Mitarbeiter und Führungskräfte; 3. Aufweichen von Barrieren zwischen Back-Office und Front-Office; 4. Übersetzen abstrakter Markenwerte durch Story-Telling; 5. Integration von Verhaltensbildern in die Werbung des eigenen Unternehmens; 6. Einsatz von Theater-Workshops mit allen Mitarbeitern und 7. Patenschaften für neue Mitarbeiter.

Positiv ist an diesem eher komplexen Ansatz hervorzuheben, dass es sich um ein umfassendes Konzept der internen Markenführung handelt, auf dessen Grundlage eine Reihe praxisnaher Handlungsempfehlungen[356] abgeleitet werden. **Jedoch ist zu bemängeln,** dass bei der empirischen Untersuchung in 2007 die **massenmediale externe und interne Markenkommunikation unter der massenmedialen Markenkommunikation zusammengefasst** werden. Eine differenzierte Analyse wäre nötig, um präzisere Handlungsempfehlungen zur formulieren, da heutzutage allein die externe massenmediale Kommunikation u.a. durch Social Media ein äußerst umfangreiches Gebiet an Instrumenten darstellt. Ein weiterer Kritikpunkt ist, dass **keine differenzierte Untersuchung der Effekte nach diversen Instrumenten der internen Markenkommunikation erfolgt**. Auch hier wäre es vor dem Hintergrund der zunehmenden Digitalisierung der Wirtschaft und Kommunikation wünschenswert, die Wirkungen differenziert nach klassischen und neuartigen digitalen Instrumenten auf die internen Ziele zu untersuchen. Weiter ist kritisch anzumerken, dass das

354 Vgl. HENKEL ET AL. (2012), S. 231.
355 Vgl. HENKEL ET AL. (2012), S. 232 ff.
356 Vgl. ebenda.

Markenwissen, und das BC, obwohl sie als Zielgrößen des Brand Funnels explizit definiert werden, nicht Bestandteil der empirischen Überprüfung sind. Abschließend ist festzuhalten, dass der **Bahavioral Branding Ansatz** bisher nur partialanalytisch empirisch überprüft wurde, d.h. dass lediglich der Effekt der drei Instrumente (formell, informell und Empowerment) auf die Qualität des Brand Behaviors überprüft wurde. Insofern liegt bis heute **keine integrative Validierung des Ansatzes mit allen verfügbaren Instrumenten vor.**

2.3.6 Abschließende Bemerkungen

Die Literaturrecherche im Kapitel B 2.3 zeigt, dass die Beiträge der wenigen Wissenschaftler, die die kausale Bedeutung der internen Markenkommunikation im Rahmen eines Modells untersuchen, meist **nicht auf einem umfassenden Markenführungsansatz beruhen**. Vielmehr werden **einzelne Instrumente der internen Markenführung herausgegriffen,** auf die sich die Studien fokussieren. So reduzieren bspw. Punjaisri (2009) die interne Markenführung auf die Instrumente HR und interne Markenkommunikation und Poricelli (2014) auf die 3 Instrumente Ausgestaltung der Markenidentität, Führungsstil und interne Markenkommunikation. Da es für die Wissenschaft und Praxis jedoch sinnvoll ist, die Effektivität der Instrumente im umfassenden Vergleich zu beurteilen, greift die Fokussierung auf ausgewählte Instrumente zu kurz. **Ausnahmen sind der Behavioral Branding Ansatz** nach Esch et al. (2019) und der interne Markenführungsansatz nach Burmann/ Piehler et al. (2011, 2018), die beide markenidentitätsbasiert sind. Wobei der interne Markenführungsansatz nach Burmann/ Piehler et al. umfassend empirisch überprüft und validiert wurde. So gelingt es Zeplin[357] bereits 2006, die positive Wirkung der externen Markenkommunikation, des markenbasierten Führungsverhaltens und HR-Managements auf die internen Ziele zu belegen. Zudem weist Piehler (2011)[358] die Wirkung der Gestaltung der Markenidentität, des markenbasierten Führungsverhaltens sowie der externen und internen Markenkommunikation auf die internen Ziele nach. Der eher komplexe Internal Branding Ansatz nach Esch et al. (2019) sieht zwar grundsätzlich konzeptionell ein vergleichbares Repertoire an Instrumenten vor,

---

357 Vgl. ZEPLIN (2006), S. 215.

358 Vgl. PIEHLER ET AL. (2011), S. 513.

allerdings ohne die Wirkung unter Berücksichtigung aller Instrumente empirisch validiert zu haben.

Zudem ergibt die Analyse der Beiträge, dass der überwiegende Teil **eine tendenziell zu kurz greifende Überprüfung der Markenkommunikation** vornimmt. Dies zeigt sich darin, dass entweder **nur einzelne, selektive Instrumente** wie bei Hartmann (2010) untersucht werden oder aber die **interne Markenkommunikation als globale Größe** überprüft wird. Dies ist bspw. bei Poricelli (2014) und Du Preez (2015) der Fall. Man vergleiche in diesem Kontext auch die Forschungsarbeiten von Henkel et al. (2007) im Rahmen des Behavioral Branding Ansatzes. Die Wissenschaftler subsummieren im Struktur-Modell die massenmediale externe und interne Markenkommunikation unter der massenmedialen Kommunikation. Hinzu kommt, dass in den meisten Ansätzen **moderierende Einflüsse** wie z.B. demografische Eigenschaften **auf die Wirkung der Determinanten nicht berücksichtigt werden**. Als Ausnahme sind Poricelli et al. (2014) zu nennen, die den Einfluss demografischer Größen wie Betriebszugehörigkeit, Teilzeit/ Vollzeit etc. untersucht haben. Darüber hinaus greifen viele empirische Untersuchungen insofern zu kurz, als sie **auf die Überprüfung der Wirkung der Markenkommunikation auf das Markenwissen** als fundamentale Zielgröße zum Aufbau des BCB verzichten. Dazu zählen die Beiträge von Esch/ Henkel (2007), Punjaisri (2009), Hartmann (2010), Poricelli (2014) und Du Preez (2015).

Abschließend ist zu konstatieren, dass selbst die aktuelleren Ansätze ab 2014 die neuartigen digitalen Kommunikationsinstrumente wie Social Media, AR und VR in den Forschungsarbeiten bisher nicht inkludieren. Dies gilt insbesondere für das Instrument Social Media, das sich mittlerweile in der internen Markenkommunikation bei vielen Unternehmen etabliert hat. Vor dem Hintergrund **der rapiden und global fortschreitenden Digitalisierung der Kommunikation in der Gesellschaft und Wirtschaft** sollten zukünftige Forschungsbemühungen die neuartigen Kommunikationstechnologien in ihre Untersuchungen mit einbeziehen. Wissenschaftliche Arbeiten sollten in die Richtung gehen, die **klassischen** Instrumente wie Markenhandbücher, Workshops, Mitarbeiterzeitung **und neuartigen digitalen Instrumente** wie Social Media, AR und VR hinsichtlich ihrer vergleichsweisen Wirkung **auf die internen Ziele zu überprüfen. Dabei ist zu empfeh-**

len, auch moderierende Einflussgrößen wie Alter, Dauer der Betriebszugehörigkeit, Position, Qualität und Relevanz der kommunizierten Inhalte etc. zu messen. Somit könnten der Praxis differenzierte Handlungsempfehlungen zur Entscheidung über den zielgruppenbezogenen, crossmedialen internen Instrumente-Mix geliefert werden.

Die Tatsache, dass VR in der Forschung der internen Markenkommunikation bis dato nicht untersucht wurde, **legt es nahe, die Literaturreche** im Rahmen der **vorliegenden Arbeit** auf wissenschaftliche Beiträge zu VR der externen Markenkommunikation und der Lerntheorie **weiter auszudehnen.** So soll subsidiär auf die Forschungsergebnisse dieser Gebiete zu VR zurückgegriffen werden.

3 Virtual Reality als neues Kommunikationsinstrument im Marketing

3.1 Definition und Abgrenzung von Virtual Reality

Ziel dieses Kapitels ist es, die beiden Instrumente VR und AR im Einzelnen vorzustellen und voneinander zu differenzieren. Dabei sollen jeweils die aktuellen Technologien anhand von Beispielen aufgezeigt und erläutert werden. Zur definitorischen Abgrenzung von VR und AR bietet sich als Grundlage **das Virtual Reality Kontinuum von Milgram et al.** (1994) an. Diese haben als erste Wissenschaftler eine Differenzierung beider Termini auf der Basis einer Skalierung zwischen der komplett realen und der komplett virtuellen Umgebung vorgenommen. Das Kontinuum umfasst alle Variationen und Kompositionen von virtuellen und realen Elementen und Objekten. Der Bereich[359] zwischen den beiden Extrema wird als Mixed Reality bezeichnet. Es ist ein Konzept der New Media- und Computer-Wissenschaft. Abb. 12 zeigt die Visualisierung des VR-Kontinuums.

[359] Vgl. MILGRAM ET AL. (1994), S. 3.

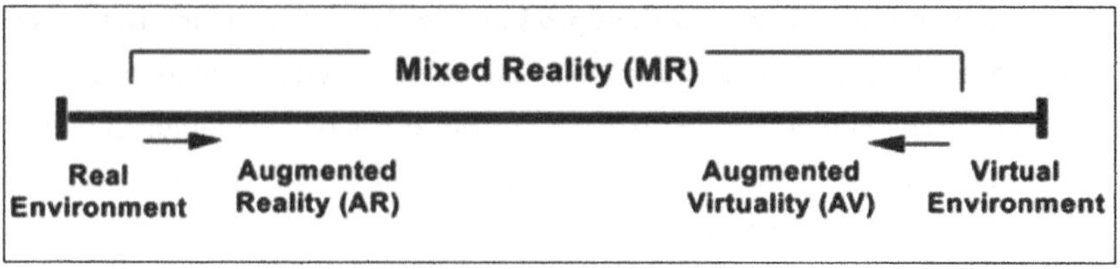

Abbildung 12: Virtual Reality Kontinuum nach Milgram
Quelle: Milgram et al. (1994) S. 3

Aktuell gibt es in Wissenschaft und Praxis **verschiedene Definitionen des Begriffs Virtual Reality**[360], wobei er fortwährend in wissenschaftlichen Beiträgen ohne definitorische Fundierung genutzt wird. In dieser Arbeit wird die **Definition von VR** der Wissenschaftler Shermann/ Craig (2003) herangezogen, da sie die herrschende wissenschaftliche Meinung abbildet. Sie definieren VR[361] als ein *„...set of technologies that enables people to immersively experience a world beyond reality"*. Dieser Definition liegt eine technische Auffassung zugrunde, d.h. VR wird als eine **digitale Technik im Sinne eines Enablers** verstanden. GUTTENTAG beispielsweise vertritt eine ähnliche technische Auffassung von VR. Er definiert VR als eine **computergenerierte 3D-Umwelt**, in der der User navigieren und nach Möglichkeit mit ihr im Rahmen einer Echtzeitsimulation unter multisensualer Ansprache interagieren kann[362]. Diese ermöglicht[363] dem Nutzer durch Anwenden eines bestimmten technischen Hilfsmittels, wie bspw. das Aufsetzen einer **VR-Brille,** in eine geschlossene, scheinbar reale Umgebung einzutauchen, in der er sich im Idealfall frei bewegen kann.

VR kann durch diverse Technologien unterstützt werden. Dabei bietet die digitale Kommunikationstechnologie mittlerweile ein breites Spektrum. Grundsätzlich lässt sich zwischen **drei Kategorien der VR-Technologie differenzieren**:

---

360 Vgl. DÖRNER ET AL. (2013) u. GUTTENTAG (2009), S. 638.

361 Vgl. SHERMANN/ CRAIG (2003), S. 6. Vgl. dazu auch u.a. Deutscher Markenreport (2017), HEIM/ DERTINGER (2017), S. 5.

362 Vgl. GUTTENTAG (2009), S. 638 u. BIOCCA (1992), S. 5. Siehe auch BERG/ VANCE (2017); BORBA/ ZUFFO (2016); BORSEI ET AL. (2016); HUANG ET AL. (2016); DOBROWOLSKI ET AL. (2014) u. JAVORNIK (2014).

363 Vgl. HEIM/ DERTINGER, (2017), S. 6; RIEDMANN-STREITZ (2017), S. 62 u. ROSE (2017), S. 47.

1. Headsets mit integriertem Display 2. Smartphone-Halterungen mit eingebauter Elektronik und 3. rein mechanische Smartphone-Halterung.

Zur 1. Kategorie Headsets mit integriertem Display, auch Head-Mounted-Display (HMD) genannt, zählen **Oculus Rift** (ab September 2016) mit einem Preis[364] von ca. 300-350 € und **HTC Vive** (ab April 2016) mit einem Preis von ca. 450-650 €. **Als High-End VR-Brillen** bieten sie hinsichtlich Bildauflösung, Simulation der Realität und Interaktionsmöglichkeiten eine **sehr hohe virtuelle Erlebnisqualität**. Zudem wird der Nutzer[365] von Reizen der physischen Welt abgeschirmt und kann vollkommen in die virtuelle Welt eintauchen. Beide Produkte verfügen über ein eigenes hochauflösendes Display mit komplexer Sensor-Technik und sind mit und ohne Kabelverbindung zum PC in Handel erhältlich. Diese VR-Brillen werden häufig in Kombination mit weiteren Systemkomponenten, wie bspw. Kameras, Sensoren und Controller genutzt, die das Tracking des Anwenders[366] verbessern und seine Interaktionsmöglichkeiten erweitern. Unter Tracking[367] wird im VR-Kontext nach herrschender Meinung das digitale Erfassen des Bewegungsverhaltens eines Users bzw. Objektes verstanden. Dies bezieht sich auf die Kopf-, Körper-, Hand-, und Augenbewegungen. Die Kameras und präzise arbeitende Sensoren erkennen nicht nur die Kopfbewegungen des Users, sondern auch seine Position im Raum sowie die Bewegungen der Hände. Auf diese Art erlauben sie eine gesteigerte Form der Interaktivität, die **sensorisches Feedback**[368] genannt wird. Über sensorische Bild- und Mustererkennung[369] wird eine unmittelbare Reaktion des Systems auf die Aktion des Users ermöglicht. Ein typisches Kennzeichen[370] dieser VR-Systeme ist die **blickpunktabhängige Bildgenerierung.** Schaut der Anwender z.B. nach links so bewegt sich das Bild ebenfalls simultan in die gleiche Richtung; d.h. die 3D-Umgebung des Users wird

---

364 Die Preise wurden im September 2019 im Internet recherchiert und stellen nur Richtwerte dar. Sie variieren je nach Anbieter und Umfang des Zubehörs. Dies gilt ebenfalls für weitere Preisangaben der in diesem Kapitel vorgestellten Technologien.

365 Vgl. HEIM/ DERTINGER, (2017), S. 6 u. Blog-Beitrag von KIANI (2018), Omina 360°/ https://omnia360.de/blog/welche-vr-brille-virtual-reality-brillen-im-ueberblick/, zugegriffen am 04.09.2019.

366 Vgl. DÖRNER ET AL. (2013), S. 252.

367 Vgl. ebenda.

368 Vgl. BERG/ VANCE (2017), S. 2 u. MARINI ET AL. (2012), S. 238.

369 Vgl. DÖRNER ET AL. (2013), S. 12 f. u. KPMG-Studie zu VR (2016), S. 14.

370 Vgl. DÖRNER ET AL. (2013), S. 13.

automatisch aus dessen neuer Perspektive dargestellt. Beide Produkte (Oculus Rift und HTC Vive) müssen, wenn auch kabellos verwendbar, mit einem leistungsfähigen PC verbunden sein, da das System nicht unabhängig funktionieren kann. Abb. 13 und 14 zeigen die beiden Modelle.

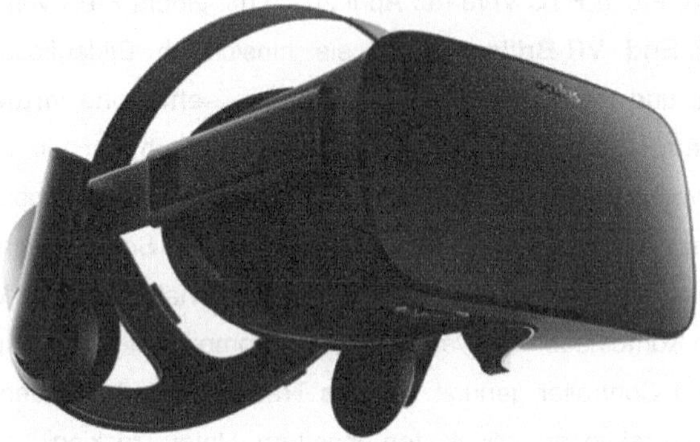

Abbildung 13: Oculus Rift (2016)
Quelle: Bildarchiv von Ominia 360°

Abbildung 14: HTC vive Headset
Quelle: HTC-Webseite (2019)

Als neue Generation von VR-Brillen werden mobile Systeme bezeichnet, die nicht mehr von externen Sensoren und Kabeln abhängen. In diesem Fall kann der

User sich vollkommen frei bewegen, wobei alle Sensoren bereits in der VR-Brille intergiert sind (Insight-Out-Tracking). Oculus brachte im Mai 2019[371] die Modelle **Oculus Rift S** (ca. 350-450 €) und **Oculus Quest** (ca. 400-450 €) auf den Markt. Beide verfügen im Vergleich zum Vorgängermodell Oculus Rift (2014) über eine leicht modifizierte Optik sowie eine verbesserte Bildauflösung. Die Oculus Quest zeichnet sich neben der Integration der Sensoren dadurch aus, dass sie ein **autarkes System darstellt**, d.h. sie ist nicht mehr an die digitale Verbindung mit einem PC gebunden. **Die Daten** (Inhalte) werden vor der Nutzung über einen USB-Stick **direkt auf den internen Speicher überspielt**.

Die 2. Kategorie bilden Smartphone-Halterungen mit eingebauter Elektronik[372] wie das Samsung Gear VR (ab September 2014) mit einem Preis von ca. 100-130 €.

Abbildung 15: Samsung Gear VR
Quelle: Samsung, Webseite (2019)

Diese VR-Brille mit eingebauten Sensoren und physischem Bedienelement (Touchpad) ermöglicht eine simple Anwendung. Das Samsung Gear VR funktioniert **nur mit eingesetztem Smartphone**, da es über kein eigenes Display verfügt.

371 Vgl. Blog von VR-NERDS; https://www.vrnerds.de/oculus-quest-und-oculus-rift-s-ab-sofort-vorbestellbar/; zugegriffen am 03.09.2019.

372 Vgl. HEIM/ DERTINGER (2017), S. 6 u. Webseite Samsung, https://www.samsung.com/de/-wearables/gear-vr-r323/; zugegriffen am 08.09.2019.

Es wird via Micro-USB[373] mit dem Smartphone verbunden, hat einen Kopfhöreranschluss, ein Multitouchpad an der Außenseite sowie einen zusätzlichen USB-Port zur Stromversorgung. Per Bluetooth kann weitere Peripherie, wie z. B. ein Gamepad, verbunden werden. Im Vergleich zur 1. Kategorie liegt die virtuelle Erlebnisqualität auf einem niedrigeren Niveau. Dies ist darauf zurückzuführen, dass das System[374] ausschließlich Kopfbewegungen erfasst und somit nur ein eingeschränktes Tracking des Unsers möglich ist.

Die 3. Kategorie stellt[375] als rein mechanische Smartphone-Halterung, wie z.B. Google Cardboard (ab Mai 2014), die **einfachste technische Lösung** dar. Mit dieser Version wollte Google VR[376] einer breiten Öffentlichkeit zu einem vergleichsweisen niedrigen Preis von ca. 6-10 € zugänglich machen. Google Cardboard besteht hauptsächlich aus Pappe, kombiniert mit zwei Linsen und einer Halterung zur Befestigung des Smartphones. Das HMD[377] kann innerhalb von wenigen Sekunden mühelos zusammengesteckt werden. Hier dient das Smartphone als VR-System[378], das mit dem Cardboard zusammen als „VR-Brille" auf dem Kopf des Users befestigt werden kann. Es lassen sich mit kompatiblen Apps zahlreiche VR-Anwendungen nutzen. Ein Magnet-Druckschalter an der Seite lässt Nutzer in der VR Umgebung mit Objekten interagieren, Menüs bedienen oder Szenen wechseln. Die Erlebnisqualität[379] hängt von der Leistungsfähigkeit des eingelegten Smartphones ab. Vom Smartphone können ausschließlich Kopfbewegungen erfasst werden. Eine Interaktion mit der Umwelt ist nicht möglich, so dass Experten[380] von einer geringeren virtuellen Erlebnisqualität in Form von **Low-End-Brillen sprechen**. Abb. 16 zeigt das Google Cardboard.

---

373 Vgl. ebenda.

374 Vgl. ebenda.

375 Vgl. HEIM/ DERTINGER (2017), S. 6. u. Blogbeitrag von PIERCE, (2015), http://www.wired.com/2015/05/try-google-cardboard/, zugegriffen am 04.09.2019.

376 Vgl. https://vr.google.com/cardboard/, zugegriffen am 04.09.2019.

377 Vgl. ebenda.

378 Vgl. Blog-Beitrag von KIANI (2018), Omina 360°, (a.a.O.).

379 Vgl. HEIM/ DERTINGER (2017), S. 6 u. PIERCE (2015), (a.a.O.).

380 Vgl. Blog-Beitrag von KIANI (2018), Omina 360°, (a.a.O.).

Abbildung 16: Google Cardboard
Quelle: Google, Webseite (2019)

Zusammenfassend ist festzuhalten, dass die **höchste Erlebnisqualität bei den Headsets mit integriertem Display** gegeben ist. Dies gilt vor allem bei der neueren Generation von VR-Brillen, den mobilen Systemen. **Lange Zeit trat das Problem der VR Motion Sickness**[381] auf, das jedoch heute durch neuere technologische Lösungen bei den hochwertigen Modellen weitestgehend beseitigt ist.

Im Weiteren soll der Begriff Augmented Reality definiert und von VR **abgegrenzt werden.** Für den Begriff AR liegt bisher in Wissenschaft und Praxis ebenfalls **keine einheitliche Definition vor.** Nach der Definition von **Heim/ Dertinger** (2017)[382] wird AR als eine computerunterstützte Darstellung und Wahrnehmung bezeichnet, die die **reale Welt um virtuelle Elemente visuell erweitert**[383]**. Dörner et al. (2013)**[384] definieren AR als „...eine unmittelbare, interaktive und echtzeitfähige Erweiterung der Wahrnehmung der realen Umgebung um virtuelle Inhalte für beliebige Sinne, welche sich in ihrer Ausprägung und Anmutung soweit wie möglich an der Realität orientieren, so dass im Extremfall...eine Unterscheidung zwischen realen und virtuellen Sinneseindrücken nicht mehr möglich ist". Die Augmentation der Realität gelingt durch computergenerierte Inhalte, die

381 Vgl. KMPG-Studie zu VR (2016), S. 8.; DÖRNER ET AL. (2013), S. 56. u. Blog-Beitrag von KIANI (2018), Omina 360°, (a.a.O.).

382 Vgl. HEIM/ DERTINGER (2017), S. 6 f.

383 Vgl. u.a. auch YAOYUNEYONG ET AL. (2016), S. 16. u. Gabler Lexikon, PROF. DANIEL MARKGRAF Professur für Marketing, Innovations- und Gründungsmanagement, http://wirtschaftslexikon.-gabler.de/Definition/augmented-reality.html, zugegriffen am 29.09.2017.

384 Vgl. DÖRNER ET. AL. (2013), S. 246.

mit Unterstützung eines AR-Headsets oder **entsprechender Smartphone-Apps** im Sichtfeld des Nutzers die Wirklichkeit überlagern. Dies kann z.B. durch eine eingeblendete Ebene im Display mit zusätzlichen Informationen oder Objekten geschehen.

Beispiele für AR-Headsets sind „Smart Glasses“ wie Google Glass Enterprise 2 (seit Mai 2019; Preis ca. 1.500 €) und das „Meta 2 Development Kit“ (seit Februar 2018; Preis ca.1.000-1.500 €), die funktional und qualitativ miteinander vergleichbar sind. Smart Glasses sind deutlich kleiner und leichter als VR-Brillen. Sie ähneln von der Optik her eher einer gewöhnlichen Nutzbrille. Im Folgenden soll die **Google Glass** beispielhaft vorgestellt werden. Abb. 17 zeigt das aktuelle Modell „Enterprise 2“ (2019).

Abbildung 17: Google Glass Enterprise 2
Quelle: Webseite von Wearvision (2019)

Die Bedienung der Brille[385] erfolgt über die Stimme, Kopfbewegung des Users oder durch Berührung des Touchpads am rechten Bügel. Die intelligente Brille erkennt über Aktivierungswörter wie “Okay, Glass…” oder das Nicken des Kopfes, dass der User eine Frage oder einen Befehl hat. Das Display der Google Glass befindet sich leicht oberhalb des normalen Sichtfeldes. Das Menü lässt sich mit Wischbewegungen[386] auf dem Touchpad durchsehen und ermöglicht die Auswahl der Programme. Vom Startbildschirm aus gelangt man mit einem „Wisch“ nach rechts zu vorherigen Interaktionen wie verfasste Nachrichten oder zuletzt gemachte

385 Vgl. Webseite von Wearvision (Unternehmensberatung für Smart Glasses (AR)), https://www.wearvision.de/googleglass/; zugegriffen am 06.09.2019.

386 Vgl. Webseite von Wearvision, (a.a.O.).

Fotos. Ein Wisch nach links aktiviert aktuell gewünschte Interaktionen. Die Smart Glass ist in der Lage[387], einen Text in Echtzeit in die gewünschte Sprache zu übersetzen. Dabei liegt die Übersetzung 1 zu 1 über dem Original, so dass der Träger live nur die gewählte Sprache sieht. Das System verfügt über verschiedene Karten, auch Vignetten genannt, mit denen der User interagieren kann und nutzerrelevante Informationen in die reale Welt einblenden kann. Auch kann ein Video inklusiver virtueller Elemente an Kollegen hochladen, verschickt oder einfach nur abspielt werden. Die unzähligen Anwendungsmöglichkeiten ergeben sich durch das Zusammenspiel der Google Glass und dem Smartphone des Nutzers. Via WLAN oder Bluetooth[388] wird eine Verbindung über das Smartphone zum Internet hergestellt. Ein großer Vorteil dieser Brille ist, dass der Mitarbeiter beide Hände frei hat, während er alle notwendigen Informationen für seine Arbeit in real time abrufen kann und so die reale Welt augmentiert. Abbildung 18 visualisiert die Funktionsweise der Google Glass Enterprise 2 (2019).

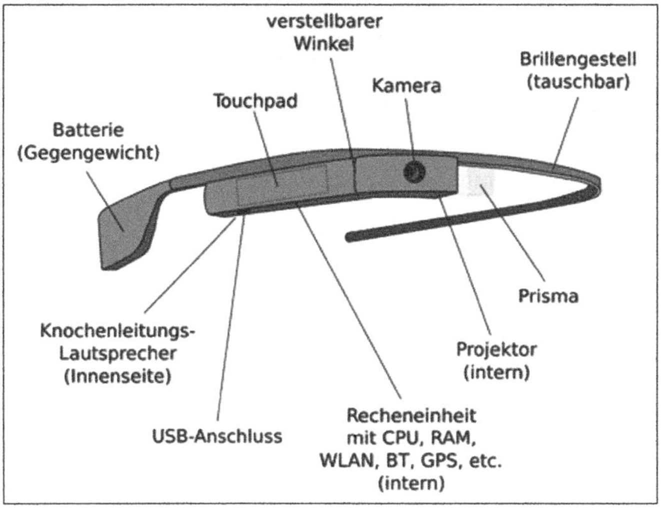

Abbildung 18: Darstellung der Technik der Google Glass Enterprise 2 (2019)
Quelle: Webseite von Wearvision (2019)

387 Vgl. Webseite von Wearvision, (a.a.O).
388 Vgl. ebenda.

Bis zum Launch der Google Glass Enterprise 2 im Mai 2019 war die Smart Glass auch für private Zwecke im Handel erhältlich. Seitdem[389] wird sie in einer neuen Version ausschließlich Kunden im B2B-Geschäft und zu Forschungszwecken angeboten, so dass sie projektbezogen z.B. von Universitäten in der Forschung, im Gesundheitssektor und vor allem in Industrieunternehmen eingesetzt wird. Abb. 19 zeigt den Einsatz der Google Glass Enterprise 2 in einem Krankenhaus[390], wo der Arzt über die AR-Brille mit allen wichtigen eingeblendeten Patienteninformationen bei seiner Visite versorgt wird.

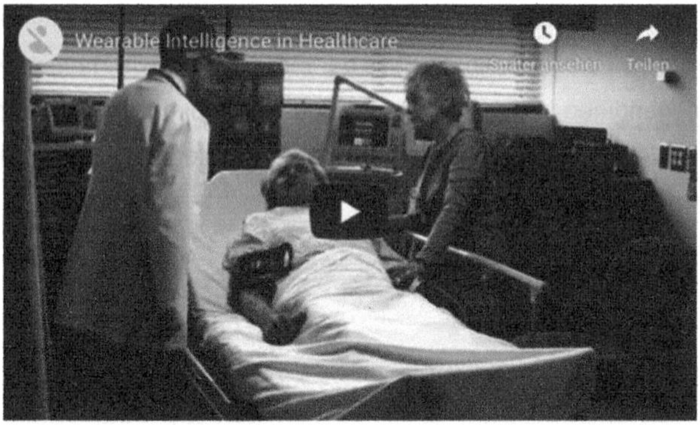

Abbildung 19: Einsatz der Google Glass Enterprise 2 in einem Krankenhaus
Quelle: Webseite Wearvision (2019)

Die Augmentation der Realität kann ebenfalls mittels **einer AR-Smartphone-App** erfolgen. Bei mobilen Endgeräten ermöglicht eine integrierte Kamera zusätzliche Informationen oder Objekte direkt in ein aktuell erfasstes Abbild der realen Welt einzuarbeiten. Apple stellte im Juni 2017[391] im Rahmen der Entwicklerkonferenz WWDC (Worldwide Developers Conference) das **„AR-Kit“** vor, das kostenlos von der Webseite[392] runtergeladen werden kann. Einer der ersten Partner von Apple ist der **Möbelhersteller IKEA**, der mit dieser Technik beabsichtigte, seine hauseigene

389 Vgl. Webseite von Gamestar, https://www.gamestar.de/artikel/google-glass-2-augmented-reality-brille-unternehmen,3344254.html; zugegriffen am 05.09.2019.

390 Vgl. Webseite des AR-Brillen- Händlers Wearvision, https://www.wearvision.de/; zugegriffen am 08.09.2019.

391 Vgl. Online-Artikel auf Heise Online; zugegriffen am 10.07.2018, https://www.heise.de/mac-and-i/meldung/Augmented-Reality-Ikea-App-fuer-ARKit-unter-iOS-11-kommt-3836968.html.

392 Aktuell steht die 3. Version über folgenden Link zur Verfügung: https://developer.apple.-com/augmented-reality/arkit/; zugegriffen am 22.09.2019.

Katalog-App aufzuwerten. Durch diese App wurde **virtuelles Einrichten von Räumlichkeiten** möglich[393]. Nach dem Scannen der eigenen Räumlichkeiten können Möbel aus dem Katalog virtuell in der eigenen Wohnung flexibel, realitätsgetreu kombiniert und platziert werden. Der Nachfrager hat so die Möglichkeit die stilistische und räumliche Passung der Möbel bereits vor dem Kauf zu bewerten. Abb. 20 zeigt das AR-Beispiel[394] mit der Marke Ikea.

Abbildung 20: AR-App von Ikea mit iOS 11 von Apple zum virtuellen Einrichten einer Wohnung
Quelle: Ikea Webseite, zugegriffen am 05.07.2018

Der Vollständigkeit halber seien noch **Mixed Reality** (MR) und **360°-Bilder und -Filme** von VR und AR abzugrenzen. Nach dem **VR Kontinuum nach Milgram**[395] umfasst Mixed Reality per Definition das gesamte Realitäts- und Virtualitätskontinuum mit Ausnahme der beiden Extreme „vollkommene Realität" und „vollkommene Virtualität". Demnach würde strenggenommen auch AR in diesen Bereich gehören. In der Wissenschaft der Kommunikationstechnologie hat sich allerdings mittlerweile im Laufe der technologischen Weiterentwicklung der Systeme die Auffassung durchgesetzt, das **Mixed Reality**[396] **eine technische**

393 Vgl. Ikea Webseite, http://highlights.ikea.com/2017/ikea-place/, zugegriffen am 05.09.2019.
394 Vgl. Ikea Webseite, (a.a.O.).
395 Vgl. MILGRAM (1994), S. 2.
396 Vgl. HEIM/ DETINGER (2017), S. 6.

Kombination aus VR und AR darstellt. Der Nutzer sieht nach wie vor die reale Welt wie bei einer klassischen AR-Anwendung; diese wird ergänzt um mehrdimensionale, glaubhaft echte, virtuelle Objekte wie es bei einer VR-Anwendung der Fall ist. Im Vergleich zu einer klassischen AR-Anwendung, hat der User jedoch die Möglichkeit, z.B. **an die Objekte, die sich an einem bestimmten realen Ort befinden, näher heranzugehen** oder gar herumzugehen[397]. Aktuelle Beispiele für diese Technologie sind **Microsoft HoloLens**[398] (ca. 3.500) und **Magic Leap**[399] (ca. 2.550 €). Die Microsoft HoloLens soll im Folgenden kurz vorgestellt werden. Neben dem Gamingbereich wird sie überwiegend im B2B-Bereich eingesetzt. Der Raum vor dem Nutzer wird mithilfe von Sensoren abgetastet und digital übertragen. Das Display ist durchsichtig und virtuelle Elemente, sogenannte Hologramme, werden über das Sichtfeld des Users in den Raum vor ihm projiziert. So können virtuelle Videos an den eigenen Wänden, Objekte (auch digital gezeichnet) auf einer gewählten Grundlage, aber auch in der Hand, in 3D betrachtet und vermeintlich angefasst werden. Die virtuellen Hologramme im Sichtfeld des Nutzers sind keineswegs statisch, so wie bei AR-Anwendungen; sondern sie können ebenso mit virtuellen Werkzeugen oder den eigenen Händen bedient und manipuliert werden. Interaktionen, die an sich nur in VR-Anwendungen möglich sind, werden in den Bereich AR übernommen und digital „übersetzt". Sie ermöglichen eine völlig neue Art der digitalen Nutzererfahrung, da sie die reale Welt mit der VR-Technologie verknüpfen[400]. Abbildung 21 zeigt das aktuellste Produkt von Microsoft.

---

[397] Vgl. GILBERT (2015), VR-Blogeitrag von Engadget, abgerufen am 05. 09 2019, http://www.engadget.com/2015/01/21/microsoft-hololens-hands-on/.

[398] Vgl. Webseite von Microsoft, https://www.microsoft.com/dede/hololens?icid=SSM_-AS_Promo_Devices_HoloLens2#coreui-feature-jf1uj33, zugegriffen am 05.09.2019.

[399] Vgl. FINGAS (2015), VR- Blogbeitrag von Engadget, https://www.engadget.com/2015/07/08/-microsoft-hololens-medical-student-demo/, zugegriffen am 05.09.2019.

[400] Vgl. Webseite von Microsoft, (a.a.O.).

Abbildung 21: Microsoft HoloLens 2
Quelle: Microsoft Webseite (2019)

Abbildungen 22 und 23 demonstrieren den Einsatz der Microsoft HoloLens 2 im medizinischen Bereich.

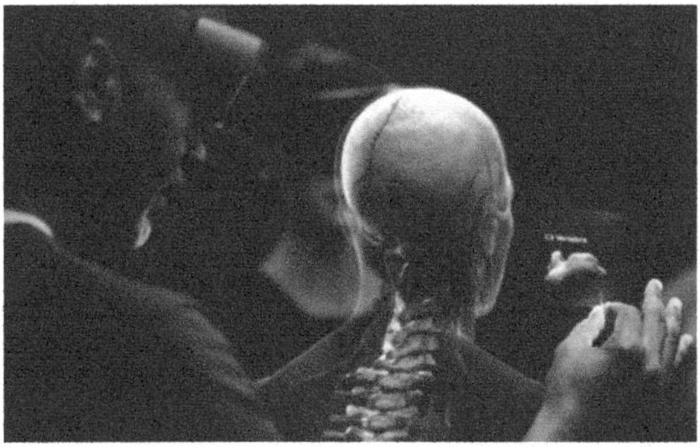

Abbildung 22: Einsatz der Microsoft HoloLens im medizinischen Bereich
Quelle: Webseite von Microsoft (2019)

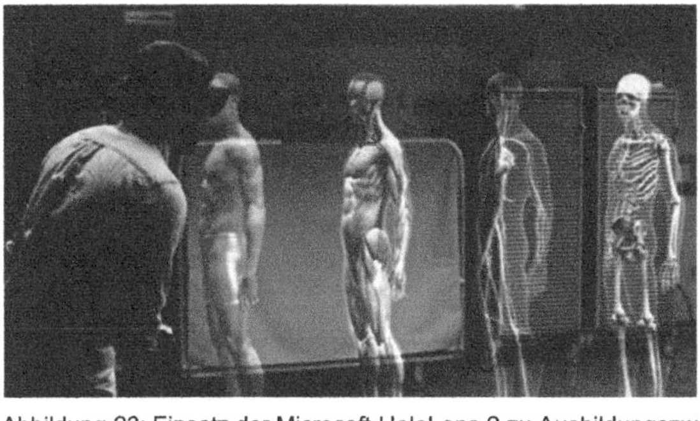

Abbildung 23: Einsatz der Microsoft HoloLens 2 zu Ausbildungszwecken im medizinischen Bereich
Quelle: Gilbert (2015)

Abschließend sollen auf die **virtuellen Darstellungen in Form von 360°-Bilder und -Filme** eingegangen werden. Diese werden fälschlicherweise in der Praxis häufig als VR bezeichnet[401], da die Betrachtung der Bilder und Filme ebenfalls mit einer VR-Brille erfolgt[402]. Sie werden mit speziellen 360°-Foto- oder -Videokameras produziert. Im Vergleich zu „herkömmlichen" Fotos oder Videos wird dabei jedoch das Blickfeld zu einem 360° Panoramablick erweitert, so dass sie eine Art „virtuellen Rundgang" ermöglichen. Diese Technik[403] wird oft für virtuelle Werksbegehungen im HR-Bereich oder bspw. zur Besichtigung einer Immobilie genutzt. Bei der Wiedergabe des Inhalts betrachtetet der Zuschauer das Bild aus der Mitte heraus und kann den gewünschten Bildausschnitt frei wählen. Das Eintauchen in die 2. Welt ist allerdings nur begrenzt möglich, da die Perspektiven bzw. die Standpunkte festgelegt sind und keine Interaktion mit dem Umfeld möglich ist. Der User bleibt i.d.R. passiver Beobachter des Geschehens. Abbildung 24 zeigt ein Beispiel[404] eines 360° Bildes.

Abbildung 24: 360°-Bild des Planetariums in Hamburg
Quelle: Bildarchive von Omnia 360°

Abschließend ist festzuhalten, dass es bei all den vorgestellten virtuellen Anwendungen je nach Technologie, Umfang und Qualität der dargestellten virtuellen Elemente zu einem mehr oder weniger stark ausgeprägten Eintauchen in die virtuelle Welt kommt es. **Im Folgenden** wird in dieser Arbeit ausschließlich von

401 Vgl. HEIM/ DETINGER (2017), S. 6.

402 Vgl. Blog-Beitrag von KIANI (2017), Omina 360°, https://omnia360.de/blog/sind-360-grad-videos-virtual-reality/, zugegriffen am 05.09.2019.

403 Vgl. KIANI (2017), (a.a.O.).

404 Die Abbildung stammt aus dem Bildarchiv der VR-Agentur Omina 360°.

VR ausgegangen, da die empirische Untersuchung dieser Dissertation im Kapitel C mit VR durchgeführt wird.

3.2 Immersion als zentrales Element von Virtual Reality

Ausgehend von der zugrunde gelegten Definition von VR nach Shermann/ Craig (2003)[405] führt das Nutzen der VR-Technik zu einem Abtauchen in eine als real wahrgenommene Welt jenseits der Realität. Dieser Effekt wird nach herrschender Meinung in der Literatur und Praxis i.d.R. als **Immersion** bezeichnet. Da es aktuell keine einheitliche Definition des Begriffs Immersion[406] gibt, ist das **Ziel** dieses Unterkapitels, **für diese Arbeit eine Definition des Konstruktes im Kontext von VR** konzeptionell herzuleiten. Dazu soll im Folgenden vorab der Begriff Immersion, der zunehmend im Marketing Verwendung findet, in B 3.2.1 auf seine **etymologische Herkunft hin näher analysiert** werden. Die dazu durchgeführte Literaturrecherche wurde über das Marketing hinausgehend auf die Wissenschaft der Psychologie (Lerntheorie und Verhaltensforschung) sowie die Informatik (Kommunikationstechnologie) ausgedehnt. Dabei wurden u.a. der Gemeinsame Verbundkatalog (GVK) sowie folgende Fachdatendatenbanken verwendet: Datenbank für Ressourcen der Kommunikations-, Medien- und Filmwissenschaft (adlr.link), Datenbank „Communication and mass media Complete" (Ebsco) und die psychologischen und pädagogischen Fachdatenbanken Psyndex und PsycINFO. Als Suchbegriffe[407] wurden u.a. verwendet: Experience Management, Flow, Flow-Erlebnis, Flow-Theorie, Gaming, Immersion, immersives Erlebnis, immersives Lernen, immersive Lehrmetoden, Online-Learning, Komponenten von Flow, intrinsische Motivation, Lernmotivation, Multi-User Umgebungen, Präsenz, VR und virtuelle Welten.

3.2.1 Etymologische Analyse des Begriffs Immersion

Die Literaturrecherche zeigt eine recht breite interdisziplinäre Verwendung des Begriffs Immersion mit Schwerpunkt im virtuellen Umfeld. Meist wird von einer Definition abgesehen. Das Begriffsverständnis variiert je nach theoretischer Pers-

---

[405] Vgl. SHERMANN/ CRAIG (2003), S. 6. Vgl. dazu auch u.a. Deutscher Markenreport (2017), HEIM/ DERTINGER (2017), S. 5.

[406] Vgl. DÖRNER (2013), S. 14.

[407] Die Suchbegriffe wurden auf Deutsch und Englisch, einzeln und auch kombiniert, eingegeben.

pektive. Das Wort Immersion ist lateinischen Ursprungs (immersio)[408] und bedeutet Eintauchen bzw. Untertauchen. Zur etymologischen Herleitung des Begriffs Immersion wird zunächst von einer **grundlegenden, sehr allgemeinen und interdisziplinären Auffassung** nach Shermann/ Craig[409] ausgegangen. Nach dem Verständnis dieser Wissenschaftler entsteht bereits Immersion durch das Lesen eines spannenden Buches, das Schauen eines interessanten Films oder generell das Vertieft-Sein in irgendeine Art von Tätigkeit. **Demnach definieren Shermann/ Craig Immersion als das Eintauchen und Sich-Vertiefen in die Inhalte eines Mediums.**

Die etymologische Analyse zeigt, dass der Begriff Immersion **ursprünglich auf die Psychologie und Informatik zurückgeht**. Im wissenschaftlichen **Umfeld der Psychologie** fand der Begriff zunächst im offline-Umfeld in der Lern- und Verhaltenstheorie Verwendung. So nutzt die **Lerntheorie die Immersionsmethode[410]**, um z.B. im Rahmen der bilingualen Erziehung durch das **gänzliche Eintauchen in die Fremdsprache** (immersiver Lernprozess) ohne Kontakt zur Muttersprache, die Fremdsprache zu erlernen. Immersive Lernprozesse werden **im engen Zusammenhang mit der Flow-Theorie gesehen, die der Verhaltenspsychologie** entstammt und auf den Pädagogen Csikazentmihalyi (1985)[411] zurückgeht. Es ist festzustellen, dass in diesem Kontext keine definitorische Abgrenzung zwischen Flow und Immersion erfolgt, so dass die Begriffe eher synonym verwendet werden. Während sich der **Begriff Immersion** (immersives Lernen) **in der bilingualen Spracherziehung** durchgesetzt hat, findet der **Begriff Flow** weitestgehend im **offline-Umfeld der sonstigen Lerntheorie und Verhaltenspsychologie** Verwendung. Der Wissenschaftler Csikazentmihalyi[412] befragte **zur Konzeptionalisierung von Flow** bereits in den 60er Jahren in Tiefeninterviews in mehreren Studien Personen nach dem Grund der Ausübung von Aktivitäten mit

---

408 Im Lateinischen ist das zu „immersio" gehörige Verb „immergere" und bedeutet „ein–, und untertauchen". Wobei die lateinische Silbe (Präfix) im- „in, hinein" und lat. mergere „(unter-) tauchen" bedeutet. Vgl. Online Herkunftswörterbuch auf Wissen.de, https://www.wissen.de/wortherkunft/immersion, zugegriffen am 09.09.2019.

409 Vgl. SHERMANN/ CRAIG (2003), S. 9.

410 Vgl. HALLET, (1999), S. 25 sowie VOGT (2008); CATHOMAS (2005) u. LE PAPE RACINE (2000).

411 Vgl. CSIKSZENTMIHALYI (1998), S. 17 ff. u. (1985, 1990). Siehe dazu auch RHEINBERG (1995).

412 Vgl. CSIKSZENTMIHALYI ET AL. (2009), S. 90, CSIKSZENTMIHALYI (1998), S. 17 ff. u. auch (1985, 1990) sowie RHEINBERG (1995).

einer objektiv nur geringen extrinsischen Motivation wie bspw. Klettern, Tanzen, Malen, Komponieren oder Schachspielen. Für die von den Teilnehmern beschriebene Erlebnisqualität, die mit allen untersuchten Tätigkeiten verbunden war, prägte er den Begriff **Flow-Erlebnis**. Nach Csikazentmihalyi beinhaltet Flow[413] ein vollkommenes Aufgehen in die durchgeführte, häufig anspruchsvolle, Tätigkeit im Zeitfluss. **Das Absorbiert-Sein** nach der Flow-Theorie[414] wird vor allem dann erlebt, wenn die handelnde Person beim Durchführen der Tätigkeit weder unter- noch überfordert ist. Csikszentmihalyi bezeichnet das Flow-Erlebnis als eine optimale mentale Erfahrung, da alle Gedanken und Gefühle widerspruchsfrei auf das gleiche Ziel gerichtet sind[415]. Er konnte zeigen, dass alle befragten Personen eine offenbar **intrinsisch motivierte** Tätigkeit ausübten und ein **charakteristisches Erleben** aufweisen. Somit legte er für das **Flow-Erlebnis vier konstituierende Komponenten fest**: 1. Konzentration auf die Tätigkeit, 2. Selbstvergessenheit, 3. Verschmelzen von Handlung und Bewusstsein sowie 4. Gefühl von Kontrolle[416]. Die 1. Komponente **„Konzentration auf die Tätigkeit“** [417] impliziert, dass es dem Handelnden keinerlei Mühe bereitet, seine Aufmerksamkeit über einen längeren Zeitraum hinweg auf die Tätigkeit zu lenken. Alle anderen Informationen treten in den Hintergrund. Dabei führt die völlige Zentrierung der Aufmerksamkeit auf ein begrenztes Stimulusfeld häufig zu einer verzerrten, verkürzten Zeitwahrnehmung. Die 2. Komponente **„Selbstvergessenheit“**[418] beinhaltet, dass sich während der Absorption in der Beschäftigung die Ich-Wahrnehmung stark reduziert und vorübergehend das Selbstgefühl verloren geht. Die Aufmerksamkeit[419] ist derart auf das Tun konzentriert, dass andere Gedanken, die das eigene Selbst betreffen, wie z.B. selbstkritische Fragen, keinen Zugang zum Bewusstsein haben. Csikszentmihalyi et al. (2009) definieren Bewustsein[420] als *“...the complex system that has evolved in humans for selecting information from this profusion, processing it, and storing it”.* Ergänzend soll die Definition des Wirtschaftswissenschaftlers Bielefeld (2012)

413 CSIKSZENTMIHALYI ET AL. (2009), S. 89 f.
414 Vgl. (a.a.O.), S. 90.
415 Vgl. CSIKSZENTMIHALYI ET AL. (2009), S. 89 u. CSIKSZENTMIHALYI (1999), S. 59.
416 Vgl. CSIKSZENTMIHALYI (1998), S. 35 ff. u. (1985, 1990).
417 Vgl. CSIKSZENTMIHALYI (2009), S. 90.
418 Vgl. (a.a.O.), S. 90.
419 Vgl. (a.a.O.), S. 89.
420 Vgl. (a.a.O.), S. 90.

und des Neurowissenschaftlers Damasio (2002) angeführt werden. Sie definieren Bewusstsein[421] „...als einen Geisteszustand, in dem man Kenntnis von der eigenen Existenz (eigenes Ich) und der Existenz seiner Umgebung hat". Bielefeld (2012)[422] konkretisiert diesen Zustand als einen Wachzustand, bei dem die geistig fassbare und kognitiv-sprachliche Ebene des Gehirns aktiviert ist. Im sehr engen Zusammenhang dazu ist die **3. Komponente „Verschmelzen von Handlung und Bewusstsein" zu sehen[423].** Bei der ausschließlichen Fokussierung auf das aktuelle Tun werden irrelevante Gedanken und Empfindungen verdrängt, so dass die **Person sich selbst nicht mehr losgelöst von der eigenen Tätigkeit wahrnimmt.** Sie geht vielmehr gänzlich in dieser auf, so dass es zu dem sogenannten „Verschmelzen" von der Tätigkeit und dem Selbst kommt. Das völlige Aufgehen in dieser Tätigkeit ist so erfreulich, dass es zum eigentlichen Grund für ihre Ausübung wird. **Die 4. Komponente Kontrolle[1]** resultiert aus einem wahrgenommenen Gleichgewicht zwischen Fähigkeiten und Herausforderungen auf hohem Niveau, so dass die Situation von der agierenden Person beherrscht wird. Kontrolle wird in der Flow-Theorie[424] im Sinne von Selbstbestimmung verstanden, d.h. dass die Person selbstständig agieren und reagieren kann, unabhängig davon, was als nächstes passiert. **Mit der Flow-Theorie liefert der Wissenschaftler der Motivationstheorie** eine **wichtige Erklärungskomponente** für das Durchführen intrinsisch motivierter Handlungen[425]. Sie spielt in der Lern- und auch in der Verhaltenstheorie eine große Rolle[426]. Die Flow-Theorie zeigt, dass das **Aufgehen in der eigenen Tätigkeit** mit dem **Versinken (zu Latein immergere)** in den Lernprozess oder die eigene Tätigkeit verglichen werden kann. Insofern **können semantisch gesehen im offline Kontext der Begriff Flow und Immersion durchaus synonym verwendet werden.** Kritisch ist an der Flow-Theorie anzumerken, dass die Determinanten des Flow-Erlebnisses nicht erklärt werden.

Die Erkenntnisse der Psychologie machte sich wiederum die Kommunikationstechnologie im Wissensgebiet der Informatik zu Nutze. Darauf aufbauend unter-

---

421 Vgl. BIELEFELD (2012), S. 37, S. 167 u. S.173 sowie DAMASIO (2002), S. 73.
422 Vgl. BIELEFELD (2012), S. 167.
423 Vgl. CSIKSZENTMIHALYI (1993), S. 93.
424 Vgl. CSIKSZENTMIHALYI (2009), S. 90.
425 Vgl. DECI/ RYAN (2000), S. 260.
426 Vgl. (a.a.O.), S. 92.

scheiden einige Wissenschaftler wie beispielsweise Dörner et al. (2013), Slater (2008, 2010)[427] und Shermann/ Craig (2003) **zwischen mentaler und physikalischer Immersion.** Die Begriffe physikalische und physische Immersion werden von den Wissenschaftlern synonym verwendet. Die Wissenschaftler **übertragen die Flow-Theorie auf die Usererfahrungen im Umfeld von VR und prägen den Begriff der mentalen Immersion.** Diese umfasst einen Prozess[428], in dem sich der Rezipient tief in eine Handlung oder auch in Inhalte hineinversetzt und **mental in diese eintaucht;** somit vergleichbar mit dem Flow-Erlebnis. Die **mentale Immersion**[429] beschreibt einen Zustand, in dem der Nutzer ein tiefes Engagement empfindet, hoch involviert und **bereit ist, Fiktion zu akzeptieren.** Vergleiche dazu Shermann/ Craig (2003)[430] *"...the suspension of disbelief makes the content of these media seem real."* **Der Fokus** der wissenschaftlichen Untersuchungen der Kommunikationstechnologie **liegt jedoch auf der pysikalischen Immersion**[431]. Dies begründen die Wissenschaftler[432] damit, dass ohne die Technologie eine Immersion in der virtuellen Welt gar nicht möglich sei. Die **physikalische Immersion**[433] beinhaltet den **Eindruck des Users, physisch an einem anderen Ort** jenseits der Realität zu sein. Nach Slater und Wilbur (1997)[434] **hängt das Ausmaß der physischen Immersion von vier technischen Eigenschaften der Ausgabegeräte** ab. Dazu zählt 1. die Eigenschaft der „ausschließlichen Generierung der Sinneseindrücke durch den Computer". Dies besagt, dass der Nutzer weitestgehend von der realen Umgebung isoliert wird. Weitere Eigenschaften sind 2. „vollständige Umgebung des Nutzers durch das Ausgabegerät (weites Sichtfeld wie in der Realität), 3. „multisensuale Ansprache des Users" und 4. „realitätsnahe Darstellung durch die hohe Auflösung und Qualität der Umgebung". Die Ausführungen zeigen, dass der **Grad der physikalischen Immersion von der verwendeten VR-Technologie bedeutsam bestimmt**

---

427 Vgl. DÖRNER ET AL. (2013), S. 14, SHERMAN/ CRAIG (2009), S. 9 u. WITMER/ SINGER (1998) S. 227. Vgl. dazu auch WANG ET AL. (2012); PECK ET AL. (2011) u. SADOWSKI/ STANNEY (2002).

428 Vgl. DÖRNER ET AL. (2013), S. 14 u. S. 46; SLATER (2009) S. 353; SLATER (2008 u. 2010); SHERMAN/ CRAIG (2003), S.165 u. WITMER/ SINGER (1998) S. 227.

429 Vgl. SHERMAN/ CRAIG (2003), S. 9.

430 Vgl. (a.a.O.), S. 8.

431 Vgl. DÖRNER ET AL. (2013), S. 14.

432 Vgl. (a.a.O.), S.14.

433 Vgl. DÖRNER ET AL. (2013), S. 14.

434 Vgl. SLATER UND WILBUR (1997), S. 607 f. u. DÖRNER ET AL. (2013), S. 14.

wird[435]. Vollständige physikalische Immersion[436] ist eine Zielvorstellung der Kommunikationstechnologie, die heute je nach VR-System mehr oder minder umgesetzt wird. Heutige VR-Systeme sind zwar technologisch noch keineswegs perfekt, jedoch zielt die laufende Entwicklung der Technologie auf die Erschaffung immer realistischerer Simulationen ab. Die **aktuellste Generation von VR-Brillen**[437] bieten die technologischen Voraussetzungen für eine annähernd vollständige physikalische Immersion.

Die Wissenschaftler Pine und Gilmore[438] wiederum transferierten erstmalig **1998/ 99** die dargestellten **Erkenntnisse der Psychologie zu Flow und Immersion ins Marketing**. Dabei nutzen sie den Begriff Immersion im Rahmen des Experience Marketing im offline Kontext. Experience Marketing (auch Erlebnismarketing genannt) definieren die Autoren[439] als die Summe aller Maßnahmen zur Gestaltung sämtlicher Brand Touch Points, um für den Nachfrager oder Mitarbeiter ein einzigartiges Markenerlebnis zu schaffen, so dass auf diese Weise Kunden- und Mitarbeiterzufriedenheit sowie Markenloyalität aufgebaut werden können. Dabei sind die Markenerlebnisse[440] in sensorischer, kognitiver und affektiver Hinsicht zu gestalten[441]. Die Autoren entwickelten ein **Brand Experience-Modell**, mit dessen Hilfe es Unternehmen gelingen soll, ihren Kunden und Mitarbeiter möglichst authentische Markenerfahrungen mit einem persönlichen Mehrwert zu bieten. Sinn und Zweck ist es, die Markenerfahrungen so einprägsam wie möglich zu gestalten, um einen positiven Einfluss auf das Markenimage und die Markenbindung zu nehmen. **Das Modell wird definiert durch 4 Kategorien von Erlebnissen**[442]. Dazu zählen unterhaltsame („Entertainment"), bildende („Educational"), ästhe-

---

435 Vgl. DÖRNER ET AL. (2013), S. 14.

436 Vgl. HEIM/ DERTINGER (2017), S. 7 u. DÖRNER ET AL. (2013), S. 15.

437 Vgl. Blogbeitrag von KIANI/ BERGER (2017), Omina 360°/ https://omnia360.de/blog/welche-vr-brille-virtual-reality-brillen-im-ueberblick/, zugegriffen am 04.09.2019.

438 Vgl. PINE/ GLIMORE (1998) u. BAUER ET AL. (2012), S. 5.

439 Vgl. PINE/ GLIMORE (1998), S. 99.

440 Markenerlebnis ist definiert als die subjektive, innere Reaktion auf die Wahrnehmung und Verarbeitung aller markenbezogener Stimuli. Vgl. BURMANN/ KLEINE-KALMER/ HEMMANN (2014) S. 59 u. LIN (2015), S. 2254.

441 Man vergleiche dazu auch die Erlebnisforschung. Sie differenziert zwischen sensorischen, kognitiven und affektiven Erlebnisdimensionen sowie Erlebnissen mit Identitätsbezug. Erlebnisse mit Bezug zur Identität werden im episodischen und autobiografischen Gedächtnis Verhalten. Vgl. BURMANN/ KLEINE-KALMER/ HEMMANN (2014) S. 59; SCHALLEHN (2012) u. BIELEFELD (2012).

442 Vgl. (a.a.O.), S. 101.

tische („Esthetic") und eskapistische Erfahrungen („Escapist"). Der Bereich **„Entertainment"** umfasst alle Erlebnisse, die einen hohen Unterhaltungswert und Spaßanteil aufweisen. Der Bereich **„Educational"** wiederum beinhaltet alle Erlebnisse mit höchst informativem und lehrhaftem Charakter. Während der Bereich **„Esthetic"** alle sinnlichen Erfahrungen umfasst, die sich vor allem auf visuell ansprechende, attraktive Eindrücke und Erlebnisse der Umgebung sowie seiner Objekte beziehen. Zum **„Eskapismus"** zählen solche Erlebnisse, die den Nachfrager aus seiner alltäglichen Realität herausführen. Die Autoren weisen selber darauf hin, dass die einzelnen Erlebniskategorien nicht überschneidungsfrei sind. So kann z.B. auch eine eskapistische Markenerfahrung wie eine dreiwöchige Dschungel-Tour durch den Amazonas durchaus edukativer Art sein. Die 4 Erlebniskategorien werden im Modell mit **2 Erlebnisdimensionen nämlich 1. „Partizipation des Nachfragers oder Mitarbeiters"** (passives versus aktives Erleben) und **2. „Beziehung des Nachfragers oder Mitarbeiters zur Markenumgebung"** („Absorption" versus „Immersion")[443] verknüpft. Abb. 25 zeigt das Brand Experience Modell der beiden Wissenschaftler Pine und Gilmore.

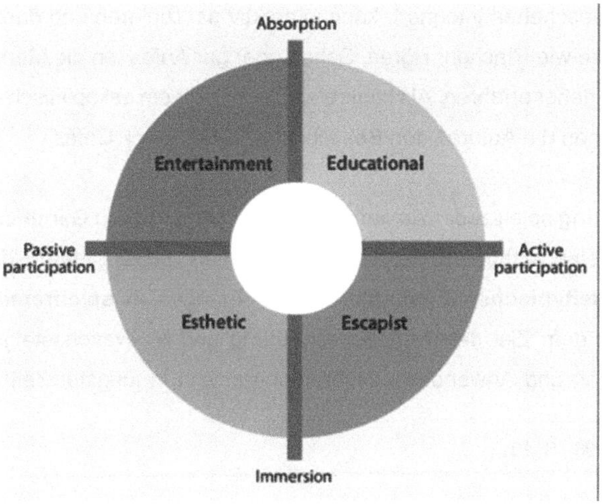

Abbildung 25: Brand Experience Modell von PINE/ GLIMORE
Quelle: Pine/ Glimore (1998), S. 102

[443] Vgl. PINE/ GLIMORE (1998), S. 101 f. u. (1999).

Die Dimension der Partizipation[444] stellt den Grad der Beteiligung des Nachfragers oder Mitarbeiters am Geschehen dar. Das **Spektrum der Partizipation** wird durch die Extrema aktiv oder passiv bestimmt. Bei einer passiven Partizipation z.B. über Zuhören oder Zuschauen haben die Nachfrager oder Mitarbeiter keinerlei Einfluss auf die Markenerfahrung; während sie bei der aktiven Partizipation am Geschehen und der Erlebnisqualität interaktiv beteiligt sind. **Die Beziehung zur Markenumgebung**[445] zeigt den **Grad, in dem der Nachfrager oder Mitarbeiter Teil dieser wird.** Das Spektrum dieser Dimension wird durch die 2 Extrema Absorption und Immersion begrenzt. Im Fall der Absorption erlebt der Nachfrager oder Mitarbeiter das markenbezogene Geschehen visuell und/ oder akustisch von außerhalb als Beobachter und Zuhörer. **Immersion**[446] im Gegensatz dazu umfasst das komplette Eintauchen und Versinken in die Umgebung und das Markenerlebnis. Der Nachfrager oder Mitarbeiter perzipiert Informationen und Reize mitten aus dem Geschehen heraus und nimmt sich selbst **als aktiver Teil der Markenumgebung wahr.** Kombiniert mit einer aktiven Partizipation kann somit Immersion zu einer „Flucht“ aus der Realität in die Markenwelt und zu einer gänzlich neuartigen, interaktiven Markenerfahrung führen. Bei einem Markenevent[447] z.B. ist der Nachfrager oder Mitarbeiter mitten im Geschehen integriert, kann interaktiv partizipieren und durch multisensuale Eindrücke wie Riechen, Hören, Sehen oder gar Anfassen die Marke deutlich intensiver und näher erfahren. Als konkretes Beispiel für ein eskapistisches Markenerlebnis[448] nennen die Autoren den Besuch eines „Hard Rock Cafés“.

Im Experience Marketing spielt zudem in der jungen Marketingdisziplin **Gamification**[449] die Immersion eine wichtige Rolle. Unter Gamification versteht man[450] die **Übertragung von spieltypischen Elementen** und Vorgängen **in spielfremde Zusammenhänge** mit dem Ziel der Verhaltensänderung und Motivationssteigerung bei Anwenderinnen und Anwendern. Gamification erfährt in jüngster Zeit in

---

444 Vgl. PINE/ GLIMORE (1998), S. 101.

445 Vgl. (a.a.O.), S. 102.

446 Immersion“ wird in diesem Umfeld bezeichnet als „drawn into the experience“. Vgl. PINE/ GLIMORE (1998), S. 102.

447 Vgl. (a.a.O.), S. 102.

448 Vgl. (a.a.O.), S. 103.

449 Vgl. KLEIN/ EPPMANN (2020) u. EPPMANN/ BECK/ KLEIN (2018), S. 98 ff. Vgl. auch BERGER ET AL. (2017) u. u. Gabler Wirtschaftslexikon; zugegriffen am 05.03.2019; https://wirtschaftslexikon.gabler.de/-definition/gamification-53874/version-368843.

450 Vgl. ebenda.

der Praxis des externen Marketings eine große Popularität. Demnach werden spielerische Elemente aus dem Feld der „Spiele“ genutzt, um die Kauferfahrung zu bereichern und so das Käuferverhalten positiv zu beeinflussen. Bei den markenbasierten Spielen werden Regeln und je nach spielerischer Leistung der User Rankings aufgestellt. Dabei soll sich der Nachfrager über spielerische Markenerfahrungen intensiv mit der Marke auseinandersetzten. Auch hier versinkt der Nachfrager in die Aktivität des markenbasierten Spiels, so dass sich ein Flow-Erlebnis einstellt[451]. Dies wird von einigen Wissenschaftlern[452] ebenfalls als **immersives Markenerlebnis** bezeichnet.

Das zweite Gebiet des Marketings, in das der Begriff Immersion diffundiert, ist die **externe digitale Markenkommunikation**. Hier geht es um die computergestützte interaktive **Immersion des Nachfragers**[453] in eine markenbasierte Umgebung oder Markenwelt **mittels der VR-Technologie.** Dieser Bereich greift sowohl auf die Erkenntnisse der Psychologie als auch auf die der Kommunikationstechnologie zurück. Was die Psychologie angeht, so wird häufig das Flow-Erlebnis herangezogen, um die virtuelle Erfahrung des Nachfragers psychologisch zu erklären. Dabei wird das **Flow-Erlebnis** als eine **Art Vorstufe** für den Entstehungsprozess **der vollständigen Immersion** betrachtet[454]. Die Flow-Theorie ist aber i.d.R., bis auf wenige Ausnahmen wie Huang et al. (2016) und Javornik (2016), nicht Bestandteil der wissenschaftlichen Erklärungsansätze der externen Markenkommunikation. In Anlehnung an die Kommunikationstechnologie nutzen die meisten Wissenschaftler[455] den Begriff Immersion eher mit einem technischen Begriffsverständnis im Sinne der physischen Immersion. Dabei wird **VR als technischer Enabler** aufgefasst. Die Ausführungen machen deutlich, dass **Immersion im VR-Umfeld des Marketings von Flow abzugrenzen ist**. Während beim **Flow-Erlebnis die Abgeschirmtheit** von äußeren Reizen der Umwelt allein durch die **mentale Kraft der Konzentration** auf das eigene Tun erfolgt, entsteht bei der **Immersion** bei VR die

---

451 Vgl. EPPMANN/ BECK/ KLEIN (2018), S. 100.

452 Vgl. ebenda u. JANNETT ET AL. (2008), S. 657.

453 Vgl. u.a. JAVORNIK (2016), S. 994; KERREBROCK (2016); NEWLON ET AL. (2013); NOORT ET AL. (2012) u. GUTTENTAG (2010).

454 Vgl. HUANG ET AL. (2016) u. JAVORNIK (2016), S. 993 f. Diese Wissenschaftler nutzen die Erkenntnisse der Flow-Theorie explizit in ihrem Modell.

455 Vgl. z.B. KRISTOFFERSON (2016) u. VAN KERREBROECK (2017).

Abgeschirmtheit **durch die VR-Technik** selbst; und zwar zu annähernd 100%, was beim Flow nicht immer der Fall ist. Auf der Basis dieser Ausführungen kann zunächst festgehalten werden, dass das **Flow-Erlebnis als mentale Immersion bezeichnet werden kann.** Abb. 26 veranschaulicht in vereinfachter Form die Ergebnisse der etymologischen Analyse im Überblick.

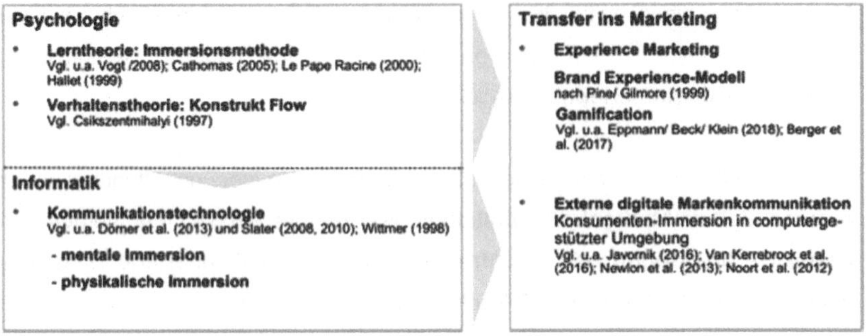

Abbildung 26: Etymologische Analyse des Begriffs Immersion

Quelle: Eigene Darstellung

3.2.2 Definition der Immersion

Zur definitorischen Herleitung den Begriffs Immersion für VR im Umfeld der digitalen Markenkommunikation erfolgt eine **Anknüpfung an** die zuvor erläuterte **Differenzierung zwischen mentaler und physikalischer Immersion**. Auffällig ist, dass den Wissenschaftlern der Kommunikationstechnologie grundsätzlich beide Dimensionen bewusst sind, sie sich jedoch in ihren Beiträgen meist auf eine dieser konzentrieren. **So fokussieren sich die Wissenschaftler Dörner (2013) und Slater (2010)**[456] **auf die technische Immersion**, die sie als **physikalische Immersion** bezeichnen; während wenige andere wie **Witmer und Singer (1998)**[457] den Schwerpunkt ihrer Untersuchungen auf die **mentale Immersion** legen. **In Orientierung an die Kommunikationstechnologie** wird in dieser Arbeit davon ausgegangen, dass beim Nutzen der VR-Technik der **Zustand der Immersion durch** den **multimodalen Kontakt des Users mit externen Stimuli** erwirkt wird. Dabei wird die Wahrnehmung derart illusorischen Stimuli ausgesetzt[458], dass eine Täu-

---

456 Vgl. auch SLATER (2003, 2008, 2010).

457 Vgl. WITMER u. SINGER (1998), S. 226.

458 Vgl. RIDMANN-STREITZ (2017), S. 63 ff.

schung des Bewusstseins erfolgt. Über entsprechende Technologien werden Informationen bzw. Reize an die 5 Sinne des Nutzers geleitet[459]: auditiv (Hören), olfaktorisch (Riechen), visuell (Sehen), taktil (Anfassen/ Fühlen), visuell (Sehen) und gustatorisch (Schmecken). Einige VR-Techniken ermöglichen mittlerweile eine simultane Ansprache aller Sinne[460]. **Über diese vielfältigen Modalitäten** wird der User psychologisch angesprochen und **es kommt zur mentalen Immersion[461].** Auch Dobrowolski et al. (2014) bezeichnen[462] diese virtuelle Markenerfahrung als einen psychologischen Zustand, den der Nachfrager in einem VR-Umfeld durchläuft. **Ergänzt um die physische Immersion,** die durch die VR-Technik erst ermöglicht wird, entsteht der subjektive Eindruck, in einer 2. Realität zu sein. Die VR-Technologie transferiert den User physisch in eine andere vermeintlich real erscheinende Welt. Es lässt sich festhalten, dass die Absorption der multisensualen Inhalte, ggf. unter Stimulierung aller 5 Sinne**, sowohl zur mentalen als auch zur physischen Immersion führt**. Insofern wird in dieser Arbeit **Immersion als ein duales Konstrukt mit folgenden 2 Komponenten festgelegt:**

1. **Mentale Immersion:**
   Sie wird in Anlehnung an Sherman/ Craig (2003)[463] als ein Prozess definiert, in dem sich der Rezipient tief in die Handlung und Inhalte hineinversetzt, d.h. in diese mental tief eintaucht und **bereit ist[464], Fiktion zu akzeptieren**.

2. **Physische Immersion:**
   Sie wird in enger Anlehnung an Slater[465] als die „technische Säule" der Immersion definiert und impliziert das subjektive Gefühl, sich **physikalisch an einem andren Ort jenseits der Realität zu befinden**.

---

459 Vgl. HEIM/ DERTINGER (2017), S. 7 u. SHERMANN/ CRAIG (2003), S. 6.
460 Vgl. GUTTENTAG (2010), S. 639 f.
461 Vgl. DÖRNER ET AL. (2013), SLATER (2008, 2010) u. WITTMER (1998).
462 Vgl. DOBROWOLSKI (2014), S. 125, GUTTENTAG (2010), S. 638 u. SHERMAN/ CRAIG (2003), S. 9.
463 Vgl. SHERMAN/ CRAIG (2003), S. 9.
464 Vgl. (a.a.O.), S. 8 f.
465 Vgl. SALTER (2009), S. 3552 u. (1997/ 2010) sowie DÖRNER (2013), S. 14.

Nach Slater (2010)[466] **basiert die physische Immersion auf den drei Komponenten** Ortsillusion, Plausibilitätsillusion sowie dem Involvement. **Die 1. Komponente Ortsillusion** umschreibt das Gefühl des Users, an einem bestimmten Ort zu sein, wissend, dass man sich nur virtuell und nicht tatsächlich dort befindet. Sie wird einerseits bestimmt durch den **Realitätsgrad der Art und Weise der Präsentation** der Umgebung und ihrer Objekte. Anderseits wird sie durch die **Rotationsmöglichkeiten des Users und der Objekte um die eigene Achse**[467] **bestimmt.** Der User kann in unterschiedlichen Neigungswinkeln im Rahmen 3-dimensionaler Bewegungen rotieren. In diesem Zusammenhang sind die in der Kommunikationstechnologie verwendeten **6 möglichen Freiheitsgraden der Bewegung**[468] eines Körpers im 3-dimensionalem Raum zu nennen. Dazu zählen 3-Freiheitsgrade in Form von Bewegungen mit der Ausrichtung vorwärts-rückwärts, hoch-runter, links-rechts sowie 3 weitere Freiheitsgrade, die die Richtung der Rotation des Objektes über nicken, rollen und gieren (direkte Drehung um die vertikale Achse des Objektes) näher definieren. **Die 2. Komponente Plausibilitätsillusion** besagt, dass Ereignisse in der simulierten Umgebung so wahrgenommen werden, als seien sie tatsächlich geschehen. Dies impliziert, dass **Handlungen inhaltlich und in ihren Abläufen in sich sachlogisch** schlüssig und glaubwürdig sind. So würde z.B. in einer realistisch simulierten Welt ein perfekt modellierter, real anmutender Mensch (Avatar), der jedoch nur in stupiden Satzfragmenten kommunizieren kann, zu einem Plausibilitätsbruch führen. Dies würde mit einem Präsenzbruch (Verlust des Gefühls, real dort zu sein) einher gehen. Ein derartiger Präsenzbruch kann ebenfalls bei der Ortsillusion entstehen, wenn die virtuell erzeugte Umgebung nicht den User-Vorstellungen eines realen Umfeldes entspricht. **Die 3. Komponente** nach Slater ist das **Involvement des Users.** Dieses umfasst den Grad der Aufmerksamkeit sowie das persönliche Interesse an der simulierten Welt. Diese Kommponente **wird in der hier erarbeiteten Definiton keine weitere Berücksichtigung** finden, **um eine Überschneidung mit der mentalen Immersion zu vermeiden**. Denn ex definitione setzt die mentale Immersion bereits ein hohes Involvement des Users voraus. **Sind Orts- und**

---

[466] Vgl. SLATER (2009), S. 3552 ff.

[467] Vgl. DÖRNER ET AL. (2013), S. 100 f.

[468] Für tiefergreifende Informationen vgl. DÖRNER ET AL. (2013), S. 100 ff.

Plausibiltätsillusion bei der Anwendung der VR-Technik gegeben, **führen sie zur physischen Immersion**[469]**.**

Mentale und physische Immersion müssen nicht zwingend in gleichem Ausmaß entstehen. Wohl aber ist davon auszugehen[470], dass sie sich gegenseitig bedingen. Je stärker der User bereit ist, die Fiktion zu akzeptieren und sich mental auf die virtuelle Welt einzulassen, desto eher wird das subjektive Gefühl entstehen, sich physisch an einem andren Ort jenseits der Realität, zu befinden. Andererseits ist davon auszugehen, dass aufgrund eines real empfundenen Umfeldes (Ortsillusion) und der plausibel erscheinenden Abläufe von Handlungen und Aktionen (Plausibilitätsillusion), die Bereitschaft des Users steigt, die Fiktion zu akzeptieren. **Treten mentale und physische Immersion gleichzeitig ein**, so entsteht der Zustand der **vollkommenen Immersion**, der im Kontext dieser Arbeit wie folgt definert wird:

Vollkommene Immersion ist der subjektiv wahrgenommene Zustand eines VR-Users, in einer zweiten Welt jenseits der Realität präsent zu sein und sich dort frei bewegen sowie interagieren zu können.

Je nach Grad der Immersion wird in Orientierung an Guttentag[471] (2014) und in Anlehnung an das Virtual Reality Kontinuum nach Milgram zwischen **Full- (Vollständiger), Semi- oder Non-Immersion** unterschieden. **Non-Immersion** liegt nach der zuvor hergeleiteten Konzeption vor, wenn die virtuelle Erfahrung des Users weder zur mentalen noch physischen Immersion führt. Dies impliziert eine äußerst rudimentäre VR-Experience, bei der der User das Bewustsein hat, sich vollkommen in der Realtiät zu bewegen. **Semi-Immersion** liegt dann vor, wenn es entweder **nur zur vollständigen mentalen** oder **nur zur vollständigen physischen** Immersion kommt. So kann z.B. trotz vollständiger mentaler Immersion das Ausbleiben der Orts- oder Plausibilitätsillusion dazu beitragen, dass die physiche Immersion nicht eintritt. Dies kann der Fall sein, wenn z.B. die

469 DÖRNER (2013), S. 14 u. SlATER (2009 u. 2010).

470 Nach aktuellem Kenntnisstand der Autorin liegen hierzu keine wissenschaftlichen Untersuchungen vor.

471 Der Grad der Immersion bezieht sich auf das Ausmaß, in dem der Nutzer von der realen Welt isoliert ist. Vgl. GUTTENTAG (2010), S. 638.

Interaktionsmöglichkeiten eingeschränkt sind und sich der User nicht wie in der Realtiät frei im Raum bewegen kann. Abb. 27 zeigt das duale Konstrukt der Immersion.

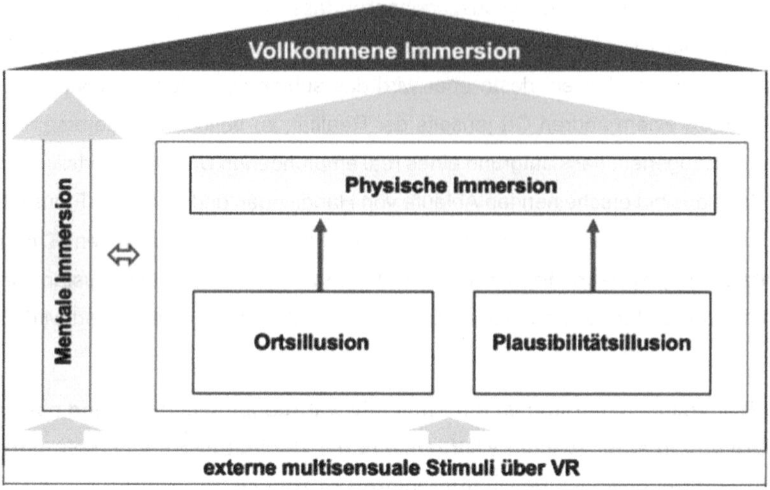

Abbildung 27: Zweidimensionales Konstrukt der vollkommenen Immersion im Kontext der vorliegenden Arbeit

Quelle: Eigene Darstellung in enger Anlehnung an Dörner et al. (2013), Slater (2009, 2010) u. Wittmer (1998)

3.3 Praktische Verbreitung von Virtual Reality im Marketing

Aktuell nimmt die Verbreitung der VR-Technik im Marketing außerhalb der Gaming Branche[472] sukzessive zu[473]. Sie ist im Begriff sich in zahlreichen anderen Bereichen (wie Gesundheitsbranche, Tourismus, Lehre, Militär, Produktdesign und Produktion) zu etablieren[474]. Abb. 28 gibt einen Überblick über den Einsatz[475] von VR

[472] Pokémon GO (Kooperation zwischen Nintendo und Pokémon Company) ist das bekannteste Beispiel aus dem virtuellen Gaming Bereich. In dem Spiel können die Spieler virtuelle Fantasiewesen fangen, entwickeln und in virtuellen Kämpfen gegeneinander antreten lassen. Dieses Spiel wurde im ersten Monat nach dem Launch 50 Millionen Mal heruntergeladen. Vgl. Webseite von Pokémon, https://www.pokemongo.com/de-de/, zugegriffen am 28.10.2019.

[473] Vgl. RIEDMANN-STREITZ (2017), S. 67 u. ROSE (2017), S. 46.

[474] Vgl. BERG/ VANCE (2017), S. 1; LUDLOW (2015), S. 3; HEIM/ DERTINGER (2017), S. 6 u. 10 f.; KPMG-Studie (2016) zu VR, S. 19 u. JAVORNIK (2014), S. 67.

[475] Die Ergebnisse basieren auf einer quantitativen Erhebung von KMPG mit n=20 Unternehmen aus verschiedenen Wirtschaftsbereichen des B2B und B2C. Vgl. KPMG-Studie (2016), S. 18.

in den Bereichen Marketing, Forschung und Entwicklung, Kundenservice sowie HR nach Branchen.

Use Case	Manu-facturing	Auto-Motive	Consumer Markets & Retail	Real Estate	Chemicals & Life Science	Transport & Leisure	Media & Print
Marketing und Vertrieb Werbung und Markenentwicklung Vor dem Kauf testen (Try Before You Buy") Kundenberatung Messen und Ausstellen Vertriebsunterstützung und Point of Sale (POS)	wenig relevant	sehr relevant	sehr relevant	wenig relevant	kaum relevant	wenig relevant	sehr relevant
Forschung und Entwicklung (FuE)/Produktentwicklung Prototyping, Design und Simulation Marktforschung und Anwendungstests Mitgestaltung und Crowdsourcing	relevant	sehr relevant	relevant	wenig relevant	wenig relevant	kaum relevant	kaum relevant
Kundenservice „Do it yourself"-Reparatur Wartung und Smart Maintenance Austausch und Kundenservice	sehr relevant	sehr relevant	kaum relevant	wenig relevant	kaum relevant	kaum relevant	kaum relevant
Human Resources Training und Ausbildung Optimierung von Arbeitsabläufen Recruiting	relevant	relevant	wenig relevant	wenig relevant	relevant	wenig relevant	wenig relevant

Legende sehr relevant relevant wenig relevant kaum relevant nicht relevant

Abbildung 28: VR im Marketing, Kundenservice, F&E, HR nach Branchen in Deutschland 2016
Quelle: eigene Darstellung in enger Anlehnung an KPMG (2016), S. 19

Eine Studie des Bundesverbandes Digitale Wirtschaft[476] **(2018)** zeigt, dass sich **VR im Marketing der Digitalbranche bereits gut etabliert hat**. Bei dieser Studie wurden 114 Marketing-Experten aus Mitgliedsunternehmen des Verbandes der Digitalbranche im Zeitraum 30.04.2018 bis 14.05.2018 online befragt. Die 650 Mitglieder des Verbandes sind Anbieter, Dienstleister oder Auftraggeber der Digitalen Wirtschaft. Der BVDW fasst die Digitalbranche[477] sehr weit, so dass alle Unternehmen berücksichtigt werden, deren Wertschöpfung auf digitalen Geschäftsmodellen beruht. Dies bedeutet allerdings nicht zwangsläufig, dass die Unternehmen damit ausschließlich ihre Umsätze erzielen. Zur Digitalbranche werden bspw. Digital-

[476] Vgl. Studie (2018) des Bundesverbandes Digitale Wirtschaft (BVDW), online Portal: „Virtual und Augmented Reality fester Bestandteil der Unternehmensstrategien"; https://www.bvdw.org/-presse/detail/artikel/bvdw-studie-virtual-und-augmented-reality-fester-bestandteil-der-unternehmensstrategien/, zugegriffen am 08.09.2019.

[477] Vgl. Webseite des BVDW, https://www.bvdw.org/mitgliedschaft/mitgliedsunternehmen/, zugegriffen am 17.09.2019.

agenturen, Logistik-, Software-, Gastronomie-, Transport-, Automobil- und Versicherungs- sowie Telekommunikationsunternehmen gezählt. **Nach der Studie des BVDWs (2018)** nutzen **bereits 54 % Prozent** der Marketing-Experten sowohl VR als auch AR[478]. Zudem teilen 12 % der Befragten mit, dass sie ausschließlich VR nutzen; während 5% sich ausschließlich auf AR konzentrieren. Dieses Ergebnis zeigt, dass Unternehmen offensichtlich bevorzugt AR und VR parallel einsetzen. **Bei 30% der Befragten[479]** haben AR und VR **keine praktische Relevanz** in der Unternehmensstrategie. Bei diesen Ergebnissen ist zu berücksichtigen, dass die Befragung zwar wegen der breitgefassten Definition der Digitalbranche einen großen Teil der Wirtschaft abdeckt, aber keinesfalls repräsentativ ist. Es ist davon auszugehen, dass die Werte aufgrund der hohen technischen Affinität der Digitalbranche über dem Gesamtdurchschnitt der Wirtschaft liegen. Repräsentative, valide Werte zur aktuellen Nutzung von VR in der deutschen Wirtschaft bzw. im Marketing nach Branchen[480] liegen zurzeit noch nicht vor.

Experten[481] gehen **aufgrund des stetig zunehmenden Interesses auf Markenanbieter- und Nachfragerseite** in den nächsten Jahren von einem zukünftig stark wachsenden Marktvolumen im Marketing in fast allen Branchen aus. **Die positive Resonanz auf Seiten der Nachfrager** bestätigt eine Ipsos-Studie[482], nach der sich die Hälfte (52%) der befragten Nachfrager in Deutschland bereits VR-Erlebnisse beim Einkaufen vorstellen kann. **Die positive Resonanz auf Seiten der Anbieter** belegt der **Deutsche Markenreport (2017)[483]**. Grundlage ist eine umfangreiche Studie zu VR im Umfeld der Markenführung, die von dem Fachjournal Absatzwirtschaft in Zusammenarbeit mit der Marketingberatungsagentur Brand-

---

478 Vgl. Studie (2018) BVDW, S. 3.

479 Vgl. (a.a.O.), S. 3.

480 Vgl. Expertengespräch mit Herrn LOSACK, Marketingleiter Media der Firma Ferrero GmbH und CoKG. Das Telefongespräch wurde am 09.08.2019 geführt und dauerte 30 Minuten.

481 Vgl. BITKOM-Studie (2019), S. 47, ROSE (2017), S. 48; Deutscher Markenreport zu VR (2017), HEIM/ DERTINGER (2017), S. 26 u. Expertengespräch mit Herrn LOSACK, (a.a.O.).

482 Vgl. LIVADIC/ KUNZE, repräsentative online Studie zum Omni-Channel (2016) mit n=1.500 des Markt- und Meinungsforschungsinstituts Ipsos, die in Deutschland, Frankreich und Großbritannien durchgeführt wurde. Veröffentlicht auf http://www.presseportal.de/pm/7522/3437223, https://www.ipsos.com/sites/default/files/2017-02/Ipsos-WP_Omnichannel_Strategien_November2016.pdf; zugegriffen am 01.10.2018.

483 Vgl. Deutscher Markenreport (2017) von HEIM und DERTINGER VON Brandoffice in Zusammenarbeit mit dem Fachjournal Absatzwirtschaft; https://www.absatzwirtschaft.de/deutscher-markenreport-2017-virtual-augmented-reality-im-marketing-grosse-erwartungen-aber-wenig-know-how-101341/, zugegriffen am 01.10.2018.

office durchgeführt wurde. **Ziel der Studie**[484] ist es, die **aktuelle Einstellung der Marketing- und Kommunikationsmanager zum Einsatz von VR** zu untersuchen sowie die **Entwicklungstendenzen und Potenziale** für Marken und Unternehmen herauszufinden. Die verwendeten Fragen und methodische Vorgehensweise zur Datenauswertung werden nicht bekannt gegeben. Für die Studie befragte Brandoffice online von November 2016 bis Januar 2017 **120 Marketing- und Kommunikationsmanager als Experten aus führenden Unternehmen verschiedener Größen in Deutschland**. Die Teilnehmer stammen aus dem Panel des Deutschen Markenreports und decken die Bereiche Dienstleistungen, Konsum- und Investitionsgüter ab. Es wurden jeweils zu 1/3 Experten kleiner Unternehmen, von Mittelständlern und Konzernen berücksichtigt[485]. Die Studie zeigt, dass die **Experten das größte Potenzial**[486] **von VR in der Automobilbranche (85%) und Tourismus-Branche (77%)** sehen, da hier die Produkt- und Markenerlebnisse eine besondere Rolle für den Markenerfolg spielen. 50% der Experten sehen großes Potenzial in der Immobilienbranche; während im Bereich der Konsumgüter nur 34% der Befragten und im Bereich der Dienstleistungen nur 17% großes Potenzial sehen. Abb. 29 stellt die Ergebnisse der Studie grafisch dar. Die Angaben erfolgen pro abgefragtem Item in %, priorisiert, auf Basis der absoluten Nennungen der Stichprobe n=120.

---

484 Vgl. (a.a.O.), S. 6.

485 Ca. 1/3 der Experten kommt aus Unternehmen mit einem Umsatz bis 50 Mio. Euro pro Jahr, 1/3 ist für Unternehmen mit einem Umsatz bis 500 Mio. Euro tätig; wobei das letzte Drittel aus Unternehmen mit einem Umsatz von über 500 Mio. Euro pro Jahr kommt. Vgl. Deutscher Markenreport (2017), HEIM/ DERTINGER (2017), S. 6.

486 Vgl. (a.a.O.), S. 27.

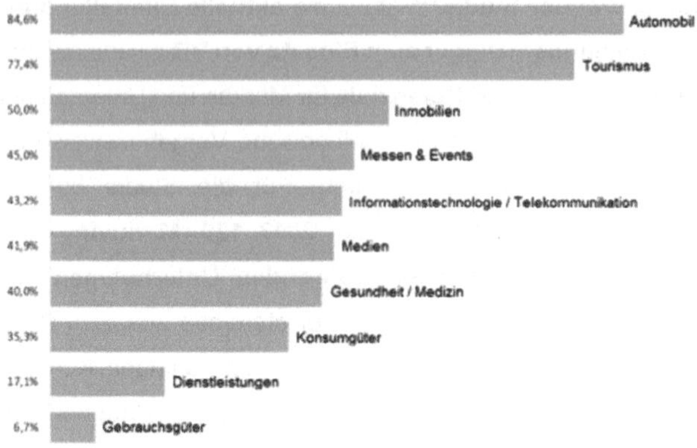

Abbildung 29: Potenzial von AR und VR nach Branchen

Quelle: Eigene Darstellung in enger Anlehnung an Deutschen Markenreport (2017), S. 27

Der Deutsche Markenreport 2017 belegt[487] zudem, dass aktuell **50% der Befragten aus diversen Wirtschaftsbereichen** bereits dabei sind, sich mit den Möglichkeiten eines Einsatzes von VR in der Markenführung auseinanderzusetzen und **beabsichtigen**, demnächst **mit entsprechenden projektbezogenen Planungen zu beginnen.** Allerdings ist nur bei **6% der Befragten** diese Technologie bereits zu einem **Bestandteil ihrer Markenkommunikation** geworden[488]. Hinsichtlich des **Einsatzes von VR an den Brand Touch Points** sehen **85 % der Experten** aktuell eine hohe Relevanz bei Messen, Events und Promotions. **70% sehen großes Potenzial** in Produktinszenierungen am **Point of Sale** und **66% im Bereich der Mitarbeiter- und Verkaufsschulungen.** Abbildung 30 gibt auf Basis der Expertenbefragung einen Überblick über die vermutete hohe Relevanz von VR an diversen Brand Touch Points. Die Angaben erfolgen pro Item in %, priorisiert, auf Basis der absoluten Nennungen der Stichprobe n=120.

---

487 Vgl. Deutscher Markenreport (2017), S. 11; Studie des Bundesverbands für digitale Studien (2018), S. 3 f. und AR/ VR-Studie von Goldmann Sachs (2016), S. 4 f.

488 Vgl. Deutscher Markenreport (2017), S. 11.

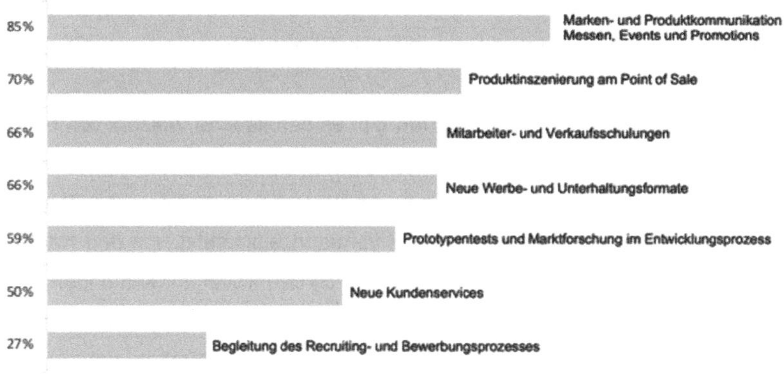

Abbildung 30: Relevanz von VR an den Brand Touch Points

Quelle: eigene Darstellung in enger Anlehnung an Deutschen Markenreport (2017), S. 25

Zudem zeigt der Markenreport 2017[489], dass **72% der Befragten den positiven Einfluss auf das Kauf- und Konsumverhalten als hoch einschätzen.** Ziel ist beim Einsatz von VR[490], das emotionalisierende Potenzial zu nutzen. Der Markenreport 2017[491] belegt weiter, dass **87% der Experten** das **größte Potenzial** von VR in der **Schaffung von intensiven Marken- und Produkterlebnissen** sehen.

Aktuell liegt der Schwerpunkt der Nutzung[492] von VR in der externen Markenkommunikation. Für die interne Markenkommunikation liegen keine empirischen Erhebungen über die Verbreitung vor. Es ist davon auszugehen[493], dass VR bisher in diesem Bereich eine noch eher geringe praktische Verwendung findet. **Im Folgenden werden einige VR-Beispiele** aus der **externen Markenkommunikation** vorgestellt. Im Anschluss daran folgen mehrere Beispiele aus den Bereichen interne Markenkommunikation, HR bzw. Employer Branding[494]. Die Autorin wählte diese Beispiele aus, da sie konzeptionell von Interesse sind und hierzu

489 Vgl. Deutscher Markenreport (2017), S. 23.

490 Vgl. (a.a.O.), S. 24 u. HILLMANN (2017), S. 198.

491 Vgl. Deutscher Markenreport (2017), S. 24.

492 Dies belegen eigene Experteninterviews, (a.a.O.) und die Recherche über Internetbrowser nach praktischen Fallbeispielen.

493 Vgl. (a.a.O.).

494 Gegenstand des Employer Branding ist die Übertragung der Grundsätze identitätsbasierter Markenführung auf das Personalmanagement. Ziel ist die Schaffung einer starken Employer Brand (Unternehmensmarke) um qualifizierte Mitarbeiter gewinnen. Vgl. dazu für weitere Informationen BURMANN ET AL. (2018), S. 111 f.

Informationen im Internet sowie über die Kontaktaufnahme zu den Public Relation Abteilungen bzw. dem Markenmanagement verfügbar waren.

In der externen Markenkommunikation gibt es bereits eine Vielzahl von Fällen, in denen VR umgesetzt wird. Dazu zählen[495] vor allem Produkt- und Markeninszenierungen am Point of Sales, bei Events und Promotion-Aktivitäten. **Am Point of Sales (POS)[496] im Modehandel** wird VR vermehrt eingesetzt, um den Kaufentscheidungsprozess positiv zu beeinflussen. Durch den weiter zunehmenden Wettbewerbsdruck und der steigenden Umsatzbedeutung des Online-Handels stehen Modemarken unter Zugzwang, dem Nachfrager besondere Markenerlebnisse am POS zu bieten. VR bietet sich an[497], um die Nachfrager wieder häufiger in den stationären Handel zu führen. Es werden neue Konzepte wie Flagship-Stores und Pop-up-Stores entwickelt, die u.a. auch das Kommunikationsinstrument VR integrieren. Als Beispiel für das Modesegment sei die Modemarke **Tommy Hilfiger[498]** angeführt. Das Modeunternehmen Tommy Hilfiger bietet dem Nachfrager mit einer VR-Experience die Möglichkeit, die eigenen Fashion-Shows „live" mitzuerleben. Mit der Samsung Gear VR-Brille[499] kann der Nachfrager in der ersten Reihe bei den Mode-Shows sitzen. Er ist mitten im Geschehen, erlebt die internationale Presse und genießt den besten Blick auf den Laufsteg. Neben der Show und der Originalumgebung erlebt der Nachfrager[500] die Musik und die authentische Geräuschkulisse (z.B. begeistertes Klatschen des Publikums, „Blitzgewitter" der Presse), so dass der Eindruck erweckt wird, tatsächlich Teil der Veranstaltung zu sein. Die VR-Experience ermöglicht zudem dem Nachfrager das Laufen im Backstage-Bereich, so dass er das Geschehen hinter dem Laufsteg erleben kann. Die Intention des Markenmanagements[501] ist es, ein intensives und einprägsames Markenerlebnis zu schaffen. Tommy Hilfiger führte diese VR-Experience, „Catwalk Show",

---

495 Vgl. Deutscher Markenreport (2017), S. 25 u. RUDELOFF ET AL. (2018), S. 306.

496 Vgl. RUDELOFF ET AL. (2018), S. 305 f.

497 Vgl. (a.a.O.), S. 306 f.

498 Vgl. ARTHUR (2015), S. 1. Online-Beitrag auf der Webseite von Forbes, http://www.forbes.com/sites/rachelarthur/2015/10/25/hands-on-with-tommy-hilfigers-in-store-virtual-reality-catwalk-experience/#68dc8487128a; zugegriffen am 16.09.2019.

499 Vgl. (a.a.O.), S. 2.

500 Vgl. (a.a.O.), S. 3 u. NAFARETTE (2015), online-Beitrag auf der Webseite VR-Scout, https://vrscout.com/news/tommy-hilfiger-virtual-reality-fashion-in-store/#, zugegriffen am 17.09.2019.

501 Vgl. (a.a.O.), S. 3.

erstmalig[502] 2015 in den Modemetropolen London, Paris, Mailand, Amsterdam, Düsseldorf, Florenz, Zürich und Moskau ein. Mittlerweile kann diese VR-Experience fast überall in der Welt in den größeren Stores durchgeführt werden. Der Inhalt wird je nach Saison und Kollektion aktualisiert. Die Marke nutzt seit März 2019 eine VR-Experience[503], in der die aktuelle Kollektion in Kooperation mit dem amerikanischen Modell und Schauspielerin Zendaya präsentiert wird (vgl. Abb. 31).

Abbildung 31: Tommy Hilfiger Modell, das VR-Brille in einem Store in New York trägt
Quelle: Online-Beitrag von Arthur (2015)

Abbildung 32: VR-Installation in einem Tommy Hilfiger Store in New York
Quelle: Online-Beitrag VR-Scout von Nafarette (2015)

---

[502] Vgl. ebenda.

[503] Vgl. NEOPHYTOU (2019), S. 2. Online-Beitrag auf der Webseite The Hollywood Reporter, https://www.hollywoodreporter.com/news/tommy-hilfiger-zendaya-unveil-immersive-online-vr-fashion-show-1236578, zugegriffen am 17.09.2019.

Wie den online Beiträgen[504] zu entnehmen ist, scheint dieses neuartige Instrument von der Zielgruppe der Marke (ca. 16 bis Mitte 40 Jahre) gut angenommen zu werden. Tommy Hilfiger veröffentlicht keine Informationen zu den Kosten der Produktion und den Erfolgsmessungen der VR-Experience. Nach Einschätzung der Autorin und Rücksprache mit VR-Experten[505] müssten die Herstellungskosten einer derartigen VR-Experience aktuell zwischen ca. 30.000 und 50.000 € liegen[506]. Durch die Nutzung von VR bietet Tommy Hilfiger **über die In-Store-Präsentation der Mode-Kollektion hinausgehend** dem Nachfrager durch die besondere virtuelle Markenerfahrung einen **persönlichen, emotionalen Mehrwert**. Dieser liegt darin, an den Mode-Shows live teilzuhaben. Auf diese Weise wird vermutlich der Nachfrager an die Marke affektiv gebunden. Es ist zudem anzunehmen, dass der **Einsatz von VR**, als zukunftsweisende Technologie, sich positiv auf das Markenimage auswirkt und Imagedimensionen wie Modernität und Attraktivität fördert. Zudem lässt sich vermuten, dass die VR-Experience den Storemitarbeitern interessante Anknüpfungspunkte für ein sich anschließendes Verkaufsgespräch direkt am POS liefert. Von daher ließe sich ebenfalls eine kaufentscheidungsfördernde Wirkung von VR annehmen. Die Autorin geht davon aus, dass diese Wirkung zudem durch ein sinkendes Kaufrisiko bekräftigt wird. Denn der Nachfrager kann virtuell die direkt vor seinen Augen von Modellen getragene und vorgeführte Kollektion hinsichtlich Passform, Trageverhalten der Stoffe etc. vor dem Kauf wahrnehmen und beurteilen.

Ein weiteres Beispiel aus der Modebranche bietet das **englische Label Topshop[507]**. Diese Marke verfolgt ein erlebnisorientiertes Marketingkonzept[508]. Ihre Stores werden mit lauter Popmusik beschallt. Sie verfügen meist über ein Café, einen Tresen für Getränke, teilweise über einen Piercer und einige Sitzplätze zum

---

504 Vgl. Online-Beiträge von NEOPHYTOU (2019), Arthur (2015) u. NAFARETTE (2015).

505 Vgl. Telefongespräch vom 22.09.2019 mit Herrn SPROCK, CEO der VR-Agentur PolygonArt. Das Gespräch dauerte 20 Minuten. Gegenstand des Gesprächs waren Kosten und Nutzen von VR-Anwendungen aus dem Erfahrungs-Fond des VR-Experten und seinem Team.

506 Diese Beträge beziehen sich auf die digitale Produktion der VR-Experience; hinzu kommen die Kosten für die VR-Brillen, die je nach Qualität und Technik variieren.

507 Vgl. GROHGANZ (2017), Online-Beitrag auf der Webseite der VR-Agentur, https://www.vrnerds.de/topshop-bietet-kunden-eine-wasserrutsche-mit-vr-erfahrung/, zugegriffen am 17.09.2019.

508 Vgl. Artikel der Süddeutschen Zeitung vom 12.08.2017; Interview mit der Kreativdirektorin KATE PHELAN von Topshop, https://www.sueddeutsche.de/stil/mode-trendmotor-topshop-1.3620712, zugegriffen am 20.09.2019.

Stylen der Haare. Die Marke positioniert sich[509] im „Fast Fashion Segment“, d.h. sie bietet fortwährend aktuelle und günstig produzierte Kleidung an. Topshop steht[510] dennoch für hohe Modekompetenz und trendweisenden Style. Ihre Zielgruppe sind junge, modebewusste Frauen zwischen 18 und 35 Jahren. Topshop nutzt VR im Rahmen dieses Konzeptes seit 2014 im stationären Handel. Die Marke lässt in ihrem Flagship Store in der Oxford Street in London den Nachfrager **parallel zur „London Fashion Week“** per VR-Brille in der ersten Reihe an der eigenen Show teilhaben. Im Eingangsbereich werden VR-Brillen von Mitarbeitern großzügig verteilt, um einer möglichst großen Kundenzahl die Möglichkeit zur virtuellen Markenerfahrung zu bieten. Das **Event wird medial über einen Werbefilm über TV und Social Media zuvor angekündigt.** Philip Green, Gründer der Topshop Parent Arcadia Group, äußerte sich wie folgt[511]: *"This season's live stream in virtual reality between two iconic London destinations, the Tate Modern and our flagship store in Oxford Circus, takes the idea of the traditional fashion show to a new dimension, as we continually look for new ways to engage, excite and involve our customers."* Das Modelabel[512] setzt seit 2014 über alle Werbekampagnen hinweg VR mit immer wieder aktualisiertem Inhalt ein. **Um den Erlebnischarakter von VR im Store weiter zu steigern,** entwickelte die Marke 2017 eine **kreative Sales-Promotion,** durch die der Sommeranfang mit den Kunden gefeiert werden sollte. Im Flagship Store in London kombinierte die Markenführung eine echte Rutsche mit der VR-Experience namens „Splash“. Die Rutsche führt durch diverse Bereiche des Ladens[513] (9.200 m^2 Fläche) über 3 Etagen hinweg und steht den Kunden während des Promotionszeitraums kostenlos zur Verfügung. Vor der immersiven Erfahrung wählen die Nachfrager einen aufblasbaren Reifen, den sie sich um die Hüften geben und steigen dann die Stufen der „Wasserrutsche“ hinauf. Oben angekommen, setzen sie die VR-Brille auf und starten mit der virtuell gestützten Rutschfahrt. Während der VR-Experience rutschen die Kunden über die realitätsnahe 3-D-

509 Vgl. ebenda.

510 Vgl. ebenda.

511 Vgl. BOLD (2014), Online-Beitrag der Webseite Campaign, https://www.campaignlive.co.-uk/article/topshop-engages-vr-technology-live-stream-fashion-show-oxford-circus-shoppers/1230847, zugegriffen am 17.09.2019.

512 Vgl. (a.a.O.), S. 2.

513 Vgl. Artikel der Süddeutschen Zeitung vom 12.08.2017; https://www.sueddeutsche.de/-stil/mode-trendmotor-topshop-1.3620712, zugegriffen am 20.09.2017.

Nachbildung der Oxford Street. Sie rasen vorbei an Gebäuden, wirbeln und fliegen rasant durch die Luft[514]. Die Fahrt endet im Laden von Topshop (vgl. Abb. 33-35).

Abbildung 33: Flagship Store TOPSHOP; Oxford Street in London

Quelle: Online-Beitrag von Grohganz (2017)

Abbildung 34: VR-Event im Flagship Store TOPSHOP

Quelle: Online-Beitrag von Grohganz (2017)

514 Genauere Informationen zu dem markenbasierten Inhalt der VR-Umgebung sind nicht verfügbar.

Abbildung 35: Ende der VR-Rutschfahrt im Flagship Store TOPSHOP
Quelle: Online-Beitrag von Grohganz (2017)

Die Kunden haben zudem die Möglichkeit, innerhalb der VR-Experience direkt per exklusiven **Snapchat-Filter ihr Erlebnis mit anderen zu teilen**. Zur Effektivität des VR-Einsatzes und seinem ökonomischen Erfolg veröffentlicht Topshop keine Informationen. Aufgrund der medialen Unterstützung[515] im online und offline Umfeld sowie eWOM-Aktivitäten der Nachfrager, lässt sich ein positiver Effekt auf die Markenbekanntheit vermuten. Durch das erlebnisorientierte Marketingkonzept versucht Topshop sich von der Konkurrenz im stark umkämpften Modemarkt zu differenzieren. Aus Sicht der Autorin passt das neuartige Kommunikationsinstrument konzeptionell zu dem erlebnisorientierten Marketingkonzept von Topshop und stützt die Positionierung als trendweisende, qualitative Modemarke. Insofern lässt sich auch in diesem Fall von einem positiven Effekt auf das Markenimage ausgehen. Wie beim Beispiel Tommy Hilfiger steht im Vordergrund, die Kunden durch eine ungewöhnliche Markenerfahrung wieder in den stationären Handel zu führen. Auch hier lässt sich, wie im Fall von Tommy Hilfiger annehmen, dass die VR-Experience zu einer Verkaufssteigerung führt. Dieses Beispiel verdeutlich, dass VR im Rahmen eines Events oder anderen verkaufsfördernden Maßnahmen kreativ und eindrucksvoll eingebunden werden kann und neue Möglichkeiten im Erlebnismarketing bietet.

Auch in der Autobranche wird VR verkaufsfördernd am Point of Sale eingesetzt. Hier kann VR kommunikativer Bestandteil eines geplanten Kundentermins

515 Vgl. Artikel der Süddeutschen Zeitung vom 12.08.2017, (a.a.O.) u. BOLD (2014), Online-Beitrag der Webseite Campaign, (a.a.O.).

sein, um dem potenziellen Käufer das Auto hinsichtlich seiner technischen Produkteigenschaften und Konfigurationsmöglichkeiten näherzubringen. Als Beispiel wird die **Marke Audi**[516] vorgestellt, dessen Positionierung „Vorsprung durch Technik" ist. Audi steht für[517] hochwertiges, progressives Fahren und spricht Käufergruppen an, die modernes Design bevorzugen und technologie- sowie innovationsaffin sind. **Audi nutzt VR mit dem Oculus Rift Headset**[518] **in den Autohäusern seiner Handelspartner**, um potenziellen Käufern das gewünschte Fahrzeug vor der Kaufentscheidung virtuell vorzuführen. Zu diesem Zwecke konzipierte Audi 2017 die „**Customer Private Lounge**" als digitalisierte Beratungs-Suite, die mit der VR-Technologie ausgestattet wurde (vgl. Abb. 36 und 37).

Abbildung 36: Customer private Lounge bei einem Audi-Händler

Quelle: Audi-Webseite des Mediacenters

---

516 Grundlage ist ein Telefongespräch mit Frau KILLIAN, Pressesprecherin von Audi für Marketing und Vertrieb, das am 19.09.2019 nachmittags stattfand. Es dauerte 20 Minuten.

517 Vgl. ebenda.

518 Vgl. Audi-Webseite des Mediacenters, https://www.audi-mediacenter.com/de/pressemitteilungen/audi-startet-virtual-reality-im-autohaus-9270, zugegriffen am 19.09.2019.

Abbildung 37: Customer private Lounge bei einem Audi-Händler
Quelle: Archiv der Audi-Presseabteilung

Aktuell sind schon 420 dieser VR-Lounges zur Führung von Kundengesprächen im Einsatz, wobei Audi mitteilt[519], diese auf weitere Standorte sukzessive auszuweiten. **Das gesamte Audi Modell-Portfolio** kann über VR während des Kundengesprächs demonstriert und die jeweilige Audi-Technologie dem Nachfrager auf anschauliche Weise vermittelt werden. Die VR-Experience ermöglicht es dem Nachfrager, das Auto aus verschiedenen Perspektiven interaktiv zu betrachten und nach den individuellen Kundenwünschen unmittelbar zu konfigurieren. Auf diese Weise kann der Nachfrager das Auto bis auf das kleinste Detail mit allen Licht- und Klangeffekten nahezu lebensecht begutachten. Unterschiedliche Umgebungen, Tageszeiten und Lichtverhältnisse tragen ebenso zum täuschend echten virtuellen Probesitzen bei. Auch das Interieur kann aus jedem Blickwinkel betrachtet werden, bis hin zum Schliff von Dekoreinlagen je nach Position zur virtuellen Lichtquelle. Eine Art „Röntgenblick" erlaubt technikinteressierten Nachfragern zudem den Blick unter die Fahrzeugoberfläche in den Aufbau der technischen Komponenten. Künftige **VR-Software-Upgrades**[520] sollen Audi-Innovationen demonstrieren, **die der Kunde bei einer realen Probefahrt nur eingeschränkt testen kann.** Dazu zählen z.B. das Erproben von Lichttechnologien bei Nacht und schlechter Sicht. **Aktuell**

519 Vgl. Audi-Webseite (a.a.O.) und Telefongespräch mit der Pressesprecherin von Audi (a.a.O.).
520 Vgl. ebenda.

setzt Audi auch VR für Testfahrten[521] **ausgewählter Modelle** ein, jedoch beschränkt sich diese Aktivität auf Presseveranstaltungen und interne Mitarbeiterschulungen. Dabei können User virtuell das Fahrverhalten dieser Modelle in diversen Landschaften erkunden und bewerten. Es ist geplant **VR-Testfahrten zukünftig ebenfalls in die Verkaufsgespräche zu integrieren**. Nach Aussagen der Pressesprecherin Vertrieb und Marketing[522] berichten die Autohändler der Vertriebszentrale, dass sich nach der VR-Implementierung der **Absatz der Autos, vor allem der Sonderausstattung, deutlich erhöht habe.** Genauere Aussagen zur Erfolgsmessung gibt Audi nicht bekannt. Die Autorin dieser Arbeit geht davon aus, dass diese **verkaufsfördernde Wirkung darauf zurückzuführen** ist, dass der Nachfrager während des Kaufendscheidungsprozesses am Point of Sales mit vielfältigen, **kaufrelevanten Informationen versorgt wird**, ein realistisches Gefühl für die Qualität des Produktes bekommt und **somit das Kaufrisiko reduziert wird**. Zudem ist durch den technologisch fortschrittlichen Charakter von VR vermutlich auch von einem positiven Effekt auf die Markenimagedimension „innovative Technik" auszugehen. Dieses Beispiel verdeutlicht, dass VR für erklärungsbedürftige, technische Gebrauchsgüter mit hohem Involvement des Nachfragers[523] (relativ hoher Anschaffungspreis) gut geeignet zu sein scheint. Der hohe Informationsbedarf kann auf verständliche und anschauliche Art befriedigt werden, was das Risiko beim Kaufentscheid reduziert.

Als nächstes wird die Marke **Coca-Cola als Beispiel der Konsumgüterbranche für den Einsatz von VR im Rahmen eines Events** vorgestellt. Coca-Cola[524] als Erfrischungsgetränk verfolgt eine hedonistische Positionierung und **steht für Spaß und Lebensfreude.** Seit 2015 lädt Coca-Cola zu Weihnachten in Deutschland im Rahmen ihrer alljährlichen Weihnachtstruck-Städtetour zu einem VR-Winterwunderland-Erlebnis ein. Zu diesem Zweck[525] wird eine kleine Holzhütte in der Nähe des Trucks aufgebaut, in der Interessenten die VR-Technik nutzen können (vgl. Abb. 38).

---

521 Vgl. ebenda.

522 Vgl. ebenda.

523 Vgl. Audi-Webseite, (a.a.O.).

524 Vgl. https://www.lokalkompass.de/moers/c-kultur/auftakt-fuer-coca-colas-weihnachtstrucks-in-moers_a1031526; zugegriffen am 07.04.2019.

525 Vgl. ebenda.

Abbildung 38: VR- Winterwunderland von Coca-Cola
Quelle: Webseite der Stadt Kassel (2019)

Im Rahmen des VR-Winterwunderland-Erlebnisses erfährt der Nachfrager eine virtuelle Schlittenfahrt („Santa's Sleigh Ride"), bei der er ca. 1 Minute lang mit dem Weihnachtsmann durch eine authentisch anmutende Winterlandschaft fahren kann. In einem rasanten Tempo[526] wird eine weihnachtlich geschmückte Landschaft bereist. Dabei geht es teilweise in steilen Kurven über Berg und Tal dicht vorbei an mit Schnee bedeckten Tannen und weihnachtlich geschmückten Dörfern. Mit dieser VR-Experience[527] soll insbesondere die Zielgruppe Familien mit Kindern angesprochen werden. **Über die abenteuerliche Reise**[528] durch die bunt beleuchtete abendliche Schneelandschaft **soll dem Nachfrager Vergnügen und Freude**, als wesentlicher Bestandteil der Markenpositionierung, vermittelt werden. Bei der Gestaltung der virtuellen Welt arbeitet Coca-Cola überwiegend mit der Markenfarbe Rot. Diese findet sich in den Lichtern, Häusern, im Schlitten und sonstigen Gestaltungsobjekten wieder. Seit 2016 nutzt Coca-Cola den neuen Marken-Claim **„Taste the feeling"** zur Vermittlung und Stärkung der Markenpositionierung. Ziel der VR-Experience[529] ist es, dem Nachfrager das Markengefühl durch die Immersion in die Markenwelt virtuell erleben zu lassen. Zu den verfolgten Zielen und den Erfolgswirkungen werden keine Informationen bekannt gegeben. Die mediale Verbreitung

---

526 Vgl. Rose (2017), S. 46 ff.

527 Vgl. Coca-Cola-Webseite, Presseseite https://www.coca-cola-deutschland.de/media-newsroom/pressekontakt, zugegriffen am 19.09.2019. Zudem wurde am 19.09.2019 ein Gespräch mit einem Pressesprecher geführt, das 15 Minuten dauerte.

528 Vgl. (a.a.O.).

529 Vgl. (a.a.O.).

des Events und der virtuellen Schlittenfahrt als Attraktion über lokale Zeitungsberichte[530], Veranstaltungs-Webseiten der Städte und Social Media lassen auf den Aufbau einer hohen Markenbekanntheit schließen. Auch berichtete die Presse[531] von Warteschlangen bei der VR-Experience von bis zu 4 Stunden, was auf die hohe Attraktivität hindeutet. Es ist davon auszugehen, dass die **Attraktivität der Weihnachtstour,** die es bereits seit 20 Jahren gibt[532], **durch die Kombination** des an sich schon begehrten Weihnachts-Trucks **mit der VR-Experience noch einmal gesteigert werden konnte.** Zudem lässt sich vermuten, dass sich die VR-Experience positiv auf das Markenimage in den Dimensionen Unterhaltung und Spaß ausgewirkt hat. Auch trägt aus Sicht der Autorin die emotionale Markenerfahrung zu einer Intensivierung der Markenbindung bei. Die Herstellungskosten einer derartigen VR-Experience schätzen Experten[533] nach aktuellem Stand zwischen ca. 50.000 und 80.000 € ein.

Im Weiteren werden erste Beispiele aus **der internen Markenkommunikation, des Bereichs HR bzw. Employer Branding** angeführt. Zunächst soll als **Beispiel der internen Markenkommunikation** die Corporate Brand **SwissLife** (Dienstleistungsbranche) vorgestellt werden. Die Corporate Brand hat VR als Pilotprojekt in ihre interne Markenkommunikationsstrategie[534] seit August 2019 integriert[535]. Die VR-Experience kann von den Mitarbeitern im Foyer der 2 Hauptstandorte in

---

530 Beispiel der lokalen Presse sind u.a.: Lokalkompass Moers, https://www.lokalkompass.-de/moers/c-kultur/auftakt-fuer-coca-colas-weihnachtstrucks-in-moers_a1031526; Badische neuste Presse. https://bnn.de/lokales/karlsruhe/bald-stehen-die-cola-trucks-auf-dem-markt-platz-in-karlsruhe. Vgl. auch z.B. die Webseite der Stadt Kassel, https://www.kassel-live.de/2018/11/29/virtuelle-schlittenfahrt/.

531 Beispiele der lokalen Presse sind: Lokalkompass Moers, https://www.lokalkompass.de-/moers/c-kultur/auftakt-fuer-coca-colas-weihnachtstrucks-in-moers_a1031526; Badische neuste Presse, https://bnn.de/lokales/karlsruhe/bald-stehen-die-cola-trucks-auf-dem-marktplatz-in-karlsruhe. Vgl. auch z.B. die Webseite der Stadt Kassel, https://www.kassel-live.de/2018/11/29/virtuelle-schlittenfahrt/.

532 Vgl. Coca-Cola-Webseite, Journey, https://www.coca-cola-deutschland.de/stories/giganten-im-check-die-coca-cola-weihnachtstrucks, zugegriffen am 20.09.2019.

533 Vgl. Telefongespräch mit Experten SPROCK, CEO der VR-Agentur PolygonArt und seinem Team; (a.a.O.). Die genannten Beträge beziehen sich auf die digitale Produktion der VR-Experience; hinzu kommen Kosten für die VR-Brillen, die je nach Qualität und Technik variieren.

534 Neben VR setzt die Unternehmung in der internen Markenkommunikation u.a. Workshops, Intranent, Newsletter, Newsraum und Kundenportale ein. Vgl. Telefongespräch mit Herrn HEILER, Abteilungsleiter Unternehmenskommunikation von SwissLife, vom 23.09.2019. Das Gespräch dauerte 35 Minuten.

535 Vgl. Pressemitteilung vom 16.08.2019 auf der Homepage von SwissLife, https://www.presseportal.de/pm/38757/4350712, zugegriffen am 20.09.2019.

Hannover und Garching bei München jederzeit genutzt werden (vgl. Abb. 40). SwissLife ist spezialisiert auf Arbeitskraftabsicherung, betriebliche Altersvorsorge und moderne, fondgebundene Lebensversicherungen. Sie ist positioniert[536] als **moderner Dienstleister** im Versicherungs- und Finanzberatungssegment, der **„den Kunden zu einem selbstbestimmenden Leben“** verhilft. Dies **bezeichnet SwissLife auch als ihren Unternehmenszweck.** Ausgangspunkt des **VR-Pilotprojekts**[537] sind die Ergebnisse interner Mitarbeiterbefragungen, die verdeutlichen, dass der kommunizierte Unternehmenszweck für die Mitarbeiter kognitiv kaum greifbar war. Aus diesem Grunde entschied[538] sich das interne Markenmanagement, VR zukünftig zum Aufbau eines besseren Markenverständnisses einzusetzen. Abb. 39 zeigt die VR-Experience im Foyer von Swiss-Life in Hannover.

Abbildung 39: VR-Experience im Foyer von SwissLife in Hannover

Quelle: Webseite von SwissLife

Mit zurzeit 3 verschiedenen VR-Experiences, die unterschiedliche Kundengespräche in **Form von Story-Telling** darstellen, können Mitarbeiter in die Welt des Nachfragers eintauchen. Sie können in den Stories erleben, wie SwissLife mit

536 Vgl. Telefongespräch mit dem Abteilungsleiter Unternehmenskommunikation von SwissLife, (a.a.O.).

537 Vgl. ebenda.

538 Vgl. Pressemitteilung vom 16.08.2019 auf der Homepage von SwissLife, (a.a.O.).

Produktlösungen und Finanzberatung Menschen hilft, ein selbstbestimmtes Leben zu führen. In den Stories werden echte Kunden mit ihrem tatsächlich individuellen Anliegen präsentiert. Es werden dabei Fälle vorgestellt wie bspw. eine Berufsunfähigkeitsversicherung nach einer Burnout-Diagnose und einer schweren Krankheit oder die Unterstützung für den finanziellen Weg in die Selbstständigkeit. Die VR-Experiences[539] simulieren die gewohnte Lebensumgebung der Kunden, so dass sie authentisch wirken. Die aktuell genutzten VR-Experiences stellen nach Aussagen des Kommunikationsmanagements lediglich einen **Einstieg in diese neue Technologie** dar, so dass sie zunächst **nur eine sehr begrenzte Interaktivität** vorsehen. Der Mitarbeiter hat zwar das Gefühl, sich mitten im Geschehen der Kundengespräche zu befinden, jedoch ist er **nicht in die Handlung aktiv integriert**. Die Interaktion mit ihm[540] beschränkt sich lediglich auf die Begrüßung und Verabschiedung durch den Kunden in der jeweiligen Story. Insofern liegt tendenziell eher eine VR-Experience mit Semi-Immersion vor. **Über die einzelnen Stories[541],** die den Mitarbeiter die Kundenzufriedenheit virtuell erleben lassen, soll die **Erfüllung des Markenversprechens gengenüber dem Nachfrager aufgezeigt und verifiziert werden.** Auf diese Weise sollen zudem die **Markenidentifikation des Mitarbeiters** und sein **Markenengagement** gesteigert werden. Insgesamt sollen zukünftig 8 Kundenstories zum Einsatz kommen. SwissLife teilt mit[542], dass die Kosten pro VR-Story anfangs bei ca. 11.000 € lagen, wobei aufgrund der nun ersten Erfahrungen in der Produktentwicklung die Kosten für weitere Stories etwas niedriger ausfallen. Zukünftig wird beabsichtigt[543], die **interaktiven Möglichkeiten, die VR bietet, weiter auszuschöpfen,** so dass der Mitarbeiter interaktiv in das Geschehen eingebunden wird. Eine erste Erfolgsmessung[544] ist Ende 2019 vorgesehen. Über eine online Mitarbeiterbefragung soll die Vermittlung des Unternehmenszwecks, die Markenidentifikation und das Markenengagement der Mitarbeiter überprüft werden.

---

539 Vgl. Telefongespräch mit dem Abteilungsleiter Unternehmenskommunikation von SwissLife, (a.a.O.).

540 Vgl. ebenda.

541 Vgl. ebenda.

542 Vgl. ebenda.

543 Vgl. ebenda.

544 Vgl. ebenda.

Im Folgenden wird ein Beispiel aus dem Employer Branding im Rahmen des digitalen Personalmarketing vorgestellt. Das digitale Personalmarketing[545], dass sich aktuell noch überwiegend auf Social Media beschränkt, hat sich in den letzten 4 Jahren fest etabliert. **Die Praxis zeigt mittlerweile einige beispielhafte Marken**, die **VR zur Mitarbeiterrekrutierung** nutzen. Der aktuelle Arbeitsmarkt[546] wird geprägt durch den „War for Talents und high Potentials" sowie einen Fachkräfte- und Expertenmangel. Vor diesem Hintergrund ist es enorm wichtig in der Voreintritts-Phase, das **Interesse potenzieller, geeigneter Bewerber für die Organisation wirksam zu wecken und zu gewinnen.** Dazu kann VR auf Berufs- und Karrieremessen wirkungsvoll eingesetzt werden. Über einen virtuellen Rundgang durch die Produktion und Verwaltung der Unternehmung ist es möglich, einen ersten positiven Eindruck über die Marke zu vermitteln. Zudem können dem potenziellen Bewerber über die VR-Experience die Markenwelt mit den Markenwerten und -überzeugungen auf beeindruckende Weise nähergebracht werden. Auf diese Weise[547] lässt sich die **Attraktivität der Marke als Arbeitgeber** deutlich erhöhen. Ein Beispiel zur Mitarbeiterakquise bietet die **Corporate Brand Beiersdorf[548],** die seit 2017 eine virtuelle Reise durch die Haut verwendet. Die Marke steht für[549] innovative, hochwertige Körper- und Gesichtspflege. Die Unternehmung, die schon jetzt größtenteils auf digitale Geschäftsmodelle setzt, beabsichtigt[550], den Einsatz von VR auch zukünftig weiter auszubauen. Auf **Karrieremessen** und sonstigen **Rekrutierungsveranstaltungen** sollen über VR die Marke und die komplexen Wirkprozesse ihrer Produkte potenziellen Bewerbern nachvollziehbar nähergebracht werden. Neben der virtuellen Tour durch die Hautschichten kann der User den Wirkverlauf der Inhaltsstoffe detailliert miterleben (vgl. Abb. 40).

---

545 Vgl. JÄGER (2018), S. 2 f.

546 Vgl. ebenda.

547 Vgl. Telefongespräch mit Experten SPROCK, CEO der VR-Agentur PolygonArt, (a.a.O.).

548 Vgl. (a.a.O.).

549 Die weltweit größte Hautpflegemarke NIVEA ist das Herzstück des Markenportfolios von Beiersdorf. Weitere Marken sind Eucerin, La Prairie, Labello und Hansaplast. Die hundertprozentige Tochtergesellschaft tesa versorgt Industrie, Gewerbe und Verbraucher mit selbstklebenden Produkt- und Systemlösungen. Vgl. Webseite von Beiersdorf, https://www.-beiersdorf.de/meta-pages/suchergebnisse?query=Zielgruppe; zugegriffen am 21.09.2019.

550 Vgl. Webseite Beiersdorf, (a.a.O.).

Abbildung 40: Foto der VR-Erfahrung von Beiersdorf

Quelle: Webseite Beiersdorf

Die VR-Experience bietet diverse Pflegeprodukte[551] als virtuelle Erlebnisse an, aus denen der User frei wählen kann. Im Folgenden soll die VR-Experience **„NIVEA Reichhaltige Body Milk"**, die über ein Tiefenpflege-Serum wirkt, vorgestellt werden. Der User erlebt zunächst einen trockenen Hautzustand[552], wobei er den Feuchtigkeitsverlust beobachten und mit den sich ablösenden Hautschuppen der pflegebedürftigen Hautoberfläche interagieren kann. Mit Hilfe des Controllers, trägt der User die Körpercreme virtuell auf die Haut auf und verteilt sie. Der Nutzer kann den Wirkungsverlauf dann „hautnah" verfolgen. Er sieht wie die Wirkstoffe in die Epidermis eindringen[553], dort die Feuchtigkeit binden und die obere Hautschicht verfeinern. Beiersdorf hat vor, auch für die anderen Marken VR-Experiences zu konzipieren, wobei pro „VR-Tour" von circa drei Monaten Entwicklungszeit ausgegangen wird[554]. *„Da das Grundgerüst und die virtuelle Hautwelt in ihrer Komplexität programmiert wurden, sind Ergänzungen vergleichsweise schnell integrierbar";* so der Projektleiter Beiersdorf[555] (2017). Die VR-Experience[556] wird zudem **auch bei hausinternen Mitarbeiterschulungen** eingesetzt. Beiersdorf gibt öffentlich keine

551 Vgl. Fachbeitrag auf der Webseite von Beiersdorf, https://www.beiersdorf.de/beiersdorf-live/karriere-blog/blog-uebersicht/2017/09/26-virtuelle-reise-durch-die-haut; zugegriffen am 20.09.2018.

552 Vgl. (a.a.O.).

553 Vgl. (a.a.O.).

554 Vgl. (a.a.O.).

555 Vgl. (a.a.O.).

556 https://www.beiersdorf.de/beiersdorf-live/karriere-blog/blog-uebersicht/2017/09/26-virtuelle-reise-durch-die-haut.

Informationen über Kosten und Nutzen von VR bekannt. Die Kosten für die Produktion der VR-Erlebniswelt würde nach Einschätzung der Experten[557] zwischen 50.000-60.000 Euro liegen. Nach Auffassung der Autorin **passt das neuartige Instrument VR konzeptionell gut zu Beiersdorf**, die als innovative Corporate Brand im Segment der Körperpflege positioniert wird und auf digitale Wertschöpfung setzt. Die Autorin geht davon aus, dass sich diese eher voll-immersive VR-Erfahrung positiv auf die Markenimage-Dimensionen „Innovation" und „technischer Fortschritt" auswirkt. Weitere Schlussfolgerungen sind wegen der geringen zur Verfügung stehenden Informationen nicht möglich.

Ein weiteres Anwendungsbeispiel im Bereich der Mitarbeiterrekrutierung liefert die **Deutsche Bahn (DB).** Hier wird VR eingesetzt[558], um den potenziellen Mitarbeitern die breitgefächerte Berufswelt der DB vorzustellen. Sie setzten VR bei **Berufsmessen, Bewerbertagen** und **Assessment-Centern** regelmäßig ein. Die DB geht sogar noch einen Schritt weiter[559]: *„Wir wollen unsere VR-Anwendungen auch zu Hause auf der Couch ermöglichen, ohne dass sich jeder User ein teures VR-Equipment kaufen muss. Dazu werden wir Karton-Cardboards mit DB-Branding anfertigen und auf Veranstaltungen ausgeben."* Auf der Karriere-Webseite[560] erklärt die DB den Interessenten die einzelnen Schritte, um die VR-Experience mit digitalen Endgeräten zu nutzen. In einem Fenster der Karriere-Webseite, das die DB als „virtuellen Schow-Room" bezeichnet, werden die einzelnen Berufsbereiche angeboten, über die sich der Interessent informieren kann. Gerade bei Unternehmen, die wie die DB eine hohe Job-Vielfalt aufweisen, scheint VR ein sinnvolles Instrument zu sein, um einen Blick in die Arbeits- bzw. Markenwelt zu geben. Die DB[561] gibt keine Auskünfte zu den Kosten der Entwicklung und Produktion der VR-Experiences. Nach Aussagen des Personalmanagements

---

557 Vgl. Telefongespräch mit Experten SPROCK, CEO der VR-Agentur PolygonArt, (a.a.O.). Auch hier beziehen sich die geschätzten Beträge auf die digitale Produktion der VR-Experience. Zudem kommen die Kosten für die VR-Brillen, die von der gewählten Qualität und Technik abhängen.

558 Vgl. Interview im Nov. 2015 auf einem Block „Sandkorn" mit FLORIAN WURZER (Personalmarketing) DB https://www.saatkorn.com/virtual-reality-im-personalmarketing-beispiel-deutsche-bahn/.; zugegriffen am 20.02.2019.

559 Vgl. Interview (Nov. 2015) mit FLORIAN WURZER aus dem Personalmarketing der DB, (a.a.O.).

560 Vgl. Webseite der deutschen Bahn, http://vr-karriere.deutschebahn.com/#showroom; zugegriffen am 22.09.2019.

561 Vgl. Telefongespräch mit Herrn Krol, HR-Manager DB vom 24.09.2019. Das Gespräch dauerte 10 Minuten.

werden keine Erfolgsmessungen durchgeführt. Grund dafür sei[562], dass z.B. die Steigerung der Anzahl der Bewerber auch auf andere Rekrutierungsmaßnahmen zurückzuführen sei, was eine Separierung des VR-Effekts nicht zuließe. Die Autorin vermutet, dass durch diese virtuelle Kommunikationsmaßnahme nicht nur die Anzahl der Bewerber gestiegen ist, sondern dass auch der Marken-Mitarbeiter-Fit bei den unter Vertrag genommenen Bewerbern erhöht werden konnte. Vermutlich setzen sich Interessenten im Vorfeld mit der Marke und der beruflichen Tätigkeit intensiver auseinander und nehmen bereits selbst eine Selektion hinsichtlich der eigenen Passung zur Marke und zur auszuübenden Tätigkeit vor, bevor sie sich für eine Bewerbung entscheiden.

Auch die Bayer AG[563] (Chemie- und Pharmaindustrie) benutzt VR in Form einer **„Virtual Reality Career Experience"** bei Bewerbertagen und Messen, um potenziellen Mitarbeitern die Arbeitgebermarke gemäß dem Claim „Passion to innovate - Power to change" zu vermittelt. Dabei sollen die Einstiegs- und Karrierechancen, die Bayer bietet, aufgezeigt werden. Zudem soll eine Vorstellung über die Laborarbeit und Substanzbibliothek gegeben werden. Zu diesem Zwecke lässt Bayer die Interessenten über Leverkusen, wo der Hauptsitz der Organisation ansässig ist, virtuell fliegen. Da sich Bayer als futuristisches, innovatives Technologieunternehmen positioniert, ist auch hier mit der VR-Nutzung ein guter Marken-Fit gegeben. Es ist insofern von einer Stärkung der Markenimage-Dimensionen „futuristisch" und „innovativ" auszugehen. Exakte Zahlen zu den Kosten und dem Erfolg des VR-Einsatzes werden nicht bekannt gegeben. Die Herstellungskosten der VR-Experience liegen nach Expertenschätzung[564] im vorliegenden Fall vermutlich mit ca. 25.000-30.000 € etwas niedriger als bei den anderen Beispielen, da kaum interaktive Elemente integriert sind.

---

562 Vgl. Telefongespräch mit Herrn Krol, HR-Manager DB, (a.a.O.).

563 Vgl. Webseite der Bayer AG, https://karriere.bayer.de/de/how_to_join_us/bayer360/, zugegriffen am 19.09.2019.

564 Vgl. Telefongespräch vom 22.09.2019 mit Herrn Spock, CEO der VR-Agentur PolygonArt und seinem Team, (a.a.O.). Die genannten Beträge beziehen sich auch hier auf die digitale Produktion der VR-Experience; hinzu kommen Kosten für die VR-Brillen, die je nach Qualität und Technik variieren.

Abschließend soll ein VR-Beispiel aus dem HR-Bereich der Personaleinführung und -entwicklung angeführt werden. Fand die Ausbildung in der Vergangenheit[565] überwiegend an realen Objekten statt, so verlagern sich mittlerweile diese Maßnahmen, insbesondere in der Produktion von Gütern, in die virtuelle Welt. **Der VW-Konzern z.B. nutzt VR[566]** intern **zum Aufbau herstellungsbezogener Skills,** was im Hinblick auf die interne identitätsbasierte Markenführung im weitesten Sinne dem Aufbau von Markenkompetenzen entspricht. Der VW-Konzern[567] stellte auf dem Mobile World Congress 2018 exemplarisch eine VR-Trainingssimulation mit der HTC Vive Pro vor (vgl. Abb. 41). Diese versetzt die Mitarbeiter virtuell in einen industriellen Arbeitsraum, in dem die Maschinen technologisch originalgetreu nachgebildet sind. Die Mitarbeiter haben die Möglichkeit simulativ, die technischen Arbeitsabläufe einzuüben. Mehrere Anwender können ortsunabhängig mit komplexen Objekten interagieren und zudem untereinander kommunizieren. Der VW-Konzern beabsichtigt[568] in naher Zukunft im gesamten Unternehmen VR-Headsets zur Verfügung zu stellen. Das Management[569] nahm sich vor, in 2018 zunächst 10.000 Mitarbeiter über VR zu trainieren, um produktionsbezogenes Wissen zu vermitteln und Arbeitsabläufe zu verbessern. Nach Aussagen des Managements[570] ist man mit den bisherigen Ergebnissen zum Wissensaufbau und zur qualitativen Verbesserung der Arbeitsabläufe zufrieden.

---

565 Vgl. Online-Artikel im Handelsblatt; https://unternehmen.handelsblatt.com/virtual-reality-apps-fuer-mitarbeiterschulungen.html; zugegriffen am 23.09.2019.

566 Vgl. Artikel von TETZLAF (März 2018) auf VR-World, https://vr-world.com/volkswagen-mitarbeiter-vr-training/; zugegriffen am 12.03.2019. Siehe auch Artikel von GROHGANZ (März 2018) auf VR-Nerds, https://www.vrnerds.de/volkswagen-group-kuendigt-vr-trainings-fuer-10-000-mitarbeiter-an/; zugegriffen am 12.03.2019.

567 Vgl. Telefongespräch mit Herrn GRUSZKA, Head of Digital Visualization von VW vom 11.10.2019. Das Gespräch dauerte 40 Minuten.

568 Vgl. Telefongespräch mit Herrn GRUSZKA, Head of Digital Visualization von VW, (a.a.O.).

569 Vgl. Artikel von TETZLAF (März 2018) auf VR-World, (a.a.O.).

570 Vgl. Telefongespräch mit Herrn GRUSZKA, Head of Digital Visualization der Marke VW, (a.a.O.).

Abbildung 41: VR-Mitarbeiter-Training bei der Marke VW
Quelle: Webseite von VR-Nerds

Der VW-Konzern gibt keine konkreten Informationen[571] zu den Kosten und Nutzen der einzelnen VR-Experiences bekannt. Das Management teilt mit, dass allein für die Marke VW ein Jahresbudget von ca. 10 Mio € für den Bereich „Digital Visualization" zur Verfügung stehe. In diesem Budget ist der Anteil für die Entwicklung von VR enthalten. Exakte Daten zu den medialen Anteilen werden nicht bekannt geben. Zudem äußert der Head of digital Visualization, dass mit dem Einsatz virtueller Trainingscenter[572] deutliche Kosteneinsparungen verbunden sind, da herkömmliche Schulungseinrichtungen normalerweise hohe Investitionen erfordern. Hinzu komme, dass diese Einrichtungen wegen der Dynamik des technischen Fortschritts oft nach kurzer Zeit technologisch veraltet sind und somit erneuert oder ausgetauscht werden müssten. Die virtuelle Anpassung[573] an die technologischen Veränderungen eines Training-Objekts sei deutlich günstiger als der physische Umbau. Darüber hinaus biete VR die Möglichkeit[574] zu ortsunabhängigen Trainings, die ebenso die Schulungskosten deutlich senken.

---

[571] Nach den Aussagen des Head of Digital Visualization fällt in den Bereich der „Digital Visualization" die Entwicklung und Produktion jeder Form computergenerierter Bilder mit Markenbezug, animierter oder nicht animierter Art. Vgl. ebenda.

[572] Vgl. Online-Artikel, Handelsblatt; https://unternehmen.handelsblatt.com/virtual-reality-apps-fuer-mitarbeiterschulungen.html; zugegriffen am 23.09.2019

[573] Vgl. Telefongespräch vom 22.09.2019 mit Herrn Spock, CEO der VR-Agentur PolygonArt. Das Gespräch dauerte 20 Minuten. Gegenstand des Gesprächs waren Kosten und Nutzen von VR-Anwendungen aus dem Erfahrungs-Fond des VR-Experten.

[574] Vgl. Online-Artikel, Handelsblatt, (a.a.O.).

3.4 Forschungsstand zur Ausgestaltung und den Wirkungen von Virtual Reality

Nach aktueller Literaturrecherche liegen bisher keine wissenschaftlichen Publikationen zur Wirkung von VR auf die Zielgrößen der internen Markenkommunikation vor. Gegenstand dieses Kapitels ist es von daher, auf Forschungsergebnisse zu VR in der externen Markenkommunikation subsidiär zurückgreifen. Dabei soll die Leistungsfähigkeit von VR im Hinblick auf die Ziele der externen Markenkommunikation kritisch überprüft werden, um **im Weiteren theoriegeleitete Annahmen für die interne Markenführung zu formulieren.**

VR ist dabei in der Wissenschaft der externen Markenkommunikation zunehmend Fuß zu fassen[575], so dass in letzten Jahren einige akademische Beiträge zu VR hervorgebracht wurden[576]. Bei der Literaturrecherche wurden verschiedene Informationsquellen genutzt. So wurde über die Staats- und Universitätsbibliothek Bremen (SUB), die Zentralbibliothek der Johann-Wolfgang-Goethe-Universität und die Bibliothek der International School of Management (ISM) in Frankfurt am Main recherchiert. Dabei wurde der Gemeinsame Verbundkatalog (GVK) und verschiedene wirtschaftswissenschaftliche Datenbanken wie Business Source Premier, Wiso-Net, Web of Science und Scopus verwendet. Zudem wurde die Literaturrecherche ergänzt durch die Suchmaschine Google Scholar sowie die direkte Suche auf den Webseiten des Springer-Verlags und Sage Publishing. Bei der Recherche wurden u.a. **folgende Suchbegriffe**[577] verwendet: affektive Wirkung, AR, behavioristische Wirkung, B2B, Dienstleitungen, E-Commerce, Emotionalisierung externe Markenkommunikation, (e)WOM, Gamification, Immersion, Interaktivität, Kaufabsicht, kognitive/ konative Wirkung, markenbezogener Inhalt, Markenweiterempfehlung, Markenwissen, Markeneinstellung, Markenimage, Kundenloyalität, Online-Flow, Online-Interaktivität, Online-Shopping, persönlich relevanter Inhalt, Präsenz, Produktpräsentation, virtuelle Markenerfahrung, Verhaltensabsicht, Vertrieb, VR, virtueller Tourismus und Vividness. Bei der Auswahl der Artikel

[575] Vgl. EBERT ET AL., S. 4, S. 21 f. u. S. 32 in der KPMG-STUDIE (2016).

[576] Vgl. u.a. KINZINGER ET AL. (2018); WIJAYA ET AL. (2018); BORBA ET AL. (2017); HUANG ET AL. (2016) u. KRISTOFFERSON (2016).

[577] Diese Suchbegriffe wurden z.T. miteinander kombiniert und ebenfalls ins Englische übersetzt, um auf internationale Publikationen zugreifen zu können.

wurden nur die berücksichtigt, die das Peer-Review-Verfahren erfolgreich durchlaufen haben.

Die Literaturrecherche zeigt, dass ein Großteil der Publikationen aus der Tourismusbranche stammt, da hier VR in der Marketingkommunikation bereits eine größere praktische Relevanz zu haben scheint. Die daraus resultierenden Erkenntnisse lassen jedoch prinzipiell aufgrund der Vergleichbarkeit der Ziele Rückschlüsse auf andere Branchen zu. Es zeigt sich zudem[578], dass ein großer Teil der Beiträge qualitativer Natur ist. Bei der Auswahl der in dieser Arbeit vorgestellten Artikel wird jedoch **der Schwerpunkt auf die empirischen, quantitativen Untersuchungen** gelegt. Diese haben[579] die Wirkung von VR auf die Markenbekanntheit, Markeneinstellungen und das Verhalten des Nachfragers im Rahmen von **Ursache-Wirkungs-Analysen** zum Gegenstand. Sie bieten erste valide Erkenntnisse über die Wirkung des Kommunikationsinstrumentes auf Zielgrößen der externen Markenkommunikation. Bei der Recherche kristallisieren sich zudem **verschiedene Determinanten** heraus, die im Zentrum der Ursache-Wirkungsanalysen stehen. **Diese werden im Weiteren nacheinander erläutert und definiert:**

1. **Interaktivität und Selbstbestimmung**
2. **Relevanter Inhalt**
3. **Emotionalisierung**
4. **Vividness**
5. **Immersion**

Hinsichtlich der Interaktivität herrscht in der Marketingwissenschaft[580] und in der Praxis generell Einigkeit über die kommunikative Relevanz zur Erreichung der externen Marketingziele. **Für die Determinante Interaktivität in einem com-**

578 Vgl. u.a. GIBERSON ET AL. (2017); BERG ET AL. (2017); Studie Virtual & Augmented Reality von GOLDMAN SACHS GROUP (2016), JAVORNIK (2014), GUTTENTAG (2010); CRAIG/ SHERMAN (2009) u. SHERMAN/ CRAIG (2003).

579 Vgl. JAVORNIK (2016), S. 988; KRISTOFFERSEN ET AL. (2016), S. 524; YAOYUNEYONG ET AL. (2016), S. 16 u. DOBROWOLSKI (2014), S. 125.

580 Vgl. BRUHN (2015), S. 5. u. S. 248. Siehe u.a. auch BURMANN/ PIEHLER (2017), S. 14; KERNSTOCK/ BREXENDORF (2014), S. 253 f.; KREUZER (2014), S. 24; u. JOACHIMSTHALER (2002), S. 29.

putergestützten Umfeld gibt es bisher keinen Konsens über eine einheitliche Definition. So wurden in der Käuferverhaltensforschung[581] für diesen Bereich verschiedene Konzeptualisierungen entwickelt. Die **Wissenschaftler Van Noort et al. (2012)** gehen bspw. von einer eher breiten, **allgemein gehaltenen Definition** aus. Sie definieren[582] Interaktivität als „*...das Ausmaß, in dem zwei oder mehrere Parteien aufeinander auf das Kommunikationsmedium und die Botschaft einwirken können sowie das Ausmaß, in dem diese Einflüsse synchronisiert werden"*. Noort et al. bestimmen auf der Basis dieser Definition drei Dimensionen der Interaktivität. Die 1. Dimension ist die **Reziprozität der Kommunikation** zwischen der Marke, dem User und gegebenenfalls auch anderen Usern im Sinne des zwei- oder mehrseitigen Informationstausches. Die 2. Dimension umfasst die **technische Kontrolle** des Users, den Kommunikationsprozess beeinflussen zu können. Als 3. Dimension nennen sie die **Synchronität,** die sich auf die Simultanität des Informationsaustausches bezieht, so dass die Kommunikation in Echtzeit stattfinden kann. Eine andere Konzeptualisierung der Interaktivität geht auf **Mollen und Wilson (2010)** zurück. Sie unterscheiden[583] zwischen der **merkmalsbasierten und der wahrgenommenen Interaktivität.** Erstere umfasst die verschiedenen Funktionalitäten auf der Benutzeroberfläche unter Sicherstellung der Synchronisierung der Kommunikation (Informationsaustausch in Echtzeit). Dabei geht es um die verschiedenen technischen Merkmale und Möglichkeiten der Interaktivität. Hingegen beziehen sie[584] die **wahrgenommene Interaktivität** darauf, **wie der Nutzer die technologischen Merkmale und Möglichkeiten der Interaktivität persönlich wahrnimmt.** Vertreter, dieser Auffassung[585] interpretieren die subjektive Wahrnehmung der Interaktivität in gewisser Weise auch als einen **psychologischen Zustand**. An der Auffassung von **Mollen und Wilson** merken jedoch Kritiker[586] an, dass die Wahrnehmung der Interaktivität von den eigenen Fähigkeiten des Users und seiner subjektiven Beurteilung abhängt. Der Einfluss, den der

---

581 Vgl. MÜTTERLEIN ET AL. (2018), S. 1408, SUNDAR (2015), S. 47 f. u. VAN NOORT ET AL. (2012), S. 224.

582 Vgl. MÜTTERLEIN ET AL. (2018), S. 1408; BERGER ET AL. (2017), S. 656; VAN NOORT ET AL. (2012), S. 224.

583 Vgl. MOLLEN UND WILLSON (2010), S. 920 u. MCMILLAN ET AL. (2002), S. 29.

584 Vgl. ebenda.

585 Vgl. MÜTTERLEIN ET AL. (2018), S. 1408 u. JAVORNIK (2016), S. 991.

586 Vgl. SUNDAR ET AL. (2015), S. 49; VAN NOORT ET AL. (2012), S. 224 u. MCMILLAN ET AL. (2002), S. 29.

User auf ein Objekt oder den Inhalt ausübt, kann individuell als mehr oder weniger interaktiv und schwierig angesehen werden. Insofern sei[587] eine rein technische und damit überschneidungsfreie Konzeptionalisierung der Interaktivität vorzuziehen. Vor diesem Hintergrund ist als weitere Konzeptualisierung der Interaktivität **die affordanzbasierte Interaktivität** nach **Sundar et al. (2015)** entstanden. Grundlegend ist die Auffassung, dass die Interaktivität das **Angebot an technischen Fazilitäten des Mediums** darstellt, das den Informationsaustauch und die Partizipation des Users bspw. in Form von Gestaltung und Modifikation von Objekten und Inhalten ermöglicht. Darauf basierend, definieren die Autoren[588] Affordanz als *„...den durch visuelle Hinweise auf der Benutzerfläche eines Mediums kommunizierten Aufforderungscharakter zur Nutzung der Interaktionsmöglichkeiten mit den Objekten, respektive dem Medium"*. Als Beispiel kann als Icon eine Türklinke auf der Benutzerfläche eines Bildschirms genannt werden, die beim Anklicken eine Tür öffnet und den Zugang zu einem anderen virtuellen Raum ermöglicht. Sieht man von dem Aufforderungscharakter ab, so entspricht diese Auffassung von Interaktivität weitestgehend der schon 1993 formulierten technisch orientierten **Definition von Steuer** (1993)[589]. Er definiert **Interaktivität in einem virtuellen Umfeld als *„...das Ausmaß, in dem der User in einem computergestützten Umfeld partizipieren und Formen und Inhalte in Echtzeit modifizieren kann"*.** In dieser Arbeit wird im Weiteren von dieser technischen Definition ausgegangen, die sich in der Wissenschaft der Markenkommunikation[590] durchgesetzt hat. Sie deckt alle technischen Fassetten der zuvor dargestellten Konzepte der Interaktivität in vereinfachter Form weitestgehend ab. Zudem ist sie eindeutig, da sie keine konzeptionelle Überschneidung zur Psychologie aufweist.

Wie die Ausführungen zeigen, wird die Interaktivität in der Wissenschaft überwiegend als technisches Konstrukt aufgefasst. Ex Definitione stellt sie im Zusammenhang mit VR eine technikimmanente Eigenschaft dar, ohne die VR gar nicht funktionieren würde. Ihre Effektivität[591] hängt weitestgehend vom technolo-

---

587 Vgl. SUNDAR ET AL. (2015), S. 49

588 Vgl. SUNDAR ET AL. (2015), S. 48 und VAN NOORT ET AL. (2012).

589 Vgl. STEUER (1992), S. 80.

590 Vgl. u.a. MÜLLERLEIN (2018), S. 1408; JAVORNIK (2016), S. 992; BRUHN (2015), S. 248; CHENG ET AL. (2014), S. 174 u. JOACHIMSTHALER (2002), S. 29.

591 Vgl. PORTER/ HEPPELMANN (2017), S. 15; RIDMANN-STREITZ (2017), S. 63 u. CHIRILOV (2017).

gischen Fortschritt ab. Die **Interaktivität** stellt **als technische Grundlage** eine Art Enabler dar, der es dem User ermöglicht, autonom über seine nächsten Aktivitäten in der virtuellen Welt zu entscheiden. Man vergleiche dazu die 2. Dimension der Interaktivität **„technische Kontrolle"** nach **Van Noort et al. (2012).** Die technische Kontrolle impliziert z.B. das Nutzen von Gestaltungsoptionen für Form, Farbe, Struktur und Liniengebung bei Texten oder Objekten in der virtuellen Welt. Wenngleich auf den ersten Blick eine gewisse begriffliche Affinität zwischen technischer Kontrolle und Selbstbestimmung gegeben sein mag, ist die aus der Psychologie stammende **Selbstbestimmung** davon abzugrenzen. Selbstbestimmung (Autonomy) ist nach der Selbstbestimmungstheorie von DECI/ RYAN (1993)[592] neben Kompetenz und Beziehung zum Bezugsobjekt (soziale Eingebundenheit) ein psychologisches Grundbedürfnis zur intrinsischen und auch extrinsischen Motivation[593]. **Alm (2007) definiert[594]** in enger Anlehnung an DECI/ RYAN (1993) die Selbstbestimmung als die **Fähigkeit des Menschen, sein Verhalten selbst steuern, Herausforderungen in seiner Umgebung zu suchen und bemüht zu sein, sein Potential zu verwirklichen.** Im virtuellen Umfeld lässt sich vermuten, dass die Selbstbestimmung auf der technischen Kontrollierbarkeit der Aktivitäten basiert. Die Selbstbestimmung als bedeutsame motivationale Größe unterscheidet sich somit von der der Interaktivität immanenten technischen Kontrolle. Bei der **Selbstbestimmung** im virtuellen Umfeld geht es darum, dass das **Individuum die Möglichkeit hat, die Entscheidung über seine weiteren Aktionen autark**, d.h. unabhängig, ohne Rücksprache mit einer anderen Person, **zu treffen.**

Für den Begriff „Relevanter Inhalt" („Relevant Content") gibt es in der Wissenschaft bisher ebenfalls **keine einheitliche Definition.** Meist wird er in der Markenkommunikation mit Selbstverständnis ohne Definition genutzt. Da der Begriff an sich selbsterklärend ist, wird vermutlich seine Bedeutung meist beim Leser voraussetzt. In dieser Arbeit wird relevanter Inhalt im virtuellen Umfeld nach

---

592 Vgl. Self Determination Theorie (SDT) nach DECI/ RYAN (1993), S. 226.

593 Nach der Motivationstheorie unterscheidet man zwischen intrinsischer Motivation (angetrieben durch z.B. Neugier und Werte) und der extrinsischen Motivation (angetrieben durch externe Stimuli wie Belohnung oder Druck). Die extrinsische Motivation bezieht sich auf einen Zustand, bei dem bedingt durch äußere Gründe, wie antizipierte Handlungskonsequenzen, eine Aktion motiviert wird; während bei der intrinsischen Motivation die Aktion durch innere Reize ausgelöst wird. Vgl. CECI, RYAN (1993), S. 226 ff. Vgl. auch MAIER (2016).

594 Vgl. ALM, A. (2007), S. 6 f. u. CECI, RYAN (1993), S. 229.

Javornik (2014)[595] definiert. Sie versteht darunter „*…**alle Inhalte, die der Nachfrager aus seiner subjektiven Sicht als informativ, hilfreich, ergreifend und unterhaltsam empfindet.***“ Die Wissenschaftlerin unterscheidet zwischen utilitaristischen und hedonistischen Inhalt. **Utilitaristischer Inhalt**[596] umfasst die Informationen zu nutzerrelevanten Funktionen des Mediums sowie persönlich, wichtige und sachliche Informationen; während **hedonistischer Inhalt** die das Vergnügen und die Freude stimulierenden Informationen darstellt.

Bevor im Folgenden die Einflussgröße **Emotionalisierung** definiert wird, soll zunächst der Begriff Emotionen vorgestellt werden. **Emotionen**[597] **sind körperliche Erregungszustände**, die den Gefühlen vorgelagert sind und diese auslösen. In der Wissenschaft herrscht Konsens[598] über die sechs universellen Emotionen Furcht, Glück/ Freude, Trauer, Ärger, Überraschung sowie Ekel. **Die Emotionalisierung** hingegen ist definiert[599] als **das Ausmaß, in dem die einzelnen Emotionen angesprochen bzw. aktiviert** werden. Emotionen als stereotypische Abläufe sind immer an Objekte gebunden und werden nicht selbst erinnert. Die Emotionen[600], die ein Objekt oder Marke auslöst, werden als Gefühle wahrgenommen, neuronal mit dem Objekt verknüpft und im neuronalen Markennetzwerk im Gehirn abgespeichert.

Die Einflussgröße **Vividness**[601] geht ursprünglich zurück auf **Steuer (1992)**. Sie wird definiert[602] als **„die gegenständliche Reichhaltigkeit und Lebendigkeit einer computergenerierten Umgebung.“** Hier geht es um die Qualität der Ausgestaltung der virtuellen Umgebung und die Art und Weise wie sie über verschiedene Stimuli die Sinne des Users anspricht. Steuer unterscheidet zwischen der Breite und Tiefe der Vividness. **Die Breite der Vividness**[603] umfasst die Anzahl

---

595 Vgl. JAVORNIK (2014), S. 67 f.

596 (a.a.O.), S. 68.

597 Vgl. DAMASIO (2013), S. 67 ff.

598 Vgl. BURMANN (2018), S. 56, DAMASIO (2013), S. 67 u. BIELEFELD (2012), S. 389.

599 Vgl. BIELEFELD (2012), S. 390.

600 Vgl. BURMANN (2018), S. 56 u. BIELEFELD (2012), S. 390.

601 Vgl. VAN KERREBROECK ET AL. (2016), S. 178. Vgl. auch STEUER (1999), S. 81.

602 Vgl. STEUER (1992), S. 81 f.

603 Vgl. GUTTENTAG (2010), der für eine VR-Umgebung in sehr ausführlicher Weise die technischen Möglichkeiten der multisensualen Stimulation des Users (akustisch, visuell, haptisch, olfaktorisch und gustatorisch) beschreibt. GUTTENTAG (2010), S. 639 ff.

der sensorischen Dimensionen sowie deren Stimuli, die vom computergestützten System geboten werden. Erst das simultane Zusammenspiel verschiedener Reize ermöglicht, dass die virtuelle Umgebung dem User als echt erscheint. So wirkt die Szene eines Regenschauers in der Straßenecke einer Stadt erst dann authentisch, wenn das Prasseln des Regens auf dem Asphalt und den Häusern gehört (akustisch), die Regentropfen gesehen (visuell) und der Wind sowie die Nässe des Regens auf der Haut gespürt (haptisch) werden können. Idealerweise kann die feuchte Atmosphäre in der Straße auch olfaktorisch wahrgenommen werden. **Die Tiefe der Vividness**[604] hingegen ist ausschlaggebend für die Höhe der Bildauflösung und die technische Qualität der genutzten sensualen Dimensionen. Interaktive Elemente, die z.B. das Verschieben von Objekten ermöglichen, sind nach Steuer nicht Bestandteil der Vividness.

Die Determinante **Immersion** wurde bereits im Kapitel B 2.1. definiert. Abb. 42 gibt einen Überblick über die Determinanten[605] und Ziele, die in den wissenschaftlichen Untersuchungen der externen Markenkommunikation behandelt werden.

Determinanten zur Entstehung von Immersion	Durch Immersion zu beeinflussende Ziele der Markenführung
1. Interaktivität 2. Relevanter Inhalt	Markenbekanntheit (kognitiv)
3. Emotionalisierung	Markenimage Marke-Nachfrager-Beziehung (affektiv)
4. Vividness 5. Immersion	Marke-Nachfrager-Beziehung (konativ) Kauf Kunden-Loyalität • (Online) Engagement über positives (e) WOM • Wiederholungskauf

Abbildung 42: Determinanten und Ziele der untersuchten Modelle

Quelle: Eigene Darstellung

604 Vgl. (a.a.O.), S. 178.

605 Gelegentlich werden in den untersuchten Beiträgen andere Bezeichnungen verwendet, die singngemäß den hier genannten Einflussgrößen zugeordnet werden.

Um eine Struktur in die Analyse der Ansätze zu bringen, wird bei der vergleichenden Abhandlung jeweils von den Determinanten aus Abb. 42 ausgegangen.

3.4.1 Publikationen der externen Markenkommunikation zu Virtual Reality

3.4.1.1 Beitrag von Huang et al. (2016)

Als erster verhaltenstheoretischer Ansatz der externen Markenkommunikation wird das **Modell von Huang et al.** (2016)[606] vorgestellt. Die Wissenschaftler liefern einen zentralen quantitativen, empirischen Beitrag aus der Tourismusbranche Taiwans. Bestandteil der Untersuchung ist eine VR-Experience, in welcher der User als **virtueller Tourist ein typisches Dorf der Massai in Kenia besucht** und an einer **simulierten, realitätsgetreuen Safari** teilnimmt. Die Wissenschaftler[607] untersuchen 5 Determinanten der virtuellen Destinationserfahrung sowie die daraus **resultierenden Effekte auf das empfundene Vergnügen (Enjoyment)[608]** und die **Verhaltensabsichten des Nachfragers (Behavioral Intentions)[609]**. Die Teilnehmer der Untersuchung (mit n=186) sind zwischen 18 und 54 Jahre alt. Von diesen haben ca. 70% VR-Erfahrungen mit Video-Spielen. Im Anschluss an die VR-Experience wird eine Befragung[610] mit einer 7-stufigen Likertskala durchgeführt. Die Ergebnisse werden über die Faktorenanalyse ausgewertet. Zur **Operationalisierung der Verhaltensabsichten[611]** nutzen die Wissenschaftler vier Items zur Messung der Bereitschaft, die Region der Massai in Kenia zu besuchen und weitere Informationen über die Region einzuholen. Die Auswahl der untersuchten Determinanten stützen sie auf das **Technology Accaptance Modell**

---

606 Vgl. HUANG ET AL. (2016), S. 120.

607 Vgl. (a.a.O.), S. 123.

608 Die Autoren definieren Vergnügen (Enjoyment) in ihrem Artikel nicht. Das Vergnügen wird über vier Items, die das subjektive Empfinden des Users operationalisieren, gemessen. Diese werden in dem Artikel nicht genannt. Vgl. (a.a.O.), S. 120.

609 Die 4 konkreten Items werden ebenfalls im Beitrag nicht explizit genannt. Vgl. (a.a.O.), S. 121.

610 Vgl. (a.a.O.), S. 123.

611 Vgl. ebenda.

(TAM) von Davis (1989)[612] und die **Self-Determination-Theory** (SDT)[613] nach Deci/ Ryan (1985). Daraus ergeben sich zwei konzeptionelle Bereiche des Modells. Abb. 43 zeigt den Modellaufbau mit den empirischen Ergebnissen.

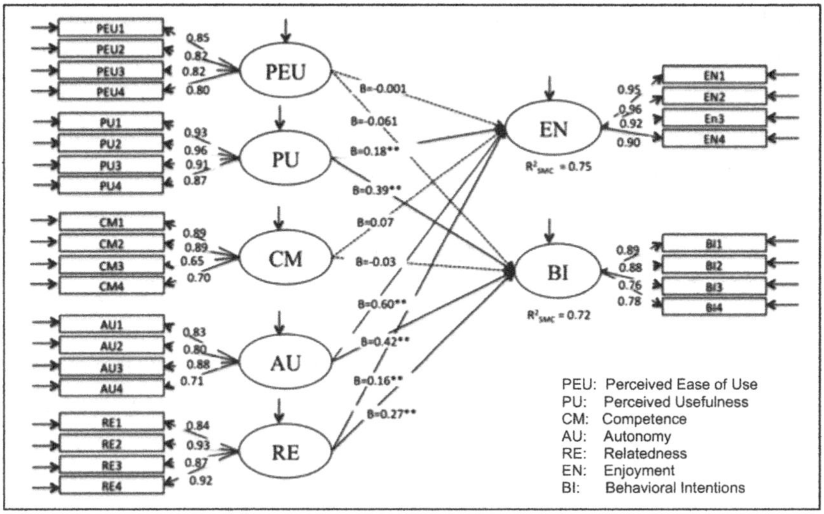

Abbildung 43: Modellstruktur nach Huang et al.
Quelle: Huang et al. (2016), S. 122

Im ersten Forschungsbereich der Untersuchung werden in Anlehnung an das **TAM**[614] die Determinanten perceived **Ease of Usability** und perceived **Usefullness** untersucht. Nach dem Verständnis der Autoren umfasst die Größe Ease of Usability die **Nutzerfreundlichkeit der Interaktivität**[615] zwischen der Destination (Marke) und dem Nachfrager. Sie stellt das Ausmaß[616] dar, in welchem der Nachfrager die virtuelle Welt ohne Anstrengung und Probleme nutzen kann. Als

---

612 Vgl. DAVIS (1989). DAVIS wies nach, dass die individuelle Akzeptanz der Informationstechnologie durch den User von dem wahrgenommenen Ausmaß der Leichtigkeit der Technologie-Nutzung und der persönlichen Relevanz der gebotenen Inhalte abhängt. Vgl. auch HUANG ET AL. (2016), S. 117.

613 Vgl. DECI/ RYAN (1985 u. 2000). Nach der Motivations-Theorie führt die Erfüllung der psychologischen Bedürfnisse wie Kompetenz, Autonomie (Selbstbestimmung) und Verbundenheit (Relatedness) zur intrinsischen Motivation, sich zu verhalten bzw. aktiv zu werden.

614 Vgl. HUANG ET AL. (2016), S. 117.

615 Vgl. (a.a.O.), S. 120.

616 Die Nutzerfreundlichkeit bei der Interaktivität wird durch vier Items operationalisiert. Vgl. (a.a.O.), S. 120.

beispielhaftes Item[617] zur Messung dieser Größe wird von den Autoren genannt „Ich fand es nicht schwierig in der virtuellen Welt, die Dinge zu bewegen und zu tun, was ich wollte." Die Usefullness wiederum umfasst den für den Nachfrager **relevanten Inhalt**. Diese Größe stellt das Ausmaß dar, in dem der Nachfrager glaubt, dass die in der virtuellen Welt gebotenen Informationen für die Planung der eigenen Reise nützlich sind. Der relevante Inhalt wird z.B. durch das Item[618] „Ich glaube, dass das Nutzen der virtuellen Welt die Effektivität meiner Reiseplanung erhöht" operationalisiert. Auch In der Käuferverhaltensforschung[619] wurde bereits zuvor, auf dem TAM basierend, nachgewiesen, dass das Verhalten des Nachfragers von diesen beiden Determinanten in einem computergestützten Umfeld maßgeblich beeinflusst wird. **Huang et al.** weisen für die Determinante **relevanter Inhalt** (Usefulness) einen signifikanten Effekt auf das **Vergnügen** (Enjoyment) und die **Verhaltensabsichten** (Behavioral Intentions) nach; während ein Wirkungsnachweis[620] für die **Nutzerfreundlichkeit der Interaktivität** (Usability) auf diese Zielgrößen ausbleibt. Dies erklären die Autoren damit, dass User heutzutage im Umgang mit virtuellen Technologien mittlerweile ein bestimmtes Niveau an Benutzerfreundlichkeit bei der Interaktivität voraussetzen. Insofern sei keine Steigerung des Vergnügens oder der behavioristischen Aktivierung zu erwarten.

Im zweiten Forschungsbereich[621] der Untersuchung von Huang et al. erklären die Autoren mit der Motivationstheorie die konative Wirkung von VR über die intrinsische Motivation. Sie untersuchen **3 motivationale Determinanten[622],** die gleichzeitig als psychologische Grundbedürfnisse definiert werden. Die 1. Größe ist die **Selbstbestimmung** (Autonomy)[623], die das subjektive Empfinden des Nachfragers misst, sich für seine Aktivitäten, die von persönlichem Interesse sind, im virtuellen Umfeld frei entscheiden zu können. Die 2. Größe ist die **Kompetenz**

617 Vgl. (a.a.O.), S. 120.

618 Insgesamt werden 4 Items zur Operationalisierung der Usefullness genutzt. Die anderen 3 Items werden im Beitrag nicht genannt. Vgl. (a.a.O.), S. 120.

619 Diese Untersuchungen wurden nicht in einem VR-Umfeld durchgeführt, sondern in computersimulierten 3-D-Welten. Vgl. für weitere Informationen HUANG et al. (2016), S. 117 sowie u.a. GOH ET AL. (2011) u. FETSCHERIN et al. (2008).

620 Vgl. HUANG ET AL. (2016), S. 122 f.

621 Vgl. (a.a.O.), S. 119.

622 Die Autoren verzichten in ihrem Beitrag darauf, für diese drei Einflussgrößen die Items zur Messung dieser darzulegen. Vgl. HUANG ET AL. (2016), S. 120.

623 Vgl. (a.a.O.), S. 120.

(Competence), die die Fähigkeit auf Dinge der VR-Welt einwirken zu können, misst. Die 3. Größe stellt die **Verbundenheit** (Relatedness) dar, die sich auf die soziale, affektive Verbundenheit zu dem Dorf der Massai als Objekt der VR-Experience bezieht. Die Wissenschaftler weisen empirisch nach, dass alle untersuchten **psychologischen Bedürfnisse durch die VR-Experience befriedigt** werden. Für die Determinante Kompetenz können sie allerdings keinen signifikanten Effekt auf das Vergnügen und die Verhaltensabsichten feststellen. Es gelingt ihnen jedoch nachzuweisen, dass die **Selbstbestimmung und die Verbundenheit einen signifikanten positiven Einfluss sowohl auf das Vergnügen** als **auch auf die Verhaltensabsichten** ausüben. Die Autoren leiten aus diesen Ergebnissen ab[624], dass die durch die Selbstbestimmung und Verbundenheit resultierende **intrinsische Motivation**, den Nachfrager aktiviert, sich weitere Informationen über die Destination zu beschaffen und die Bereitschaft erhöht, die Region der Massai zu besuchen.

Zu kritisieren ist an diesem eher komplexen Modellansatz, dass die emotionale Wirkung des „Vergnügens" auf die Verhaltensabsichten nicht untersucht wird. Die Vermutung liegt nahe, dass diese Größe ebenfalls einen positiven konativen Effekt ausübt. Weiter ist festzuhalten, dass die Autoren die Untersuchung auf nur 2 konative Wirkungen[625], nämlich **die Verhaltensabsicht des Users, weitere Informationen über die Destination zu beschaffen und das Massai-Dorf zu besuchen, beschränken.** Es ist davon auszugehen, dass auch andere konative Effekte wie das Customer Engagements über (e)WOM durch die untersuchten Determinanten positiv beeinflusst werden[626]. Jedoch werden Zielgrößen wie die Weiterempfehlung der Destination oder der Webseite des Massai-Dorfes im Modell nicht berücksichtigt. Zudem ist zu kritisieren, dass die Wissenschaftler den **Aufbau der Markenbekanntheit** (bezogen auf das Massai-Dorf) als ein Ergebnis der VR-Experience einfach voraussetzen[627], ohne dies wissenschaftlich zu überprüfen.

---

624 Vgl. (a.a.O.), S. 123.

625 Vgl. ebenda.

626 Vgl. dazu auch SCHOLZ ET AL. (a.a.O.), S. 13 ff., der ebenfalls davon ausgeht, dass durch relevanten, markenbasierten Inhalt im interaktiven Umfeld von VR das Customer-Engagement über (e)WOM gefördert wird.

627 Vgl. HUANG ET AL. (2016), S. 117 u. S. 123 „...moreover, experiencing an enjoyable virtual tour and developing awareness of tourism site assists in future trip decision making".

Positiv ist zu bemerken, dass es den Wissenschaftlern gelingt, die determinierende Bedeutung des „relevanten Inhalts“ für das Entstehen von Vergnügen und der Verhaltensabsichten nachzuweisen. **Sie bestätigen somit empirisch die Meinung einiger Wissenschaftler wie z.B. Berg (2017), Martin (2017) und Porter/ Heppelman**[628], dass der relevante Inhalt eine grundlegende Voraussetzung einer VR-Experience ist[629], um behavioristische Wirkungen zu erzielen. Nur, wenn die gebotenen Inhalte[630] für den Nachfrager eine persönliche Relevanz aufweisen, ist dem User der Zeitaufwand wert, die VR-Experience zu durchlaufen[631]. Des Weiteren ist positiv hervorzuheben, dass Huang et al. herausstellen, wie wichtig es bei der Konzeption einer VR-Experience ist, dem Nachfrager ein hohes Maß an Selbstbestimmung einzuräumen. Sie ist eine wesentliche Voraussetzung, um den Nachfrager positiv zu emotionalisieren, zu motivieren und markenbezogene Verhaltensabsichten zu evozieren.

3.4.1.2 Beitrag von Javornik (2016)

Als nächster verhaltenswissenschaftlicher Ansatz soll der Beitrag von Javornik (2016)[632] vorgestellt werden. Die Wissenschaftlerin erforscht im Rahmen einer semi-immersiven virtuellen Erfahrung (AR) die Wirkung der Determinanten Vividness (im Modell „Perceived Augmentation) auf die kognitive, affektive und konative Zielebene. Obwohl sich dieser Beitrag mit AR beschäftigt, wird er dennoch für die weiteren Analysen herangezogen. Dies wird damit begründet, dass die Literaturrecherche aktuell nur einen empirischen Beitrag zur VR (Van Kerrebroeck et al. (2017)) ergibt, der die Untersuchung der Determinanten Vividness und Immersion auf die Markeneinstellung des Nachfragers zum Inhalt hat. Zudem ist der Beitrag für den Untersuchungsgenstand dieser Dissertation von Interesse, da er die Wirkung von AR im Vergleich zu einer klassischen Handy-/ Tablet-Applikation (App) untersucht. Die Forschungsergebnisse von Javornik lassen sich über-

628 Vgl. die qualitativen Beiträge von Berg (2017), S. 13; MARTIN (2017), S. 4; PORTER/ HEPPELMANN (2017), S. 56 f. u. GUTTENTAG (2010), S. 641.

629 Vgl. auch YAOYUNEYONG ET AL. (2016), die über ein Experiment im Vergleich zur klassischen Print- und online quick-response Hypermedia-Anzeige nachweisen, dass der Informationsgrad sowie die Relevanz des Inhalts bei VR als signifikant höher empfunden wird. Vgl. YAOYUNEYONG ET AL. S. 21.

630 Vgl. PORTER/ HEPPELMANN (2017), S. 56 f.

631 Vgl. MARTIN (2017), S. 4.

632 Vgl. JAVORNIK (2016), S. 987.

wiegend auf eine VR-Experience übertragen, da anzunehmen ist, dass die nachgewiesenen positiven Effekte einer semi-immersiven bei einer voll-immersiven Erfahrung (VR) ähnlich oder sogar noch stärker ausfallen müssten. Javornik führt **2 Experimente**[633] mit n=60 Studenten einer Schweizer Universität durch. In jedem der 2 Experimente erfährt die Testgruppe mit n=30 eine AR-Anwendung. Die Kontrollgruppe mit n=30 verwendet bei gleichem Inhalt eine gewöhnliche App. Beim 2. Experiment werden die Gruppen mit einem anderen Stimulus konfrontiert; d.h. die Gruppe, die zuvor eine AR-App (Testgruppe) genutzt hat, erhält nun eine herkömmliche App (Kontrollgruppe) und umgekehrt. **Beim ersten Experiment** sollen die Teilnehmer mittels der AR-App von Ikea **einen passenden Stuhl für eine Arbeitsecke aussuchen. Beim zweiten** Experiment ist die **ideale Sonnenbrille auszuwählen**, deren Marke nicht genannt wird. Im Anschluss an die Experimente wird jeweils eine Befragung mittels einer 7-Punkte Likert-Skala durchgeführt; wobei die Daten per Regressionsanalyse ausgewertet werden. Ähnlich wie Huang et al. (2016) lehnt sich auch Javornik konzeptionell an die Motivations-Theorie an. Dabei spielt das **Konzept Flow**[634] im Modell eine zentrale Rolle. Javornik (2016) operationalisiert Flow[635] **durch die Größen Spaß, Neugier, Immersion und Kontrolle.** Kontrolle versteht die Autorin im Sinne von Selbststimmung. Während nach CSIKSZENTMIHALYI (1997) die vier konstituierenden Größen von Flow die Konzentration auf die eigene Tätigkeit, die Selbstvergessenheit, das Verschmelzen von Handlung und Bewusstsein sowie das Gefühl von Kontrolle sind. Zur **Messung der Flow-Komponenten** zieht Javornik 12 Items heran wie u.a.: *„Als ich die Seite nutzte, hatte ich ein Gefühl von Kontrolle“; “Die Seite erlaubte mir, die Interaktion zu kontrollieren“; „Als ich die Seite nutzte, war ich gänzlich in dem, was ich tat, versunken“; „Die Seite weckte meine Fantasie“* und *„Als ich die Seite nutzte, weckte dies meine Neugier“*. Javornik erforscht[636] die **Effekte von AR** über **Flow als Mediator auf die affektive, kognitive und konative Response,** die in Form von Verhaltensabsichten (Behavioral Intentions) erfasst wird. Die Zielgröße **affektive Response** reflektiert die Einstellung gegen-

---

633 Vgl. (a.a.O.), S. 995 ff.

634 Vgl. dazu (a.a.O.), S. 994.

635 Weitere Items siehe im Appendix Tabelle A1; (a.a.O.).

636 Vgl. (a.a.O.), S. 1011.

über der Marke und ihrer Webseite. Die Markeneinstellung wird durch 6 Items[637] zu verschiedenen Imagedimensionen operationalisiert. Beispiele dieser sind: „attraktiv"; „angenehm"; „interessant" und „ansprechend". Zur Erfassung der Zielgröße **kognitive Response** werden die Befragten aufgerufen, all ihre Gedanken, die ihnen in den Sinn gekommen sind, schriftlich festzuhalten. Die Zielgröße **Verhaltensabsichten** wird über die Kaufabsicht und die Absicht, die Marken-Webseite wieder aufzurufen bzw. weiterzuempfehlen, erfasst: *„Ich würde den Artikel, den ich ausgesucht habe, kaufen"; „Ich habe die Absicht, in Zukunft auf diese Seite zurückzukehren" und „Ich werde die Seite weiterempfehlen"*[638]. Die Wissenschaftlerin nimmt an[639], dass die Größe **FLow** direkt von der **„Perceived Augmentation"** determiniert wird. Perceived Augmentation wird definiert[640] als das Ausmaß, in dem der User die physikalische Umgebung um virtuelle Elemente ergänzt und angereichert wahrnimmt. Dies kann nach Auffassung der Autorin im engeren Sinne über Text, Bilder von Objekten, Video und Audio sowie im weiteren Sinne über die Integration interaktiver Elemente, wie taktiler Optionen, erfolgen. Nach Aussagen der Wissenschaftlerin ist beim **Konstrukt Perceived Augmentation** im engeren Sinne eine große definitorische **Übereinstimmung mit dem Konstrukt Vividness** gegeben, das nach Steuer (1999) die gegenständliche Reichhaltigkeit und Lebendigkeit eines computergenerierten Umfeldes umfasst. Im weiteren Sinne inkludiert die Definition aber auch die **Interaktivität**. Javornik bezeichnet die Perceived Augmentation auch als ein System von einstellungs- und verhaltensbestimmenden Anlassreizen. Die Perceived Augmentation wird durch 7 Items operationalisiert wie z.B.: *„Ich hatte das Gefühl, ich hätte die Realität bereichern können"; „Die virtuellen Objekte erschienen vollkommen real"; „Nachdem ich die App geschlossen hatte, konnte ich mir die virtuellen Elemente immer noch vorstellen"* und *„Die Realität erscheint reichhaltiger"*[641]. Abb. 44 zeigt den Modellansatz im Überblick.

---

637 Für eine vollständige Übersicht der Items (inklusive zur Webseite) siehe Appendix Tabelle A1; (a.a.O.).

638 Für eine vollständige Übersicht der Items siehe Appendix Tabelle A1; (a.a.O.).

639 Auf eine Übersetzung von Perceived Augmentation in die deutsche Sprache sieht die Autorin dieser Dissertation ab, um in dem Fall den Inhalt nicht zu verfälschen.

640 Vgl. (a.a.O.), S. 993.

641 Für eine vollständige Übersicht der Items siehe Appendix Tabelle A1; (a.a.O.).

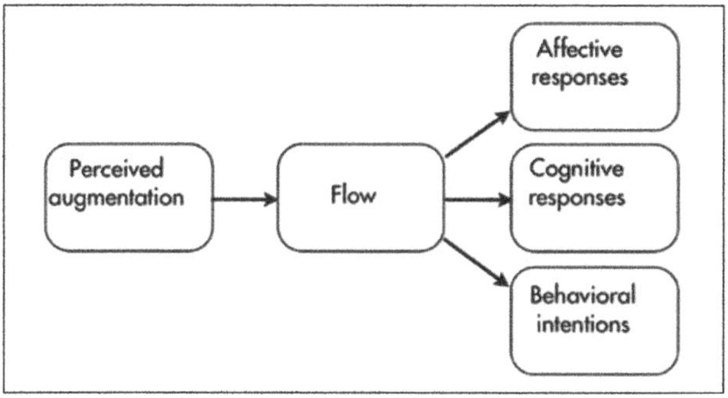

Abbildung 44: Untersuchungsansatz von Javornik

Quelle: Javornik (2016), S. 995

Javornik bestätigt mit der 1. Studie („Ikea-AR-App"), dass die „Perceived Augmentation" zu einem **signifikant höheren Niveau an Flow** führt als bei der herkömmlichen App. Weiter belegt sie, dass **Flow als mediierende Variable** wiederum signifikant bessere Ergebnisse bei der Einstellung gegenüber der Web-Seite, der Absicht, diese wieder zu besuchen und weiterzuempfehlen, nach sich zieht. Es können jedoch keine besseren Ergebnisse bei den markenbezogenen, affektiven, kognitiven und konativen Zielgrößen nachgewiesen werden. Die **2. Studie** („Sonnenbrillen-AR-App") führt im Vergleich zur Ersten zu widersprüchlichen Ergebnissen. Mit der 2. Studie gelingt es ihr zu **bestätigen,** dass der Mediator Flow im Vergleich zur App eine signifikant **stärkere, affektive Response sowohl gegenüber der Marken-Webseite als auch gegenüber der Marke bewirkt**. Darüber hinaus belegt die Autorin eine **signifikant höhere kognitive Response,** die sich in einer erhöhten Anzahl der mit der Web-Seite verbundenen Gedanken und einer höheren Bereitschaft zeigt, die Web-Seite wieder zu besuchen sowie weiterzuempfehlen. Es gelingt ihr jedoch zum wiederholten Male nicht[642], höhere Effekte bei der markenbezogenen kognitiven Response (Aufbau von Markenwissen) und der Kaufbereitschaft nachzuweisen.

Positiv ist an diesem Ansatz zu bemerken, dass Javornik nachweist, wie bedeutsam die **Vividness**, d.h. das durch den User wahrgenommene **Ausmaß der Bereicherung der realen Welt** um virtuelle Elemente **für das Flow-Erlebnis** ist.

642 Vgl. JAVORNIK (2016), S. 999 f.

Sie weist darauf hin, dass die virtuellen Elemente möglichst realitätsnah zu gestalten sind, um das Niveau der Immersion zu steigern. Ihre Forschungsergebnisse belegen, dass auf diese **Weise selbst in einem nur semi-immersiven virtuellen Umfeld (AR) die Einstellung des Nachfragers zur Marke und Marken-Webseite direkt stärker beeinflusst wird** als bei einer normalen App. Es liegt die Vermutung nahe, dass bei einer VR-Experience, als voll-immersive Erfahrung, die Wirkung auf die Markeneinstellung noch stärker ausgeprägt sein sollte. Weiter ist positiv festzustellen, dass die Wissenschaftlerin aufzeigt, dass die **Kontrolle des Users über seine Aktivitäten, im Sinne von Selbstbestimmung,** eine wichtige Rolle bei der einstellungsprägenden Wirkung im virtuellen Umfeld spielt. Javornik fasst sie allerdings mit den drei Größen Spaß, Neugier und Immersion zum Flow-Konzept zusammen. Somit wird sie der Bedeutung dieser Größe in ihrem Modell konzeptionell nicht gerecht. Die Selbstbestimmung sollte jedoch, wie auch die anderen drei Größen, als separate Determinante auf die kognitive, affektive und konative Wirkung hin überprüft werden. Nur so kann die Bedeutung dieser Determinanten für die verschiedenen Zielebenen genauer erforscht und voneinander abgegrenzt werden.

In diesem Kontext ist jedoch **zu kritisieren**, dass die Autorin die **Begrifflichkeiten[643] Immersion und Flow nicht sauber definitorisch abgegrenzt.** Während sie in ihrem Beitrag das Konstrukt Flow definiert, wird das zugrunde gelegte Konzept „Immersion“ nicht erläutert. Sie versucht über das in der Wissenschaft etablierte Flow-Konstrukt, als konstituierendes Element der Motivationstheorie, die Effekte einer AR-Experience auf kognitive, affektive und konative Ziele zu erklären. Zum einen wird Immersion dabei als eine Messgröße von Flow betrachtet und zum anderen stellt die Autorin[644] an anderer Stelle in ihrem Beitrag Flow als eine die Immersion determinierende Größe dar. Dies führt zu konzeptionellen Irritationen. Zudem führt die eigene Definition der Flow-Komponenten, **die von dem etablierten Flow-Konstrukt Csikszentmihalyis (1997) abweicht,** zu weiteren Irritationen. Die Autorin vermischt zwei psychologische Konzepte, indem sie emotionale Größen wie Freude, Spaß und Neugier mit der intrinsisch

643 Vgl. JAVORNIK (2016), S. 994.

644 Vgl. ebenda: „Consumer Immersion through Flow…“.

motivationalen Größe Kontrolle verknüpft[645]; während sich die konzeptionelle Auffassung nach Csikszentmihalyi lediglich auf die intrinsisch, motivationalen Komponenten (Selbstvergessenheit, Verschmelzen von Handlung und Bewusstsein und Kontrolle) beschränkt. **Weiter ist positiv zu festzuhalten,** dass die Autorin im Vergleich zur gewöhnlichen App einen stärkeren Effekt auf die mit der Marken-Webseite verbundenen Gedanken und die Bereitschaft, diese wieder zu besuchen und weiterzuempfehlen belegt. Jedoch gelingt ihr kein Nachweis für eine stärkere Wirkung beim Aufbau von Markenwissen und der Kaufabsicht. Dies legt die Vermutung nahe, dass wahrscheinlich eine semi-immersive Erfahrung in Form von AR nicht die gleiche kognitive und verhaltens-persuasive Wirkung hat wie eine voll-immersive Erfahrung bei VR. Man vergleiche dazu Huang et al. (2016), denen es sehr wohl gelingt, eine höhere markenrelevante konative Wirkung über die Erhöhung der Kaufbereitschaft nachzuweisen.

3.4.1.3 Beitrag von Kristofferson (2016)

Als nächster psychologischer Erklärungsansatz, soll der Beitrag von **Kristofferson (2016)** vorgestellt werden. Der Wissenschaftler untersucht die Effektivität von VR über ein Experiment[646] einer Non-Profit-Organisation zum Schutz bedrohter Tierarten. Im Rahmen der Untersuchung mit n=123 Studenten in Arizona (USA) **werden die Immersion, Emotionalisierung** und **konative Response** der User bei einem 2D-Video (Kontroll-Gruppe) mit denen einer VR-Experience (Test-Gruppe) verglichen. Der Inhalt ist bei beiden Medien identisch. In beiden Fällen wird ein Rhinozeros-Baby, das aus seiner morgendlichen Flasche Milch trinkt, mit seinem Pfleger in seinem gewohnten Gehege gezeigt. Nach dem Treatment wird das Niveau der einzelnen Items gemessen, wobei diese sowie die grafische Abbildung des Modells im Beitrag nicht veröffentlicht werden. Mittels der seriellen Mediatoranalyse[647] wird der indirekte Effekt der Medien auf die konative Response ermittelt. Kristofferson erforscht[648] den **Einfluss der positiven Emotion „Freude“** auf die Immersion sowie deren direkte **Wirkung auf die Spendenbereitschaft** für das

---

645 Vgl. JAVORNIK (2016), die im Modell das Konstrukt Flow durch die Größen Spaß, Neugier, Immersion und Kontrolle operationalisiert. Vgl. JAVORNIK (2016), S. 994.

646 Vgl. KRISTOFFERSON (2016), S. 524.

647 Weitere Details zur analytischen Vorgehensweise werden im Beitrag nicht gegeben. Vgl. (a.a.O.), S. 524.

648 Vgl. ebenda.

Rhinozeros-Baby. Der Wissenschaftler konzentriert die Untersuchung auf nur eine originäre Determinante, da er davon ausgeht, **dass die Emotionalisierung die treibende Größe ist**, um den User über eine VR-Experience in den immersiven Zustand zu „transportieren". Der Autor weist empirisch nach, dass die **VR-Experience** zu einer **signifikant höheren emotionalen Response** in Form von Freude führt, was ein **signifikant höheres Niveau an Immersion** nach sich zieht. Kristofferson bestätigt zudem eine aus der Immersion resultierende signifikant **höhere Bereitschaft der User**[649], zum Wohle des Rhinozeros-Babys **5 $ zu spenden**. Dieser konative Effekt wird darauf zurückzuführt, dass die VR-Experience den User die Situation des Rhinozeros-Babys hautnah und tatsächlich miterleben lässt. Die Probanden haben den Eindruck, sich in unmittelbarer Nähe des Rhinozeros-Babys und Pflegers zu befinden sowie mitten im Gehege und Geschehen zu stehen. Dies lässt unmittelbar Gefühle wie Freude und auch Mitgefühl aufkommen. Die entstehende Emotionalisierung wird hier als psychologischer Hebel betrachtet, in eine 2. Realität transportiert zu werden. Die emotionale Beteiligung der User erhöht die persönliche Betroffenheit deutlich und steigert die Bereitschaft, sich monetär für das Rhinozeros-Baby zu engagieren. Aus diesen Ergebnissen schließt der Autor für die externe Markenkommunikation, dass es bei einer VR-Experience **primär die starke Emotionalisierung**[650] ist, die im Vergleich zu herkömmlichen Kommunikationsinstrumenten zur höheren Immersion führt mit der Folge stärkerer konativer Effekte beim Nachfrager[651].

Positiv ist an dem Beitrag von Kristofferson zu bemerken, dass es ihm gelingt über die **hohe Emotionalisierungsleistung** von VR eine im Vergleich zum klassischen Instrument (2D-Video) höhere konative Wirkung **nachzuweisen. Zu kritisieren ist allerdings die nicht nachgewiesene Behauptung,** dass die Emotionalisierung die wichtigste Determinante für die Immersion sei. Da die Wirkungen anderer Determinanten im Vergleich im Modell nicht untersucht werden, bleibt es lediglich bei einer empirisch nicht belegbaren Hypothese. Es ist jedoch

---

649 Dabei zeigte sich ein indirekter, serieller Effekt mit einem Niveau von 90%. Vgl. KRISTOFFERSON (2016), S. 524.

650 Diese Aussage untermauert der Autor zudem durch 3 weitere Experimente mit analogem Versuchsaufbau außerhalb des Marketings, über die er nachweist, dass die emotionale Response in Form von Angst zur vergleichsweisen höheren Immersion führt. Vgl. KRISTOFFERSON (2016), S. 524.

651 Vgl. (a.a.O.), S. 524.

davon auszugehen, dass auch andere Determinanten wie die „Vividness“ oder „Interaktivität“ an der Entstehung der Immersion beteiligt sind, so dass der User in der virtuellen Umwelt bspw. das an seiner Seite trinkende Baby-Rhinozeros als real fühlt und erlebt. Die Fokussierung auf eine einzelne Determinante zur Erklärung der Immersion und der konativen Wirkung von VR greift aus wissenschaftlicher Sicht von daher zu kurz. Des Weiteren wäre es wissenschaftlich von Interesse, die Determinanten, die wiederum die Emotionalisierung stimulieren, zu untersuchen. Weitere Forschungsbemühungen sollten dieser Frage nachgehen, um der Praxis Handlungsempfehlungen zu geben, wie sie gezielt die Emotionalisierung herbeiführen. Hinzu kommt, dass **die kognitiven und einstellungsbezogenen Effekte von VR,** die nach der Verhaltenstheorie dem Verhalten vorgelagert sind, **nicht Bestandteil der Untersuchung** sind. Insofern lässt sich zusammenfassend feststellen, dass der vorliegende Beitrag eher einen vereinfachten partialanalytischen Ansatz darstellt.

3.4.1.4 Neurowissenschaftliche Studie von YuMe und Nielsen (2016)

Ergänzend zu dem Beitrag von Kristofferson (2016), soll die **neurowissenschaftliche Studie von YuMe und Nielsen[652] (2017) zur Emotionalisierung** des Nachfragers über VR vorgestellt werden. Ziel der Studie[653] ist, die unbewusste emotionale Response des Users bei einer **VR-Experience im Vergleich** zu einem **360°-Video** und einem **2D-TV-Flachbildschirm** zu untersuchen. An der Studie in den USA (Las Vegas) nahmen 140 Teilnehmer zwischen 21 und 39 Jahren, mit einem Mix aus diversen sozio-demografischen Hintergründen, teil. Alle Teilnehmer bekamen drei Filme zu sehen. Der erste Film zeigt einen Hubschrauberflug über Las Vegas. Der zweite Film ist ein Kinotrailer zur werblichen Ankündigung eines Kinofilms und der dritte Film beinhaltet eine kurze Unterrichtseinheit. Genauere Angaben[654] zu den Inhalten der drei Filme werden in der Zusammenfassung der Studie nicht gegeben. Im Rahmen des Experiments wurden die Teilnehmer den drei Medien randomisiert zugeordnet. Die Emotionalisierung wird während der

---

652 Vgl. YuMe und Nielsen USA (2017), Zusammenfassung der Studie.

653 Vgl. (a.a.O.), S. 1.

654 Nielsen stellt auf ihrer Webseite www.nielsen.com/consumerneuroscience nur eine Zusammenfassung als PDF-Download zu Verfügung. Die vollständige Studie wurde der Autorin trotz mehrfachen schriftlichen Anfragens bei Nielsen (USA) nicht zur Verfügung gestellt.

medialen Anwendungen neurowissenschaftlich über Herzfrequenz und der galvanischen Hautreaktion[655] (auch Leitungswiderstand der Haut genannt) über ein biometrisches Armband gemessen. Die Messungen erfolgen kontinuierlich, um alle Veränderungen der Emotionalisierung aufzuzeichnen. Die Wissenschaftler bestätigen mit den Ergebnissen ihrer Studie, dass die **Emotionalisierung bei VR um 27% höher**[656] ist als bei der 2D-Media-Erfahrung und um 17% höher ist als bei einem 360° Video. Zur methodischen Vorgehensweise bei der Auswertung der Daten werden in der veröffentlichten Studie keine Angaben gemacht. Positiv ist an dieser Studie zu bemerken, dass sie die Ergebnisse von Kristofferson (2016) zur **signifikant höheren Emotionalisierungsleistung von VR** im Vergleich zu herkömmlichen 2D-TV-Format bestätigen können. Sicherlich wäre es auch von wissenschaftlichem Interesse gewesen, im Rahmen der Studie den Einfluss unterschiedlicher Reize (akustischer, visueller und haptischer Art) im Vergleich auf das Ausmaß der Emotionalisierung zu untersuchen.

3.4.1.5 Beitrag von Wijaya et al. (2018)

Auch die Wissenschaftler **Wijaya et al. (2018)**[657] **bestätigen empirisch die emotionalisierende und konative Wirkung einer VR-Experience** auf den Nachfrager. Gegenstand ihrer Untersuchung ist eine neuentwickelte VR-App auf der Webseite eines Immobilienanbieters im Rahmen des Online-Marketings. Der Name des Anbieters bzw. die Marke werden nicht genannt. Die Untersuchung[658] wird mit n=15 Probanden in Indonesien durchgeführt. Im Anschluss an das VR-Treatment führen die Wissenschaftler eine schriftliche Befragung durch. Zur genauen methodischen Vorgehensweise bei der Datenerhebung und -analyse geben sie in ihrem Beitrag keine Auskunft. Die resultierenden Ergebnisse der Befragung bilden die Grundlage für die Entwicklung einer Online Marketingstrategie

655 Unter einer galvanischen Hautreaktion versteht man eine Änderung der elektrodermalen Aktivität. Es kommt zum kurzzeitigen Absinken des elektrischen Leitungswiderstandes der Haut, ausgelöst durch eine emotionale Reaktion. Diese ist Bestandteil der psychovegetativen Begleitreaktion der Aufnahme und Verarbeitung von Reizen. Die galvanische Hautreaktion wird in der Psychophysiologie bei der Untersuchung von Stress und Emotionen eingesetzt. Vgl. Lexikon der Neurowissenschaft. Online zugegriffen am 30.08.2019, https://www.spektrum.de/lexikon/neurowissenschaft/galvanische-hautreaktion/4476. Vgl. auch BIELEFELD (2012), S. 39 f.

656 Vgl. YUME und NIELSEN USA (2017), S. 2.

657 Vgl. WIJAYA ET AL. (2018), S. 23 ff.

658 Vgl. ebenda.

nach dem SOSTAC-Modell[659]. Die quantitative Erhebung belegt, dass **92% der Befragten die VR-App bei der Immobiliensuche als nützlich bewerten** und als online Kommunikationsinstrument akzeptieren. Sie belegen zudem, dass durch die virtuelle Erfahrung beim Nachfrager **das Vertrauen in den Anbieter vor dem Kauf signifikant gesteigert wird.** Diese gesteigerte Emotion ist darauf zurückzuführen, dass sich der potenzielle Kunde vor dem Kauf ein realitätsnahes Bild von der Immobilie machen kann. Der User hat die Möglichkeit, das Haus bzw. die Zimmer virtuell zu begehen und ein Gefühl für die räumlichen Dimensionen und Lichtverhältnisse zu bekommen. Gleichzeitig weisen Wijaya et al. nach, dass durch die VR-Experience die **Bereitschaft, den Vertrieb des Immobilienanbieters für weitere Informationen zu kontaktieren, direkt positiv (signifikant) beeinflusst wird.**

Positiv ist an diesem Beitrag festzuhalten, dass die Autoren die affektive Wirkung durch das Entstehung von Vertrauen und konative Wirkung von VR beim Nachfrager bestätigen können. Insofern können die Ergebnisse von Kristofferson (2016) und Huang et al. (2016) bekräftigt werden. **Es ist zu kritisieren,** dass kein klassisches Kommunikationsinstrument wie z.B. eine herkömmliche Webseite als Kontrollgruppe zum Vergleich der Ergebnisse herangezogen wird. Weiter ist zu kritisieren, dass die **Wirkung der durch VR entstehenden Emotion** auf die konative Zielgröße, **den Vertrieb des Immobilienanbieters zu kontaktieren, nicht untersucht wird.** Zudem ist die **Validität der Ergebnisse** auf der Basis der geringen Stichprobe mit **n=15** als kritisch zu beurteilen. Auch ist anzumerken, dass in dem Beitrag leider keine Transparenz der methodischen Vorgehensweise gegeben ist.

3.4.1.6 Beitrag von Kinzinger et al. (2018)

Kinzinger et al. (2018) belegen ebenfalls empirisch die **konative Wirkung von VR** über eine signifikante Steigerung der Kaufbereitschaft im Bereich des E-Commerce[660]. Im Rahmen des Forschungsforums der österreichischen Fachhoch-

---

659 Das SOSTAC Modell liefert eine Methode, nach der die Entwicklung einer online Marketingstrategie in einer festen Folge von Schritten zu erfolgen hat. 1. Situation Analysis (S); Objectives Setting (O); Strategy formulation (S); Tactic (T); Action (A) und Control (C). Vgl. WIJAYA ET AL. (2018), S. 17.

660 Vgl. KINZINGER ET AL. (2018), S. 7 f.

schulen führen sie ein Experiment an der BWI[661] Research Lab der Fachhochschule Salzburg durch. **Ziel der Untersuchung ist**, die direkte Wirkung einer vollimmersiven **VR-Experience im Vergleich zu einem 2D-Webhop auf die Kaufbereitschaft und Immersion** zu überprüfen. Dabei gehen sie davon aus, dass **die Immersion die wichtigste Determinante der Kaufbereitschaft** darstellt, so dass sie ihre Untersuchung auf diese eine Größe konzentrieren. Allerdings **überprüfen sie nicht den Effekt der Immersion auf die Kaufbereitschaft**, sondern messen nur ihr Niveau als Ergebnis des VR-Treatments. Sie definieren Immersion[662] im Sinne von Präsenz als *„...das von Benutzer/ -innen subjektive Gefühl des wahrhaftigen „da seins" in einer virtuellen Welt."* Zum Zwecke des Experiments werden 2 unterschiedliche E-Commerce-Shops programmiert[663], d.h. eine Desktopversion im 2D-Format und eine VR-Version. Beide Shops bieten das gleiche Produktsortiment, bestehend aus 6 unterschiedlichen Sesseln, an. Jedoch besteht ein Unterschied in der Produktpräsentation. Während im herkömmlichen, **webbasierten Onlineshop** die Produkte im **2D-Format traditionell** über einzelne fotografische Abbildungen vor einem Fond dargestellt werden, erfolgt bei der **VR-Version** eine Präsentation der **Sessel in ihrem funktionalen Kontext in den verschiedenen Räumlichkeiten einer Wohnung** wie z.B. Wohnzimmer, Küche und Arbeitszimmer. Bei der Anwendung der VR-Technik nutzen die User das HMD HTC Vive, das es den Probanden ermöglicht, sich in einem 4x4 Meter Areal frei zu bewegen und über einen Standardcontroller mit den Stühlen in der virtuellen Welt zu interagieren. Die Stühle können angefasst, verschoben und gedreht werden. Bei beiden Onlineshop-Varianten haben die Probanden Zugang zu den gleichen Produktinformationen. Als Studiendesign werden eine Testgruppe (VR-Experience) und eine Kontrollgruppe (2D-Erfahrung) gewählt. An der Studie[664] nahmen 74 Studenten der Fachhochschule Salzburg im Alter von 18-55 Jahren (38 Männer und 36 Frauen) teil. Die Messung der Immersion[665] erfolgt über 11 Fragen in Anlehnung an die ITC-Sense of Presence Scale. Die Kaufbereitschaft[666] wird über 3 Fragen mittels der 6-

---

[661] BWI bedeutet betriebswirtschaftliches Institut.

[662] Vgl. (a.a.O.), S. 3.

[663] Vgl. (a.a.O.), S. 5.

[664] Die Aufteilung der Probanden auf die Test- und Kontrollgruppe geht aus dem Beitrag nicht hervor.

[665] Vgl. (a.a.O.), S. 5. Die Operationalisierung der Immersion wird im Beitrag nicht veröffentlicht.

[666] Auch bei der Kaufbereitschaft werden keine Angaben zur Operationalisierung gemacht.

stufigen Likert-Skala erhoben. Die Messwerte der Items[667] werden mittels des arithmetischen Mittels ausgewertet und einem Signifikanztest unterzogen. Die Ergebnisse der Studie zeigen **bei der VR-Experience** im Vergleich zur 2-D-Kauferfahrung eine **signifikant höhere Immersion sowie eine signifikant höhere Kaufbereitschaft**.

Bei der Beurteilung dieses Beitrages ist positiv festzuhalten, dass die vorliegende Forschungsarbeit **erste Erkenntnisse zum Einsatz von VR im E-Commerce** liefert. Sie zeigen, dass die VR-Technik im online Vertrieb neue verkaufsfördernde Möglichkeiten bietet, die Produkte in einer für sie optimalen Umgebung interaktiv zu präsentieren. Auf diese Weise kann in der Vorkaufphase entscheidungsrelevanter Einfluss auf den Nachfrager ausgeübt werden. **Es ist allerdings zu kritisieren,** dass die Wissenschaftler voraussetzen, dass die **Immersion die einzige Determinante der Kaufbereitschaft ist, ohne diesen Zusammenhang überhaupt empirisch zu überprüfen.** Hinzu kommt, **dass offen bleibt durch welche Größen wiederum die Immersion determiniert wird.** So spielen vermutlich die Interaktivität mit den Produkten (Sesseln), die Emotionalisierung und die Vividness eine Rolle für das Erwirken der Immersion und der gesteigerten Kaufbereitschaft. Es wird zwar das Niveau der Immersion gemessen, jedoch ist es zu empfehlen **ebenfalls den direkten Einfluss der Immersion als Mediator auf die Kaufbereitschaft empirisch zu untersuchen.** Des Weiteren ist auch darauf hinzuweisen, dass die Untersuchung sich auf nur eine Produktart (Sessel) beschränkt. Für die weitere Forschung wäre es sicherlich interessant auch andere Produktarten und -kategorien zu untersuchen, um zu überprüfen, ob es bei diesen eventuell zu abweichenden Ergebnissen kommt.

3.4.1.7 Beitrag von Van Kerrebroeck et al. (2017)

Im Weiteren wird der wissenschaftliche Beitrag von **Van Kerrebroeck et al. (2017)**[668] vorgestellt, der als **originäre Einflussgröße die Vividness** untersucht. Die Wissenschaftler führen ein Experiment[669] mit der Modemarke The North Face

---

667 Vgl. (a.a.O.), S. 6. Die graphische Abbildung des Modells wird nicht veröffentlicht.
668 Vgl. KERREBROECK ET AL. (2017), S. 178 f.
669 Vgl. (a.a.O.), S. 178.

durch. Dabei erforschen sie den **Effekt der Vividness auf das Gefühl der Präsenz (im Sinne von Immersion), die Einstellung gegenüber dem Werbe-Video und der Marke sowie den Effekt auf die Kaufabsicht.** Die Wissenschaftler greifen auf das **Konstrukt Vividness von Steuer** (1999)[670] zurück, das sie unverändert nutzen. Sie sind der Überzeugung, dass die Vividness eine zentrale Determinante der affektiven und konativen Ziele darstellt, da VR über multiple Stimuli (Breite der Vividness) eine besonders intensive Form der Markenerfahrung bietet. Sie betonen, dass es z.B. über kinematische und propriozeptive Stimuli[671] möglich ist[672], sich im markengestalteten Raum umsehen und das Gefühl aufkommt, sich frei zu bewegen oder sogar fallen zu können. Die **Vividness wird über Items** wie „nicht lebendig/ lebendig"; "nicht persönlich/ persönlich"; "nicht konkret/ konkret" operationalisiert[673]. Den von der Vividness determinierten Mediator **Präsenz[674]** definieren die Autoren als die Illusion, an einem virtuellen Ort zu sein. Zur Messung der Präsenz nutzen sie z.B. die Items: *"Als ich den Film sah, hatte ich das Gefühl, ich käme nach einer Reise zur wirklichen Welt zurück"; „Der Film kreierte eine neue Welt für mich und diese war plötzlich mit dem Verlassen der Webseite weg"; "Als ich den Film sah, hatte ich das Gefühl, in der Welt von The North Face zu sein"; „Die Welt von The North Face erschien mir nur als etwas, das ich gesehen habe und nicht, als ob ich da gewesen war*[675]. Die **Einstellung gegenüber dem Werbevideo[676]** wird über 3 Items „positiv/ negativ"; „gefällig/ ungefällig" und „interessant/ uninteressant" erfasst; während **die Markeneinstellung** über die Items „gefällt/ gefällt nicht", „gefällig/ ungefällig" und „gut/ schlecht" operationalisiert wird. Die **Kaufbereitschaft[677]**, als letzte Zielgröße des Modells, wird über die Items „wahrscheinlich/ unwahrscheinlich" und „möglich/ unmöglich" gemessen. Die Aus-

---

670 Dieser Begriff wurde 1992 von STEUER geprägt. Vgl. (a.a.O.), S. 178.

671 Die Kinematik wird auch als Bewegungsgeometrie bezeichnet. Sie erfasst, berechnet und beschreibt wie sich ein Körper bewegt. Die Propriozeption umfasst die eigene Wahrnehmung über den Körper, seiner Teile sowie seiner Bewegungen im Raum. Vgl. SCHMIDT ET AL. (2013), S. 113 ff. Vgl. auch VAN KERREBROECK ET AL. (2017), S. 179.

672 Vgl. (a.a.O.), S. 178.

673 Weitere Items sind "nicht einfach vorzustellen/ einfach vorzustellen"; "nicht einfach zuzuordnen/ einfach zuzuordnen" und "nicht einfach wiederzugeben/ einfach wiederzugeben". Vgl. (a.a.O.), Appendix Tabelle 2.

674 Vgl. (a.a.O.), S. 184.

675 Die Präsenz wird über 8 Items gemessen. Für weitere Items vgl. (a.a.O.), Appendix-Tabelle 2.

676 Vgl. (a.a.O.), Appendix Tabelle 2.

677 Vgl. ebenda.

prägungen der Items[678] werden vor und nach dem Experiment per Fragebogen mittels einer 7-Punkte Likert-Skala erhoben. Im Rahmen des Experiments wird ein Werbevideo der Marke The North Face, das auf Felsen kletternde Athleten im Yosemite Nationalpark zum Inhalt hat, gezeigt. Die Stichprobe besteht aus belgischen Studenten mit n=160, 50% männlich und weiblich, mit einem Durchschnittsalter von 23 Jahren. Die Ergebnisse[679] werden über ein Strukturgleichungs-Modell mit Hilfe der Smart-PLS 2.0 Software ausgewertet. Die Test-Gruppe mit n=80 sieht das Werbevideo über VR mit einem HMT Google Cardboard-Type. In diesem Fall haben die Zuschauer den Eindruck, mitten in der Szenerie zu stehen. Das 360°-Gefühl und die 3-Dimensionalität des Raums vermittelt den Eindruck[680], direkt an der Klippe zu stehen und bei einer unachtsamen Bewegung stürzen zu können. Das aufkommende Gefühl des Unbehagens wird über einen starken Effekt auf die Schwere des Atems nachgewiesen. Der Kontrollgruppe hingegen wird das Video auf dem Handy im 2D-Format präsentiert.

Die Autoren[681] gehen davon aus, dass der durch VR erwirkte **Zustand der Immersion**, hier als Präsenz bezeichnet, durch zwei Determinanten, nämlich 1. Interaktivität und 2. Vividness, hervorgerufen wird. Diese Überlegung geht zurück auf STEUER (1992), der sich schon sehr früh mit den Determinanten Interaktivität und Vividness im virtuellen Umfeld konzeptionell auseinandergesetzt hat. **Van Kerrebroeck et al. beschränken die empirische Untersuchung[682] jedoch auf die Vividness** mit der Begründung, dass technologisch die interaktiven Fazilitäten von VR zum Zeitpunkt der Untersuchung noch nicht ausgereift seien. **Den Wissenschaftlern gelingt es über das Experiment** nachzuweisen, dass **beim VR-Einsatz** ein signifikant **höheres Niveau an Vividness** entsteht als beim 2D-Werbe-Video. Weiter bestätigen sie, dass die Vividness bei der VR-Experience zu einem signifikant höheren direkten Einfluss auf die Einstellung zum Werbe-Video führt. Diese wiederum bringt eine Verbesserung der Einstellung gegenüber der

678 Vgl. (a.a.O.), S. 184.

679 Vgl. (a.a.O.), S. 178 f.

680 Vgl. (a.a.O.), S. 184.

681 Vgl. auch (a.a.O.), S. 184.

682 Vgl. (a.a.O.), S. 178 u. CHENG ET AL. (2014), S. 181.

Marke mit sich[683], die final eine signifikant **höhere Steigerung der Kaufbereitschaft** nach sich zieht. Die Wirkung von VR bezeichnen die Wissenschaftler als **transformationalen Kommunikations-/ und Experience-Effekt**[684]. Sie betonen, dass VR dem Nachfrager erlaube, in eine inszenierte, transformationale Markenerfahrung einzutauchen. Dies impliziert[685] für den Werbefilm von The North Face, dass beim Nachfrager das Gefühl aufkommt, **in der aktuellen Situation der kletternden Athleten, selbst präsent zu sein.** Dies habe nach Ansicht der Wissenschaftler[686] eine starke positive Wirkung auf die Markeneinstellung und Kaufbereitschaft. Darüber hinaus belegen Van Kerrebroeck et al., dass die Größe Vividness das **Niveau der Immersion (Präsenz) bei der VR-Anwendung** vergleichsweise **stärker positiv determiniert als es bei der 2D-Erfahrung der Fall ist**. Sie weisen zudem nach[687], dass diese Größe als Mediator auch indirekt über die Einstellung zum Werbemittel auf die Markeneinstellung und Kaufabsicht im Modell in stärker Form wirkt. Abb. 45 zeigt das Modell mit seinen Ergebnissen im Überblick:

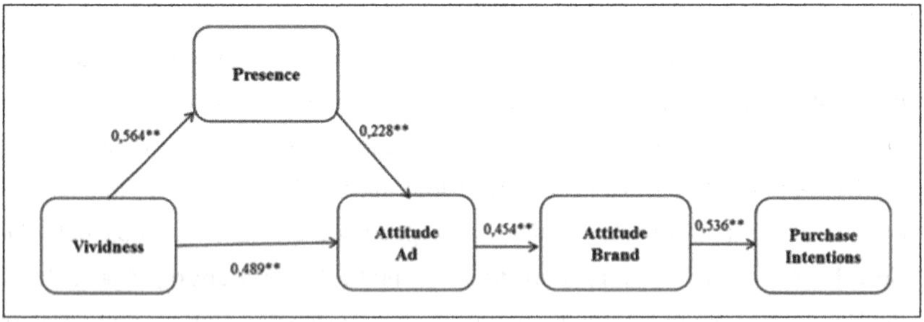

Abbildung 45: Strukturgleichungsmodell nach Van Kerrebroeck
Quelle: Van Kerrebroeck (2017), S. 185

683 Vgl. Van Kerrebroeck et al. (2017), Appendix Tabelle 2.

684 Die Wissenschaftler unterscheiden in Anlehnung an Puto et al. (1984) nach der Art der Botschaft zwischen informationaler und transformationaler Markenkommunikation. Die informationale Markenkommunikation vermittelt faktische und relevante Produkt- und Markeninformationen, um den Nachfrager von den Vorteilen des Produktes und der Marke zu überzeugen. Dies sind Informationen v.a. über die Produktbeschaffenheit (wie Materialien, Gewicht, technische Leistungsfähigkeit). Die transformationale Kommunikation hingegen hat die Aufgabe, den mit dem Konsumerlebnis der Marke verbundenen psychologischen Nutzen dem Nachfrager so zu vermitteln, dass er ihn selbst erfährt und spürt. Dieser Art der emotionalen Kommunikation schreiben sie einen großen einstellungsändernden Effekt zu. Vgl. Van Kerrebroeck et al. (2017), S. 180. Für weitere Information zu dieser konzeptionellen Unterscheidung siehe auch Puto et al. (1984).

685 Vgl. Van Kerrebroeck et al. (2017), S. 185.

686 Vgl. ebenda.

687 Vgl. (a.a.O.), S. 183.

Die Leistung dieses Ansatzes liegt darin, dass Van Kerrebroeck et al. der Wissenschaft und Praxis durch ihre empirischen quantitativen Ergebnisse im Rahmen eines recht komplexen Modells belegen, dass eine **hohe Vividness beim VR-Einsatz für den Aufbau des subjektiven Empfindens des Präsenz-Grades (Immersion)** enorm wichtig ist. Nur durch eine multisensuale, qualitative, realitätsnahe Gestaltung der virtuellen Umgebung kann erst das subjektive Gefühl aufkommen, sich in einer 2. Realität zu befinden. Ein hohes Maß an Vividness fördert die Glaubwürdigkeit der virtuell erzeugten Umgebung. Sie trägt dazu bei[688], gestützt durch die interaktiven Möglichkeiten, dass der User annähernd wie in der „echten" Realität, Entscheidungen treffen kann. Dies wiederum überträgt sich[689] auf die Glaubwürdigkeit des kommunizierten, markenbasierten Inhalts und schafft Vertrauen in die Marke. Über eine hohe Vividness können somit direkt und indirekt über die Immersion affektive und konative Wirkungen erzielt werden. Van Kerrebroeck differenziert bei der Zielgröße Kaufabsicht nicht zwischen Erstkauf und Wiederholungskauf. Demzufolge lassen sich nur indirekt **positive Rückschlüsse auf die vorgelagerte, einstellungsbezogene Kunden-Loyalität ziehen.**

Van Kerrebroeck et al. können mit ihrer Studie die Meinung der Wissenschaftler **Berg et al. (2017)[690] empirisch bestätigen.** Sie vertreten in ihrem qualitativen Beitrag zu VR ebenfalls die Auffassung, dass eine hohe Vividness des virtuell erzeugten Umfeldes zur stärkeren affektiven und konativen Response (behavioristische Kundenloyalität) beim Nachfrager führt als bei klassischen Kommunikationsinstrumenten.

Es ist kritisch anzumerken, dass die Wissenschaftler ihre Untersuchung auf die **Vividness als einzige originäre Determinante beschränken**. Wie andere Beiträge belegen (vgl. z.B. Huang et al (2016) und Kristofferson (2016)) sind auch andere Determinanten wie der relevante Inhalt oder die Emotionalisierung an der Funktionseise von VR beteiligt. Weiter ist zu kritisieren, dass die Autoren nicht zwischen physischer und mentaler Immersion unterscheiden. Den zur Opera-

688 Vgl. (a.a.O.), S. 186.

689 Vgl. ebenda.

690 Es handelt sich um eine Annahme dieser Wissenschaftler, die nicht von ihnen empirisch überprüft wurde. Vgl. BERG ET AL. (2017), S.13.

tionalisierung genutzten Items nach, scheinen die Wissenschaftler eher von einem physischen Immersionskonzept auszugehen. Insofern lässt sich ableiten, dass die **Vividness die treibende Größe für die physische Immersion** zu sein scheint. Die Vividness trägt höchst wahrscheinlich zur Erhöhung der Orts- und Plausibilitäts-Illusion bei. Eine differenziertere Unterscheidung im Modell nach einzelnen Determinanten der physischen und mentalen Immersionen sowie ihrer Wirkung auf die einzelnen Zielgrößen wäre hilfreich gewesen, um Implikationen für die Gestaltung einer effektiven VR in der Markenkommunikation abzuleiten. Zudem ist an diesem Ansatz zu kritisieren, dass die **Untersuchung des direkten Effekts der Vividness und der Präsenz (Immersion) auf die Kaufabsicht leider nicht erfolgt.**

3.4.1.8 Beitrag von Cheng et al. (2014)

In der Gaming-Forschung spielt die **Vividness** im Zusammenhang mit VR **als Untersuchungsgegenstand ebenfalls eine Rolle. Die Wissenschaftler Cheng et al.**[691] haben bereits 2014 bei einer VR-Anwendung die Bedeutung der Vividness für die Entstehung der Immersion und der Spielloyalität[692] empirisch überprüft. Sie messen die Vividness über folgende Items: *„Wie stimmig waren die über verschiedene Sinne wahrgenommenen Informationen?"; "In wie weit waren die im virtuellen Umfeld erfolgten Erfahrungen stimmig zu denen der echten Welt?"* und *"Wie vollständig haben Sie die virtuelle Umgebung wahrgenommen?"*. In ihrem Model benutzen **Cheng et al. (2014)** den Begriff Präsenz synonym zur Immersion. Dies zeigen die 6 Items[693] zur Operationalisierung der Präsenz wie z.B.: *"Ich vergesse meine unmittelbare Umgebung, wenn ich das Spiel spiele"; "Wenn ich spiele, vergesse ich wo ich bin"; „Nach dem Spiel fühle ich mich, als ob ich nach einem Ausflug zurück zur echten Welt kehre".* Die **Spielloyalität**[694] wird über 3 Items gemessen: *„Ich empfehle anderen das Spiel"; "Ich betrachte das Spiel als meine erste Wahl"* und *"Ich werde dieses Spiel wieder machen".* Untersuchungsgegenstand des Experiments[695] ist ein Kriegsspiel namens Panzer Elite Action von

---

691 Vgl. CHENG ET AL. (2014), S. 181 ff.

692 Unter der Spielloyalität verstehen Cheng et al. (2014) die Bereitschaft des Nutzers, das Spiel immer wieder zu spielen sowie dieses anderen weiterzuempfehlen. Vgl. (a.a.O.), S. 186.

693 Vgl. (a.a.O.), S. 185.

694 Vgl. (a.a.O.), S. 186.

695 In diesem Spiel müssen die Teilnehmer ihren Feind töten, um jeweils die nächst höhere Spielbarriere zu überwinden. Für weitere Informationen vgl. CHENG ET AL. (2014).

Injoy Motion Corporation. Es werden n=368 Teilnehmer zwischen 18-35 Jahren, davon 70% männlich und 30% weiblich, in Taiwan vor und nach Durchführung des Spiels befragt. Die Befragung erfolgt über einen online Fragebogen unter Verwendung einer 7-stufigen Likert-Skala. Die Daten werden über ein Strukturgleichungs-Modell ausgewertet. Cheng et al. **weisen einen signifikanten, positiven Einfluss der Vividness auf die wahrgenommene Präsenz (Immersion) und Spielloyalität des Users nach.** Für das Produktmanagement der Spiele leiten die Wissenschaftler[696] daraus die Handlungsempfehlung ab, dass die virtuelle Spielumgebung durch Farben, Szenerie und Akustik so authentisch wie möglich gestaltet werden sollte. So könne die Immersion, die Spielloyalität und die Weiterempfehlung des Spiels gesteigert werden.

Auch hier ist kritisch anzumerken, dass die Wissenschaftler bei der Untersuchung der Effekte nicht zwischen mentaler und physischer Immersion unterscheiden. **Das Forschungsergebnis, dass die Vividness sich positiv auf die Immersion des Spielers auswirkt**, kann **auf die externe Markenführung übertragen** werden. Bei der Immersion handelt es sich generell um einen mentalen und physischen Zustand, den der User unabhängig vom disziplinären Umfeld, d.h. Gaming oder Marketingkommunikation, erfährt. Allerdings lassen sich die **Ziele beider Bereiche nur bedingt miteinander vergleichen**, so dass die Autorin dieser Dissertation auf eine weitere detaillierte Darstellung des Modells verzichtet. Die **Unterschiede zeigen sich z.B. bei der Definition der Spielloyalität und Kundenloyalität**. Im Gaming wird die Spielloyalität[697] des Users definiert als die Treue zu dem Spiel und die Weiterempfehlung dessen. **Im Marketing hingen wird die Kundenloyalität als komplexes duales Konstrukt** deutlich weiter gefasst. Georg Day (1969)[698] entwickelte ein duales Loyalitätskonzept, das aus verhaltens- und einstellungsbasierten Größen besteht. Dies besagt, dass sich die Bindung eines Nachfragers **neben dem getätigtem Kaufverhalten** (inklusive Wiederkauf u. erfolgte Weiterempfehlung) **auch in einer positiven Einstellung** durch affektive Markenverbundenheit, Wiederkauf-, Zusatzkauf- u. Weiterempfehlungsabsicht konkretisiert. **Auch differieren die Ziele auf der kognitiven Ebene.** Während es

---

696 Vgl. (a.a.O.), S. 185.

697 Vgl. (a.a.O.), S. 186 f.

698 Vgl. DAY (1969), S. 30 ff.

beim Gaming darum geht, primär die Spielregeln und Ziele des Spiels zu vermitteln[699], ist in der externem Markenkommunikation die Markenidentität zu vermitteln. Aufgrund der sehr eingeschränkten Vergleichbarkeit der Ziele werden somit keine weiteren Beiträge aus dem Bereich Gaming herangezogen.

3.4.1.9 Beitrag von Dobrowolski et al. (2014)

Als nächster wissenschaftlicher Beitrag wird die qualitative Untersuchung von **Dobrowolski et al. (2014**) vorgestellt. Die Wissenschaftler konzentrieren sich auf die **Untersuchung der direkten Wirkung von VR** bei einer virtuellen Autofahrt **auf die vorhandene Markeneinstellung.**[700] Sie führen ein **Pre-Post-Experiment**[701] durch, in welchem die Einstellung gegenüber einer Automarke vor und nach der VR-Experience gemessen und verglichen wird. Als Marken werden der Honda Civic und Ford Fokus ausgewählt. Beide Marken sind hinsichtlich des Preises, Klasse und Popularität vergleichbar. Weiter Bestandteil des Experiments[702] ist, eine **qualitative Manipulation des Treatments über den Schwierigkeitsgrad** vorzunehmen; wobei die Traktionskontrolle und Geschwindigkeit variiert werden. Der Proband hat keine Möglichkeit, auf die Manipulation Einfluss zu nehmen. Das Forschungsdesign sieht 2 Testkombinationen vor, um dem Reihenfolgeeffekt vorzubeugen. Im Wechsel[703] wird zunächst der Honda unter erschwerten und unmittelbar danach der Ford unter erleichterten Bedingungen gefahren. Im Anschluss daran wird der Honda unter erleichterten und unmittelbar danach der Ford unter erschwerten Bedingungen geführt. Das Experiment findet mit einer Stichprobe n=60 Studenten im Alter von 19-32 Jahren in Polen statt. Die Einstellung gegenüber der Marke wird über einen Fragebogen direkt vor und nach dem Experiment erhoben. Dabei wird die Markeneinstellung zum einen insgesamt und zum anderen über die folgenden drei Kategorien von Attributen gemessen: 1. globale Attribute (Qualität, Image, Sicherheit u. Wirtschaftlichkeit), 2. erfahrungsbezogene Attribute (Interieur, Exterieur, Fahrverhalten, Spaß) und 3. nicht erfahrungsbezogene

---

699 Vgl. CHENG ET AL. (2014).

700 Vgl. DOBROWOLSKI ET AL. (2014), S. 126 f.

701 Vgl. (a.a.O.), S. 125 f.

702 Vgl. ebenda.

703 Vgl. (a.a.O.), S. 127.

Attribute (Kopfraum, Sichtfeld, Sitzkomfort etc.). Die Auswertung der Daten[704] erfolgt über das Bonferroni Corrected Mixed Design zur Varianzanalyse.

Die Autoren bestätigen empirisch[705], dass die **virtuelle Autofahrt einen positiven Einfluss auf die Markeneinstellung[706]** ausübt. Es kommt bei den Marken Honda und Ford zu einer signifikanten Erhöhung des Einstellungsniveaus insgesamt sowie bei den drei Kategorien der Einstellungs-Attribute. Die qualitative Manipulation der virtuellen Autofahrt zeigt, **dass der Schwierigkeitsgrad entscheidend dafür ist, ob der VR-Effekt jedoch positiv oder negativ** ausfällt. Es stellt sich bei der Messung der Einstellung nach dem Treatment ein bestimmtes Ergebnismuster heraus. Ist der **Schwierigkeitsgrad bei der 1. Marke hoch** und bei der 2. Marke niedrig, so **sinken** im Vergleich zur Erstmessung **die Einstellungswerte signifikant gegenüber der 1. Marke;** während sie bei der 2. Marke signifikant steigen[707]. Lediglich eine einzige Ausnahme fällt aus diesem Ergebnismuster heraus. Bei der Test-Kombination „Ford hoher Schwierigkeitsgrad und Honda niedriger Schwierigkeitsgrad" steigt der Wert der Markeneinstellung bei Ford dennoch von 5,97 auf 6,34. Die Autoren betrachten dies als einen statistischen Ausreißer. Insofern können Dobrowolski et al. nachweisen[708], **dass die Veränderung der Markeneinstellung von der qualitativen Manipulation der VR-Experience moderiert wird.**

Es ist positiv festzuhalten, dass die Wissenschaftler die Forschungsergebnisse von Van Kerrebroeck (2017) und Javornik (2016), die einen persuasiven Effekt von VR auf die Markeneinstellung nachweisen, ebenfalls bestätigen können[709]. Zudem lässt sich aus dem Forschungsergebnis, dass der Schwierigkeitsgrad der VR-Experience die Einstellungsänderung moderiert, eine generelle **Handlungsempfehlung hinsichtlich der Interaktivität der VR-Experience für die Praxis**

---

704 Vgl. (a.a.O.), S. 126.

705 Vgl. ebenda.

706 Eine grafische Darstellung des Modells wurde im Beitrag von DOBROWOLSKI ET AL. (2014) nicht veröffentlicht.

707 Vgl. (a.a.O.), S. 127.

708 Vgl. (a.a.O.), S. 127.

709 Auch DAUGHTERY ET AL. (2008) konnten schon 2008 über Experimente nachweisen, dass virtuelle 3-D Markenerfahrungen (nicht VR) einen positiven Effekt auf Markenwissen, Markeneinstellung und Kaufabsicht ausüben. Vgl. DAUGHTERY ET AL. (2008), S. 568.

ableiten. Es kann der Praxis nahegelegt werden, den Schwierigkeitsgrad der Interaktivität adäquat mit Blick auf die technische Affinität der Zielgruppe festzulegen. Die Nachfrager dürfen im Rahmen der interaktiven Möglichkeiten weder unter- noch überfordert werden. Zu bemängeln ist jedoch, dass Dobrowolski et al. beim Design des Experiments **keine Kontrollgruppe** integrieren, **die eine tatsächliche Autofahrt** durchführt. Somit können keine Aussagen darüber getroffen werden, ob die VR-Experience eine bessere Alternative zur normalen physischen Testfahrt bietet. Des Weiteren wäre es aufschlussreich gewesen, **die beiden Autos zusätzlich unter gleichen Schwierigkeitsbedingungen zu testen**, um jede Art von Reihenfolgeeffekt auszuschließen. Weiter ist zu kritisieren, dass die Ergebnisse des Experiments **keinerlei Aufschlüsse über die Art der Wirkungsweise** zulassen, da die einwirkenden Determinanten auf die VR-Experience nicht untersucht werden. Hier wird Immersion als Wirkungskonzept per se vorausgesetzt, ohne den Wirkungsmechanismus zu erforschen.

3.4.1.10 Beitrag von Borba et al. (2017)

Der nun folgende Beitrag von **Borba et al. (2017)**[710] ist nach aktuellem Kenntnisstand der Autorin in der externen Markenkommunikation zurzeit der Einzige, der die kognitiven Effekte von VR erforscht. Die Wissenschaftler führen ein **Experiment durch, um Erkenntnisse** über den Einfluss der VR-Technologie **auf den Zustand der Immersion**[711] und **die erinnerten Werbeinhalte** (im Modell „Recall on Advertisement") zu gewinnen. Bei den erinnerten Werbeinhalten werden das Erkennen der Werbung, die Identifizierung der Marke und die Bestimmung des Themas der Werbung erhoben. Die exakten Items dazu werden im Beitrag nicht genannt. Gegenstand des Experiments ist ein **virtueller Spaziergang durch eine Stadt**, in der der Nachfrager mit Werbung konfrontiert wird. Dabei erfolgt ein Vergleich zwischen einer 2D/ PC-Erfahrung, der VR-Technik (HMD-Oculus Rift DK2) sowie einer fünfseitigen Cave-Erfahrung. Ein Cave[712] ist ein begehbarer, physischer 6-seitiger Raum mit einer mehrseitigen 3-D-Projektion. Bei einer 5-Seitigen Projektion werden die 5 Seiten eines Raums bildlich simuliert. Das Experi-

[710] Vgl. BORBA ET AL. (2017), S. 372.

[711] Es sei darauf hingewiesen, dass im Beitrag keine Definition von Immersion gegeben wird und auch die Items, die diesen Terminus operationalisieren, nicht genannt werden.

[712] Vgl. BRACHT ET AL. (2011), S. 157.

ment wird mit einer Stichprobe von n=15 Studenten zwischen 20-30 Jahren aus Sao Paulo in Brasilien durchgeführt. Aus diesen werden drei Gruppen mit je 5 Teilnehmern gebildet. Im Anschluss an das Experiment wird ein Fragebogen mit 10 Fragen jeweils zur Immersion und zum Markenwissen ausgefüllt. Die Beantwortung der Fragen erfolgt auf der Basis einer 5-Punkte Likert-Skala, wobei die Daten über Mittelwertbildung pro Item ausgewertet werden. Für das Experiment wurde eigens in einem digitalen Labor eine Simulation eines Stadtzentrums mit Straßen, Bäumen, Gebäuden, Autos, Geschäften und Werbung entwickelt. Dabei wurden für die Werbung verschiedene Marken unterschiedlicher Branchen ausgewählt. Die Werbung[713] erfolgt als Außenwerbung oder in den Schaufenstern der Geschäfte; mal auffällig und mal dezent platziert. Während des Experiments[714] **führen die Testpersonen der drei Gruppen einen virtuellen Spaziergang durch das Stadtzentrum** und nehmen **diverse Formen der Außen- und Schaufensterwerbung wahr.** Um zu vermeiden, dass der Nachfrager während des Stadtspaziergangs Wege nutzt, die für die Untersuchung irrelevant sind, wurde die VR-Experience so konzipiert, dass der Nachfrager automatisch einem geplanten Weg folgt.

Borba et al. (2017) weisen empirisch nach, dass die empfundene **Immersion bei der VR-Experience insgesamt deutlicher höher** ausfällt als bei den beiden anderen medialen Varianten. **Es gelingt ihnen jedoch nicht[715], bessere Ergebnisse bei den erinnerten Werbeinhalten** („Recall on Advertisement") **nachzuweisen.** Wobei die erinnerten Werbeinhalte bei den Probanden **mit VR meist ein gleiches oder nur geringfügig niedrigeres Niveau** aufweisen. Die exakten Messwerte sind dem Beitrag nicht zu entnehmen. Die Erwartungshaltung der Autoren, dass VR zu einem höheren Markenwissen beiträgt, kann somit nicht bestätigt werden. Borba et al. versuchen dies damit zu erklären, **dass der User** einer VR-Experience im Vergleich zur Nutzung eines Bildschirms **stärker eingebunden und kognitiv gefordert sei.** Durch die multisensualen Einflüsse in einem virtuellen, annähernd realistischen Umfeld **könnte es nach Aussagen der Autoren zu einem „Wahrnehmungskonflikt"** kommen. Dieser impliziere, dass die Wahrneh-

---

713 Vgl. BORBA ET AL. (2017), S. 371.

714 Die Art der Außenwerbung wird im Beitrag der Autoren nicht weiter spezifiziert.

715 Vgl. (a.a.O.), S. 372.

mung des Nachfragers zwischen umweltbezogenen und markenbezogenen Reizen hin und her gerissen sei. Der Nachfrager werde so[716] vom Inhalt der Werbung abgelenkt und könne sich nicht gänzlich auf diesen konzentrieren.

Die herrschende Expertenmeinung[717] würde die Erklärung der Autoren Borba et al. in dieser eher undifferenzierten Form nicht stützen, da sie von einer anderen Argumentationsbasis ausgeht. Die Experten sind der Auffassung, dass **beim Vorhandensein einer gewissen Vertrautheit mit dem Medium die Abgeschirmtheit von der Umwelt** die Konzentration auf den zu perzipierenden Inhalt und seine Absorption fördert. Dies **bestätigt ebenfalls eine Experten-Podiumsdiskussion**[718] auf der Digility in Köln am 27. September 2018 zu dem Thema „Your brain and VR: Feeling is believing". Im Anschluss an die Diskussion führte die Autorin dieser Arbeit ein persönliches Interview mit der Teilnehmerin Prof. Dr. WIENRICH[719], die am Lehrstuhl Human-Technology-Systems an der Julius-Maximilians-Universität Würzburg im Bereich der kognitiven Effekte von VR forscht. In dem Interview **bestätigt die Expertin, dass die von der Umwelt abgeschirmte Umgebung** in einem VR-Umfeld dazu beitrage, **sich auf den Lehrinhalt zu fokussieren** und so den Wissensaufbau fördere. Dies setze jedoch einen gewissen vertrauten Umgang mit der Technologie voraus. **Ist dem User VR generell neu,** so ist davon auszugehen, dass er zunächst primär damit beschäftigt ist, **sich mit der Technik vertraut zu machen.** Je nach multisensualen und sonstigen gestalterischen, atmosphärischen Effekten[720] **könne dabei u.U. eine starke kollative Wirkung eintreten.** Nach BERLYNE (1974)[721] sind kollative Reizvariablen Stimuluskonstellationen, die aufgrund ihrer Vielfältigkeit, Neuartigkeit oder ihres Überraschungsgehaltes den Menschen stark aktivieren. Sie lösen Neugierde aus und führen zum kollativen Effekt. In diesem Fall wäre der User durch die

---

716 Vgl. (a.a.O.), S. 372.

717 Vgl. u.a. BERG ET AL (2017); MARTIN (2017); HUANG ET AL. (2016); VAN KERREBROECK ET AL. (2016); KRISTOFFERSON (2016); VR-Studie von KPMG (2016) u. GUTTENTAG (2010).

718 Weitere Teilnehmer an der Diskussionsrunde waren die Experten BENDEK (Direktor von Immersive Media), KUNZE (Education Consultant) u. GAEBLER (Dozent Media-Technik).

719 Das Interview fand spontan direkt im Anschluss an die Podiumsdiskussion statt und dauerte 15 Minuten.

720 Vgl. MINDSHARE FUTURES & ZAPPER (2018), S. 48; VR-Studie von KPMG (2016), S. 29 u. JAVORNIK (2014), S. 67.

721 Davon abzugrenzen sind strukturelle Stimuluskonstellationen, die für den Rezipienten bekannt, vertraut und eher einfach sind. Diese haben auf den Rezipienten einen eher beruhigenden Effekt. Vgl. dazu im Detail BERLYNE (1974), S. 141 f.

Neuartigkeit der virtuellen Reize überrascht und von den Lerninhalten abgelenkt. Er würde neugierig[722] auf die VR-Experience als solche, so dass die Auseinandersetzung mit den Werbeinhalten wahrscheinlich zunächst in den Hintergrund tritt.

Im vorliegenden Experiment waren Erfahrungen mit VR keine Voraussetzung zur Teilnahme. Die Autoren teilen in ihrem Beitrag ohne exakte Quantifizierung mit, dass ein größerer Teil der Teilnehmer bereits VR-Erfahrungen hat. Bei der geringen Stichprobe von n=15 kann sich allerdings der kleinere Teil, für den VR gänzlich neu ist und der ggf. weniger oder kein Wissen aufgebaut hat, auf das Gesamtergebnis des Markenwissens deutlich negativ auswirken. Insofern könnte die Erklärung der Autoren eher auf die Testteilnehmer zutreffen, die vorher keine Erfahrung mit VR hatten oder sich generell schwer tun im Umgang mit neuen digitalen Technologien. **Darüber hinaus ist es im vorliegenden Fall empfehlenswert, die virtuelle Umgebung und die Werbung in qualitativer Hinsicht zu überprüfen;** selbst wenn die Immersion bei der VR-Technik im Vergleich zu den anderen Medien am höchsten ausfällt. Gewisse Mängel in der Konzeption der Vividness und der Gestaltung des Inhalts[723] könnten ebenso der Grund dafür sein, dass der Wissensaufbau nicht in gewünschter Form erfolgte. Bei der Gestaltung der virtuellen Umgebung sind z.B. die akustischen und visuellen Reize auf ihre Angemessenheit hin zu überprüfen. Überzogene Reizgestaltungen könnten die Konzentration beeinträchtigen und vom Werbeinhalt ablenken. Auch müsste die visuelle Darbietung der Werbung sowie ihr Inhalt kritisch in qualitativer Hinsicht analysiert werden. Sollte es hier z.B. Mängel in Form von Wahrnehmungs- oder Verständnisproblemen geben, so könnte dies ebenfalls ein Grund für den geringeren Wissensaufbau sein. Weiter ist negativ anzumerken, dass die **Wirkungsweise von VR in keiner Weise analysiert** wird. Immersion wird zwar als Zielgröße im Modell berücksichtigt, jedoch ohne ihre Determinanten zu untersuchen. Als letzter Kritikpunkt ist aufgrund der **geringen Stichprobe mit n=15** die sehr geringe **Validität der Ergebnisse** anzusprechen, so dass etwaige extreme Erhebungsausschläge (s.o.) das Gesamtergebnis verzerren könnten. Hinzu kommt, dass im Rahmen der Datenanalyse nicht mit dem Dispersionsparameter der Varianz bzw. der Standardabweichung

---

[722] Vgl. BORBA ET AL. (2017), S. 372.

[723] Vgl. Experten-Podiumsdiskussion auf der Digility in Köln (27. September 2018) und Interview mit Prof. Dr. WIENRICH (Lehrstuhl Human-Technology-Systems).

gearbeitet wurde, was Hinweise auf diese Problematik hätte geben können. **Abschließend ist dennoch positiv festzuhalten**, dass dieser Beitrag aktuell der einzige ist, der zumindest die positive Wirkung von VR auf das Markenwissen des Nachfragers auf einem vergleichbaren Niveau wie bei einem 2D/ PC-Bildschirm und einer fünfseitigen Cave-Erfahrung bestätigt.

3.4.2 Publikationen aus dem Bereich der Lerntheorie zu Virtual Reality

Die Literaturrecherche zur Wirkung von VR auf die Markenbekanntheit (Brand Awareness) ergab nur einen einzigen quantitativen Beitrag der Wissenschaftler **Borba et al. (2017).** Wobei diverse Wissenschaftler aus dem Bereich der externen Markenkommunikation[724] davon ausgehen, dass der Einsatz von VR einen positiven Effekt auf diese kognitive Zielgröße hat. Um fundierte theoriegeleitete Vorüberlegungen auch für den Aufbau von Markenwissen beim Mitarbeiter formulieren zu können, wurde die **Literaturrecherche auf Beiträge der Lerntheorie zu VR ausgeweitet**. Die ausgewählten Beiträge[725] beziehen sich fast ausschließlich auf den Wissensaufbau. Einzige Ausnahme ist der Beitrag von BHAGAT ET AL. (2016), der zusätzlich behavioristische Lerneffekte untersucht. Diese Vorgehensweise erscheint der Autorin methodisch vertretbar, da grundsätzlich die kognitive Wirkung in Form von Wissensaufbau im schulischen und universitären Umfeld durchaus mit dem Wissensaufbau des Mitarbeiters in einer Organisation vergleichbar ist. Bei der Literaturrecherche zu VR in der Lerntheorie wurden neben dem Gemeinsamen Verbundkatalog (GVK) die psychologischen und pädagogischen Fachdatenbanken Psyndex und PsycINFO verwendet. Als Suchbegriffe wurden u.a. genutzt: „Flow und Lernen“, Immersion, immersives lernen, Informationsabsorption, kognitive Wirkung, Lehrmethoden, Lernstrategie, Lernumgebung, Wissensaufbau, Wissensvermittlung sowie „VR und Lernen“. Die Recherche zeigte, dass es im Bereich der Lerntheorie bisher nur wenige empirische, quantitative Forschungsbeiträge zu VR gibt. Diese werden im Folgenden vorgestellt.

---

[724] Vgl. u.a. GIBERSON ET AL. (2017), S. 10; MARTIN (2017), S. 1; PORTER/ HEPPELMANN (2017), S. 47; HUANG ET AL. (2016), S. 117; KPMG-Studie (2016), S. 32 f. u. SCHOLZ (2016), S. 22; GUTTENTAG (2010), S. 641.

[725] Neben dem Aufbau von Wissen beschäftigt sich die Lerntheorie auch z.B. mit dem Abbau von Ängsten. Vgl. CHITTARO ET AL. (2016), S. 10.

3.4.2.1 Beitrag von Drake-Bridges et al. (2011)

Die Wissenschaftler Drake-Bridges et al.[726] untersuchten bereits 2011 im Rahmen eines Forschungsprojektes, wie sich Lernen über den Einsatz von VR im Studienfach Marketing auf das Wissen[727] der Studenten einer Universität auswirkt. Das Projekt lief über einen Zeitraum von einem Semester an der Universität in Süd-Mississippi in den USA. Weitere Daten zur Stichprobe werden im Beitrag nicht genannt. Im vorliegenden Projekt handelt es um das Studienfach „Retailing Principles“, das von den Autoren und Professoren als äußerst komplex und abstrakt angesehen wird. Die Lehrinhalte[728] sind mit herkömmlichen didaktischen Möglichkeiten im Hörsaal über Übungen, Lernvideos, Apps, Vorträge und Rollenspiele nur schwierig zu vermitteln. Es wurden zwei Gruppen mit je zwei zu lösenden Aufgaben des Groß- und Einzelhandels gebildet: 1. Produkt-Entwicklungs-Team und 2. Retail Mathematik-Team. Das Projekt wurde mit der VR-Experience von Second Life[729] durchgeführt. Für das Projekt wurde zuvor eine virtuelle Mikroökonomie entwickelt, die die Räumlichkeiten des Großhandels und des Einzelhandels in enger Anlehnung an die Realität zeigt. In dieser konnten die Studenten[730] unter Anwendung der angeeigneten Kenntnisse zum Handelsmarketing die Umgebung und die Räumlichkeiten interaktiv frei gestalten. So konnten sie z.B. Regale einfügen und mit Ware füllen, räumliche Veränderungen vornehmen, Sonderplatzierungen oder sonstige verkaufsfördernde Maßnahmen simulieren. Die Studenten beider Gruppen konnten sich zur Bearbeitung ihrer Aufgabe im virtuellen Raum frei bewegen und untereinander interagieren. Nach Fertigstellung der Aufgaben wurden die Ergebnisse nach einem Kriterienkatalog bewertet. Zudem[731] wurden die Studenten zu einem Feedback-Interview über ihre Erfahrungen eingeladen.

---

[726] Vgl. DRAKE-BRIDGES ET AL. (2011), S. 296.

[727] Die abgefragten Wissensinhalte werden im Beitrag nicht veröffentlicht.

[728] Vgl. DRAKE-BRIDGES ET AL. (2011), S. 296.

[729] **Second Life** (SL) stellt eine internetbasierte virtuelle Welt des Systembetreibers Linden Lab in den USA (San Francisco) dar. Sie erlaubt den Usern, sich in dieser Welt mit anderen Usern zu vernetzen und kollaborativ ihren eigenen virtuellen Raum zu schaffen. Die User können z.B. über Avatare Freunde beim Gaming treffen, wobei sie laufen, springen und auch im Auto fahren können. Auch Unternehmen nutzen SL als alternative Form der Kommunikation und Zusammenarbeit. Neben Simulationen auf einem online-basiertem Display (Bildschirm) können auch VR-Brillen genutzt werden. Vgl. HUANG ET AL. (2016), S. 116 f. sowie die Web-Seite von Second Life: https://secondlife.com; zugegriffen am 01.07.2019.

[730] Vgl. (a.a.O.), S. 296 f.

[731] Vgl. (a.a.O.), S. 302.

Die Bewertung der Leistungsresultate[732] **beider Gruppen zeigt**, dass die Studenten **durchweg die kognitiven Lernziele erreichen konnten**, was im Vergleich zu üblichen Methoden normalerweise nicht der Fall ist. Auch können[733] eine **deutlich höhere Tiefe des aufgebauten Wissens** sowie **kreativere Problemlösungen** festgestellt werden. Die Studenten bezeichnen in ihrem Feedbackgespräch die virtuelle Erfahrung als eine **einzigartige Lernerfahrung**, in der sie deutlich **stärker lernmotiviert** waren und **Unternehmergeist** entwickelten. Zudem empfinden sie das **Agieren in der simulierten Welt als großen Spaß und höchst interessant.** Dies hängt nach Aussagen der Studenten u.a. damit zusammen, dass sich ein **Wir-Gefühl** einstellte, das den Teamgeist und die Kooperationsbereitschaft erheblich förderte. An diesem Ansatz **ist zu kritisieren**, dass beim Versuchsaufbau keine Kontrollgruppen zu den Testgruppen mit den unterschiedlichen Aufgaben vorgesehen wurden. Auf diese Weise hätte man die Validität der positiven Lernergebnisse im Vergleich zu klassischen Methoden überprüfen können.

3.4.2.2 Beitrag der Wisdom Mobile Internet Technology Training Institution (2016)

Ähnliche Ergebnisse belegt die **Studie der Wisdom Mobile Internet Technology Training Institution (2016)**[734] **in China.** Das Experiment wurde an einer Universität in China (Peking) mit **Studenten der Astrophysik** mit n=40 durchgeführt. Davon sind je 50% weiblich und männlich. Auch in der Astrophysik[735] **müssen überwiegend abstrakte und komplexe Lehrinhalte** vermittelt werden, auf die die Studenten in den Veranstaltungen häufig gelangweilt und abgelenkt reagieren. Ziel des Experimentes war es, zu überprüfen, ob durch den Einsatz von VR bessere Lernerfolge als mit der traditionellen Lehrmethode erzielt werden können. Zur traditionellen Methode zählen nach Angaben der Studie u.a. die klassische Vortragsform mit der Möglichkeit von Zwischenfragen, Videofilme, E-Learning und Kartenmaterial. Zur Durchführung des Experiments werden 4 Gruppen mit je 10 Studenten gebildet. Bei allen Gruppen wird das Wissen[736] vor dem Treatment über

---

[732] Vgl. (a.a.O.), S. 303.

[733] Vgl. (a.a.O.), S. 303 ff.

[734] Vgl. Studie der Wisdom Mobile Internet Technology Training Institution (2016), S. 5 und S. 9.

[735] Vgl. (a.a.O.), S. 4.

[736] Auch in diesem Beitrag werden die abgefragten Wissensinhalte nicht veröffentlicht.

einen Fragebogen abgefragt. In der **ersten Testphase sollen die Ergebnisse des Wissensaufbaus** der 1. Testgruppe (VR) mit denen der 1. Kontrollgruppe (traditionelle Lehrmethode) verglichen werden. Die zweite Wissensabfrage erfolgt dabei unmittelbar nach dem Treatment. **In der zweiten Testphase wird erst 2 Wochen später** nach dem Unterricht die **Nachhaltigkeit des Wissens** überprüft. Hier werden die Testergebnisse der 2. Testgruppe (VR) mit der 2. Kontrollgruppe (traditionelle Lehrmethode) verglichen. Die Ergebnisse werden nach einem Punktesystem (maximal 100) bewertet und über Mittelwertbildung ausgewertet. Die Auswertung der Ergebnisse des Experiments belegt, dass das **abgefragte Wissen** der Studenten bei der **über VR unterrichteten Testgruppe im Durchschnitt um 32,4% besser** vermittelt werden konnte als im Vergleich zur traditionell unterrichteten Kontrollgruppe. Auch gelingt es den Wissenschaftlern[737] durch die zum späteren Zeitpunkt durchgeführte Wissensüberprüfung einen im Durchschnitt um **27,4 % höheren Retentionswert** nachzuweisen. Unter Retention[738] versteht man in der Lerntheorie die Phase der Informationsverarbeitung im menschlichen Gedächtnis, bei der Informationen aus dem Kurzzeitgedächtnis in das Langzeitgedächtnis übertragen und dort für einen längeren Zeitraum gespeichert werden. **Kritisch** ist an diesem Beitrag **anzumerken**, dass die **Stichprobe mit je 10 Probanden** in den Test- und Kontrollgruppen **relativ klein ist.** Vor diesem Hintergrund ist beim Versuchsaufbau die Vorgehensweise fraglich, warum nicht alle Test- und Kontrollgruppen die Wissensüberprüfung (1. Testphase) und die Nachhaltigkeitsüberprüfung des Wissens (2. Testphase) durchlaufen haben. Auf diese Wiese hätte die Validität, der Ergebnisse erhöht werden können.

3.4.2.3 Beitrag von Bhagat et al. (2016)

Eine weitere Studie, die die Wirksamkeit von VR auf den Wissensaufbau nachweist, ist der Beitrag von **Bhagat et al. (2016)[739].** Die Wissenschaftler untersuchen mittels eines Experiments, wie Studenten des Militärs **über VR Wissen zum Aufbau und Umgang mit der Waffe[740] vermittelt werden kann[741]**. Das Experiment wurde in

---

737 Vgl. (a.a.O.), S. 19.

738 Vgl. STANGL (2018). Online Lexikon für Psychologie und Pädagogik: http://lexikon.stangl.eu/6759/retention/ zugegriffen am 10.01.2018.

739 Vgl. BHAGAT ET AL. (2016), S. 127.

740 Die Lehrinhalte werden im Beitrag nicht explizit genannt.

741 Vgl. (a.a.O.), S. 127.

Taiwan mit n=160 Studenten der militärischen High-School, davon 90 männlich und 70 weiblich, durchgeführt. Alle Teilnehmer haben bereits durch Gaming-Aktivitäten Erfahrungen mit VR. Es werden 4 Gruppen mit je 40 Probanden festgelegt. Darunter sind **drei Testgruppen.** Die erste Gruppe führt ein 3D computergestütztes-E-Learning durch, die zweite Gruppe wird mit einer voll-immersiven VR-Experience geschult und die dritte Gruppe führt sowohl reale Übungen als auch die voll-immersive VR-Experience durch. Die **Kontrollgruppe** wird herkömmlich auf dem Übungsplatz real trainiert. Die Daten werden mit der Varianz-Analyse (ANOVA) ausgewertet. Die Wissenschaftler weisen nach, dass die Gruppe, **die sowohl reale** als **auch virtuelle Übungen** mit der Waffe trainiert, deutlich höhere Lernerfolge erzielt. Diese manifestieren sich[742] in signifikant größerem Wissen über den Aufbau und die Funktionsweise der Waffe sowie in der Anzahl der Treffer. Insofern bestätigt die Studie eine **positive kognitive Wirkung von VR** als **auch positive behavioristische Effekte**. Im Anschluss an das Experiment wird **zudem die Motivation der Teilnehmer** über einen Fragebogen abgefragt. Diese fällt bei der Gruppe, die reale und virtuelle Übungen durchführte, signifikant höher aus. **Mit der resultierenden höheren Motivation** erklären die Wissenschaftler[743] die positiven Lerneffekte der Studenten. Sie führen diese auf die stark **ausgeprägte Spaßkomponente** und den **geringeren Stress** im virtuellen Waffenumgang zurück. Aus den Ergebnissen dieser Studie folgern die Autoren, dass in bestimmten Bereichen traditionelle (reale) Übungen und Methoden durchaus weiterhin didaktisch angebracht sein können. Von daher empfehlen sie, VR[744] als komplementäres Instrument zu klassischen Methoden zur Erreichung kognitiver und behavioristischer Lernziele in Erwägung zu ziehen.

3.4.3 Zusammenfassung der Ergebnisse

Die Literaturanalyse zum Forschungsstand zu VR in der externen Markenkommunikation verdeutlicht, dass sich die **Wissenschaft hier noch eher in ihren Anfängen** befindet. Dies gilt insbesondere für die Untersuchung zur Wirkung von VR auf kognitiver Zielebene. Es ist festzustellen, dass es bisher **keinen holistischen Ansatz** gibt, der ganzheitlich die determinierenden Wirkzusammen-

742 Vgl. (a.a.O.), S. 139.
743 Vgl. (a.a.O.), S. 134.
744 Vgl. (a.a.O.), S. 139.

hänge zwischen den relevanten Determinanten und Zielen der externen Markenkommunikation untersucht. Die Forschungsbeiträge geben **wenig Aufschluss** darüber, **wie der Zustand der Immersion erreicht werden kann.** Insofern bleibt die **Funktionsweise von VR** weitestgehend eine „digitale Black Box". **Nur wenige Wissenschaftler** wie Borba et al. (2017), Huang et al. (2016), Van Kerrebroeck (2017) und Kristofferson (2016) gehen dieser Frage nach und untersuchen, auf **welche Art und Weise verschiedene Determinanten** kognitive, affektive und konative Responses auslösen. Diese Beiträge geben **erste Hinweise auf die Wirkungsweise von VR**. Dabei wäre es wünschenswert, die einzelnen Ansätze konzeptionell in einem Modell zu integrieren und die Wirkung aller Determinanten, wie relevanter Inhalt, Interaktivität, Vividness, Emotionalisierung und Immersion, auf die Ziele der Markenkommunikation zu überprüfen. Auch wäre es erstrebenswert, bei der Analyse der Funktionsweise zwischen der mentalen und physischen Immersion zu unterscheiden, um für die Praxis differenzierte und greifbare Handlungsempfehlungen abzuleiten. **Andere Beiträge** wie Wijaya et al. (2018), Borba (2017) und Dobrowolski (2014) lassen eine differenzierte Untersuchung der Determinanten gänzlich außen vor und **betrachten unmittelbar die Wirkung von VR auf die Zielgrößen**. Die Immersion wird hier direkt mit dem Einsatz von VR verknüpft und modellimmanent vorausgesetzt, ohne sie empirisch zu überprüfen.

Es ist festzuhalten, dass die verfügbaren Forschungserkenntnisse eine **positive Wirkung von VR auf die Markeneinstellung des Nachfragers** und **auf das Konsumentenverhalten** belegen. Die positive Wirkung auf die Einstellung manifestiert sich in der **markenimageprägenden Wirkung.** Dies wird empirisch von Dobrowolski (2014) belegt und kann auch durch den Beitrag zu AR von Javornik (2016) gestützt werden. Die **Steigerung der emotionalen Markenbindung durch VR** wurde bisher empirisch so gut wie nicht belegt. Einzige Ausnahme ist aktuell der Beitrag von Wijaya et al. (2018), der zeigt, dass durch eine VR-Experience das Markenvertrauen des Nachfragers in der Vorkaufphase gestärkt wird. Jedoch gehen mehrere Wissenschaftler in qualitativen Beiträgen grundsätzlich von einem positiven Effekt auf die Marke-Nachfrager-Beziehung über eine Erhöhung des

Brand Attachments und Markenvertrauens aus[745]. Van Kerrebroeck (2017) weist zudem empirisch im Vergleich zum klassischen Kommunikationsinstrument (2D-Video) bei einer VR-Experience einen **höheren persuasiven Effekt** nach. Auch werden die **konativen Wirkungen von VR** über die gesteigerte Kaufabsicht empirisch mehrfach nachgewiesen (vgl. Huang et al. (2016), Kristofferson (2016) und Van Kerrebroeck (2017)). Die Forschungsergebnisse von Van Kerrebroeck et al. (2017) lassen darüber hinaus auch positive Rückschlüsse auf die Kundenloyalität zu. Zudem belegen die Untersuchungen von Kristofferson (2016) und Van Kerrebroeck (2017), dass diese **Wirkung** im Vergleich zum herkömmlichen 2D-Video **signifikant stärker ist.** Wijaya et al. (2018) weisen empirisch eine **gestiegene Bereitschaft** des Nachfragers nach, **die Organisation für weitere markenbezogene Informationen zu kontaktieren.** Auch Javornik (AR) (2016) beweist eine gesteigerte Bereitschaft des Nachfragers, die Marken-Webseite wieder aufzurufen und weiterzuempfehlen. Weitere konative Effekte wie die Bereitschaft des Nachfragers, sich positiv über die Marke zu äußern und sie weiterzuempfehlen ((e)WOM), waren bisher nicht wissenschaftlicher Untersuchungsgegenstand.

Die **kognitive Wirkung von VR** wird in der Forschung der externen Markenkommunikation zurzeit **noch vernachlässigt. Borba et al. (2017) weisen als einzige Wissenschaftler** die positive Wirkung auf das Markenwissen des Nachfragers nach, wobei diese **lediglich auf einem vergleichbaren Niveau** einer 2D Bildschirm- und einer fünfseitigen Cave-Erfahrung liegt. Aus diesem Grunde wurde die Recherche auf Beiträge der lerntheoretischen Forschung zu VR ausgeweitet.

Auch hier steckt der Forschungsstand noch eher in den Anfängen. Dennoch ist **zusammenfassend festzuhalten,** dass die Beiträge der lerntheoretischen Forschung **positive Effekte von VR auf den Wissensaufbau empirisch nachweisen.** Zwei Untersuchungen belegen zudem, dass der Einsatz von VR zu signifikant besseren Lernerfolgen führt als herkömmliche Methoden. Zudem geben sie den Hinweis, VR komplementär zu diesen einzusetzen. Kritisch ist anzumerken,

---

[745] Vgl. u.a. BERG ET AL. (2017), BORBA (2017), S. 371; PORTER/ HEPPELMANN (2017), S. 53; YAOYUNEYONG ET AL. (2016), S. 27; VR-Studie KPMG (2016), S. 32; SCHOLZ ET EL. (2016), S. 12 u. DOBROWOLSKI ET AL. (2014), S. 125.

dass sich die Wissenschaftler nicht tiefergehend mit der Wirkungsweise von VR auseinandersetzen. Sie setzen vermutlich beim VR-Einsatz eine **immersive Lernerfahrung** voraus, wobei sie sich auf die lerntheoretischen Erkenntnisse der Flow-Theorie[746] stützen.

4 Transfer der Erkenntnisse auf die interne Markenkommunikation

Im Folgenden werden **für die drei Zielebenen** (kognitiv, affektiv und konativ) **die Implikationen der Erkenntnisse nacheinander hergeleitet**. Dabei werden zur Wirkung von VR auf die innen gerichteten Ziele Markenwissen, BC und BCB erste theoriegeleitete Annahmen formuliert.

4.1 Theoriegeleitete Annahmen zum Markenwissen

Die Erkenntnisse der Lerntheorie belegen, dass der Einsatz von VR in diversen edukativen Anwendungsbereichen (kognitive Zielebene) bei **komplexen und abstrakten Lehrinhalten** zu guten Lernerfolgen führt (vgl. Drake/ Bridges[747] (2011), VR-Studie der Wisdom Mobile Internet Technology Training Institution (2016)[748] und Bhagat et al.[749] (2016)). Zudem belegen **Drake/ Bridges** (2011)[750] eine **deutlich höhere Tiefe des aufgebauten Wissens** sowie **kreativere Problemlösungen**. Auch die Expertenmeinung der Pädagogin und Psychologin Ludlow (2015)[751] stützt diese Ergebnisse. Sie vertritt die Auffassung[752], dass die guten Lernerfolge vor allem auf das **höhere Involvement** des Users zurückzuführen sind. Von **marketingtheoretischer Seite** sind **Borba et al. (2017)** zu ergänzen, die einen positiven Effekt auf das Markenwissen des Nachfragers belegen; auch wenn es ihnen nicht gelingt, bessere Ergebnisse als bei den alternativen Instrumenten nachzuweisen.

746 Vgl. LUDLOW (2015), S. 3 f.
747 Vgl. DRAKE-BRIDGES ET AL. (2011), S. 303.
748 Vgl. Studie der Wisdom Mobile Internet Technology Training Institution (2016), S. 5 u. S. 9.
749 Vgl. BHAGAT ET AL. (2016), S. 127.
750 Vgl. DRAKE-BRIDGES ET AL. (2011), S. 303 ff.
751 Vgl. LUDLOW (2015), S. 6 f.
752 Vgl. (a.a.O.), S. 3 f.

In der internen Markenkommunikation geht es ebenfalls **bei der Vermittlung der Markenidentität** an die Mitarbeiter um **abstrakte und komplexe Wissensinhalte**. Dies trifft bspw. auf die Markenwerte und die Markenpersönlichkeit zu[753], die für den Mitarbeiter teilweise wenig greifbar und mitunter schwer verständlich sind. Auch, wenn es bei den lerntheoretischen wissenschaftlichen Untersuchungen um marketingfremde Lehrinhalte geht, so ist davon auszugehen, dass die Erkenntnisse zu den Lernerfolgen kontextübergreifend auf den Aufbau von Markenwissen beim Mitarbeiter übertragbar sind. Auf dieser Argumentation basierend wird die **1. theoriegeleitete Annahme formuliert:**

Immersive Lernerfahrungen mit VR wirken sich positiv auf das Markenwissen des Mitarbeiters aus.

Die Ergebnisse der VR-Studie der Wisdom Mobile Internet Technology Training Institution (2016)[754] und von Bhagat et al.[755] (2016) beruhen zudem auf einem Vergleich zu herkömmlichen Kommunikationsinstrumenten wie Lernvideos, Apps, persönliche Gespräche und Vorträge. Die Untersuchungen zeigen, dass VR zu besseren Lernerfolgen führt. Auf diesen Ergebnissen aufbauend, wird die **2. theoriegeleitete Annahme formuliert:**

Der Einsatz von VR führt auch beim Mitarbeiter zu besseren Lernerfolgen als dies bei klassischen Kommunikationsinstrumenten der Fall ist.

Zur Funktionsweise von VR, d.h. welche Determinanten positiv auf das Markenwissen wirken, lassen sich keine theoriegeleiteten Annahmen ableiten, da dies nicht Forschungsgegenstand der lerntheoretischen Beiträge ist.

4.2 Theoriegeleitete Annahmen zum Brand Commitment

Die affektive Wirkung von VR wird von 3 Beiträgen der externen Markenkommunikation empirisch bestätigt. **Javornik (2016)**[756] weist selbst bei einer nur semi-

---

[753] Vgl. BURMANN/ PIEHLER (2016), S. 14 u. ESCH/ EICHENAUER (2016), S. 303.

[754] Vgl. Studie der Wisdom Mobile Internet Technology Training Institution (2016), S. 5 u. S. 9.

[755] Vgl. BHAGAT ET AL. (2016), S. 127.

[756] Vgl. JAVORNIK (2016), S. 995.

immersiven virtuellen Erfahrung (AR) im Vergleich zur normalen App eine signifikant **höhere Verbesserung** des **Markenimages nach**. Auch **Van Kerrebroeck et al. (2017)**[757] bestätigen im Vergleich zum 2D-Video **einen stärkeren positiven Effekt** auf **das Markenimage**. Ebenso belegen **Dobrowolski et al. (2014)**[758] eine signifikante Verbesserung des Markenimages mit drei Kategorien von Attributen. Das **Markenimage** als Einstellungskonstrukt **kann nicht direkt mit den affektiven Zielen der internen Markenführung verglichen werden**, da die interne identitätsbasierte Markenführung[759] dieses Ziel in ihrem Ansatz nicht explizit vorsieht. Als subjektives Einstellungskonstrukt stellt das Markenimage die kognitive und emotionale Reflektion der Markenidentität des Nachfragers dar. Es weist somit eine gewisse Nähe zum BC auf, das ebenfalls als subjektives Einstellungskonstrukt über die Markenidentifikation und Markeninternalisierung die kognitive und emotionale Verankerung der Markenidentität seitens des Mitarbeiters reflektiert. Aufgrund dieser Ausführung liegt die Vermutung nahe, dass sich die einstellungsverändernde Wirkung auf das Markenimage beim Nachfrager auch auf die Markeneinstellung des Mitarbeiters (BC) transferieren lässt. **Diese Ausführungen führen zur 3. theoriegeleiteten Annahme:**

Eine VR-Experience hat einen positiven Effekt auf das Brand Commitment des Mitarbeiters.

Dies impliziert im weiteren Sinne, dass zudem persuasive Wirkungen auf die Einstellungsdimensionen Markenidentifikation und Markeninternalisierung vermutet werden können. Jedoch sind dies zunächst nur vage Vermutungen, da die analysierten Forschungsergebnisse sich auf das Markenimage begrenzen. Die Wissenschaftler Javornik (2016) und Van Kerrebroeck (2017) weisen zudem nach, dass der **persuasive Effekt von VR signifikant stärker** ausfällt als bei den klassischen Instrumenten. Auch diese Erkenntnis wird auf die interne Markenkommunikation übertragen. Es wird somit als **4. theoriegeleitete Annahme formuliert:**

VR hat im Vergleich zu klassischen Kommunikationsinstrumenten einen stärkeren Effekt auf das Brand Commitment des Mitarbeiters.

---

757 Vgl. KERREBROECK (2017), S. 10.

758 Vgl. DOBROWOLSKI ET AL. (2014), S. 127.

759 Vgl. PIEHLER (2011) u. BURMANN ET AL. (2018).

Im Weiteren sollen die Implikationen für die interne Markenführung aus den Erkenntnissen der Theorie der externen Markenkommunikation **zu den Determinanten der affektiven Wirkungen** zusammengetragen werden. So weist **Javornik (2016)**[760] bei einer AR-Experience im Vergleich zur gewöhnlichen App ein signifikant **höheres Niveau an Flow** nach, wobei die **Selbstbestimmung** eine konstituierende Komponente von Flow ist. Dies wiederum führt zu einer signifikant stärkeren Wirkung auf die Markeneinstellung des Nachfragers. Die **Bedeutung der Selbstbestimmung** im Kontext einer VR-Anwendung kann zudem mit dem Beitrag von **Huang et al. (2016)** gestützt werden. Sie belegen[761], dass die Selbstbestimmung[762] als wichtige Komponente der intrinsischen Motivation bei einer VR-Experience befriedigt wird. Auf der Basis dieser Erkenntnisse wird für die interne Markenkommunikation **die 5. theoriegeleitete Annahme formuliert:**

Die Selbstbestimmung bei einer VR-Experience hat einen positiven Effekt auf das Brand Commitment des Mitarbeiters.

Eine weitere Einflussgröße bei der Funktionsweise von VR ist die Vividness. Van Kerrebroeck (2017)[763] bestätigt diese Größe empirisch im Rahmen des transformationalen Kommunikationseffektes als **Determinante der Einstellung** gegenüber dem Werbevideo und der Marke. Auch **Cheng et al (2014)**[764] weisen die **determinierende Wirkung auf die Einstellung** des Users nach. Ebenso kommt **Javornik (2016)** zum gleichen Forschungsergebnis. Es liegt die Vermutung nahe, dass sich die affektive Wirkung der Vividness ebenfalls auf den Mitarbeiter einer Organisation übertragen lässt. Auch in der internen Markenkommunikation ist zur Vermittlung der Markenidentität von großer Bedeutung, die virtuelle Umgebung so realitätsgetreu und markenauthentisch wie möglich zu gestalten, um die Identifikation des Mitarbeiters zu fördern. Zudem schafft wahrscheinlich eine qualitativ hohe markenidentitätsaffine Vividness einer VR-Experience eine förderliche Atmosphäre

---

760 Vgl. JAVORNIK (2016), S. 995.

761 Vgl. HUANG ET AL. (2016), S. 119.

762 Vgl. auch die psychologischen Grundbedürfnisse Kompetenz u. Beziehung zum Bezugsobjekt (Relatedness) zur intrinsischen Motivation. Vgl. CECI, RYAN (1993), S. 226.

763 Vgl. VAN KERREBROECK (2017), S. 2.

764 Vgl. CHENG ET AL. (2014), S.181.

für die Internalisierung der Markenwerte. Auf der Grundlage dieser Ausführungen wird **die 6. theoriegeleitete Annahme formuliert:**

Die Vividness hat einen positiven Effekt auf das Brand Commitment des Mitarbeiters.

Aktuell gibt es keinen Beitrag der externen Markenkommunikation zu VR, der die direkte Wirkung der Emotionalisierung auf die Markeneinstellung des Nachfragers überprüft. **Die hohe Emotionalisierungsleistung** wird jedoch von drei Beiträgen zu VR bestätigt. **Huang et al. (2016)**[765] beweisen eine signifikante Steigerung der Emotionalisierung in Form von Freude bei einer VR-Experience nach. Die **Studie von Nielsen und YuMe (2017) zu VR kommt zu dem Ergebnis,** dass die Emotionalisierung um 27% höher ausfällt als bei alternativen herkömmlichen Instrumenten. Auch **Van Kristofferson (2016)**[766] belegt eine **signifikant höhere Emotionalisierung in Form von Freude** im Vergleich zu einem 2D-Werbevideo. Die Emotionalisierung durch eine VR-Experience hängt in erster Linie von den auslösenden Stimuli ab[767] und ist nicht ausschließlich an den sachbezogenen Kontext des Nachfragers gebunden. Von daher liegt die Vermutung nahe, dass die VR- Erfahrung in der internen Markenkommunikation ebenfalls zu einer stärkeren Emotionalisierung des Mitarbeiters beiträgt. Dies begründet **die 7. theoriegeleitete Annahme:**

Eine VR-Experience führt zu einer stärkeren Emotionalisierung des Mitarbeiters als herkömmliche Kommunikationsinstrumente.

Zur theoretischen Untermauerung der positiven Wirkung der Emotion auf die Markeneinstellung wird auf Javornik (2016)[768] zurückgegriffen, die bei Anwendung einer AR-App nachweist, dass die **zwei Emotionen Spaß und Neugier** über den Mediator Flow im Vergleich zu einer normalen App **zu einer signifikant besseren Markeneinstellung** führen. Als weiterer Beitrag der externen Markenkommuni-

765 Vgl. HUANG ET AL. (2016), S. 121.
766 Vgl. KRISTOFFERSON (2016), S. 524.
767 Vgl. BIELEFELD (2012).
768 Vgl. JAVORNIK (2016), S. 995.

kation kann im weiteren Sinne auch **Kristofferson (2016)** herangezogen werden. Er zeigt, dass im Vergleich zu einem herkömmlichen 2D-Video die höhere Emotionalisierung über den Mediator Immersion zu einer signifikant höheren konativen Wirkung des Users führt. Nach der Kaufverhaltenstheorie[769] geht einer Verhaltensänderung des Nachfragers eine Veränderung der Markeneinstellung voraus. Somit kann **aus den Ergebnissen indirekt geschlossen** werden, dass die **Emotionalisierung auch die Markeneinstellung des Nachfragers** beeinflusst. Auf Basis dieser Ausführungen wird als weitere **8. theoriegeleitete Annahme formuliert:**

Die Emotionalisierung übt einen positiven Effekt auf das Brand Commitment des Mitarbeiters aus.

4.3 Theoriegeleitete Annahmen zum Brand Citizenship Behavior

In der Theorie der externen Markenkommunikation gibt es 5 Beiträge, die die konative Wirkung einer VR-Experience auf den Nachfrager empirisch nachweisen. Vier dieser Beiträge belegen die **Erhöhung der Kaufbereitschaft** des Nachfragers. So weisen **Huang et al. (2016)**[770] nach, dass eine VR-Experience durch die **Erfüllung der psychologischen Grundbedürfnisse** (Selbstbestimmung, Kompetenz und Objektverbundenheit) über die intrinsische Motivation die **Kaufbereitschaft** des Nachfragers signifikant **positiv determiniert**. **Van Kerrebrock (2017) et al.**[771] belegen sogar eine im Vergleich zum 2D-Video **signifikant höhere Kaufbereitschaft**. Diese Ergebnisse bestätigt **auch Kristofferson (2016)**[772], indem er eine im Vergleich zu einem 2D-Video signifikant **höhere Spendenbereitschaft** nachweist. Ebenso belegen **Kinzinger et al. (2018)**[773] eine signifikante Steigerung der Kaufbereitschaft im E-Commerce. Als 5. Beitrag bestätigen zudem **Wijaya et al. (2018)**, eine im Vergleich zu einer 2D-Erfahrung **signifikant höhere**[774] **Bereit-**

---

769 Vgl. Foscht/ Swoboda/ Schramm-Klein (2018), S. 37 ff. u. Bruhn (2015), S. 589.

770 Vgl. Huang et al. (2016), S. 122 f.

771 Vgl. Van Kerrebroeck (2017), S. 10.

772 Vgl. Kristofferson (2016), S. 524.

773 Vgl. Kinzinger et al. S. 7 f.

774 Vgl. Wijaya et al. (2018), S. 23.

schaft zur Kontaktaufnahme mit der Marke. Die positiven verhaltensbezogenen Effekte werden zudem aus **lerntheoretischer Sicht** durch die Wissenschaftler **Bhagat et al. (2016)**[775] untermauert.

Aus diesen Forschungsergebnissen, die einen Einfluss auf die **Kaufbereitschaft und Bereitschaft zur weiteren Informationsrecherche** des Nachfragers belegen, können zunächst keine direkten Implikationen für das BCB abgeleitet werden. Die Vermutung liegt dennoch nahe, dass bei einer VR-Experience auch von einer aktivierenden behavioristischen Wirkung beim Mitarbeiter auszugehen ist. Anknüpfend an **die nachgewiesene Bereitschaft zur weiteren Informationsrecherche** ließe sich im weiteren Sinne ein Rückschluss auf die Bereitschaft eines potenziellen Mitarbeiters ziehen, sich über die Organisation zu informieren sowie sich bei dieser zu bewerben. In diesem Fall entspräche dies den Zielen des Employer Branding[776]. **Was die gesteigerte Kaufbereitschaft** angeht, so kann sie unter der Annahme, dass sie auch die Bereitschaft zum Wiederkauf impliziert, im weiteren Sinne mit der Loyalität des Mitarbeiters gegenüber der Marke verglichen werden. Insofern ließe sich erschließen, dass auch **die Bereitschaft des Mitarbeiters, der Organisation** in Zukunft **treu zu bleiben, gesteigert werden kann**. Dehnt man den Wirkungskreis konativer Effekte noch weiter aus, so könnte man ebenfalls eine positive Wirkung auf die einzelnen Zieldimensionen des BCB wie Steigerung der Markenpartizipation und der Markenmissionierung vermuten. Auch die positiven lerntheoretischen Ergebnisse von Bhagat (2016)[777] lassen sich auf den Mitarbeiter transferieren. Obwohl es bei den Lehrinhalten um Verhaltensmuster im Umgang mit einer Waffe geht, ist anzunehmen, dass generell über VR Verhaltensmuster auch im Arbeitsumfeld des Mitarbeiters z.B. im direkten Kundenkontakt gut trainierbar und erlernbar sind. Auf der Basis dieser Ausführungen wird die **9. theoriegeleitete Annahme formuliert:**

Eine VR-Experience beeinflusst das markenbezogene Mitarbeiterverhalten (BCB) positiv.

775 Vgl. BHAGAT ET AL. (2016), S. 127.

776 Für weitere Informationen vgl. BURMANN/ PIEHLER (2013), S. 226.

777 Vgl. BHAGAT ET AL. (2016), S. 127.

Anknüpfend an die Ausführungen zur 9. theoriegeleiteten Annahme lässt sich zudem annehmen, dass sich die Erkenntnisse von Kristofferson (2016)[778] und Van Kerrebroeck (2017)[779] zum positiven Einfluss der Immersion auf die Verhaltensabsichten des Nachfragers auch auf den Mitarbeiter übertragen lassen. **Somit wird als 10. forschungsgeleitete Annahme formuliert:**

Die Immersion bei einer VR-Experience wirkt sich positiv auf das markenbezogene Mitarbeiterverhalten (BCB) aus.

Bei den verhaltenswirksamen Effekten auf den Nachfrager scheint die **Selbstbestimmung** eine intrinsisch motivierende Komponente (vgl. Huang et al. (2016)) darzustellen. Dieser Effekt dürfte grundsätzlich auch auf das Verhalten des Mitarbeiters in einem arbeitsbezogenen Umfeld der Organisation übertragbar sein. Insofern wird die **11. forschungsgeleitete Annahme formuliert:**

Die Selbstbestimmung des Mitarbeiters in einer VR-Experience hat einen positiven motivationalen Effekt auf das markenbezogene Mitarbeiterverhalten (BCB).

4.4 Sonstige theoriegeleitete Annahmen

Es gibt erste wissenschaftliche Hinweise dazu, dass sich die Determinanten der Immersion auch gegenseitig beeinflussen. **Huang et al. (2016) z.B. erforschen, wie der relevante Inhalt sich auf die Emotionalisierung** des Nachfragers auswirkt. Sie weisen nach, dass die VR-Experience beim Nachfrager ein hohes Maß an Vergnügen auslöst. Es lässt sich annehmen, dass sich dieser inhaltsinduzierte Effekt auch auf den Mitarbeiter übertragen lässt. Es wird somit als **12. forschungsgeleitete Annahme formuliert:**

Der persönlich relevante Inhalt bei einer VR-Erfahrung emotionalisiert den Mitarbeiter positiv.

778 Vgl. Kristofferson (2016), S. 524.

779 Vgl. Van Kerrebroeck (2017), S. 10.

Des Weiteren gibt es diverse **Hinweise zur Erwirkung des Zustandes der Immersion.** Aus den Beiträgen von Van Kerrebroeck (2017)[780] und Cheng et al. (2014) geht hervor, dass die Vividness das Gefühl, sich in einer 2. Realität physisch zu befinden, erhöht. Die Wissenschaftler weisen nach, **dass die Vividness die Immersion** direkt determiniert. Die Autoren **interpretieren die Immersion als physische Immersion.** Der beschriebene Sachverhalt zur Vividness lässt sich ebenfalls auf die interne Markenkommunikation übertragen. Insofern wird für die interne Markenführung **als 13. theoriegeleitete Annahme formuliert:**

Die Vividness einer VR-Experience beeinflusst die physische Immersion von Mitarbeitern positiv.

Zudem weist **Kristofferson (2016)** empirisch nach, dass die **Emotionalisierung** eine signifikant höhere **Wirkung auf die Immersion** des Nachfragers ausübt als eine 2D-Erfahrung. Diese Erkenntnis wird ebenfalls auf den Mitarbeiter übertragen. **Es wird als 14. forschungsgeleitete Annahme formuliert:**

Die Emotionalisierung führt beim Mitarbeiter bei einer VR-Experience zu einer stärkeren Immersion als bei herkömmlichen Kommunikationsinstrumenten.

Borba et al. (2017)[781] belegen zudem nach, dass das **Niveau der Immersion bei einer VR-Anwendung** im Vergleich zu einer 3D-PC Erfahrung und einer 5-seitigen Cave-Erfahrung **am höchsten ausfällt**. Zu einem ähnlichen Ergebnis gelangen **Kinzinger et al. (2018)** [782], die empirisch bestätigen, dass die VR-Anwendung im Vergleich zu einer 2D-Erfahrung im E-Commerce **zu einer signifikant höheren Immersion führt.** Auf der Grundlage dieser Erkenntnisse **wird als letzte 15. forschungsgeleitete Annahme formuliert:**

Die VR-Experience führt beim Mitarbeiter zu einer höheren Immersion als ein herkömmliches Kommunikationsinstrument.

780 Vgl. Van Kerrebroeck (2017), S. 2 f.

781 Vgl. Borba et al. (2017), S. 372.

782 Vgl. Kinzinger et al. (2018), S. 7.

C Empirische Untersuchung

1 Methodische Grundlagen und Überblick über das Forschungsdesign

Da es sich beim Einsatz von VR in der internen Markenkommunikation um ein Gebiet mit generell sehr geringem Kenntnisstand handelt, bietet sich ein primär **exploratives Forschungsdesign** an. Ziel der Grundlagenforschung ist es, für das neue Forschungsfeld ein grundlegendes qualitatives Verständnis über die Zusammenhänge einzelner Größen zu schaffen. Dabei soll ein Einblick in Verhaltensmuster gewonnen[783] und dieses Verständnis methodisch mit Blick auf die formulierten Forschungsfragen strukturiert werden.

Der Kern **qualitativer empirischer Erhebungen**[784] liegt im Konkretisieren und Verstehen von psychologischen und soziologischen Sachverhalten sowie im Analysieren ihrer Zusammenhänge (subjektive Forschung). Übergeordnetes Ziel[785] ist die **erste Komplexitätsverdichtung** zur Bildung von **Hypothesen und Theorien.** Somit wird für die anschließende quantitative Forschung[786] die empirische Grundlage geschaffen. In der **heutigen qualitativen Marktforschung herrscht die Auffassung** vor, dass ein jedes Forschungsvorhaben **ein bestimmtes Vorwissen**[787] benötigt, so dass das Anknüpfen an bereits vorhandene Theorien und Konzepte als hilfreich für den angestrebten Erkenntnisgewinn betrachtet wird. Die in Kapitel B 3.5 aus den Ansätzen der externen Markenkommunikation abgeleiteten Implikationen für den Einsatz von VR in der internen Markenkommunikation sind **lediglich theoriegeleitete Annahmen.** Die nun **folgende explorative Untersuchung** soll dazu beitragen, diese Annahmen kritisch zu überprüfen und Hypothesen im Anschluss zu formulieren, die dann in einen Modellansatz integriert werden[788].

---

783 Vgl. KUSS ET AL. (2014), S. 51.

784 Vgl. MAYERHOFER (2009), S. 488 u. BEREKHOFEN ET AL. (2009), S. 89.

785 Vgl. YIN (2016), S. 7 ff. u. KUSS ET AL. (2014), S. 51 ff.

786 Vgl. KUSS ET AL. (2014), S. 47 ff.; FLICK (2012), S. 124 u. MAYENHOFER (2009), S. 479.

787 Vgl. AUER-SRKNA (2009), S. 164.

788 Vgl. BÖHLER ET AL. (2014), S. 37 f.

I. Nikic-Cemas, *Virtual Reality als neuartiges Kommunikationsinstrument der internen, identitätsbasierten Markenkommunikation*, Innovatives Markenmanagement, https://doi.org/10.1007/978-3-658-32071-3_3

Für die vorliegende Arbeit ergibt sich ein dreistufiges Forschungsdesign. **In der ersten Stufe,** die einen **qualitativen A-Priori-Check** vorsieht, werden **telefonische Experteninterviews** zur Überprüfung und Konkretisierung der Relevanz der Forschungsfrage durchgeführt. Gegenstand der Befragung ist es, zunächst die aktuelle und zukünftige Relevanz von VR in der internen Markenkommunikation zu evaluieren und zu begründen. Weiter sollen die zielbezogenen Potenziale für die interne Markenkommunikation herausgearbeitet und erste Einblicke in die Probleme, Bedenken und Befürchtungen aus der Sicht der Praxis gegeben werden.

In der zweiten Stufe des Forschungsdesigns wird zunächst ein Quasi-Experiment mit dem **Fallbeispiel der Corporate Brand Merck** durchgeführt. Ziel ist es, erste Indizien über die Einflüsse einer VR-Experience auf das Markenwissen und Brand Commitment zu erhalten. Aufgrund eingeschränkter methodischer Möglichkeiten seitens des Forschungspartners Merck kann das Experiment nur in verkürzter Form ohne Kontrollgruppe realisiert werden. Aus diesem Grunde wird es nur einen geringeren Teil der empirischen Untersuchung ausmachen. Der **Schwerpunkt der empirischen Untersuchung dieser Arbeit** liegt auf der **qualitativen Forschung (3. Stufe des Forschungsdesigns).** In diesem Rahmen werden **9 Tiefeninterviews durchgeführt**, die sich an die VR-Experience bei Merck anschließen.

1.1 Qualitative Forschung

1.1.1 Tiefen- und Experteninterviews als Erhebungsmethode

Bei qualitativen Untersuchungen spielen Einzelinterviews eine wichtige Rolle. Sie gehören zu den Befragungsmethoden und sind ein Verfahren, bei dem die Forschungsfrage in Fragen an den Gesprächspartner übersetzt wird. Für die mündlichen Befragungen, die telefonischer Art oder face-to-face[789] erfolgen können, hat sich der Begriff **Tiefeninterview**[790] über die Jahre etabliert. Obwohl Interviews in der empirischen Sozialforschung stark verbreitet sind, ist die methodologisch definitorische Abgrenzung einzelner Arten und Ausprägungsformen stark fragmen-

789 Vgl. BROSIUS ET AL. (2012), S.119.

790 Vgl. GLÄSER ET AL. (2010), S. 40 u. SALCHER (1995), S. 34. SALCHER definiert den Terminus Tiefeninterview als „...ein langes und intensives Gespräch zwischen Interviewer und Befragtem über vorgegebene Themen um,... alle relevanten Einstellungen und Meinungen der befragten Person zu diesen Themen zu erfahren..." Vgl. dazu SALCHER (1995), S. 34.

tiert. In der Literatur[791] gibt es eine **Vielzahl von Bezeichnungen für Interviews**, entweder gänzlich ohne Zugrundelegung einer Systematik oder auf Basis einer willkürlichen Kategorisierung. In der vorliegenden Arbeit wird die **Systematik nach Gläser (2010)**[792] herangezogen. Gläser unterscheidet zwischen 2 Kategorien. Als **erstes Kriterium** zur Kategorisierung der Interviews nennt er den **Zweck des Interviews**, der mit dem Ziel der Untersuchung eng verknüpft ist. Insofern differenziert er zwischen **Experteninterviews**, bei denen die Befragten sich als Spezialisten zu bestimmten Themen kompetent äußern und **Interviews, in denen es um die Erfassung von Deutungen, Sichtweisen und Einstellungen** der Befragten geht. Alle anderen Arten[793] werden unter **Interviews mit anderen Zwecken** subsummiert. „**Als Experte**[794] zählt jemand, der auf einem begrenzten Gebiet über ein klares und abrufbares Wissen verfügt." **Als zweites Kriterium** zur Kategorisierung führt Gläser die **Technik der Datenerhebung** an. Hierbei geht es v.a. um den **Grad der Standardisierung**[795], so dass zwischen voll-, halb- und nichtstandardisierten Interviews unterschieden wird. Zu den nicht standardisierten Interviews gehört nach Gläser auch das **Leitfadeninterview**[796]**.** Kennzeichnend für diese Form ist, dass ein Leitfaden mit offen formulierten Fragen genutzt wird, auf die der Befragte frei antworten kann. Der Leitfaden[797] dient der Gesprächsorientierung und Vergleichbarkeit der gewonnenen Daten. Basierend auf der formulierten Forschungsfrage und den theoretischen Überlegungen[798] zu vermuteten Ursache-Wirkungsbeziehungen wird der Leitfaden entwickelt.

In der vorliegenden Arbeit wird zunächst in **der ersten empirischen Stufe mit Experteninterviews** gearbeitet. In der **dritten empirischen Stufe im Hauptteil werden Tiefeninterviews durchgeführt**. Als Methodik wird das Leitfadeninterview zur Erfassung von Deutungen, Sichtweisen und Einstellungen der Befragten zum Bezugsobjekt herangezogen.

---

791 Vgl. KUSS ET AL. (2014), S. 40.

792 Vgl. GLÄSER ER AL. (2010), S. 41

793 Vgl. KUSS ET AL. (2014), S. 40.

794 Vgl. MAYER (2013), S.41.

795 Für weitere Informationen vgl. KUSS (2014), S. 41.

796 Weitere Formen des nicht standardisierten Interviews sind das offene und narrative Interview. Für weitere Informationen dazu siehe GLÄSER ET AL. (2014), S. 41.

797 Vgl. BROSIUS (2012), S. 102.

798 Vgl. GLÄSER/ LAUDEL (2014), S. 198 f. u. ATTESLANDER (2010), S. 142.

1.1.2 Auswertung durch qualitative Inhaltsanalyse

Ziel der Auswertung der Interviews[799] ist es, im Vergleich der erhobenen Daten das **„Überindividuell-Gemeinsame"** herauszuarbeiten. Die Auswertung des erhobenen Textes kann nach diversen anerkannten Methoden der empirischen Sozialforschung erfolgen[800], wobei die **Methodik** zwingend **auf die Forschungsfrage und den Forschungsgegenstand genau abgestimmt** werden muss. Die ausgiebige Recherche zur Methodenliteratur zeigt, dass es kein einheitliches Muster zur qualitativen Auswertung der Daten gibt. Vor dem Hintergrund der zu bearbeitenden Forschungsaufgabe und des bereits vorhandenen theoretischen Wissens wird die **qualitative Inhaltsanalyse** gewählt, die ein **theorie- und regelgeleitetes Vorgehen** darstellt. Die Autorin stützt sich primär auf die Beiträge von Kukartz (2016), Meuser/ Nagel (2016), Mayring (2015) und Gläser/ Laudel (2014). Der gewählte Auswertungsprozess soll im Folgenden **in enger Anlehnung an Meuser/ Nagel (2016 und 2009)**[801] vorgestellt und transparent gemacht werden. Es ist ein **Untersuchungsablauf** in acht Schritten vorgesehen:

1. **Transkription:**
   Jedes Interview wird aufgezeichnet, wenn nicht gewünscht, genauestens mitgeschrieben, transkribiert[802] und dann anonymisiert. Die vollständige Erfassung[803] weicht einer für den Forschungsgegenstand sachdienlichen Auswahl relevanter Textpassagen.

---

799 Vgl. MEUSER/ NAGEL (1991), S. 452.

800 Für weitere Informationen sei auf die einschlägige Literatur von MAYRING (2015), S. 69 f. und GLÄSER/ LAUDEL (2014), S. 198 ff. verwiesen.

801 Die Wissenschaftler MEUSER/ NAGEL konzipierten für die qualitative Inhaltsanalyse einen 6-stufigen regelgeleiteten Auswertungsprozess für das über Interviews erhobene Material: 1. Transkription, 2. Paraphrase, 3. Überschriften, 4. Thematischer Vergleich, 5. Empirische Generalisierung (auch soziologische Konzeptualisierung) und 6. Theoretische Generalisierung. Diese Struktur verstehen sie als eine Grundstruktur, die an das aktuelle Forschungsvorhaben angepasst werden sollte. Vgl. MEUSER/ NAGEL (2009) u. (2016).

802 In der Literatur zur qualitativen Inhaltsanalyse gibt es bisher keine allgemein akzeptierten Transkriptionsregeln. Es wird empfohlen je nach Forschungsfrage, diese sinnvoll aufzustellen und zu dokumentieren. Vgl. dazu GLASER/ LAUDEL (2010), S. 193 u. MAYRING (2015), S. 50 ff. KOWAL UND O'CONNELL (2012) bspw. unterscheiden zwischen 4 Formen der Transkription. 1. Transkriptionen nach Standardorthografie, bei der das Gesprochene gemäß den Normen geschriebener Sprache wiedergegeben wird, wobei Dialekt und andere sprachliche Merkmale (Versprecher, Betonungen, Wortdehnungen oder „ähm" und „hm") nicht berücksichtigt werden; 2. Transkription nach literarischer Umschrift, die bei der Verschriftlichung sprachliche Eigenheiten wie Elisionen (z. B. sehn für sehen) und Assimilationen (z. B. willste für willst du) berücksichtigt und Gesprächspausen sowie Wortabbrüche notiert; 3. Transkription nach „Eye Dialect", die eine lautgetreue Abbildung von Umgangssprache verfolgt (z. B. pascho für passt schon); 3. Transkription nach phonetischer Umschrift, die das internationale phonetische Alphabet (IPA) nutzt (z. B. [ge:n] für gehn). Vgl. dazu KOWAL u. O'CONNELL (2012), S. 437 ff.

803 Vgl. MEUSER/ NAGEL (2016), S. 349 u. GLASER/ LAUDEL (2010), S. 193.

2. **Initiierende Textarbeit:**
In der initiierenden Textarbeit[804] (nach Kukartz 2016) sollte die qualitative Analyse stets hermeneutisch-interpretativ sein. Dies besagt, dass der Text zunächst sequentiell und vollständig pro Interview gelesen wird, um ein erstes Gesamtverständnis zu gewinnen. Zentrale Begriffe werden markiert und Argumentationslinien analysiert.

3. **Paraphrase:**
Die eng am Text orientierte, protokollarische Erfassung des Inhaltes dient der Herausarbeitung der für die Forschungsfrage relevanten Textpassagen. Durch die Verdichtung und Umformulierungen sollen abgrenzbare Argumentationsmuster herausgearbeitet werden[805].

4. **Kategorienbildung (Überschriften):**
Ein Kategoriensystem[806] wird gebildet, um Suchraster mit Ordnungskriterien zu erstellen, mit dem aus der Fülle des Interviewmaterials, diejenigen Aspekte extrahiert werden, die zur Beantwortung der Forschungsfrage relevant sind[807]. Ein Kategoriensystem besteht aus Haupt- und gegebenenfalls Subkategorien[808]. Methodisch ist nach Mayring (2015) zwischen der **deduktiven und induktiven Kategorienbildung** zu unterscheiden. Ersteres ist eine „A-priori-Kategorienbildung" basierend auf dem Vorwissen. Die Kategorien werden aus den durch die theoretischen Vorüberlegungen konzipierten Untersuchungsvariablen und den Hypothesen über die zugrundeliegenden Kausalmechanismen abgeleitet[809]. Grundlage kann der Interviewleitfaden sein. Bei der induktiven Kategorienbildung werden die Kategorien aus dem erhobenen Material heraus gebildet[810]. Da in der vorliegenden Arbeit bereits theoriegeleitete Annahmen aufgestellt wurden, wird eine Kombination des deduktiven und induktiven Verfahrens umgesetzt.

5. **Codieren der Interviews - Datenextraktion**
Das Codieren des Materials[811] der Interviews impliziert, dass aus den paraphrasierten Interviews alle relevanten Textstellen extrahiert und thematisch Kategorien zugeordnet werden[812]. Bezugsgröße ist das einzelne Interview.

---

804 Vgl. KUKARTS (2016), S. 55. Aufgrund der Anzahl von 9 Interviews und der relativ großen Menge des entstandenen Materials, erscheint es der Autorin sinnvoll, diesen Schritt in den Untersuchungsablauf von MEUSER/ NAGEL zu integrieren.

805 Dieser Schritt kann bei Experten u.U. entfallen, da man davon ausgeht, dass sie sich aufgrund ihrer Kompetenz klar und prägnant zu den Fragen äußern. Vgl. MEUSER/ NAGEL (2016), S. 348.

806 Vgl. MEUSER/ NAGEL (2016), S. 348 f.; KUKARTS (2016), S. 63; GLÄSER/ LAUDEL (2010), S. 200.

807 Dieser Schritt wird bei MEUSER/ NAGEL als Bildung von Überschriften bezeichnet; wobei er sich noch auf das einzelne Interview bezieht. Vgl. MEUSER/ NAGEL (2016), S. 349 u. (2009) S. 476.

808 Vgl. KUKARTS (2016), S. 64 f. u. MAYRING (2015), S. 69 f.

809 Vgl. MAYRING (2015), S. 97 f.; KUKARTS (2016), S. 65 u. GLÄSER/ LAUDEL (2010).

810 Vgl. KUKARTS (2016), S. 72 u. MAYRING (2015), S. 69 f.

811 Während MEUSER/ NAGEL die Codierung, d.h. die Zuordnung des Materials zu den Kategorien in einem Schritt mit der Bestimmung der Kategorien zusammenfassen, bevorzugt der Autor die strukturiertere Vorgehensweise nach KURKARTS (2016) und GLÄSER/ LAUDEL (2010), die das Codieren des Materials in einem gesonderten Schritt vorsehen. Vgl. KURKARTS (2016) S. 100 u. GLÄSER/ LAUDEL (2010), S. 201.

812 Vgl. KUKARTS (2016), S. 103 u. GLÄSER/ LAUDEL (2010), S. 201.

6. **Aufbereitung der Daten - Thematischer Vergleich**
   Die Perspektive auf die einzelnen Interviews wird nun verlassen und es erfolgt eine intersubjektive Verdichtung von Aussagen. Vergleichbare Textpassagen aus verschiedenen Interviews je Kategorie werden zusammengefasst[813]. Dabei sind die Ergebnisse fortlaufend auf Triftigkeit, Vollständigkeit und Validität hin zu überprüfen[814].

7. **Empirische Generalisierung**
   Es erfolgt eine Ablösung von den Texten und der Terminologie der Interviewten. Die zusammengefassten Ergebnisse der Kategorien werden nun verallgemeinert und in eine wissenschaftliche Sprache übersetzt. Es werden erste forschungsgeleitete Annahmen zu Kausalzusammenhängen formuliert[815].

8. **Theoretische Generalisierung**
   Die letzte Phase sieht vor[816], dass die Ergebnisse der empirischen Generalisierung mit den forschungsgeleiteten Annahmen abgeglichen werden. Darauf aufbauend können Hypothesen über Kausalzusammenhänge formuliert werden.

1.2 Quantitative Forschung über Experimente

Da der empirische Schwerpunkt dieser Dissertation auf der qualitativen Forschung liegt, werden hier nur die Grundlagen eines experimentellen Forschungsdesigns behandelt. Zudem wird das in der vorliegenden Arbeit verwendete Forschungsdesign als Quasi-Experiment vorgestellt und begründet.

Ein experimentelles Untersuchungsdesign[817] erlaubt quantitativ fundierte Aussagen über Ursache-Wirkungs-Beziehungen zu treffen. Mit Hilfe eines Experimentes können **kausale Zusammenhänge**[818] zwischen einer unabhängigen und einer abhängigen Variablen untersucht und erklärt werden. Kuss (2014) definiert[819] ein Experiment als „...eine Vorgehensweise, bei der eine oder mehrere der so

---

813 Vgl. MEUSER/ NAGEL (2016), S. 349. KURKARTS sieht ggf. ergänzend die Möglichkeit einer evaluativen, qualitativen Auswertung vor. In dem Fall können z.B. statistische Häufigkeiten und auch arithmetische Mittelwerte gebildet werden. Vgl. KURKARTS (2016), S. 137 f. In der Arbeit wird von dieser Option Gebrauch gemacht.

814 Vgl. GLÄSER/ LAUDEL (2010), S. 203.

815 Vgl. MEUSER/ NAGEL (2016), S. 349 f. u. GLÄSER/ LAUDEL (2010), S. 202.

816 Bei der Auswertung bietet sich an, rekursiv vorzugehen und einzelne Stufen erneut zu durchlaufen. Dies entspricht der Zirkularität der qualitativen Analyse. Vgl. MEUSER/ NAGEL (2010), S. 349.

817 Vgl. BROSIUS ET AL. (2012), S. 197.

818 Vgl. KUSS (2014), S. 177; SILVER ET AL. (2013), S. 76 u. BROSIUS ET AL. (2012), S.196.

819 Vgl. (a.a.O.), S. 177.

genannten **unabhängigen Variablen derart manipuliert** werden, dass die entsprechenden **Auswirkungen auf abhängige Variablen beobachtet** werden können". Dabei erfolgt eine genaue Messung der evtl. Veränderungen der abhängigen Variablen. Eine zuverlässige Feststellung der Kausalität[820] ist nur dann möglich, wenn alle möglichen **Störvariablen** eliminiert oder konstant gesetzt werden. Insofern ist eine wichtige Versuchsanforderung **unter kontrollierten**, d.h. immer gleichbleibenden **Testbedingungen**[821], den Einfluss der Testvariablen auf die abhängige Variable zu isolieren (isolierende Variation). Die **Festlegung des experimentellen Untersuchungsdesigns** sieht zur validen Überprüfung eines Ursache-Wirkzusammenhangs einen Vergleich der Ergebnisse zwischen einer **Experimentalgruppe** (Versuchsgruppe) und einer **Kontrollgruppe** vor. Die Anlage mindestens zweier Vergleichsgruppen ist normalerweise der Ausgangspunkt eines jeden Experiments, ohne die die Wirkung eines Treatments[822] der Experimentalgruppe nur bedingt interpretierbar ist[823]. Die Kontrollgruppe, die nicht mit den experimentellen Stimuli konfrontiert wird, hat die Funktion eines neutralen Bezugspunktes. Sie dient zur **Überprüfung der Versuchsbedingungen und zum Vergleich und Nachweis der Effekte.**

Es ist festzuhalten, dass das experimentelle Design an bestimmte systematische Anforderungen gebunden ist, damit die Daten interpretierbar und generalisierbar sind. Dazu zählen[824] vor allem das **Konzept der Validität**, das den kontrollierten Einsatz der unabhängigen Variablen impliziert, die **zufällige Zuordnung der Versuchspersonen zu den Versuchs- und Kontrollgruppen** sowie das Vorhandensein einer **Kontrollgruppe**. In der Forschung gibt es jedoch Untersuchungssituationen, in denen nicht alle Bedingungen erfüllt werden können. In diesem Fall spricht man von einem **Quasi-Experiment**[825]**.** Bei der Definition dieses Sonderfalls gehen die wissenschaftlichen Auffassungen auseinander. Nach **Hertel et al.** (2010)

---

820 Vgl. (a.a.O.), S. 193.

821 Vgl. KUSS (2014), S.147; BEREKHOFEN (2009), S. 146 u. RAAB ET AL. (2009), S. 193.

822 Unter Treatment versteht man die Gabe des experimentellen Stimulus wie z.B. das dem Probanden Vorlegen einer Printanzeige. Vgl. BROSIUS ET AL. (2012), S. 203.

823 Vgl. u.a. KUSS (2014), S. 180; BROSIUS ET AL. (2012), 203; BEREKHOFEN (2009), S. 146 f.; Raab et al. (2009), S. 41; SHADISH ET AL. (2002), S. 38 u. DAVIS (2001), S. 48.

824 Vgl. BEREKHOFEN (2009), S. 147.

825 Vgl. KUSS (2014), S. 189 f.; HERTEL ET AL. (2010), S. 53 ff., SHADISH ET AL. (2002), S. 38 u. CAMPBELL/ STANLEY (1963), S. 34.

in enger Anlehnung an **Wilkening/ Wilkening** (1986) und **Sadish et al.** (2002) ist nach der sozialwissenschaftlichen Forschung die Indikation eines **quasi-experimentellen Versuchsplans** bei folgenden Kriterien[826] [827] gegeben:

- die Versuchspersonen werden nicht randomisiert den Test- und Kontrollgruppen zugeordnet
- die unabhängige Variable kann vom Versuchsleiter manipuliert werden
- Fehlen einer Kontrollgruppe

Es reicht aus, wenn eines dieser Kriterien auf den Versuchsplan zutrifft. Quasi-experimentelle Versuchspläne werden als Kompromiss[828] aufgefasst, wenn z.B. trotz nicht randomisierter Zuordnung Schlussfolgerungen über die Wirksamkeit einer Intervention abgeleitet werden sollen.

Im eigenen Versuchsaufbau im Falle der VR-Experience bei Merck soll eine Befragung vor und nach dem VR-Treatment bei randomisierter Zuordnung der Experiment-Teilnehmer erfolgen. **Eine Kontrollgruppe ist nicht vorgesehen**[829], da der Forschungspartner keine Kontrollgruppe zur Verfügung stellen kann. Nach der zuvor dargestellten konzeptionellen Auffassung liegt ein **Quasi-Experiment als „Ein-Gruppen-Pretest-Posttest-Versuchsplan“** [830] [831] vor, da die Kontrollgruppe fehlt. Andere Wissenschaftler wie **Price et al. (2015)** machen die Bezeichnung des

---

[826] Vgl. HERTEL (2010), S. 49 f., KUSS (2014), S. 189 u. WILKENING/ WILKENING 1986. Jedoch müssen auch bei einem Quasi-Experiment folgende Grundkriterien erfüllt sein, um kausale Schlussfolgerungen ableiten zu können: 1. Ursache geht dem Effekt voraus, 2. die Ursache kovariiert mit dem Effekt und 3. mögliche alternative Erklärungen können ausgeschlossen werden. Vgl. auch PRIVITERA ET AL. (2019), S. 335; SADISH (2002), S. 104 u.134 u. DAVIS (2001), S. 48 f.

[827] SADISH (2002) führt als weiteres Kriterium eines quasi-experimentelles Design das Fehlen eines Pre-Tests (1. Messung) vor Durchführung des Treatments an. Vgl. SADISH (2002), S. 104 u. 134 u. DAVIS (2001), S. 48 f. Diese Auffassung teilen die Autoren HERTEL und WILKENING/ WILKENING nicht.

[828] Vgl. HERTEL (2010), S. 49.

[829] Versuchspläne ohne Kontrollgruppen werden überwiegend in der Feldforschung eingesetzt. Im Hinblick auf interne Validität unterliegen sie vielfältigen Beeinträchtigungen. So ist eine Ableitung von Schlussfolgerungen nur durch einen Ausschluss von Alternativerklärungen möglich. Vgl. dazu HERTEL ET AL. (2010), S. 53 ff.

[830] Vgl. HERTEL (2010), S. 51, Tabelle 1.

[831] DAVIS (2001) benutzt für diese Art von Versuchsplan nicht den Begriff Quasi-Experiment. Im Rahmen seiner Kategorisierung bezeichnet er den im Fall Merck vorgesehenen Versuchsplan (randomisierte Gruppe, die einem Pretest vor und einem Postest nach dem Treatment ausgesetzt wird) als „Simple longitudinal Design“. Vgl. DAVIS (2001), S. 59 f.

Versuchsansatzes als Experiment **nicht davon abhängig, ob eine Kontrollgruppe**[832] gegeben ist. Werden trotz Fehlen der Kontrollgruppe ansonsten alle bereits zuvor genannten Anforderungen an ein Experiment **sowie das Durchführen eines Pretests (1. Messung) erfüllt**, sprechen sie von einem experimentellen Forschungsansatz[833]. Sie definieren ein Quasi-Experiment als *"...a research, that involves the manipulation of an independent variable without the random assignment of participants to conditions or orders of conditions".* Insofern ist nach Auffassung der Wissenschaftler[834] **das Fehlen der randomisierten Zuordnung der Teilnehmer** und das **Ausbleiben des Pretest-Posttests** entscheidend, um einen Versuchsplan als quasi-experimentellen Ansatz zu bezeichnen. Nach dieser wissenschaftlichen Auffassung würde der geplante Versuchsaufbau im Falle Merck nicht als Quasi-Experiment, **sondern als Experiment mit einem Ein-Gruppen-Pretest-Posttest-Design** betrachtet werden. Dies lässt sich mit der randomisierten Zuordnung der Testpersonen, dem Durchführen des Pretests (1.Messung) und der Erfüllung der sonstigen Experimentbedingungen begründen.

Da der überwiegende Teil der Wissenschaftler den geplanten Versuchsaufbau als Quasi-Experiment mit einem Ein-Gruppen-Pretest-Posttest-Design bezeichnen würde, schließt sich die Autorin dieser Arbeit der herrschenden Meinung an. Zudem spricht dafür, dass im vorliegenden Fall aufgrund der fehlenden Kontrollgruppe keine Aussagen darüber getroffen werden können, ob VR eine bessere Wirkung auf die Ziele der internen Markenkommunikation zeigt als klassische Kommunikationsinstrumente. Es können lediglich Aussagen über die isolierte Wirkung von VR abgeleitet werden. In der vorliegenden Arbeit wird somit ein **Laborexperiment mit quasi-experimentellen Ein-Gruppen-Pretest-Posttest-Design** durchgeführt. Um den Effekt des Treatments auf die abhängige Variable zu messen, wird somit eine Befragung vor und nach dem Treatment erhoben.

---

[832] Vgl. dazu auch PRIVITERA ET AL. (2019). Auch diese Wissenschaftler sprechen dann von einem experimentellen Ansatz, in dem die Testgruppe selbst als Kontrollgruppe fungiert. Dies setzt aber eine **dreimalige Kontrollmessung** voraus. Vgl. PRIVITERA ET AL. (2019), S. 349.

[833] Vgl. PRICE ET AL. (2015), Kapitel 6.

[834] Vgl. PRICE ET AL. (2015), Kapitel 7.

2 A-priori Forschung - Experteninterviews zur Fundierung der Forschungsrelevanz

2.1 Stichprobenauswahl und Interviewleitfaden

Zur Überprüfung der praktischen Relevanz der Forschungsfrage wurden insgesamt 9 Experteninterviews im Rahmen von geplanten Telefongesprächen[835] geführt. Diese 9 Experten wurden so ausgewählt, dass sie die entsprechenden fachlichen Kenntnisse und den beruflichen Erfahrungshintergrund mitbringen, sich kompetent zu dem Untersuchungsgegenstand, Relevanz und Potenzial von VR in der Markenkommunikation, äußern zu können. Ein Teil dieser Experten sollte Erfahrungen und Fachkenntnisse aus dem Bereich der Entwicklung und Produktion aufweisen, um auch die technologische Perspektive bei der Beurteilung von VR zu berücksichtigen. Ein anderer Teil sollte aus der Praxis des Marketings hervorgehen und erste Erfahrungen im Umgang mit Projekten und dem Einsatz von VR gesammelt haben. Unter den 9 Befragten sind 4 Marketingmanager diverser Branchen, 1 VR-Entwickler, 1 interner Team Builder und 3 CEOs etablierter VR-Agenturen[836]. Da VR in der internen Markenkommunikation noch nicht verbreitet ist, konnte aus diesem Bereich nur ein Experteninterview mit einer Marketingmanagerin (Merck) und ein Weiteres mit einem Team Builder der internen Mitarbeiterentwicklung (Deutsche Bahn Systel GmbH) geführt werden. Die Marketingmanagerin ist Abteilungsleiterin des Bereichs Internal Brand Communication bei der Corporate Brand Merck und hat das im Folgenden zu untersuchende Projekt „VR Brand Dome" in der internen Markenkommunikation von der Entwicklung bis zur Implementierung betreut. Der Experte der DB Systel GmbH arbeitet seit 5 Jahren als Teambuilder und wendet VR seit dieser Zeit regelmäßig an. Des Weiteren war er bei der konzeptionellen Entwicklung des Instrumentes VR bei der DB Systel GmbH involviert. Zudem wurden 3 Marketingmanager als Experten aus der externen Markenkommunikation gewonnen, die in ihrem Bereich VR nutzen. Den 3 CEOs der VR-Agenturen ist der Umgang mit VR über vielfältige Projekte im externen Marketing, der Mitarbeiterweiterbildung und Mitarbeiterakquise geläufig. Die Befragungen dauerten ca. 20 bis 40 Minuten und wurden danach transkribiert. Auf Wunsch des überwiegenden Teils der Befragten fand

835 Die Experteninterviews fanden im Zeitraum Februar bis April 2018 statt.

836 Aus Datenschutzgründen können die einzelnen Namen der Personen nicht genannt werden.

keine auditive Erfassung der Gespräche statt. Tab. 2 zeigt einen Überblick über die befragten Experten.

Interviewte[1)]	Firma/ Ort	Funktion/ Abteilung	Datum	Dauer in Minuten
B1 m	Merck KGaA/ Darmstadt	VR-Entwickler und Abteilungsleiter Innovative Technologien	20.02.2018	20
B2 w	Merck KGaA/ Darmstadt	Head of Internal Brand Management	20.03.2018	40
B3 m	DB Systel GmbH/ Frankfurt a.M.	Teambuilder im Fast Track Recruiting	21.03.2018	35
B4 m	Viessmann Werke GmbH & Co. KG Allendorf	Head of Corporate Marketing	27.03.2018	20
B5 w	BayWa/ München	Senior Marketingmanager/ Corporate Marketing	27.03.2018	20
B6 m	Lufthansa/ Frankfurt a.M.	Marketingmanager/ Digital Communication	29.03.2018	30
B7 w	Omnia 360° (VR-Agentur / Hamburg	Gründerin/ CEO	03.04.2018	20
B8 m	2PolygonArt (VR-Agentur)/ Hamburg	Inhaber/ CEO	04.04.2018	25
B9 w	3-Spin (VR-Agentur)/ Darmstadt	Inhaber/ CEO	11.04.2018	35

1) w = weiblich; m = männlich

Tabelle 2: Übersicht über die interviewten Experten
Quelle: Eigene Darstellung

Im Kapitel A 4 wurde die Forschungsfrage formuliert:

- **In wie weit hat der Einsatz von VR einen positiven Einfluss auf die Ziele der internen Markenführung?**

Zur Überprüfung der Relevanz dieser Forschungsfrage wurde methodisch das semistrukturierte Experteninterview gewählt. Folgende Fragen wurden im **Interviewleitfaden** verwendet:

- **Welche Relevanz hat VR generell aus Ihrer Sicht jetzt und in Zukunft in der internen Markenkommunikation?**
- **Welche Relevanz hat aus Ihrer Sicht jetzt und in Zukunft VR in der internen Markenkommunikation in ihrer Unternehmung?**
- **Wo liegt das größte Potenzial im Hinblick auf die Einsatzbereiche in der internen Markenkommunikation?**

- **Was sind hinsichtlich des Einsatzes von VR in der internen Markenkommunikation die offenen Fragen und Probleme?**

2.2 Auswertung der Ergebnisse

Die Experteninterviews wurden in enger Anlehnung an die in Kapitel C 1.1.2 dargestellten Vorgehensweise der qualitativen Inhaltsanalyse ausgewertet. Der Ablauf der theoriegeleiteten Auswertung wurde leicht modifiziert, da der überwiegende Teil der Experten einer Audioaufnahme nicht zustimmte. Aus diesem Grunde wurden die **Interviews nach bestem Gewissen** von dem Interviewer (identisch mit dem Autor dieser Arbeit) **handschriftlich protokolliert**. Im Anschluss daran erfolgte die **initiierende Textarbeit**, wobei alle Interviews sequentiell und vollständig gelesen wurden, um ein erstes Gesamtverständnis für die Beiträge der Experten zu gewinnen. Auf der Basis von Schritt 1-2 erfolgte dann die **Paraphrase (3. Schritt).** Da es sich um Experteninterviews handelt und sich die Befragten sehr prägnant und gezielt äußerten, lehnt sich die Paraphrase sehr eng an die Mitschrift der Interviews an, so dass **Transkription und Paraphrase im Grunde genommen zusammenfallen.** Im **4. Schritt** der qualitativen Analyse (Kategorienbildung) ergaben sich die **Kategorien deduktiv** direkt aus den 4 Fragen des Interviewleitfadens. Auf der Grundlage der 4 Kategorien und der aus den Interviews extrahierten Daten wurde im Rahmen des 5. Schritts (Codieren der Interviews - Datenextraktion) eine Excel-Tabelle erstellt, in deren Spalten die Kategorien eingetragen und in deren Zeilen die relevanten Extrakte der einzelnen Interviews dokumentiert wurden. **Im 6. Schritt** erfolgte der **thematische Vergleich in der Excel-Tabelle** je Kategorie vertikal über die einzelnen Interviews hinweg, um losgelöst von einzelnen Interviews die Aussagen zu verallgemeinern. Im sich anschließenden **7. Schritt** wurden diese Zusammenfassungen über die **empirische Generalisierung** in eine wissenschaftliche Sprache übersetzt, um das **Über-Individuell-Gemeinsame herauszuarbeiten.** Auf die theoretische Generalisierung wird verzichtet, da es sich hier um eine A-priori Forschung handelt zur Überprüfung der Relevanz der Forschungsfrage.

Zunächst soll auf die Auswertung folgender Frage eingegangen werden:

- **Welche Relevanz hat generell aus Ihrer Sicht jetzt und in Zukunft VR in *der internen Markenkommunikation*?**

Die Experten sind sich einig, dass VR aktuell in der externen Markenkommunikation eine deutlich höhere Bedeutung hat als in der internen. *„Hier ist regelrecht ein Hype ausgebrochen. Viele Unternehmen bzw. Marken wollen unreflektiert zu den Early Adaptern gehören, da man glaubt mit dieser Technik seine Probleme zu lösen und die Ziele der Markenkommunikation sehr gut erreichen zu können.“;* (CEO, 3-Spin, VR-Agentur). **Sie gehen jedoch von einem hohen Potenzial und zukünftig stark wachsender Relevanz** in der internen Markenkommunikation aus. *„Die externe Kommunikation zeigt große erste Erfolge. Warum soll das denn nicht auf die interne übertragbar sein?“;* (Digital Marketingmanager, LH). Dies gilt vor allem für den B2B- und Service-Bereich. Eine große Anzahl von Unternehmen zeigt **starkes Interesse am Einsatz von VR in der internen Markenkommunikation.** Dies bestätigen nach Aussagen der Experten einschlägige Fachgespräche zu diesem Thema auf externen Events wie Kongressen und Fachtagungen zur Kommunikation. Allerdings hält sich die Praxis **mangels Know-hows und Erfahrungen** mit VR-Projekten noch zurück, obwohl momentan viele Pilot-Projekte bereits in Planung sind. *„...Wir wissen generell und über die Wirkungsweise zu wenig. Die Praxis steht aber in den Startlöchern.“*; (Digital Marketingmanager, LH). **Da man keine zuverlässigen Informationen über die Wirkung von VR auf die internen Ziele habe,** warte man erst ab, bis sich dieses Instrument in der externen Markenkommunikation erfolgreich durchsetzt habe und die Effektivität auch wissenschaftlich untermauert sei. *„VR ist für viele Unternehmen ein ganz neues Terrain, so dass unsere Kunden viel zu wenig über die vielfältigen Möglichkeiten, die VR bietet, wissen. Sie kennen die Potenziale, die das Instrument bietet, gar nicht. Das gilt aber auch immer noch für die externe Markenkommunikation.“;* (CEO; Omnia 360°, VR-Agentur). *„Man muss sich wohl erst einmal anschauen, wie es so draußen läuft; und, wenn sich VR dort bewährt, bin ich mir sicher, dass man es auch für den internen Markenbereich in Erwägung ziehen wird“;* (VR-Entwickler, Merck). *„Die Anfragen von Unternehmen im Bereich der internen Markenkommunikation nehmen zu, v.a. zur Schulung von Mitarbeitern für Verkaufsgespräche und Messen im B2B“. Ist im Grunde günstiger als andere Tools und bietet grenzenlose Möglichkeiten bei kreativem Einsatz.“;* (CEO, Poligon-Art/ VR-Agentur). Die Experten bringen zum Ausdruck, dass sich grundsätzlich die **interne Markenführung zunächst mit VR intensiver auseinandersetzen** muss. Vielen Unternehmen erscheinen von daher VR-Projekte zum jetzigen Zeitpunkt verfrüht.

Hinzu kommt, dass es **nur wenige unterstützende Experten auf diesem Gebiet** gibt, was auch für Beratungsagenturen gilt. *„Die, die sich Experten nennen, vor allem die Agenturen, haben selber nur Halbwissen oder riesige Wissenslücken. Momentan ist VR noch hoch abenteuerlich und experimentell. In Zukunft wird sich das ändern und die Relevanz deutlich zunehmen.";* (Head of Internal Brand Management, Merck). Das in der Praxis fehlende Wissen im Umgang mit VR und über seine Wirkung begründet auch, warum **Geschäftsleitungen bei der Freigabe von Budgets häufig noch zurückhaltend** reagieren. *„Die Unternehmen sind verhalten bei der Freigabe von Geldern...Man weiß zu wenig über die Ergebnisse, also die Effektivität, und noch viel weniger über die Wirtschaftlichkeit. Wie soll man da bitte die Geschäftsleitung zur Bereitstellung von Budget überzeugen können?";* (Head of Corporate Marketing, Viessmann). *„Wir können nicht nur einfach behaupten, dass wir mit VR unsere internen Ziele erreichen, wir müssen das irgendwie belegen, praktisch oder wissenschaftlich, um die Entscheidungsträger, die die Budgets freigeben, zu überzeugen.";* (Senior Marketingmanager, BayWa). Weiter äußern sich die Experten, dass die **Relevanz von VR stark von der konkreten Marke abhänge.** Bei Marken, die Wert auf ein innovatives Image legen und bei denen die Vermittlung von Markenwelten eine Rolle spielt, sei die Bedeutung deutlich höher. *„Wir empfehlen VR insbesondere den Marken, die an einem innovativen Image arbeiten. Das sehen wir nicht zwingend branchengebunden; aber natürlich bietet sich VR für Technologieunternehmen, Dienstleistungsunternehmen und im B2B-Bereich an.";* (CEO, Omnia 360°/ VR-Agentur). *„Wenn man VR richtig einzusetzen und zu konzipieren weiß, bietet es grenzenlose Möglichkeiten, dies ist vor allem für Marken von Bedeutung, die mit Markenwelten arbeiten; VR erweckt diese Welten zum Leben."; (CEO, 2PolygonArt/ VR-Agentur.)*

Zusammenfassend lässt sich festhalten, dass die Experten ein **hohes Interesse an VR in der internen Markenkommunikation** bestätigen und von einer **zunehmenden Relevanz** ausgehen. Diese Vermutung rührt daher, dass man VR in der externen Markenkommunikation große Erfolge zuschreibt und von einem Durchbruch in diesem Bereich in naher Zukunft ausgeht. Die Experten führen aus, dass **folglich auch das interne Markenmanagement VR für die Erreichung interner Ziele entdecken und nutzen wird**, da die Wirksamkeit dieses Instruments sich gut auf die interne Markenkommunikation übertragen ließe. Die aktuelle Zurückhaltung begründen sie mit **fehlendem Know-how** über das Instrument an sich **sowie über die Effekte und Wirkungsweise auf die internen Marketingziele**.

Im Folgenden soll der Leitfrage nachgegangen werden:

- **Welche Relevanz hat aus Ihrer Sicht jetzt und in Zukunft VR in der internen Markenkommunikation *in ihrer Unternehmung*?**

Aktuell spielt VR in der internen Markenkommunikation praktisch keine bis geringfügige Rolle. Bevor Unternehmen bereit sind, VR in der internen Markenkommunikation einzusetzen, ziehen sie es vor, erste Erfahrungen mit diesem Instrument in der externen Markenführung zu sammeln. *„...Ich denke, dass es zunächst sinnvoller ist, VR in der externen Markenkommunikation zu erproben, da man da dichter am Kunden dran ist auch mehr Profit machen kann. Wir müssen uns selbst erst einmal ein klares Bild davon verschaffen, wie derartige Projekte zu gestalten sind und funktionieren. Aus diesem Grunde haben wir jetzt im März ein Pilotprojekt im Sponsoring mit dem FC Bayern Basketball*[837] *gestartet. Danach sehen wir weiter.“;* (Senior Marketingmanager, BayWa). Der FC Bayern Basketball aus der Easycredit Basketball Bundesliga (BBL) und sein Hauptsponsor Baywa haben ein VR-Projekt gemeinsam entwickelt und im März 2018 umgesetzt. Beim Spitzenspiel des Clubs gegen Alba Berlin erlebten die Zuschauer erstmalig in der Geschichte des europäischen Basketballs einen Club in VR. Die Besucher konnten im Audi Dome am Spieltag in der "Fancorner" an verschiedenen VR-Stationen die VR-Erfahrung durchführen. Die Baywa verteilte „Cardboards“, die mithilfe des eigenen Smartphones zur VR-Brille umfunktioniert werden konnten. Mit **Pilotprojekten** in der externen Markenkommunikation **wollen Unternehmen sich mit VR vertraut machen** und **zunächst die Wirksamkeit bei begrenztem Risiko überprüfen.** Dies gilt auch für die Marke Lufthansa. *„Abgesehen von der Schulung unserer Piloten setzen wir VR erst einmal in der externen Markenkommunikation ein. Hier haben wir mit 30 Filmen à 2 - 3 Minuten erste Erfahrungen gesammelt, wobei unser Budget zwischen 0,5 und 1 Millionen Euro schwankt. Wir nutzen und integrieren VR vor allem in sozialen Medien, um Image-Effekte zu erwirken. Durch dieses*

[837] Für weitere Informationen: https://connected-reality.com/portfolio-item/die-baywa-vr-experience-fc-bayern-basketball-neue-benchmark-im-europaeischen-basketball/ und auch https://www.sponsors.de/news/sponsoring/baywa-aktiviert-bayern-sponsorship-mit-vr?active=1.

innovative Tool versprechen wir uns einen Wow-Effekt...Zudem wenden wir aktuell VR auch experimentell am Boarding-Desk an, um unsere Kunden davon zu überzeugen, ein Upgrade für die Business-Class zu erwerben. Das Video zeigt den Komfort und die Annehmlichkeiten in einer höheren Buchungskategorie. Wir haben einen positiven Effekt feststellen können, nämlich, dass ein großer Teil der Kunden das Verhalten änderte und ein Upgrade erworben hat...Wir warten jetzt erst einmal generell die Entwicklung in der externen Kommunikation ab und dann sehen wir intern weiter."; (Digital Marketingmanager, LH). Der Experte der DB Systel teilt mit, dass auch bei der Deutschen Bahn VR aktuell noch keine große Relevanz in der internen Markenführung habe, was sich jedoch in Zukunft ändern werde. *„Bei der DB wird VR in der internen Markenkommunikation eine große Rolle in der Zukunft spielen und wir arbeiten auch schon kräftig daran. Gerade in unserem Bereich kann man mit VR sehr gut Wissen aufbauen und Verhalten trainieren. Beispiele im Umfeld der Deutschen Bahn könnten Trainings im Umgang mit einem betrunkenen Fahrgast sein, der randaliert. Dies gilt im Grunde generell für besonders kritische Verkaufssituationen im Umgang oder Kontakt mit dem Kunden.";* (Teambuilder, Deutsche Bahn-DB Systel). Bisher nutzt die Deutsche Bahn VR nur bei der Mitarbeiterakquise und zur Aus- und Weiterbildungszwecken im HR-Bereich. *„Wir qualifizieren unsere 4.000 Zugbegleiter mit VR im Rahmen des Projekts EVE (Engaging Virtual Education), um z.B. den Hublift für Reisende mit Rollstuhl zu bedienen, der an den Türen des neuen ICE4 eingebaut ist. Das ist für uns deutlich günstiger als, wenn wir alle Mitarbeiter richtig, also physisch, in Seminaren schulen würden. Über die VR-Brille können die Mitarbeiter die körperlichen Bewegungsabläufe lernen und erarbeiten sich so eine Art Muskelgedächtnis.";* (Teambuilder, Deutsche Bahn-DB Systel). Von den befragten Unternehmen setzt **nur die Corporate Brand Merck VR in der internen Markenkommunikation ein**. *„VR hat bei uns eine hohe Relevanz, da es ein neues Tool ist, auf das man große Hoffnungen setzt. Bei der Corporate Brand Merck ist ein sehr guter Fit zwischen der Markenpositionierung und VR als hoch innovatives Tool gegeben. Wir haben...eine Markenwelt aufbauen können, die es so vorher nicht gab...Es ist allerdings hoch experimentell, da man überhaupt nicht wusste, was am Ende rauskommt.";* (Head of Internal Brand Management, Merck).

Im Weiteren soll auf die Auswertung der Frage eingegangen werden:

- **Wo liegt das größte Potenzial im Hinblick auf die Einsatzbereiche in der internen Markenkommunikation?**

Die befragten Experten vermuten einhellig, dass **VR als ergänzendes, innovatives Instrument zum Aufbau von Markenbotschaftern auf allen internen Zielebenen sehr hilfreich** sein kann. Dies zeigt sich darin, dass es bei der Vermittlung der Markenidentität und -welt neuartige wirksame Möglichkeiten der Mitarbeiteransprache bietet. „*VR ist im Vergleich zu den normalen Kommunikationsinstrumenten eine vollkommen ungewöhnliche, stark emotionalisierende Form, den Mitarbeiter mit der Marke, ihren Prinzipien und ihrer Philosophie vertraut zu machen. Durch diese einzigartige Kommunikation kann man gut Markenwissen aufbauen und auch viel besser die Uniqueness der Marke transportieren; es steigt gleichzeitig auch das Markenimage beim Mitarbeiter. Dabei würde ich aber auf die altbewährten Instrumente wie Workshops, Markenhandbücher usw. nicht verzichten wollen.*“; (Head of Corporate Marketing, Viessmann). Die **Experten können sich eine positive Wirkung auf das Markenwissen BC und BCB gut vorstellen**. VR macht Mitarbeiter neugierig auf die Marke und motiviert sie. „*VR kann Verhalten sehr gut beeinflussen, da es Einstellungen ändert...Eignet sich zum Aufbau von markenkonformen Verhalten, da Abläufe simuliert werden können. Es kann auch eingesetzt werden, um Berührungsängste abzubauen z.B. beim Umgang mit Kunden in der Akquise*“.; (CEO, PoligonArt/ VR-Agentur). „*Verhalten könnte man individuell trainieren, auch in der Gruppe, denn die Situationen sind bei erhöhtem Trainingsbedarf immer wieder gleich reproduzierbar. Dies ist beim Rollenspiel nicht möglich, da der Interaktionspartner fast jedes Mal anders reagiert.*“; (Teambuilder, Deutsche Bahn-DB Systel). „*Ich glaube, dass VR in der internen Markenkommunikation auf allen Zielebenen gut gehen kann, je nach dargestelltem Content...VR zieht Leute in den Bann durch Immersion. Aber man weiß eben nicht, wie es wirklich wirkt.*“ (Corporate Marketingmanager, BayWa,). „*Bisher gibt es in unserer Agentur nur Projekte, in denen kompetenzbezogenes Wissen vermittelt wird; d.h. wie eine Maschine zu bedienen ist oder wie prozessuale Arbeitsabläufe mit bestimmten Aktionen der Mitarbeiter zu funktionieren haben. Der Übergang zum Erlernen von Verhaltensweisen im Umgang mit Kunden ist damit eng verbunden, so dass VR auch hier zu Schulungszwecken geeignet ist. Wir nennen das „Muscle*

Memory": Was man macht, erlernt man schneller, da man ein Gefühl für bestimmte Tätigkeiten entwickelt."; (CEO, 3-Spin/ VR-Agentur). Bei der Schulung des Mitarbeiterverhaltens sehen einige Experten allerdings wegen der momentan noch unausgereiften Technik begrenzte Möglichkeiten. *„Ich habe... aktuell noch meine Bedenken...Die schulbaren Verhaltensmuster sind nur auf eine bestimmte Anzahl von Responsemöglichkeiten durch das System begrenzt. Hier muss man natürlich auch die Kosten jeder weiteren Responsealternative im Kopf haben. Das können schnell mal weitere 40.000 € on Top werden.";* (CEO, Omnia 360°/ VR-Agentur).

Abschließend soll auf die Frage eingegangen werden:

- **Was sind hinsichtlich des Einsatzes von VR in der internen Markenkommunikation die offenen Fragen und Probleme?**

Der überwiegende Teil der Experten stellt sich die Frage, **ob VR tatsächlich einen positiven Effekt auf die Ziele** der internen Markenführung hat. Zudem wird betont, dass es von Interesse wäre zu wissen, ob es Unterschiede in der Wirkung auf die Ziele Markenwissen, BC und BCB gibt. *„Ich kann mir nicht vorstellen, das VR für alle Ziele gleichsam geeignet ist. Dass man das Markenwissen gut mit dem Instrument aufbauen kann, davon bin ich überzeugt; aber wirkt es beim BC und BCB genauso gut?";* (Head of Corporate Marketing, Viessmann). Zudem fragen sich die Experten, wie stark die Wirkung von VR im Vergleich zu den klassischen Instrumenten ist. In diesem Kontext thematisieren die Experten **Probleme bei der Effizienzmessung des VR-Einsatzes**. *„Es stellt sich auch die Frage des Returns on Investments; wie misst man den eigentlich? Geht das überhaupt? Oder muss man eventuell sogar neue KPIs[838] dazu bilden?";* (Senior Marketingmanager, BeyWa). Als einen weiteren kritischen Punkt nennen die Experten die **Anschaffungskosten.** *„Bei den Entwicklung- und Produktionskosten gibt es keine Transparenz; es ist zunächst unklar, was auf einen zukommt. Eines steht fest, dass es immer noch sehr teuer ist und somit sichergestellt werden muss, dass ein Mehrwert aufgebaut wird.",* (Senior Marketingmanager, BayWa). *„Bei einer Unternehmung mit 10.000 Mitarbeitern ist die Einrichtung von VR...aufwendig, wenn alle mit der technischen Hardware ausgestattet werden sollen. Dies ist...zunächst ein hohes*

---

[838] KPI bedeutet Key Performance Indicator.

Investment. Wobei man sagen muss, dass die Preise mehr und mehr sinken und man so auf einem guten Weg ist.“, (CEO, 3-Spin/ VR-Agentur). Es herrscht zudem **Unsicherheit, ob sich die positiven Erfahrungen,** die momentan mit VR in der externen Markenkommunikation gemacht werden, **auf die interne Markenkommunikation übertragen lassen.** In diesem Kontext wird hervorgehoben, dass selbst im externen Bereich die Erfahrungen noch in den Kinderschuhen stecken. *„…Jedoch hört man sehr viel Positives über den Einsatz in der externen Markenkommunikation, so dass man eigentlich davon ausgehen kann, dass sich das auch auf die interne Markenkommunikation übertragen lässt. Aber man weiß es eben nicht, da wir keine Erfahrung damit haben.“;* (Head of Corporate Marketing, Viessmann). Darüber hinaus wird wiederholt erwähnt, dass bisher sowohl im Marketing Management als auch auf Agenturseite große **Unsicherheit herrscht hinsichtlich der zielorientierten Konzeption und Gestaltung einer erfolgreichen VR-Experience.** Dies geht auf weitreichende Unkenntnis über die Funktionsweise einer VR-Applikation zurück. *„Bisher gibt es generell nur unzureichende Informationen über die Gestaltung von VR und Wirkungsweise auf die Ziele; es fehlen kompetente Beratungen und Fachliteratur sowie Studien.“;* (Digital Marketingmanager, LH). *„Der Weg zum Ziel ist bei VR noch sehr unerforscht. VR ist eine komplett neue Art des Erzählens mit vielen unerforschten Möglichkeiten. Und wie dies wirklich funktioniert und wirkt, können wir den Kunden nicht beantworten, da man zu wenig über Funktionsweise und Effekte auf die Ziele weiß“;* (CEO, 3-Spin/VR-Agentur). Als weiteren kritischen Aspekt nennen vor allem die CEOs der VR-Agenturen die **technischen Grenzen von VR.** *„Solange Verhalten nur über einen Avatar in 3-4 alternativen Mustern trainiert werden kann, kann die Realität nicht vollständig simuliert werden. In naher Zukunft wird sicherlich künstliche Intelligenz eine realistische Simulation von Szenarien mit unzähligen Interaktionsmöglichkeiten zulassen, so dass dann VR im Vergleich zu Workshops die bessere und kostengünstigere Alternative sein dürfte.“;* (CEO, PolygonArt/ VR-Agentur). *„…ein großes Manko liegt in der fehlenden Spontanität des Systems.“; CEO, Omnia 360°/ Agentur für VR).* Hinzu kommt, dass VR als **komplexe Kreativaufgabe eingeschätzt** wird, an der diverse Abteilungen interdisziplinär beteiligt sind. *„Verfolgt man Imageziele, wie in unserem Fall, handelt es sich um sehr abstrakte Größen. Dabei muss der Content kreiert werden und eine Interaktionsstory gestaltet werden. All dies muss in die Markenwelt umgesetzt werden. Man muss sich vorstellen, dass, wenn man ein VR-*

Produkt plant, man im Grunde vor einer weißen Leinwand steht und man die komplette Welt neu erschaffen muss. Das ist höchst anspruchsvoll."; (Head of Internal Brand Management, Merck). *„Die User sind durch ihnen bekannte Anwendungen im Gaming-Bereich sehr anspruchsvoll, so dass VR-Produkte qualitativ gesehen extrem gut sein müssen, wenn sie sinnvoll zum Einsatz kommen sollen."* (CEO, 3-Spin/ VR-Agentur). Zudem wird von den Experten vermutet, **dass Mitarbeiter immer wieder neue Inhalte einfordern.** Die Entwicklung und Bereitstellung von Follow-up-Versionen **führen nach der VR-Anschaffung zu weiteren laufenden Kosten.** Insofern hoffen die Experten auf baldige, bessere technologische Lösungen mit sinkenden Kosten. *„Und eine neue Anwendung, so wie wir sie uns funktional vorstellen, kostet jedes Mal ca. 70.000 €. Ich hoffe hier wirklich auf zukünftige günstigere Lösungen.";* (Senior Marketingmanager, BayWa). Als weitere Problematik sprechen die Experten zudem eventuelle **Berührungsängste und Akzeptanzprobleme** bei der VR-Implementierung unter den Mitarbeitern an. Die Experten gehen davon aus, dass ein großer Teil der Belegschaft dieses neuartige Instrument bisher gar nicht kennt.

Abschließend ist festzuhalten, dass die Experten eine zunehmende Bedeutung von VR in der internen Markenkommunikation vorhersagen. Jedoch sehen sie den positiven Einfluss dieses Instruments auf die Ziele der internen Markenkommunikation als zunächst rein hypothetisch an. Die Praxis ist grundsätzlich bereit, VR als Kommunikationsinstrument einzusetzen; allerdings ist **ihr größtes Anliegen die Unsicherheit bei der Konzeption und Erfolgsmessung zu reduzieren.**

Markenmanager stehen vor der Herausforderung zu beurteilen, ob und wie VR als neuartiges Instrument auf die Zielgrößen der internen Markenführung wirkt, um VR komplementär zu den anderen Instrumenten einsetzen zu können. Nicht zuletzt ist davon die Freigabe der notwendigen Budgets abhängig. Es ist final zu konstatieren, dass **durch die Experteninterviews die Relevanz der Forschungsfrage bestätigt** werden kann.

3 Experimentelle Untersuchung am Fallbeispiel Merck

3.1 Vorstellung des Fallbeispiels

Die Organisation Merck[839] ist ein führender, Wissenschafts- und Technologiekonzern mit Hauptsitz in Darmstadt. Offizielle Firmenbezeichnung ist Merck KGaA. Die Firma wurde vor 352 Jahren von Jakob Merck in Darmstadt gegründet. Sie hat nach eigenen Angaben 55.000 Mitarbeiter in 66 Ländern. Im Jahre 2018 hat Merck[840] einen Umsatz von 14,84 Mrd. € und einen Gewinn von 3,8 Mrd. € erreicht, wobei 2,1 Mrd. Euro in Forschung und Entwicklung investiert wurden. Die Unternehmung konzentriert ihr Business auf die drei Geschäftsbereiche Health Care, Life Science und Performance Materials. Der Bereich Health Care umfasst z.B. verschreibungspflichtige Medizin zur Bekämpfung von Krebs, Unfruchtbarkeit sowie Produkte zur Behandlung von Multiple Sklerose. Life Science beinhaltet u.a. biopharmazeutische Produkte, Nahrungsmittelanalysen, Klinik und Diagnostik. Unter Performance Materials werden z.B. spezielle Chemikalien wie flüssige Kristalle für Displays, Effektpigmente für die dekorative Kosmetikindustrie und Optoelektronik subsummiert.

Ab Oktober 2015 setzte die Corporate Brand Merck eine neue Markenpositionierung um. Abb. 46 zeigt den Markenauftritt vor und Abb. 47 nach der neuen Markenpositionierung.

---

839 Für nähere Informationen vgl. Webseite https://www.merckgroup.com/de/company/who-we-are.html.

840 Der Gewinn wurde veröffentlicht vor Zinsen, Steuern und Abschreibungen; vgl. Webseite von Merck, https://www.merckgroup.com/de/geschaeftsbericht/2018/, zugegriffen am 23.10.2019.

Abbildung 46: Markenauftritt von Merck vor Oktober 2015

Quelle: Bilderarchiv Merck

Abbildung 47: Markenauftritt von Merck ab Oktober 2015

Quelle: Bilderarchiv Merck

Aktuell positioniert sich Merck[841] als **lebendige, faszinierende Wissenschafts- und Technologie-Marke.** Dabei spielen die **in der Markenidentität verankerten Werte** wie unternehmerische, soziale Verantwortung, Innovationsgeist, Integrität und Mut eine bedeutsame Rolle. Mit Entwicklung der neuen Positionierung wurde 2016 die Fachabteilung **Internal Brand Management** mit 6 Mitarbeitern etabliert,

[841] Alle Angaben in diesem Kapitel beruhen auf einem persönlichen Gespräch der Autorin mit dem Head of Internal Brand Management. Das Gespräch fand am 16. 04. 2018 im Hause Merck im Innovation Center im Headquarter in Darmstadt statt und dauerte 2,5 Stunden.

die der Abteilung Branding zugeordnet ist. Ziel war es, zunächst intern über die Mitarbeiter die neue Corporate Brand mit ihrer veränderten Markenwelt im völlig „modernisierten" Corporate Design zum Leben zu erwecken. Dazu wurden **weltweit 60 Brand Champions** nominiert, die durch Markenmissionierung und -partizipation die Marke stärken sollen. Diese wurden und werden durch spezielle Webseminare aus- und weitergebildet. Die **Umsetzung der neuen Markenpositionierung** wurde und wird durch ein **umfassendes internes Markenkommunikationskonzept unterstützt.** Nach Angaben des Head of Internal Brand Management werden interne Social Media-Aktivitäten, Start-Up-Pakete, Informationsbroschüren, Markenbücher, E-Trainings und vielfältige Events durchgeführt. In diesem Kontext entwickelte Merck eine VR-Experience, den sogenannten **VR Brand Dome.**

Das VR-Projekt dauerte ca. 7 Monate von der Konzeption bis zur Implementierung im November 2016. Die Projektleitung lag bei der Firma Merck beim Branding-Team. Insgesamt waren von Seiten Merck 4 Mitarbeiter involviert, die mit 2 verschiedenen Agenturen zusammenarbeiteten. Eine Media-Agentur (Fork) war zuständig für das Projektmanagement, die Konzeption und das Produktdesign. Eine weitere Agentur war mit der technischen Produktion (Decode, Agentur für Interactive Installations & Spaces) betraut. Während des Projektverlaufes fanden mindestens einmal wöchentlich Absprachen zwischen den Projektbeteiligten statt sowie drei externe Meetings. Merck veröffentlicht nicht die Kosten für die Entwicklung des VR Brand Domes. Nach Rücksprache mit anderen VR-Agenturen[842] müssten diese ca. bei 200 T€ gelegen haben. Merck teilt jedoch mit, dass die Kosten aktuell wegen gesunkener Preise deutlich niedriger ausfallen würden. Zudem seien durch die gesammelten Erfahrungen mit VR unerwartete Fehler, die im Laufe des Projekts eintraten, nun vermeidbar. Der VR Brand Dome ist in Darmstadt im Innovation Center mit zwei Stationen, die nebeneinanderstehen, fest installiert. Er kann allerdings bei Bedarf flexibel ummontiert und an andere Orte transportiert werden. Er kann von den Mitarbeitern jederzeit genutzt und von den Markenbotschaftern oder einzelnen Abteilungen für Events gebucht werden. Die

---

842 Diese Angaben beruhen auf einem Expertengespräch, das am 31.10.2019 mit dem Agenturchef der VR-Agentur Cosalux in Offenbach telefonisch geführt wurde. Dieses Gespräch dauerte 10 Minuten. Vgl. auch Experteneinschätzung von Herrn SPROCK, CEO der VR-Agentur PolygonArt; (a.a.O.).

Nutzung des VR Brand Domes wird von einer Person, je nach individuellem Unterstützungsbedarf des Users, betreut. In jeder Station, die im Corporate Design gestaltet ist, ist ein Monitor in einem horizontalen Display integriert, über den die VR-Experience „von außen" verfolgt werden kann. Die VR Experience startet bei Anschalten des Exponats automatisch; sie kann aber auch über den Monitor manuell gestartet werden. Vor jedem vertikalen Display befindet sich eine Sitzbank, da es vorgesehen ist, die VR-Technik im Sitzen zu nutzen, um Schwindel vor allem bei der Achterbahnfahrt, zu vermeiden. Die VR-Experience dauert ca. 10 Minuten. Merck nutzt das VR Headset Oculus Rift. Dieses wurde ausgewählt, da es verglichen mit anderen Headsets zum Zeitpunkt der Implementierung auf dem Markt das leichteste Gewicht und die beste Übertragungsqualität aufwies. Zudem wurde es als sehr praktisch bewertet, denn es werden weder Kabel, Controller noch Handschuhe benötigt. Sensoren, die oberhalb des Displays installiert sind und in der VR-Brille selbst, erkennen die Hand- und Körperbewegungen genau und setzten sie direkt in Aktionen um. Abb. 48 zeigt die 2 Stationen des VR Brand Domes bei Merck.

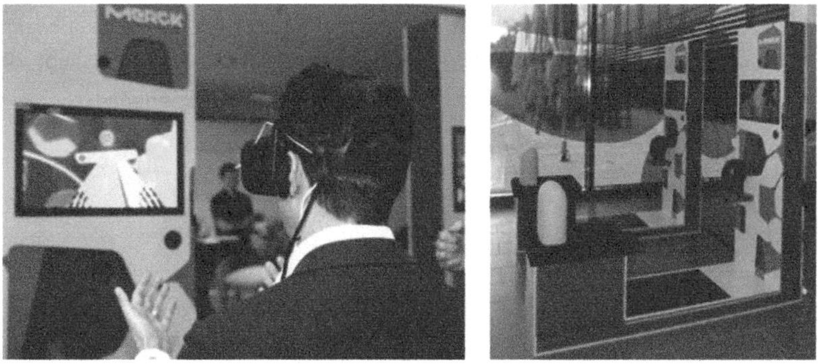

Abbildung 48: Mitarbeiter beim Nutzen einer VR-Station bei Merck

Quelle: Bilderarchiv Merck

Mit dem Einsatz des VR Brand Domes sollen zwei Ziele der internen Markenführung verfolgt werden:

1. Aufbau von Markenwissen

- Lebendige und faszinierende Wissenschaft & Technologie als Kern der Markenpositionierung verankern
- Markenwerte vermitteln

2. Erhöhung des Brand Commitment der Mitarbeiter

Über den hohen Unterhaltungswert der VR-Experience soll den Mitarbeitern die Markenwelt auf einmalige Weise erlebbar und mit allen Sinnen spürbar gemacht werden. Die Entscheidung für VR begründet Merck damit, dass dieses neuartige Kommunikationsinstrument sehr gut zu dem gewünschten Image als futuristische, innovative, faszinierende Wissenschaft- und Technologiemarke passt. Grundlegende Idee und Absicht ist es, die Mitarbeiter für einen Moment die Umwelt um sich herum vergessen zu lassen und über eine VR-Brille **in die lebendige, farbenprächtige Markenwelt im neuen Corporate Design einzutauchen**. Die aufregende, bunte und vielfältige Welt unter dem Mikroskop lieferte die gestalterische Inspiration für die Kulisse der VR-Experience. Einzelne Mikroben und weitere biologische Elemente, Formen und Strukturen suggerieren das Gefühl von Wissenschaft, Kreativität und Innovation. **Ausgangspunkt der VR-Experience** ist eine interaktive Anwendungsfläche, die Merck als „Markenkuppel" bezeichnet, da sie dem User das Gefühl gibt, sich unter einer Kuppel zu befinden. **Sie zeigt 3 VR-Anwendungen,** die in der Reihenfolge 1-3 nacheinander zu durchlaufen sind und den User in die Welt unterhalb des Mikroskops führen. Sie werden durch Draufzeigen mit dem Zeigefinger aktiviert. Abb. 49 zeigt die Markenkuppel mit einem virtuellen Zeigefinger auf der 2. VR-Experience.

Abbildung 49: Markenkuppel des VR-Domes
Quelle: Bilderarchiv Merck

Über diese **drei spannenden VR-Anwendungen** sollen die Markenbotschaften und -werte, die die Markenidentität reflektieren, den Mitarbeitern auf interaktive Weise übermittelt werden.

Die erste VR-Experience (vgl. Abb. 50) stellt das aufregende Erlebnis einer **Achterbahnfahrt** dar. Bei dieser steht der Spaßfaktor beim Eintauchen in eine Welt mit schillernden Farben, bestehend aus Mikroben und bizarren biologischen Elementen und Objekten im Vordergrund. Während der Fahrt werden **nacheinander Schlüsselinhalte einer Studie über Neugier am Arbeitsplatz** (Curiosity-Studie) sowie ihre Auswirkungen auf den Innovationsgeist eingeblendet. Zu den Studieninhalten[843] zählen z.B.: „Die meisten Mitarbeiter betrachten sich nicht als neugierig; "Neugierde hat einen positiven Effekt auf die Mitarbeiter und ihren Erfolg"; "Neugierde fördert Ideen der Mitarbeiter“; Neugierde fördert innovatives Verhalten der Mitarbeiter" und "Knappe Budgets behindern die Neugier".

Abbildung 50: 1. VR-Experience – Achterbahnfahrt
Quelle: Fotoarchiv Merck

Die zweite VR-Experience „Shaping the Future“ konfrontiert den User auf interaktive Weise mit 10 verschiedenen **im Coporate Colour Code geschriebenen Markenbotschaften**, hinter denen sich die Markenwerte verbergen. Die darge-

[843] Weitere Inhalte sind: „Zu wenig Zeit für Neugier“, „Es gibt Hindernisse in der Firma Neugier zu praktizieren“. Vgl. Meeting vom 16. 04. 2018 mit der Internen Markenführung bei Merck; (a.a.O.).

stellten Inhalte sind nach Angaben von Merck: „bahnbrechende Technologien und Wissenschaft“, „Partner von Weltklasse“, „voller Ideen“, „erfolgreiches Unternehmen mit gesellschaftlicher Verantwortung“, „Bereicherung des Lebens durch fortschrittliche Technologien“, „wir schauen genauer hin“; „einen positiven Unterschied machen“; entschlossen zu liefern“; „auf Wissenschaft aufbauend“ und „angetrieben durch Neugier“. Der User hat die Möglichkeit, sich eine von ihm präferierte Botschaft auszusuchen. Diese kann er mit einem String, der beliebig geformt, gefärbt und verschoben werden kann, einrahmen (vgl. Abb. 51).

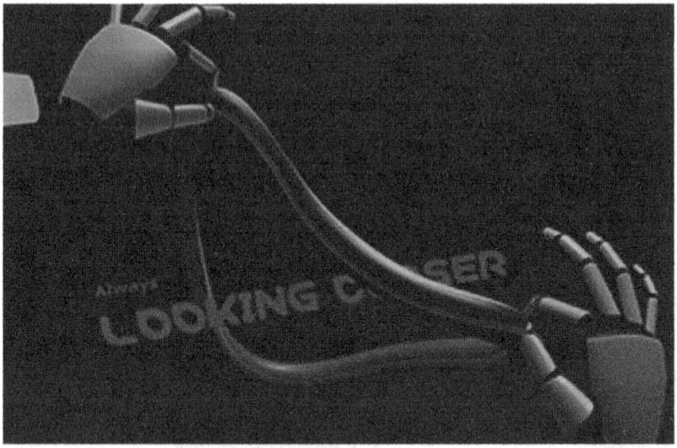

Abbildung 51: 2. VR-Experience – Shaping the Future
Quelle: Bilderarchiv Merck

Die dritte VR-Experience Box of Ideas ist angedacht, um dem Mitarbeiter die Markenwerte, die Merck in ihrem Business umsetzt und lebt, näher zu bringen. Der User hat hier die Möglichkeit, **nach dem Unternehmensmotto Forschen und Entdecken,** aus einem Schwarm von farbigen, hübschen Mikroben und sonstigen biochemischen Objekten mehrere Mikroben seiner Wahl zu fangen und anzufassen. Beim Berühren öffnet sich eine beispielhafte **Erfolgsstory aus der Geschäfts-Historie Mercks**. Diese Markenstories **verkörpern die Markenbotschaften** und die **damit verknüpften Markenwerte.** Beispiele sind: ***„Angetrieben durch Neugier“:*** „Unser „Innospire Programm“[844] entdeckt und investiert in

---

844 Das Innospire Programm ist eine hausinterne Bezeichnung. Dieses Programm soll Mitarbeiter motivieren, kreativ zu werden und eigene Ideen für neue Produkte und Geschäftsmöglichkeiten

außergewöhnliche Produktideen unserer Mitarbeiter"; ***„Sicherstellen der Wasserqualität":*** „Seit Jahrzehnten sind wir führend im Bereich der Wasserfiltration"; ***„Flieg mich zum Mond":*** „1969 nahm die NASA unser bestverkauftes Nasenspray auf die Apollo 11 Mission mit"; ***„Offen für Ideen":*** „Unser Innovation Center in Darmstadt bringt Leute aus unternehmensinternen und -externen Umfeld zusammen, um Technologien, die das Leben verbessern zu entwickeln und zu fördern"; ***„Das Älterwerden verstehen":*** „Unsere Produkte helfen den Wissenschaftlern dabei, den Alterungsprozess des Menschen zu untersuchen. Sie ermöglichen zu messen, wie das Essen und die Luft den menschlichen Körper unterschiedlich beeinflussen"; ***„Fortschrittliche Miniaturisierung":*** „Unsere chemischen Produkte unterstützen die Herstellung von winzigen Speicherkarten für mobile Endgeräte". **Zum Abschluss der 3. VR-Experience** hat der Mitarbeiter die Möglichkeit, eine **eigene, individuelle Mikrobe zu designen.** Das interaktive System erlaubt ihm die Art, Form, Struktur, Größe und Farbe nach eigenem Geschmack zu gestalten. Falls gewünscht, schließt die gesamte VR-Experience mit einem Foto von dem Mitarbeiter und der gefertigten Mikrobe ab (vgl. Abb. 52).

Abbildung 52: 3. VR-Experience – Box of Ideas
Quelle: Bilderarchiv Merck

Es ist festzuhalten, dass Merck mit dem VR Brand Dome die Kommunikationsziele Vermittlung von Markenwissen (Markenpositionierung und Markenwerte)

einzureichen und weiterzuentwickeln. Merck stellt zu diesem Zweck ein jährliches Budget bereit.

sowie die Erhöhung des BC verfolgt. Dabei strebt die interne Markenführung an, insbesondere die emotionale Bindung der Mitarbeiter über die Identifikation mit der Marke zu stärken. Bis zu dem Zeitpunkt der Kontaktaufnahme der Autorin mit der Firma konnten über die Effektivität des VR-Einsatzes keine Aussagen getroffen werden. Merck führte lediglich eine erste interne Befragung mit n=100 durch. Von denen haben 69 Personen VR das erste Mal ausprobiert. Es wurden der **Brand Fit** („Passt die VR-Experience zu unserer Marke?") und das **Gefallen der gesamten VR-Erfahrung** („Hat Dir die VR-Experience gefallen?") auf einer 5-stufigen Likert-Skala erhoben. Beide Items wurden im Schnitt sehr gut mit 4,7 bewertet. Eine genaue Erhebung darüber, wie viele und welche Mitarbeiter, z.B. nach Abteilung, Alter und Betriebszugehörigkeit, den VR Brand Dome genutzt haben, wurde zum damaligen Zeitpunkt nicht durchgeführt.

3.2 Virtual Reality Experiment

3.2.1 Forschungsdesign

Im Fallbeispiel Merck wird als Einstieg in die empirische Untersuchung ein Laborexperiment als quasi-experimenteller **Ein-Gruppen-Pretest-Posttest-Versuchsplan** gewählt. Dabei sollen die Ursache-Wirkungs-Zusammenhänge zwischen dem Treatment der VR-Experience und den 2 Zielgrößen der internen Markenkommunikation, d.h. dem Markenwissen sowie BC, überprüft werden. Da bisher keine empirischen Untersuchungen in diesem Bereich verfügbar sind, soll auf diese Art ein erster „Eindruck" von der Effektivität des VR-Einsatzes in der internen Markenkommunikation gewonnen werden. Zudem sollten im Rahmen des Experimentes, das Merck als ein Event ankündigte, freiwillige Interviewpartner für den zweiten Teil der empirischen Forschung gewonnen werden.

Das Forschungsdesign sieht aufgrund der Gegebenheiten des Partners Merck **nur eine Experimentalgruppe** vor, so dass ein Vergleich der Ergebnisse mit einer Kontrollgruppe nicht realisierbar war. Wegen des speziellen, markenbasierten Inhalts der VR-Experience, konnte Merck zum Zeitpunkt des Experimentes kein adäquates klassisches Kommunikationsmittel mit einem vergleichbaren Inhalt zur Verfügung stellen. Die Autorin ist sich der limitierten Aussagekraft eines derartigen Quasi-Experiments bewusst. Dieser Weg wurde dennoch gewählt, da es in dem

Forschungsfeld von VR in der internen Markenkommunikation bisher keine publizierten Untersuchungen gibt. Auf diese Weise kann zumindest die isolierte Wirkung von VR einer ersten empirischen Einschätzung unterzogen werden. Das Quasi-Experiment fand an einem normalen Arbeitstag am 16.08.2018 im Innovation-Center der Firma Merck in Darmstadt statt, wo sich zwei festinstallierte VR-Stationen befinden. Es wurden **ohne Ausnahme alle Mitarbeiter schriftlich** von der Abteilung Internal Branding **per Mail 2 Wochen vorher eingeladen,** an dem Experiment teilzunehmen. Zudem wurde das Event über das Intranet ankündigt. Die **Stichprobenrekrutierung** erfolgte auf Basis einer freiwilligen Teilnahme, so dass sich am Tag des Events eine **Teilnehmerzahl von n=34** randomisiert ergab. Die Teilnehmer stammen aus einer Vielzahl diverser Abteilungen wie Recht, Finanzen, Forschung & Entwicklung, Labor, HR, Einkauf, Marketing etc. Von den 34 Teilnehmern waren 15 männlich und 19 weiblich; darunter eine Führungskraft. Das **Alter der Probanden ist zwischen 18 und 56** Jahren breit gestreut. Die Probanden wurden nach der soziologischen Einteilung gemäß ihrem Jahrgang den Generationen Baby-Boomer, X, Y und Z zugeordnet. Bei der soziologischen Einteilung der Generationen nach dem Jahrgang gibt es in der Literatur leichte Abweichungen. In der vorliegenden Arbeit wurde folgende Einteilung nach KLAFFKE[845] (2014) gewählt: Baby-Boomer (1956-1964); Generation X (1965-1979), Generation Y (1980-1994) und Generation Z (geboren nach 1995). Der überwiegende Teil der Probanden gehört mit **56% der Generation Y** an, **26 % sind der Generation Z** zuzuordnen und nur **18% zählen** zu der hier **zusammengefassten Gruppe der Baby-Boomer und Generation X.** Tab. 3. zeigt das konkrete Alter der Probanden beginnend mit der Generation Z.

Alter in Jahren	n/ prozentualer Anteil
18 - 23	9/ 26%
24 - 39	19/ **56%**
40 - 56	6/ 18%

Tabelle 3: Alter der Mitarbeiter

[845] Vgl. KLAFFKE (2014), S. 3 ff.

Die Betriebszugehörigkeit der Mitarbeiter liegt zwischen 1 Monat und 37 Jahren. Es wurden drei Kategorien gebildet (vgl. Tab. 4):

Betriebszugehörigkeit	**n/ prozentualer Anteil**
Unter 1 Jahr	11/ 34%
1 bis 5 Jahren	18/ **52%**
6 bis 15 Jahren	5/ 14%

Tabelle 4: Betriebszugehörigkeit der Mitarbeiter in Jahren

Grundlage für die **Versuchsanordnung** bieten die 2 Hypothesen „H1: Der Einsatz von VR hat einen positiven Effekt auf das Markenwissen" und „H2: Der Einsatz von VR hat einen positiven Effekt auf das BC". Somit stellen der Einsatz des Instruments VR die unabhängige und das Markenwissen sowie das BC die abhängigen Variablen dar. Das Treatment ist die ca. 10-minütige Anwendung der VR-Technik und die damit verbundene Erfahrung des Mitarbeiters. Das Experiment wurde unter Anwendung des VR Headsets „Oculus Rift" durchgeführt. In Absprache mit der Firma Merck wurde die Wirkung von VR auf die abhängige Variable Markenwissen über einen Globalindikator in Anlehnung an Piehler (2011) abgefragt. Dieser wurde neu konzipiert, da die interne Markenführung überprüfen wollte, ob die neue Markenpositionierung in das Wissen der Mitarbeiter übergegangen ist (vgl. Tab. 5).

Globalindikator Markenwissen	**Quelle**
Insgesamt weiß ich sehr gut, was die Marke Merck ausmacht und wofür die Marke steht.	In Anlehnung an Piehler (2011)

Tabelle 5: Globalindikator Markenwissen

Die abhängige **Variable BC** wird über die Dimensionen Markenidentifikation und Markeninternalisierung jeweils durch mehrere Indikatoren (Items) operationalisiert. Zudem wird zur Operationalisierung des BC in enger Anlehnung an Piehler (2011) ein **Globalindikator,** der die emotionale Markenbindung erfasst, verwendet. Die Messung des BC erfolgte in Absprache mit Merck in enger Anlehnung an die von

PIEHLER (2011) verwendeten Indikatoren[846] (vgl. Tab. 6). Einige Indikatoren wurden leicht an den Markenkontext von Merck angepasst.

Indikator	Zuordnung	Quelle
Ich bin froh, dass ich zur Marke Merck gehöre.	Markenidentifikation	In Anlehnung an Piehler (2011)
Ich bin stolz, wenn ich anderen erzählen kann, dass ich für die Marke Merck arbeite.	Markenidentifikation	In Anlehnung an Piehler (2011) und O'Reilly/Chatman (1986)
Wenn jemand die Marke Merck lobt, empfinde ich dies als ein persönliches Kompliment.	Markenidentifikation	In Anlehnung an Piehler (2011) und Mael/Ashforth (1992)
Die Marke Merck steht für lebendige und faszinierende Wissenschaft und Technologie, was für mich wichtig ist.	Markeninternalisierung	In Anlehnung an Piehler (2011)
Die Marke Merck passt zu mir.	Markeninternalisierung	In Anlehnung an Piehler (2011)
Die Werte der Marke Merck Verantwortung, Integrität und Leistung entsprechen den Werten, die mir persönlich wichtig sind.	Markeninternalisierung	In Anlehnung an Piehler (2011)
Insgesamt fühle ich mich mit der Marke Merck sehr verbunden.	Globalindikator BC	In Anlehnung an Piehler (2011) Maloney (2007) und König (2010)

Tabelle 6: Operationalisierung der abhängigen Variablen BC in enger Anlehnung an Piehler (2011)

Unmittelbar vor der Durchführung des Quasi-Experimentes wurden im Zusammenhang mit der Datenschutzerklärung für jeden einzelnen Teilnehmer das Alter, Geschlecht, die Dauer der Betriebszugehörigkeit und die Abteilung erfragt. Weiter wurde erhoben, ob es sich um eine Führungskraft handelt oder nicht. Danach wurden die Teilnehmer gebeten, **im Rahmen der ersten Messung vor der VR-Experience (Pretest)** den Fragebogen[847] zu beantworten (vgl. Indikatoren Tab. 3 und 4). Dieser umfasst 9 Indikatoren und basiert auf einer 5-stufigen Likert-Skala. Die gewählten Kategorien sind «trifft überhaupt nicht zu», «trifft nicht zu», «teils/ teils», «trifft zu», «trifft voll und ganz zu», was einer Intervallskalierung von 1 bis 5 entspricht. Zudem konnte die Option „keine Antwort" gewählt werden. Als Einstieg

[846] Vgl. dazu PIEHLER (2011), S. 426 f. Da die Operationalisierung des Markenwissens und BC in enger Anlehnung an PIEHLER erfolgt, wird der Begriff Indikator anstelle von Item verwendet.

[847] Der verwendete Fragebogen befindet sich im Anhang der Dissertation.

in den Fragebogen wurde die Einstellung gegenüber VR über den Indikator *„Ich bin VR gegenüber positiv eingestellt"* abgefragt. **Auf diese Weise wurden das Markenwissen und die Einstellung gegenüber der Marke vor dem VR-Treatment erhoben.** In Absprache mit dem internen Markenmanagement wurde auf die Erhebung des BCB verzichtet, da Merck der Auffassung ist, dass eine einmalige VR-Anwendung keinen bis nur geringen Einfluss auf das Verhalten der Mitarbeiter habe. Hinzu kommt, dass Merck mit dem Einsatz der VR-Experience primär beabsichtigt, die neue Markenpositionierung (Markenwissen) zu vermitteln und die Einstellung der Mitarbeiter zur Marke (BC) positiv zu beeinflussen.

Nachdem der Fragebogen von der jeweiligen Testperson ausgefüllt worden war, erfolgte unmittelbar im Anschluss daran das VR-Treatment. Der Versuchsablauf wurde unter immer **gleichen Bedingungen** bei allen 34 Probanden durchgeführt, so dass von keinem Einfluss durch Störvariablen auszugehen ist. Die Teilnehmer hielten zwecks Vergleichbarkeit der Ergebnisse die Reihenfolge der VR-Experiences 1-3 strikt ein. Für alle Probanden handelte es sich um das erstmalige Treatment mit dem VR-Brand Dome. **Nach Durchführung der VR-Experience wurde unmittelbar danach den Testpersonen jeweils der gleiche Fragebogen wieder vorgelegt**, um durch den Vergleich der Messwerte (vorher/ nachher) die Wirkung auf die abhängigen Variablen zu überprüfen. Insofern stellt die Testgruppe gewisser Weise gleichzeitig eine Art Kontrollgruppe[848] dar.

3.2.2 Auswertung und Analyse der Ergebnisse

Bei der Gesamtstichprobe n=34 wird zur Signifikanzüberprüfung der Verschiedenheit der Messgrößenergebnisse[849] von ($\bar{x}$) der **t-Test bei gepaarten/ verbundenen Stichproben** bei Messwiederholung angewendet[850]. Zur Bestimmung der Grenze der Irrtumswahrscheinlichkeit p wird ein Signifikanzniveau α von 5 % ge-

[848] Vgl. dazu PRIVITERA ET AL. (2019), die bei einem Ein-Gruppen-Experiment, das sie als Single Case Design bezeichnen, davon ausgehen, dass die Testgruppe bei einem Pretest-Posttest-Ansatz mit sich selbst verglichen wird und insofern die eigene Kontrollgruppe darstellt. Um jedoch von einem Experiment sprechen zu können, muss die Kontrollmessung mindestens dreimal wiederholt werden. Vgl. PRIVITERA ET AL. (2019), S. 349.

[849] $\bar{x}$ = arithmetisches Mittel; vgl. KUSS (2014), S. 217.

[850] Vgl. FIELD (2018), S. 649 ff., DÖRING/ BORTZ (2016), S. 705 f. u. S. 807 u. S. 850 u. SEDELMEIER/ RENKEWITZ (2013), S. 397 ff.

nutzt[851]. Ist $p \leq 0{,}05$ wird H_0 abgelehnt und der Unterschied in den $\bar{x}$ ist damit signifikant[852]. Bei der isolierten Betrachtung einzelner Gruppen (d.h. nicht gruppenübergreifend) nach Generationen und Betriebszugehörigkeit wird **wegen der z.T. sehr kleinen resultierenden Stichproben der Wilcoxon-Test[853]** für verbundene Stichproben durchgeführt. Zusätzlich zum diesen Testverfahren wird die **Effektstärke über das Differenzmaß d nach Cohen (1988)[854]** bestimmt. Demnach liegt bei $d \leq 0{,}20$ ein sehr schwacher Effekt, bei $d \geq 0{,}50$ ein mittlerer und ab $d=0{,}80$ ein starker Effekt[855] vor. **Beim gruppenübergreifenden Vergleich** der VR-Wirkung nach Generationen und Betriebszugehörigkeiten wird zur statistischen Signifikanzüberprüfung die **einfaktorielle Varianzanalyse bei unverbundenen Stichproben[856]** angewendet. Auch hier ist der t-Test wegen der selektierten kleinen Stichproben eher ungeeignet. Diese Analyse wird einmal mit dem **Faktor „Generation"** und einmal mit dem **Faktor „Betriebszugehörigkeit"** durchgeführt. Die Auswertung der Signifikanzniveaus p erfolgt wie zuvor beschrieben bei gepaarten Stichproben.

Die 1. Messung vor dem Experiment zeigt, dass die Probanden bereits vor der VR-Experience dem Medium VR gegenüber sehr positiv eingestellt waren. Dennoch kann sich auf dieser hohen Ausgangsbasis die **Einstellung gegenüber dem Instrument** nach dem Treatment **um weitere 10% verbessern[857].** Der t-Test bei verbundenen Variablen bestätigt, dass die Veränderung des $\bar{x}$ nach der Mess-

---

[851] Nach herrschender Vorgehensweise in der quantitativen Forschung ist es üblich ein Referenzniveau von α 0,05 zu nutzen; vgl. DÖRING/ BORTZ (2016).

[852] Im vorliegenden Experiment liegt eine gerichtete Hypothese zugrunde. Dies impliziert, dass nach dem Treatment von einer positiven Entwicklung, schlechten Falls unverändertem Niveau der Variabel, ausgegangen wird, so dass die Hypothese nur einseitig getestet wird. Da der t-Test das Signifikanzniveau immer 2-seitig misst, können diese Werte theoretisch wegen des Vorliegens der gerichteten Hypothese durch 2 dividiert werden. Vgl. DÖRING/ BORTZ (2016), S. 705 f.

[853] Der Wilcoxon-Test ist ein non-parametrischer Erstatztest für den t-Test, wenn nicht alle Voraussetzungen erfüllt werden. Er kann auch bei einer kleineren Stichprobe mit n < 30 und nicht vorhandener Normalverteilung Anwendung finden. Vgl. SEDELMEIER ET AL. (2013), S. 577 ff.

[854] Vgl. dazu die Effektenstärke d nach COHEN (1988), die das Ausmaß der Mittelwertunterschiede darstellt; vgl. auch SEDELMEIER ET AL. (2013), S. 286 u. 414 u. DÖRING/ BORTZ (2016), S. 659 f.

[855] Vgl. COHEN (1988), S. 82 und SEDELMEIER ET AL. (2013), S. 281 ff.

[856] Vgl. SEDELMEIER ET AL. (2013), S. 419.

[857] Das arithmetische Mittel zur Einstellung gegenüber VR lang vor der Anwendung bei 4,26 und nach der Anwendung bei 4,7.

wiederholung mit einem Signifikanzniveau von $p < 0{,}001$ **hoch signifikant**[858] **ist.** Dies lässt den Rückschluss zu, dass die VR-Experience von den Mitarbeitern sehr gut angenommen wurde und vermutlich gefällt. Bevor auf die Ergebnisse des Quasi-Experiments statistisch genauer eingegangen wird, ist zu konstatieren, dass sich **nach dem VR-Treatment beim Markenwissen** und **BC in allen erhobenen Dimensionen ausnahmslos positive Veränderungen einstellten.** Bei der Interpretation der Ergebniswerte ist zudem zu berücksichtigen, dass die Werte der arithmetischen Mittel ($\overline{x}$) beim Markenwissen mit 3,5 und beim BC mit 3,9 bereits zuvor **auf einem relativ hohen Ausgangsniveau** lagen. Das Markenwissen lag deutlich mit 40% und das **BC mit 56% über dem Skalenmittelwert** von 2,5 (vgl. max. Skalenwert = 5). Man vergleiche dazu auch die **Referenzwerte für das BC**[859] der internen Benchmark-Datenbank des markstone Institut of Marketing, Branding and Technology der Universität Bremen. Hier liegt das **BC 33 % über dem Skalenmittelwert** (vgl. Abb. 53; indexierte Darstellung).

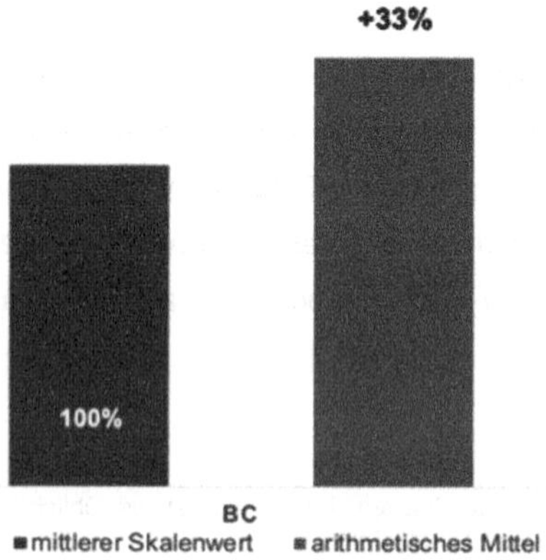

Abbildung 53: Referenzwerte zum BC

Quelle: Datenbank des markstone Institut of Marketing, Branding and Technology

---

858 Nach herrschender Konvention gilt, dass mit (*) $p \leq 0{,}05$ ein signifikantes, bei (**) $p \leq 0{,}01$ ein sehr signifikantes und mit (***) $p \leq 0{,}001$ ein hoch signifikantes Ergebnis vorliegt. Vgl. dazu BORTZ/ DÖRING (2006) S. 740.

859 Vgl. interne Benchmark-Datenbank des markstone Institut of Marketing, Branding and Technology zu den Werten des BC, das über die 2 Komponenten Markenidentifikation und Markeninternalisierung erfasst wird. Die Items wurden über Schulnoten (1 bis 6) gemessen, so dass der Skalenmittelwert bei 3 liegt. Zur Vergleichbarkeit der Erhebungswerte mit den Werten des Quasi-Experiments wurden die Schulnoten in Oberstufenpunkte (1-15) umgerechnet und auf dieser Basis die prozentuale Abweichung von Skalenmittelwert berechnet und indexiert grafisch dargestellt. Referenzwerte zum Markenwissen liegen bisher in dieser Datenbank nicht vor. Vgl. auch BURMANN ET AL. (2018), S. 89.

Die Auswertung der Ergebnisse zeigt, dass **beim Markenwissen ein großer positiver Effekt** mit einer Steigerung des $\bar{x}$ von **+27% von 3,5 auf 4,4** nachgewiesen werden kann. Dieser Effekt scheint sich recht gleichmäßig auf alle Mitarbeiter zu verteilen, was die geringe Varianz von 0,4 belegt. Der t-Test bei verbundenen Variablen bestätigt, dass die Veränderung des $\bar{x}$ nach der Messwiederholung mit einem Signifikanzniveau von $p < 0{,}001$ **hoch signifikant ist**; wobei die Effektstärke nach Cohen mit d=1,17 einen **sehr starken Effekt bestätigt**. Es ist somit gelungen, den Mitarbeitern zu vermitteln, was die Marke Merck ausmacht und wofür sie steht. Während zuvor die Mitarbeiter im Durchschnitt der Auffassung waren, dass das Markenwissen nur „teils/ teils" vorhanden war, konnten sie die Frage zum Markenwissen nach der VR-Experience durchschnittlich mit einem „trifft zu" bestätigen. Dies belegt auch der **Modalwert, der von 4 auf ein Niveau von 5 angestiegen** ist. Abb. 54 stellt die Ergebnisse grafisch dar.

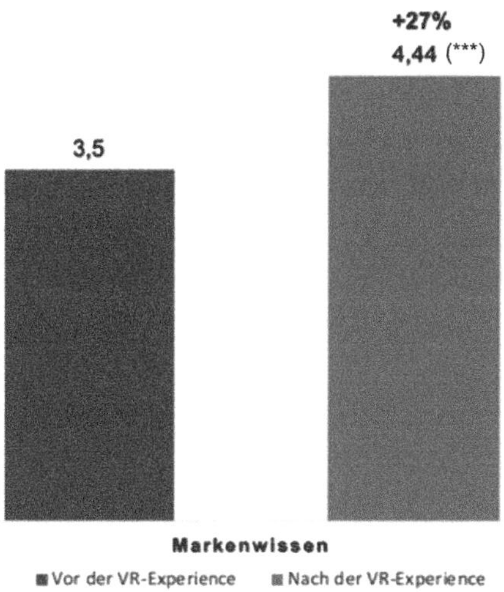

Abbildung 54: Ergebnisse des arithmetischen Mittels des Markenwissen
Quelle: Eigene Darstellung

Betrachtet man das BC, so zeigt sich ein insgesamt positiver Effekt mit einer Veränderung des $\bar{x}$ von **+19% von 3,9 auf 4,6**. Dieses Ergebnis ist mit einem Signifikanzniveau von $p < 0{,}001$ **hoch signifikant,** was durch die Effektgröße d=1,83 bestätigt wird. Zur Bestimmung des $\bar{x}$ des BC wurden in Orientierung an

Piehler (2011) die $\bar{x}$ der Markenidentifikation, Markeninternalisierung und des Globalindikators addiert und arithmetisch gemittelt. Auf der Basis des hohen Ausgangsniveaus von 3,9 ist dieses Ergebnis als durchaus positiv zu bewerten; zumal die Zielgröße nach der wiederholten Messung nur 0,4 vom Maximalwert 5 entfernt ist. Dies legt die Vermutung nahe, dass der Einsatz der VR-Experience in der Lage ist, die Einstellung der Mitarbeiter bedeutsam zu verbessern. **Steigt man analytisch in die einzelnen Items des BC ein so lässt sich beim Globalindikator des BC**, der die emotionale Verbundenheit mit der Marke insgesamt reflektiert, ebenfalls eine **sehr positive Wirkung** mit einer signifikanten Steigerung des $\bar{x}$ um **26% von 3,7 auf 4,6 bestätigen.** Dieser Effekt scheint sich ebenfalls recht gleichmäßig auf alle Mitarbeiter zu verteilen, was die geringe Varianz von 0,36 belegt. Der t-Test bei verbundener Stichprobe zeigt auch hier mit $p < 0{,}001$ und d=1,12 nach Cohen einen starken signifikanten Effekt. **Bei den einzelnen Items Markenidentifikation und Markeninternalisierung ist festzustellen**, dass die Effekte zwar immer noch sehr positiv ausfallen, jedoch auf einem geringeren Niveau als beim Globalindikator. Bei der **Markenidentifikation**[860] **und der Markeninternalisierung**[861] kann eine vergleichbare **Steigerung von immerhin noch 16%** nachgewiesen werden. Bei der Markenidentifikation kann statistisch die Veränderung des $\bar{x}$ von 3,9 auf 4,55 mit $p < 0{,}001$ und d=1,20 als stark signifikant und starker Effekt beurteilt werden. Gleiches gilt für die Markeninternalisierung bei einer Steigerung des $\bar{x}$ von 3,98 auf 4,6 mit $p < 0{,}001$ und d=1,44. Abb. 55 zeigt die Ergebnisse des $\bar{x}$ des BC und seiner operationalisierten Indikatoren im Überblick.

860 Die Veränderungen der $\bar{x}$ der drei Items der Markenidentifikation gestalten sich wie folgt: 1. „Ich bin froh, dass ich zur Marke Merck gehöre." Von 4,0 auf 4,7 (+ 15%); 2. „Ich bin stolz, dass ich für die Marke Merck arbeite" von 4,2 auf 4,7 (+15%) „Wenn Jemand die Marke Merck lobt, fasse ich das als persönliches Kompliment auf" von 3,7 auf 4,4 (+18%).

861 Die Veränderungen der $\bar{x}$ der drei Items der Markeninternalisierung gestalten sich wie folgt: 1. „Die Marke Merck steht für lebendige und faszinierende Wissenschaft und Technologie, was für mir wichtig ist" von 3,9 auf 4,8 (+ 23%); 2. „Die Marke Merck passt zu mir" von 3,9 auf 4,6 (+17%). Die Werte der Marke Merck Verantwortung, Integrität und Leistung entsprechen den Werten, die mir persönliche wichtig sind" von 4,2 auf 4,5 (+8%).

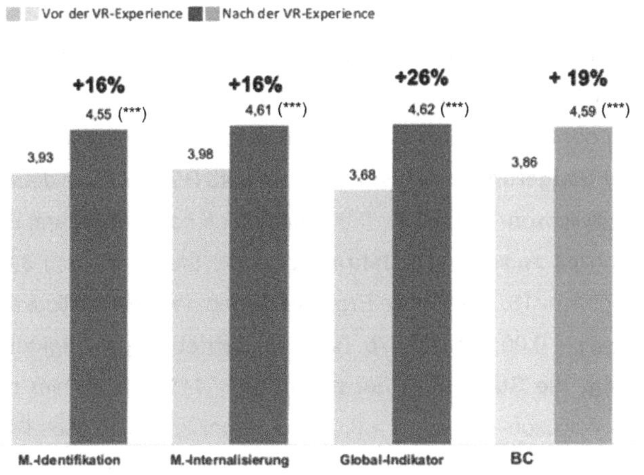

Abbildung 55: Ergebnisse des arithmetischen Mittels des BC[862]

Quelle: Eigene Darstellung

Beim Markenwissen und BC ergibt die Analyse der gruppenübergreifenden Datenselektion nach Generationen, dass die Ergebnisse der einfaktoriellen Varianzanalyse bei unverbundenen Stichproben statistisch **mit $p > 0,05$ nicht signifikant sind.** Aus diesem Grunde ist ein Vergleich des VR-Effekts der Generationen untereinander statistisch nicht zulässig. Vermutlich liegt dies an den sich durch die Selektion ergebenden zu kleinen Stichproben. **Gleiches gilt für die Datenselektion nach Betriebszugehörigkeit.** Aus diesem Grunde können somit lediglich die Gruppen in sich, sofern die Untersuchungsergebnisse signifikant sind, betrachtet werden. So zeigt sich bspw. bei der **Gruppe „Betriebszugehörigkeit der Mitarbeiter < 1 Jahr"** mit einer Steigerung des $\overline{x}$ von 3,18 auf 4,27 (+34%) ein **sehr starker Markenwissensaufbau**. Dieses Ergebnis ist nach dem Wilcoxon-Test mit $p < 0,001$ und d=1,04 hoch signifikant. Bei einer Betriebszugehörigkeit zwischen **1-5 Jahren** liegt eine Steigerung **von 3,5 auf 4,5 mit +29%** vor bei n=18. Auch diese Ergebnisse sind nach dem Wilcoxon-Test mit $p < 0,001$ hoch signifikant mit starkem Effekt mit d=1,45. Bei einer **Betriebszugehörigkeit > 5 Jahre** liegt **lediglich eine Steigerung von 8%** vor; wobei die Ergebnisse nach dem Wilcoxon-Test mit $p > 0,05$ nicht signifikant sind. Dies liegt eventuell an der kleinen Stichprobe mit

862 Bei der Berechnung des arithmetischen Mittels des BC wurde methodisch nach PIEHLER (2011) vorgegangen. Es wurden die $\overline{x}$ der Markenidentifikation, Markeninternalisierung und des Globalindikators addiert und dann arithmetisch gemittelt.

n=5. Somit ließe sich hier **vorsichtig die Vermutung formulieren**, dass tendenziell **der Effekt auf das Markenwissen bei Mitarbeitern mit eher geringer Betriebszugehörigkeit besonders groß ist.** Weiter zeigt sich bei der Gruppe „Betriebszugehörigkeit der Mitarbeiter < 1 Jahr" eine **ziemlich starke Verbesserung des BC mit einer Steigerung des $\overline{x}$ von 3,63 auf 4,48 (+23%).** Auch dieses Ergebnis ist nach dem Wilcoxon-Test mit p < 0,001 und d=2,6 hoch signifikant. Bei einer Betriebszugehörigkeit zwischen **1-5 Jahren** liegt eine Steigerung von **3,89 auf 4,61 mit +19%** vor bei n=18. Auch diese Ergebnisse sind nach dem Wilcoxon-Test hoch signifikant mit p < 0,001 und d=1,76. Bei einer **Betriebszugehörigkeit > 5 Jahre hingegen liegt die Steigerung bei nur noch + 11%,** wobei hier die Ergebnisse nach dem Wilcoxon-Test mit p > 0,05 nicht signifikant sind; dies liegt wie beim Markenwissen eventuell an der kleinen Stichprobe mit n=5. Auch hier lässt sich somit **die vorsichtige Vermutung formulieren, dass bei einer geringen Betriebszugehörigkeit von einem eher starken VR-Effekt auf das BC auszugehen ist.**

Zusammenfassend ist positiv festzuhalten, dass über das Quasi-Experiment vorläufig gezeigt werden kann, dass die VR-Experience zu positiven kognitiven und affektiven Wirkungen führt. So ergibt sich **mit + 26%** ein sehr positiver Einfluss auf das **Markenwissen**. Zudem kann eine positive Wirkung auf das **BC mit + 19%** bestätigt werden. Auffällig ist der sehr positive Effekt auf die **emotionale Markenbindung (Globalindikator für BC) mit +26%.** Dies hängt vermutlich mit der starken Emotionalisierungsleistung von VR zusammen, die sich schnell auf die emotionale Markenbindung des Mitarbeiters zu übertragen scheint. Bei der **Markenidentifikation und Markeninternalisierung** sind die Ergebnisse mit **+16%** etwas schwächer ausgeprägt. Wahrscheinlich bedarf es hier wiederholter Anwendungen, um einen deutlicheren Effekt auszuüben.

Wegen der fehlenden Kontrollgruppe können **keine Schlussfolgerungen** darüber getroffen werden, **ob VR** im Hinblick auf die Ziele der internen Markenkommunikation **effektiver arbeitet als klassische Instrumente**. Zudem lässt die Stichprobe n=34 über die Datenselektionen nach Anzahl der Betriebsjahre und Generation der Mitarbeiter wegen mangelnder statistischer Signifikanz keine validen Schlussfolgerungen zu. Dennoch können als erste Tendenzaussagen getroffen werden, dass VR eher bei jüngeren Mitarbeitern und eher kürzerer Betriebszugehörigkeit einen starken Effekt auf das Markenwissen und BC ausübt. Hier müssen profundere Analysen mit größeren und quantitativ vergleichbaren Stichproben folgen, um weitere Einblicke in das zielgruppenbezogene Anwendungspotenzial zu bekommen. Die Autorin stellt selbstkritisch fest, dass wegen des Fehlens einer Kontrollgruppe und der relativ kleinen Stichprobe (v.a. bei der Datenselektion nach Alter und Betriebszugehörigkeit) nur eine eingeschränkte Validität der Ergebnisse gegeben ist, so dass H1 und H2 im wissenschaftlichen Sinne nicht hinreichend bestätigt werden können. **Wohl aber gibt das Quasi-Experiment, als erste quantitative Untersuchung** in der internen Markenkommunikation, **erste Hinweise darauf, dass VR einen positiven Einfluss auf den Aufbau des Markenwissen hat. Auch lässt sich auf einen persuasiven Effekt beim Mitarbeiter schließen**. An dieser Stelle ist die **hohe Emotionalisierungsfähigkeit** von VR hervorzuheben. Zu diesen ersten Ergebnissen soll die sich anschließende qualitative Analyse weiteren Aufschluss geben.

3.3 Tiefeninterviews mit den Teilnehmern des Experiments

3.3.1 Stichprobenauswahl

Im Anschluss an das VR-Experiment ergaben sich 20 freiwillige Bereitschaftserklärungen von Merck-Mitarbeitern zu einem weiteren Tiefeninterview; davon konnten 7 tatsächlich durchgeführt werden. Um die Stichprobe zu erhöhen wurden 2 weitere Teilnehmer durch persönliche Ansprache über die Abteilung Internal Brand Management nachträglich aktiviert. Zur Vermeidung von Verzerrungen wurden B6[863] und B8 zusätzlich ausgewählt, da sie ihre 1. Erfahrung mit dem VR Brand Dome aus eigenem Interesse zu einem vergleichbaren Zeitpunkt Mitte Mai 2018 gemacht hatten. Unter den 9 Interviewteilnehmern sind 3 Mitarbeiter Brand Champions. Alle Teilnehmer hatten vor Durchführung des Tiefeninterviews eine einmalige Exposition der VR-Experience. Die Teilnehmer wurden nach den Sommerferien (Hessen) 3 Wochen vor dem geplanten Startzeitpunkt der Interviews (12.09.2018) von der Abteilung Internal Branding über eine E-Mail eingeladen. Die Markenbotschafter wurden nicht separat, sondern in gleicher Form angesprochen.

[863] B6 bedeutet bspw.: der 6. Befragte.

In Abstimmung mit den Interviewten wurden der 12.09.2018 mit 5 Teilnehmern und 14.09.2018 mit 2 Teilnehmern festgelegt. Mit den Teilnehmern wurde jeweils eine feste Uhrzeit vereinbart. Bei 2 Teilnehmern mussten für das Tiefeninterview aus terminlichen Gründen separate Telefontermine (26.09.2018 und 28.09.2018) per Skype festgelegt werden. Die Teilnehmer rekrutierten sich aus verschiedenen Unternehmensbereichen wie IT, Group Communication, Finanzen. Sie haben eine unterschiedlich lange Dauer der Betriebszugehörigkeit, die zwischen 3 Monaten und 9 Jahren streut. Die Bezeichnungen der Abteilungen und Funktionen (vgl. Tab. 7) erfolgte nach eigenen Angaben der Teilnehmer in meist englischer Sprache, da dies die Geschäftssprache bei Merck ist. Alle Befragten sind **keine Führungskräfte**. Aus Datenschutzgründen dürfen die vollständigen Namen nicht genannt werden. Es wurden alle Interviews mit einem Audiogerät mitgeschnitten; bis auf eine Person, die einer Audioaufnahme nicht zustimmte. In diesem Fall wurde während des Interviews sorgfältig mitgeschrieben.

Interviewter[2)]	Alter	Betriebszugehörigkeit/ Jahre	Abteilung/ Funktion	Brand Champion	Sprache	Dauer in Minuten
B1 w	25	1,5	Group Communication/ Angestellte		deutsch	16
B2 w	41	9	Biopharma/ Brand Senior Communication Manager,	x	deutsch	41
B3 m	32	1/2	Finance Office/ Manager		deutsch	31
B4 w	34	8	Business Technology/ Manager		deutsch	40
B5 m	44	4	Clinical Trial Supply/ Manager	x	englisch	47
B6 m	36	2	Operations/ Manager		englisch	39
B7 w	Keine Angabe	6	Legal Department/ Angestellte	x	englisch	39
B8 m	29	0,25	Actives & Formulation/ Manager		deutsch[1)]	28
B9 w	26	2,5	Employer Branding/ Junior Manager		englisch[1)]	36

1) Interviews per Skype/ Telefon; 2) w = weiblich; m = männlich

Tabelle 7: Überblick über die Auswahl der Interviewten

3.3.2 Durchführung der Interviews und Interviewleitfaden

Unmittelbar vor Durchführung des Tiefeninterviews unterzogen sich die Interviewten zum zweiten Mal der ca. 10-minütigen VR-Experience, die unter gleichen Bedingungen des Quasi-Experimentes wie bei der ersten Anwendung erfolgte. Wie beim Quasi-Experiment wurden alle Teilnehmer gebeten zwecks Vergleichbarkeit der Ergebnisse, die Reihenfolge der VR-Experiences 1-3 einzuhalten. Die Autorin, die die Interviews selbst durchgeführt hat, war während der VR-Experience zugegen. Im Anschluss daran fand in einem angenehmen Meeting-Raum im Hause Merck im Innovation Center das Tiefeninterview statt. Vor Durchführung der 2 Interviews per Skype war eine Mitarbeiterin aus dem Internal Branding Team bei der VR-Experience vor Ort. Die Interviews dauerten ca. 30 bis 40 Minuten; während die Befragungen der Brand Champions, bedingt durch drei Zusatzfragen, zwischen 39 und 45 Minuten dauerten. Einzige Ausnahme war B1 mit einer Gesprächsdauer von 16 Minuten. B1 antwortete gezielt ohne Ausschweifungen, so dass dennoch alle Fragen ausnahmslos zufriedenstellend beantwortet werden konnten.

Der Interviewleitfaden wurde auf der Basis vorheriger theoretischer Überlegungen (vergleiche theoriegeleitete Annahmen in Kapitel B 3.4) und der zuvor formulierten Forschungsfrage mit den Verantwortlichen der internen Markenführung von Merck genau abgestimmt. Methodisch wurde zur finalen Formulierung der Interviewfragen nach dem **SPSS-Verfahren** nach Helfferich (2009)[864] mit den Schritten Sammeln (Brainstorming), Prüfen, Sortieren und Subsummieren vorgegangen. Der letzte Schritt impliziert die Festlegung der vorgesehenen Reihenfolge der Fragen. Für die Brand Champions wurden drei Fragen formuliert, die direkt auf ihre besondere Funktion als Mitarbeiter eingehen. Der Leitfaden wurde wie folgt finalisiert:

1. **Haben Sie bereits Erfahrungen mit VR gemacht (abgesehen von der VR-Experience bei Merck)?**
   a) Generell
   b) Im Umgang mit anderen Marken
2. **Was hat Ihnen an der VR-Experience bei Merck besonders gut gefallen?**
3. **Was ist Ihnen alles in Erinnerung geblieben, wenn Sie an die VR-Experience bei Merck zurückdenken?**
4. **Was glauben Sie, inwiefern wurde das Markenwissen durch folgende Größen/ Effekte wohl aufgebaut?**
   a) Durch den gebotenen Inhalt und wie er dargestellt wurde?

---

864 Vgl. HELFFERICH (2009), S. 178 u. GLÄSER/ LAUDEL (2009), S. 144 f. Siehe auch KRUSE (2015).

b) Durch die Art und Weise wie man mit verschiedenen Elementen interagieren konnte?

c) Durch die Gestaltung der virtuellen Welt wie Umgebung, Objekte, Sound, Farben, etc.?

d) Lag es daran, dass Sie gefühlsmäßig/ emotional angesprochen wurden?

e) Lag es insgesamt an der Besonderheit der Erfahrung mit dem Medium/ der Technik VR?

f) Sonstige Gründe?

5. **Inwiefern haben sich Ihre Einstellung bzw. Emotionen gegenüber der Marke Merck nach der VR-Experience verändert?**
6. **Was denken Sie, welche Elemente/ Größen haben dazu geführt, die Einstellung gegenüber der Marke zu verändern?**

a) Lag es an dem Inhalt und wie er dargestellt wurde?

b) Lag es an der Art und Weise wie man mit verschiedenen Elementen interagieren konnte?

c) Lag es an der Gestaltung der virtuellen Welt wie Umgebung, Objekte, Sound, Farben, etc.?

d) Lag es daran, dass Sie gefühlsmäßig/ emotional angesprochen wurden?

e) Lag es insgesamt an der Besonderheit der Erfahrung mit dem Medium/ der Technik VR insgesamt?

f) Sonstige Gründe?

7. **Hat Ihre VR-Erfahrung einen Einfluss auf Ihre Bereitschaft, sich für den Erfolg der Marke Merck einzusetzen?**

Zusatzfragen nur für nominierte Markenbotschafter:

8. **Welchen Einfluss hat rückblickend die VR-Erfahrung auf Ihre Funktion als Brand Champion mit Blick auf die Umsetzung der neuen Markenpositionierung?**
9. **Könnten Sie sich vorstellen, dass der Einsatz von VR im Rahmen ihrer Funktion/ Arbeit als Brand Champion unterstützend und hilfreich sein kann?**

Vor Beginn des eigentlichen Tiefeninterviews wurden nach einer freundlichen Begrüßung **Daten zur Person** wie Alter, Geschlecht, Betriebszugehörigkeit in Jahren und Abteilung erhoben. Im Weiteren wurde auf die **Anonymität und den Datenschutz** hingewiesen. Durch die Anonymität soll sichergestellt werden, dass die Mitarbeiter unbefangen und frei auf die Fragen antworten. Andere Mitarbeiter der Firma Merck waren bewusst zum Zeitpunkt des Interviews nicht zugegen, um eine unbefangene Gesprächssituation zu fördern. Im nächsten Schritt wurden die Teilnehmer über das Forschungsprojekt kurz informiert. Dies diente[865] zur thematischen Einstimmung auf das folgende Interview. Im Weiteren wurden die Fragen gemäß dem Leitfaden den Interviewten überwiegend in der festgelegten Reihenfolge gestellt, da dieser zur groben Gesprächsorientierung diente. Während des Interviews fand eine permanente spontane Operationalisierung statt, um sich dem Gesprächsverlauf sinnvoll anzupassen. Bei Unklarheiten stellte die Interviewerin Zwischenfragen[866], um den Sinn der Aussagen der Befragten so genau wie möglich zu erfassen. Auch wurde zur vollständigen Beantwortung einer Frage teilweise thematisch detaillierter nachgefasst. In jedem Interview wurden grundsätzlich alle Fragen behandelt.

3.3.3 Auswertung der Ergebnisse und Herleitung von Hypothesen

Bei der Auswertung der Ergebnisse ist die Autorin grundsätzlich nach den im Kapitel C 1.1.2 beschriebenen Schritten zur qualitativen Inhaltanalyse vorgegangen. Zunächst erfolgte nach der auditiven Dokumentation der Interviews die **Transkription** (1. Schritt) dieser. Im Rahmen der **initiierenden Textarbeit** (2. Schritt) wurden alle Interviews vollständig durchgelesen, um den subjektiven Sinn zu verstehen. Erste Argumentationslinien sowie eigene Ideen der Autorin wurden in Form von Kurznotizen festgehalten. Im Anschluss daran erfolgte die **Paraphrase der Interviews** (3. Schritt). Der Großteil geeigneter Zitate zur Verifizierung von Verallgemeinerungen und Schlussfolgerungen der Autorin wurde bereits hier identifiziert und vorselektiert. Bei der **Kategorienbildung** (4. Schritt) ergaben sich direkt aus den Fragen des Interviewleitfadens deduktiv **9 Hauptkategorien**[867]**.** Bei der 4.

---

865 Vgl. GLÄSER/ LAUDEL (2010), S. 153 u. KURKATZ (2016), S. 60.

866 Vgl. ATTESLANDER (2010), S. 142 u. GLÄSER/ LAUDEL (2010), S. 113.

867 Folgende Hauptkategorien wurden gebildet: 1. Erfahrung mit VR; 2. Elemente, die besonders gefallen; 3. Erinnerte Elemente/ Markenwissen; 4. Einflussgrößen zum Aufbau von Markenwissen; 5. Einfluss auf die Markeneinstellung; 6. Einflussgrößen zur Veränderung der Markenein-

und 6. Frage zur Funktionsweise von VR zum Aufbau des Markenwissens und zur Veränderung der Markeneinstellung des Mitarbeiters ergaben sich **deduktiv 6 weitere Unterkategorien:** 1. Inhalt und seine Darbietung; 2. Art und Weise der Interaktion; 3. Gestaltung der virtuellen Welt durch Objekte, Umgebung, Sound und Farben; 4. Gefühlsmäßige Ansprache; 5. Erfahrung insgesamt mit dem VR-Medium und 6. Sonstiges. Darüber hinaus ließen sich induktiv bei der Analyse des erhobenen Datenmaterials im Zuge der **Codierung** (5. Schritt) weitere Unterkategorien erschließen. So konnten auf Basis der 5. Hauptkategorie, die den Einfluss auf die Markeneinstellung des Mitarbeiters zum Inhalt hat, die Unterkategorien Markenidentifikation, Markeninternalisierung und emotionale Markenbindung definiert werden. Auf der Grundlage der 9 Hauptkategorien und der aus den Interviews extrahierten Daten wurde eine umfangreiche Excel-Tabelle[868] erstellt. In den Spalten wurden die Kategorien eingetragen und in den Zeilen die relevanten Extrakte der einzelnen Interviews (B1-B9) dokumentiert. Der **thematische Vergleich** (6. Schritt) wurde **in der Excel-Tabelle durchgeführt.** Dabei wurden vertikal je Hauptkategorie, über die einzelnen Interviews hinweg, die vergleichbaren Aussagen der Befragten in den abschließenden Zeilen 12-13 verallgemeinernd zusammengefasst. Hier wurde nach Kurkarts (2016) zudem über statistische Häufigkeiten und das arithmetische Mittel eine evaluative qualitative Auswertung vorgenommen. Die sich nun **anschließenden letzten 2 Schritte, empirische Generalisierung**[869] (7. Schritt) und **theoretische Generalisierung** (8. Schritt), werden im Weiteren im Kapitel C 3.3.3 ausführlich dargestellt. Zum Zweck der Übersichtlichkeit bei der Herleitung der Hypothesen erfolgt eine **Verknüpfung dieser beiden Schritte.** Dabei werden aus dem vorliegenden Datenmaterial **empirisch geleitete Annahmen** zur Wirkung von VR auf die jeweiligen internen Ziele erarbeitet. **Der Abgleich zwischen der Theorie und den eigenen empirischen Ergebnissen** im Rahmen der theoretischen Generalisierung erfolgt direkt im Anschluss an die jeweils empirisch geleiteten Annahmen zu den einzelnen Zielgrößen. Es werden final, unter Einbeziehung der theoriegeleiten Annahmen (vgl. Kapitel B 3.5) und der

---

stellung; 7. Einfluss auf BCB; 8. Einfluss von VR auf die Funktion als Brand Champion und 9. Unterstützung der Tätigkeit als Brand Champion durch VR.

868 Die umfangreiche Excel-Tabelle wird der Arbeit digital beigefügt, da sie ist nicht zum Ausdruck geeignet ist.

869 Zur Evidenzierung und Verifizierung besonders aufschlussreicher Ergebnisse der empirischen Generalisierung werden aussagekräftige Zitate der Befragten angeführt.

Ergebnisse des Quasi-Experimentes bei Merck, die Hypothesen gebildet. Diese Vorgehensweise wird zunächst auf das Markenwissen, dann auf das BC und final auf das BCB angewendet. Die Hypothesen werden in Kapitel D 1 in ein Modell der internen, identitätsbasierten Markenführung überführt.

Die empirische Generalisierung beginnt in C 3.3.3.1 mit der Darstellung grundlegender, **allgemeiner Erkenntnisse** der Tiefeninterviews. In C 3.3.3.2 wird die Wirkung der VR-Experience auf die Brand Champions dargestellt. Im Anschluss erfolgt die Herleitung der Hypothesen zu den **Effekten der VR-Experience** auf die Zielgrößen **Markenwissen** (Kapitel C 3.3.3.3) und **BC** (Kapitel C 3.3.3.4). Bei beiden Zielgrößen wird eine tiefgreifende **Analyse der Determinanten** durchgeführt. Ziel ist es, Hinweise zur Erklärung der **Funktionsweise von VR** zu gewinnen. Dabei soll ein Verständnis über die **Bedeutung der Determinanten für den Zustand der Immersion** entwickelt werden. Es wird angestrebt, **für jede Determinante einen Wirkmechanismus** aus dem empirischen Datenmaterial zu erarbeiten. Abschließend werden in Kapitel C 3.3.3.5 das Interviewmaterial hinsichtlich der **Wirkungen auf das BCB** analysiert und Hypothesen dazu gebildet. Abb. 56 zeigt die Schritte der qualitativen Inhaltsanalyse in Anlehnung an Meuser und Nagel (2016) sowie die leicht davon abweichende Vorgehensweise in dieser Arbeit unter Zusammenfassung des 7. und 8. Schritts.

Schritte der qualitativen Inhaltsanalyse in enger Anlehnung an Meuser/Nagel (2016)	Vorgehensweise bei der Analyse der Tiefeninterviews bei Merck
1. Transkription	1. Transkription
2. Initiierende Textarbeit	2. Initiierende Textarbeit
3. Paraphrase	3. Paraphrase
4. Kategorienbildung	4. Kategorienbildung
5. Kodierung der Interviews (Datenextraktion)	5. Kodierung der Interviews (Datenextraktion)
6. Aufbereitung der Daten (thematischer Vergleich)	6. Aufbereitung der Daten (thematischer Vergleich)
7. Empirische Generalisierung	7. Empirische- und theoretische Generalisierung
8. Theoretische Generalisierung	

Abbildung 56: Vorgehensweise der qualitativen Inhaltsanalyse im Fall Merck

Quelle: Eigene Darstellung in enger Anlehnung an Meuser/ Nagel (2016)

3.3.3.1 Allgemeine Erkenntnisse

In diesem Kapitel geht es darum, herauszufinden, welche Erfahrungen die Befragten bisher mit VR generell und im Marketing gemacht haben. Zudem sollen jene Aspekte, die ihnen an der VR-Experience bei Merck besonders gut gefallen haben, herausgearbeitet werden.

Die Interviews belegen, dass **außerhalb des Marketings VR** als Kommunikationsinstrument für die Mitarbeiter eine **noch relativ neue unbekannte Technik** ist. **Von 9** Befragten weisen **nur 5** generelle Erfahrungen mit VR auf; wobei 4 von diesen Erfahrungen im Bereich Gaming haben. Was die Erfahrungen mit VR bei anderen Marken abgesehen von Merck angeht, bestätigen die Interviews die geringe Verbreitung von VR im Marketing. **Nur 4 von 9** Befragten haben bisher **VR-Erfahrungen mit Marken** sammeln können. Unter diesen 4 Befragten bestätigt nur 1 Person einen Kontakt mit einer Verbrauchermarke (Porsche)[870].

Die Auswertung der **Elemente, die den Befragten besonders gut gefallen haben (Likes)**, zeigt ein sehr einheitliches Bild. Die **VR-Experience** wird durchweg **sehr positiv beurteilt**. Sie wird insgesamt als eine neue, einzigartige Erfahrung bezeichnet, die **begeistert** und **viel Spaß** bereitet. Häufig wird betont, dass VR als innovatives Instrument sehr gut zu Merck und seiner Positionierung als innovative, lebendige Wissenschafts- und Technologie-Marke passt. Auf besonderes Gefallen stößt die **moderne, futuristische Atmosphäre** im leuchtenden, farbenfreudigen Corporate Color Code von Merck. Sie **zieht** die **Aufmerksamkeit des Users in den Bann** und **weckt seine Neugierde**, noch mehr zu entdecken. *„...Neugier, weil man guckt natürlich rechts und links, und hat noch was zu entdecken. Das fand ich sehr ansprechend.“;* (B2, #2:22#). Dabei gefällt den Befragten besonders, die **Markenwelt** mit bunten formschönen Mikroben, die sich dynamisch im Raum bewegen, **zu erleben und zu „erspüren“**. *„Es ist wirklich sehr „vibrant and bold...Man fühlt sich direkt abgeholt.“; (B9, #04:00#).* Auch **die Vielfalt von Eindrücken als Kombination aus visuellen Reizen und Fakten** kommt bei den Befragten sehr gut an. In diesem Kontext werden die als interessant empfundenen

870 Die anderen VR-Erfahrungen wurden mit der Dachmarke Beiersdorf im Employer Branding, mit Marken von Nachrichtensendern wie BBC und mit einer Marke im B2B Business der Chemieindustrie gemacht.

Markenbotschaften und Inhalte der Curiosity-Studie hervorgehoben. Zudem gefällt dem überwiegenden Teil das **virtuelle Fahrerlebnis der Achterbahn**, welches ein fast realitätsnahes, aufregendes Fahrgefühl bietet. *„Fast alles ist möglich, sogar das Achterbahnfahren. Ich empfinde das wie eine 2. Realität und das gefällt mir, das ist einzigartig als Erlebnis.“; (B4[871]).*

Bei der Analyse der Likes kristallisieren sich aus dem Datenmaterial **„Interaktivität“ und „Immersion“ als zwei Unterkategorien** heraus. Die **Interaktion** mit diversen Objekten, Markenelementen und Markenbotschaften begeistert die Mitarbeiter[872]. So gefallen z.B. das Draufschlagen auf die Box mit dem anschließenden Hochfliegen der Mikroben; oder die Kopfbewegung, die eine automatische Anpassung der Blickrichtung mit sich bringt. Es ist die **Vielfältigkeit an interaktiven Möglichkeiten**, die zu Begeisterung führt. Man kann Objekte, Mikroben und Markenbotschaften anfassen, schubsen, verschieben, mit ihnen spielen und kreativ verändern. Das bereitet den Usern Freude, ist aufregend und bindet sie in das Geschehen ein. **Im Kontext der Interaktivität** wird als eine weitere Gefallensgröße der positive **psychologische Effekt der Selbstbestimmung** genannt. *„Man kann selbst bestimmen, was als Nächstes passiert. Das gibt einem so eine Art Macht. Das ist ein sehr schönes Gefühl.“*, (B4). Das Gefühl der Selbstbestimmung wird nach Aussagen der Befragten dadurch gefördert, dass durch den Einsatz von Sensoren auf einen Controller verzichtet wird und man direkt mit den eigenen Händen interagieren kann, (vgl. u.a. B6, B7 und B9). **Der Zustand der Immersion** trägt ebenfalls zur Begeisterung der Mitarbeiter bei. Er wird beschrieben als das Gefühl, in der bunten Markenwelt von Merck „voll drin“ zu sein und sie direkt, hautnah zu spüren. Gleichzeitig kommt hier dem **Phänomen des Eskapismus**, d.h. aus der eigenen Welt für einen Moment auszusteigen, eine besondere Bedeutung zu. *„Ich glaube, dass war dieses Gefühl, dass man aus dieser Welt rausgenommen wurde und in die andere Welt reingesetzt wird. Man hat das komplett gespürt. Das hat mir am besten daran gefallen.“;* (B9, #2:52#). *„Dieses freie Gefühl, wenn man schnorchelt und abtaucht, das habe ich da auch gerade gehabt“;* (B2, #2:22#). Die Erfahrung wird als **Eintauchen in eine 2. Wirklichkeit** dargestellt. Es lässt ein **Gefühl**

---

871 Befragter B4 wünschte keine Audio-Aufnahme.

872 Vgl. Zitat: *„Die Aufbereitung oder die Art und Weise wie unsere Markenbotschaften und die „Claims“ nähergebracht und erklärt werden. Wenn man die Mikroben angefasst hat, wie man die Infos bekommen hat, das fand ich gut.“;* (B3, #03:59#).

von Freiheit und Weite aufkommen; unterstützt durch schöne Farben, Formen, Mikroben und untermalt durch passende Audiosignale. *"Besonders gut finde ich diese Nähe, die man zu der Markenwelt von Merck bekommt. Ich sehe sie nicht mehr nur auf einem Bildschirm vor mir, sondern sitze oder stehe eigentlich mittendrin, umgeben von unseren Mikroben und den verschiedenen Objekten und Farben, die eigentlich unsere Außendarstellung ausmachen.... Dass man da so richtig eingebunden ist, das fand ich schon eine coole Erfahrung."*; (B3, #2:48#).

3.3.3.2 Wirkung auf die Brand Champions

Bei der Firma Merck haben die Brand Champions aktuell die primäre Aufgabe, die interne Markenführung bei der Umsetzung der neuen Markenpositionierung zu unterstützen. Im Folgenden soll der Frage nachgegangen werden, **welchen Einfluss die VR-Experience auf die Funktion der Brand Champions** ausübt.

2 der 3 Brand Champions bestätigen, dass sie durch die VR-Experience **stärker motiviert sind, die Markenpositionierung umzusetzen**. Diese Motivation rührt von der Begeisterung, ein derartiges, innovatives Instrument einsetzen zu können, mit dem sie das Markenwissen anderen Mitarbeitern greifbarer machen und besser vermitteln können. Auch empfinden sie einheitlich eine **Bestärkung in ihrer Funktion** als Brand Champion zu arbeiten, bedingt durch ein gesteigertes Commitment als solcher zu fungieren. *„It increases my commitment and my willingness as a brand ambassador…";* (B5, #36:20#).

Im Weiteren soll diskutiert werden, **wie der Einsatz des VR-Brand Domes die Funktion als Brand Champion unterstützen kann**. Es herrscht Konsens unter den Befragten, dass die VR-Experience die Brand Champions sehr gut bei der Vermittlung von Markenwissen unterstützen kann. Sie stärkt ihre Möglichkeiten, die **Markenpositionierung auf eine beeindruckende Art und Weise zu vermitteln.** *„Letztendlich dieses Markenwissen weiter zu tragen; für die Organisation erlebbar zu machen. Eine Akzeptanz zu schaffen… für den Content und das, was dahintersteht.";* (B2; #31:46#). *"I would say that it does expand my possibilities to advertise our brand in our organization, because we are offering a unique experience...";* (B7, #36:01). Die Befragten argumentieren, dass bei der Nutzung von VR die Vermittlung der Markenbotschaften auf einer gefühlsbezogenen Ebene erfolgt, da das

Markenwissen über die Immersion in die **Markenwelt emotional erlebbar** wird. Dies erscheint besonders hilfreich im Kontext der Markenwerte. Es wird vermutet, dass über diesen virtuellen Kommunikationsweg die **Akzeptanz der Markenwerte durch die Mitarbeiter erleichtert** wird. *„Um interne Markenbotschaften, oder generell Botschaften zu vermitteln, ist das sicherlich super hilfreich.“;* (B2, #33:36#). *„Weil man hier halt emotional die Botschaften transportieren kann…und nicht wie irgendeinen Text schreiben und keiner liest ihn.“;* (B2, #33:50#). VR wird als eine alternative, interessante und unique Möglichkeit bewertet, Neugier auf die Marke zu erzeugen und die Marke den Kollegen näher zu bringen. Da die Brand Champions von der Effektivität von VR überzeugt sind, beabsichtigen sie die VR-Experience im Rahmen von Events in Zukunft einzusetzen und über das Social Intranet anzupreisen.

Dennoch weisen sie auf **gewisse zu erwartende Schwierigkeiten** hin. So thematisieren alle Brand Champions die Problematik der **Abnutzung des Inhalts**. Nach mehrfacher Anwendung wird die Gefahr von Wear-Out-Effekten befürchtet, so dass der kollative Effekt beim Mitarbeiter ausbleibt. Wegen der hohen Begeisterungsfähigkeit von VR sollte der VR-Brand Dome fortlaufend zur Mitarbeiteransprache in der internen Markenführung eingesetzt werden. Aus diesem Grunde wird nahegelegt, den **Inhalt immer wieder zu aktualisieren und zu pflegen.** Dies könne über die Entwicklung neuer, ergänzender Experiences wie z.B. Entwicklung von markenbasierten Spielen erfolgen. Auch könnten neue Markenstories konzipiert werden, die visuell und auditiv die Marke zum Leben erwecken[873]. Der VR-Brand Dome bei Merck wird als guter Start in die VR-Technologie betrachtet.

Als weiteren kritischen Aspekt sprechen die Brand Champions **die zu hohen Textanteile in Mercks VR-Experience** an. Auf hohe Textanteile, die anstrengend zu lesen sind, sollte möglichst verzichtet werden. Ein unterstützender Voice-Over wird als nützlich angesehen, um dem User die Möglichkeit zu geben, sich besser auf den Inhalt zu konzentrieren. Zudem sollten die Markenstories mit ihren Bot-

[873] Dabei sollten verschieden Geschäftsbereiche gewählt werden, für die emotionale Geschichten erzählt werden. Diese sollten auf Tatsachen beruhen wie, dass z.B. Krebspatienten geheilt werden. Derartige Stories seien Proof-Points für das soziale Engagement und die soziale Verantwortung von Merck.

schaften noch stärker als bisher visuell über Bilder oder Filme vermittelt und erlebbar gemacht werden.

Als weiterer kritischer Punkt wird die noch aktuelle **Statik bzw. Unbeweglichkeit der VR-Station gesehen.** Hinzu kommt der **noch zwingend notwendige Bedarf an betreuendem Personal.** *„..ich weiß, wie aufwendig es war, diese VR Station zu unserer Gesamt-Tagung zu transportieren und dort ein Set-Up zu machen...die Nutzerführung braucht Staff. Es ist ja nicht selbsterklärend... was es rund machen würde, wäre...eine menschliche Stimme, die einem sagt, was man machen muss ...“; (B2, #34:40#).* Man setzt auf den technischen Fortschritt, der einen mobilen VR-Einsatz in skalierbarer Form weltweit ohne Bedarf an Betreuungspersonal ermöglicht. Ideal wäre zudem eine flexibel nutzbare VR-Technik, die auch über eine App mit einem Handy oder Tablet in Kombination mit einer Brille nutzbar wäre.

3.3.3.3 Einfluss von Virtual Reality auf das Markenwissen

3.3.3.3.1 Ergebnisse und Hypothesen zum Aufbau von Markenwissen

Ausgangspunkt der Hypothesenbildung zum Aufbau von Markenwissen beim Mitarbeiter ist die **erste Forschungsfrage:**

- **Hat der Einsatz von VR einen positiven Effekt auf das Markenwissen des Mitarbeiters?**

Die Auswertung der erinnerten Elemente zeigt insgesamt, dass beim **Markenwissen ein gutes Niveau durch die VR-Experience aufgebaut** wurde. Das Markenwissen wird nun im Hinblick auf Mercks Markenpositionierung und die drei verschiedenen VR-Experiences genauer untersucht. Es lässt sich konstatieren, dass die **Markenpositionierung** als „Lebendiges Wissenschafts- und Technologie-Unternehmen" **fast durchweg von den Befragten zurückgespielt** wird; 7 von 9 Befragten nennen von sich aus die Positionierung im Originalwortlaut. Wobei diese Wissensreflexion vorsichtig zu bewerten ist, da die Positionierung seit Oktober 2015 im Rahmen der breit angelegten internen Kommunikationskampagne kommuniziert wird. Abb. 57 gibt einen zeitlichen Überblick zum VR-Projekt bei Merck.

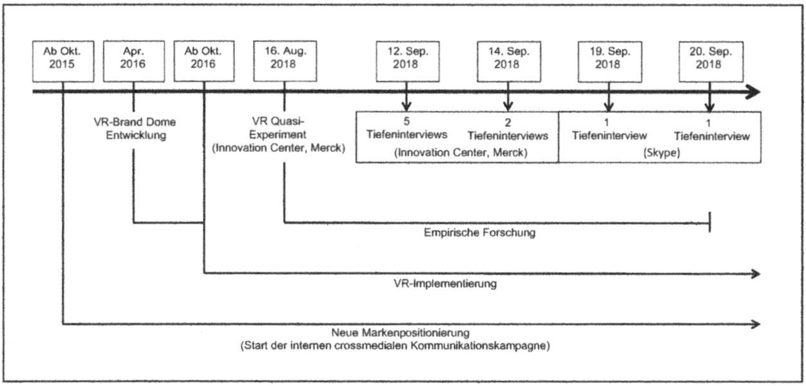

Abbildung 57: Zeitlicher Überblick über das VR-Projekt bei Merck

Quelle: eigene Darstellung nach Angaben von Merck

Mit Blick auf die **1. VR-Experience (Achterbahnfahrt mit Ergebnissen der Curiosity-Studie**) lässt sich festhalten, dass **generell über alle Befragten die Studieninhalte recht gut erinnert werden**. Zu vermitteln waren die 8 folgenden Studieninhalte: „Die meisten Mitarbeiter betrachten sich nicht als neugierig; "Neugierde hat einen positiven Effekt auf die Mitarbeiter und ihren Erfolg"; "Neugierde fördert Ideen der Mitarbeiter“; Neugierde fördert innovatives Verhalten der Mitarbeiter"; "Knappe Budgets behindern die Neugier"; „Zu wenig Zeit für Neugier“; „Es gibt Hindernisse in der Firma Neugier zu praktizieren“ und „nur wenige Mitarbeiter denken, dass sie selbst neugierig sind“. Während jeder Befragung notierte die Interviewerin genau, welche Inhalte der Studie explizit erinnert wurden. Es wurden bei allen Wissensabfragen nur die spontanen Nennungen gezählt, die ohne Unterstützung der Interviewerin erfolgten. Die Auszählung der Nennungen ergibt, dass der Großteil (8 von 9 Befragten), **die folgenden 4 Studieninhalte insgesamt** erinnert: "Neugierde hat einen positiven Effekt auf die Mitarbeiter und ihren Erfolg"; "Neugierde fördert innovatives Verhalten"; "Nur wenige fühlen sich neugierig" und "Knappe Budgets behindern die Neugier". B1, B5, B6 und B8 erinnern zusätzlich an „Es gibt Hindernisse in der Firma Neugier zu praktizieren“. B1, B2, B5 und B6 können sich zudem an „Zu wenig Zeit für Neugier“, erinnern. Lediglich B2 kann keinen Inhalt, sondern nur das Thema der Studie „Neugier“ als solches, wiedergeben. Die Inhalte wurden in der oben angeführten Reihenfolge während der Achterbahnfahrt präsentiert. **Das Ergebnis zeigt,** dass die Mitarbeiter sich **eher an**

die ersten 4 Inhalte erinnern können, abgesehen von den genannten Ausnahmen. Dies hängt vermutlich, neben der recht hohen Anzahl der Studieninhalte, auch damit zusammen, dass einige Probanden aufgrund der Länge die Achterbahnfahrt die Experience nicht bis zum Schluss durchgeführt haben. Dennoch lässt sich festhalten, dass **bei dieser VR-Experience mit 4 Inhalten, die insgesamt bei 8 Befragten verankert wurden, ein eher guter Wissensaufbau nachweisbar ist.** Dies zeigt, dass die Kernergebnisse der Studie von fast allen Mitarbeitern zurückgespielt werden. In diesem Zusammenhang sei erwähnt, dass die virtuelle Achterbahnfahrt bereits unter den Likes als sehr positiv bewertet wurde. Eine genauere quantitative Analyse ist auf der Basis des begrenzten Datenmaterials nicht möglich.

Bei der **2. VR-Experience („Shaping the Future")** wurde jeder Interviewte genau nach den erinnerten Markenbotschaften befragt. Diese wurden exakt je Interview notiert. Die Auszählung dieser ergibt, dass **6 von 9 Befragten in der Lage sind, mindestens 3 Botschaften** zu nennen. Von diesen wiederum können sich **4 sogar an 5-6 erinnern. Die 3 anderen Befragten erinnern an 1-2 Botschaften.** Von den 10 in der VR-Experience gezeigten Botschaften wurden folgende 7 genannt: „Neugier treibt an", „bahnbrechende Technologien und Wissenschaft", „voller Ideen" und „das Leben verbessern durch fortschrittliche Technologie", „positiver Unterschied", „Partner von Weltrang" und „erfolgreiches Unternehmen mit Gewissen". Die **3 Botschaften** „wir schauen genauer hin", „entschlossen zu liefern" und „auf Wissenschaft aufbauend" **wurden nicht erwähnt.** Die Gründe für die Nicht-Nennung der Botschaften waren nicht Bestandteil dieser Befragung. Ein Grund könnte jedoch sein, dass der Inhalt „auf Wissenschaft aufbauend" sich in der Botschaft „bahnbrechende Technologien und Wissenschaft" bereits wiederfindet. Was die Botschaften „positiver Unterschied" und „Partner von Weltrang" angeht, so haben sie möglicherweise nicht die gleiche persönliche Relevanz für die Mitarbeiter wie die anderen Inhalte. **Alles in Allem ist auch bei dieser VR-Experience ein guter Wissensaufbau** zu konstatieren, der sich jedoch weniger gleichmäßig auf die Teilnehmer verteilt als bei der Achterbahnfahrt. **Der Wissensaufbau fällt insgesamt etwas schlechter aus als bei der 1. VR-Experience,** bei der, bis auf eine Person, alle Befragten mindestens 4 Elemente der Studie erinnern konnten.

Vermutlich kommt hier auch der Reihenfolge-Effekt[874] zum Tragen, so dass die Eindrücke der 1. VR-Experience besser erinnert werden konnten. Auch hier ist anzumerken, dass ein valider quantitativer Vergleich der Ergebnisse nach einzelnen Botschaften auf Basis der geringen Stichprobe nicht möglich ist und somit nur tendenzielle quantitative Aussagen zulässig sind.

Bei der **3. VR-Experience („Full of ideas")**, die neben anderen biochemischen Objekten die hochschnellenden, bunten Mikroben mit 6 verschiedenen lesbaren Markenstories[875] beinhaltet, ist auffällig, dass der Wissensaufbau mit Abstand deutlich schlechter ausfällt. Auch hier wurde zur Erfassung des Wissens methodisch wie bei den ersten beiden VR-Experiences vorgegangen. Die Mitarbeiter haben zwischen 5 und 6 Mikroben gefangen; wobei jede Mikrobe sich nur einmal öffnen lässt. **Die Auszählung der Nennungen der Stories** ergibt, dass sich 3 Befragte an gar keine Story, 4 Befragte an 1 Story, ein Befragter an 2 und nur ein einziger an 3 Stories erinnern und **diese thematisch nennen können.** Lediglich 1 (B9) von 9 Befragten kann Details einer Story formulieren. Es ist allerdings bemerkenswert, dass **alle Mitarbeiter** kognitiv in der Lage sind **2 bis 3 Markenwerte aus den Markenstories abzuleiten**, ohne sich an die Geschichten im Detail erinnern zu können. Beispiele dazu sind: „Merck ist voller Ideen"; „hat Innovationsgeist"; „übernimmt gesellschaftliche Verantwortung"; „verbessert die Lebensqualität" und „fokussiert sich auf den Menschen". Dies zeigt, dass es zumindest gelungen ist, die Markenwerte zu vermitteln. Insofern scheinen die Inhalte der Stories, wenn auch nicht aktiv abrufbar, als Proof-Points der Markenbotschaften zu dienen. **Der Grund**

---

874 Unter dem Reihenfolgeeffekt versteht man in der Psychologie, dass die Wahrnehmung und Erinnerung von Informationen davon abhängig sind, in welcher Reihenfolge bzw., wann sie präsentiert werden. Dabei werden i.d.R. die ersten Informationen (Primacy-Effekt) sowie die letzten Informationen in einer Reihe (Recency-Effekt) besonders gut erinnert. Für weitere Informationen vgl. dazu ASCH (1946), S. 258 ff.

875 Der Übersicht halber werden die Markenstories an dieser Stelle wiederholt aufgeführt (vgl. B 3.1): ***„Angetrieben durch Neugier":*** „Unser „Innospire Programm entdeckt und investiert in außergewöhnliche Produktideen unserer Mitarbeiter"; ***„Sicherstellen der Wasserqualität":*** „Seit Jahrzehnten sind wir führend im Bereich der Wasserfiltration"; ***„Flieg mich zum Mond":*** „1969 nahm die NASA unser bestverkauftes Nasenspray auf die Apollo 11 Mission mit"; ***„Offen für Ideen":*** „Unser Innovation Center in Darmstadt bringt Leute aus unternehmensinternen und -externen Umfeld zusammen, um Technologien, die das Leben verbessern zu entwickeln und zu fördern"; ***„Das Älterwerden verstehen":*** „Unsere Produkte helfen den Wissenschaftlern dabei, den Alterungsprozess des Menschen zu untersuchen. Sie ermöglichen zu messen, wie das Essen und die Luft den menschlichen Körper unterschiedlich beeinflussen"; ***„Fortschrittliche Miniaturisierung":*** „Unsere chemischen Produkte unterstützen die Herstellung von winzigen Speicherkarten für mobile Endgeräte".

für den vergleichsweise schlechteren Wissensaufbau in diesem Bereich liegt nach Aussagen der Befragten in der zu **starken Dynamik der Experience**. Dies kommt darin zum Tragen, dass der Mitarbeiter nachdem er eine im Raum schwebende Mikrobe gefangen hat, den Inhalt dieser sehr zügig zu lesen und zu verarbeiten hat, da sich die Mikrobe nach kurzer Zeit wieder schließt. Daraufhin versucht er sofort aus dem Schwarm der um ihn herum schwebenden Mikroben und Objekte die nächste zu fangen, was nicht immer sofort gelingt. Auch bei der nächsten gefangenen Mikrobe hat der User funktional gesehen, den gleichen zeitlichen Druck, in kürzester Zeit die Informationen zu lesen und zu verarbeiten. Die meisten Mitarbeiter haben fast alle Mikroben gefangen und die dazu gehörigen Stories gelesen. Auf diese Weise wird der Mitarbeiter **in kürzester Zeit durch eine Informationsüberflutung** mit zu vielen zu perzipierenden und zu verarbeitenden Informationen konfrontiert. Die enorme Dynamik lenkt vom Inhalt ab und löst teilweise bei den Usern Gefühle wie Hektik oder gar Stress aus; (B4, B5, B6). *„It was more than dynamic...., but it definitely was more engaging in a physical sense and less engaging in an emotional and mental sense"; (B6, #20:47#).* Tabelle 8 gibt einen Überblick über die Ergebnisse der Tiefeninterviews zum Aufbau des Markenwissens.

1. Achterbahnfahrt	2. „Shaping the future"	3. „Full of ideas"
Curiosity-Studie:	**Markenbotschaften:**	**Markenstories:**
Großer Teil der Studie von fast allen erinnert (8/9)	**7/9 nennen mehre Markenbotschaften**	**1/ 9 erinnert Details einer Markenstory** **9/ 9 leiten Markenwerte ab**
→ Guter Wissensaufbau	**→ guter Wissensaufbau etwas geringer als bei 1. VR-Experience**	**→ mäßig bis schlechter Wissensaufbau**

Tabelle 8: Aufbau von Markenwissen nach VR-Experience-Bereichen

Zum Markenwissen bleibt insgesamt festzuhalten, dass nach der VR-Anwendung in der 1. und 2. Experience **ein guter Wissensstand** über die Markenpositionierung von Merck und den Markenbotschaften erreicht wird. Obwohl die einzelnen Stories in der 3. Experience nur wenig bis gar nicht erinnert werden, gelingt es dennoch über diese, die Markenwerte zu vermitteln. Diese Erkenntnisse zum Markenwissen lassen sich durch die Ergebnisse des Quasi-Experiments bei Merck bekräftigen. Sie zeigen, dass es im Fallbeispiel durch die VR-Experience gelingt, das **Markenwissen signifikant um 26 % zu verbessern**.

Insofern lässt sich festhalten, dass die **eigenen empirischen Ergebnisse der Tiefeninterviews und des Quasi-Experiments die 1. theoriegeleitete Annahme zum Aufbau von Markenwissen beim Mitarbeiter (vgl. Kapitel B 3.5) bekräftigen**. Die dargestellten Ausführungen lassen die Wirkvermutung zu, dass der Einsatz von VR einen positiven kognitiven Effekt beim Mitarbeiter ausübt. Von daher wird **folgende erste Hypothese aufgestellt:**

Hypothese H1a:	**Der Einsatz von VR-Experiences wirkt sich positiv auf das Markenwissen von Mitarbeitern aus.**

Des Weiteren ziehen fast alle Befragten, bis auf B1 und B5, selbstständig einen Vergleich zwischen VR und den klassischen Kommunikationsinstrumenten wie z.B. Vortrag, Power Point Präsentation, Markenhandbuch oder Markenbroschüre. Die Befragten stellen heraus, dass mit herkömmlichen Instrumenten ein derartig großer Wissensaufbau nicht zu erreichen wäre. Somit wird VR als wirksamer für den markenbezogenen Wissensaufbau eingeschätzt.

Insofern bekräftigen die Ergebnisse der Tiefeninterviews bei Merck die 2. theoriegeleite Annahme (vgl. Kapitel B 3.5), dass VR beim Mitarbeiter **zu besseren Lernerfolgen führt als dies bei klassischen Instrumenten** der Fall ist. Auf der Basis dieser Ausführungen **wird als weitere Hypothese formuliert:**

Hypothese H1b:	**VR-Experiences führen zu besseren Lernerfolgen beim Aufbau von Markenwissen als klassische Kommunikationsinstrumente.**

3.3.3.3.2 Ergebnisse und Hypothesen zu den Determinanten des Markenwissens

Im Weiteren soll auf die 2. Forschungsfrage eingegangen werden:

- **Welche sind die wesentlichen Determinanten, die bei einer VR-Experience zum Aufbau von Markenwissen führen?**

Dabei gilt es herauszufinden, über welche Mechanismen das Markenwissen bei der VR-Experience im Fallbeispiel Merck aufgebaut wurde. Ziel ist es, die Funktionsweise von VR, die zu memorativen Effekten beim User führt, näher zu untersuchen. Abb. 58 zeigt die in den Tiefeninterviews abgefragten Determinanten und Zielgrößen der Reihenfolge nach im Überblick.

Determinanten	Zielgrößen der internen Markenführung
1. Inhalt sowie Art und Weise seiner Darbietung	Markenwissen
2. Interaktivität	Brand Commitment Markenidentifikation Markeninternalisierung
3. Gestaltung der virtuellen Welt mit ihrer Umgebung, Objekten u. Sound (Vividness)	
4. Emotionalisierung	Brand Citizenship Behavior
5. VR-Erfahrung als Ganzes	

Abbildung 58: Untersuchte Einfluss- u. Zielgrößen in den Tiefeninterviews
Quelle: Eigene Darstellung

Um die Funktionsweise von VR zu beleuchten, wird zunächst mit der Analyse der Determinante „**Inhalt sowie Art und Weise seiner Darbietung**" begonnen. Diese Größe wird über alle Interviews hinweg als sehr wichtig zum Wissensaufbau angesehen. Alle Befragten empfinden den **Inhalt persönlich bedeutsam** und interessant. Häufig wird dies damit begründet, dass markenbezogene **Informationen und Aussagen** vermittelt werden, **mit denen sich die Befragten identifizieren** können. „*Yes, I believe that the content that was delivered is relevant to me…*"; (*B6, #12:02#*). Es wird zudem positiv betont, dass der Inhalt in Form von kurzen, prägnanten Botschaften geliefert wird.

Die als ansprechend und attraktiv bewertete Darbietung des Inhaltes begeistert den Mitarbeiter und bereitet ihm Freude; (B6, B7). Dies wurde schon bei der Darstellung der erhobenen Likes hervorgehoben. Knapp mehr als die Hälfte (5/ 9) der Befragten vertritt die Auffassung, dass die **Darbietung noch wichtiger sei als der Inhalt** selbst. Dies liegt daran, dass das Markenwissen erst über die farblich attraktive Anmutung, unterstützt durch die phonetische Gestaltung **und dynamische spielerische Darbietung,** vermittelt wird; (B1, B3, B8, B7). Auf diese Art und Weise wird es dem Mitarbeiter ermöglicht, den markenbasierten Inhalt abseits der Realität **fokussiert** und **hautnah zu erfahren, respektive zu spüren**. *„The way it was presented was excellent. I think the virtual reality, this experience in particular, has a way of taking you outside of the regular world. Your senses and your vision, even* ***your hands and your ability to interact*** *with the environment. It focuses your attention on what to be presented in front of you, in ways that maybe other types of presentation cannot."; (B6, #12:02#).* Das **Zusammenspiel zwischen dem persönlich relevanten Inhalt und seiner spielerischen Darstellung** in der bunten Markenwelt mit auffälligen Farben, Formen, Mustern und Bewegungen wird von vielen für den Wissensaufbau als förderlich hervorgehoben. Es ist darauf hinzuweisen, dass die VR-Experience von Merck keine Gamification-Elemente beinhaltet. Spielerisch im Sinne von Gamification impliziert[876] das Vorhandensein von Spielregeln, -hürden und Wettbewerbselementen. Das Adjektiv „spielerisch im vorliegenden Kontext" ist von der Bedeutung im Fachgebiet Gamification abzugrenzen. Es ist aus den Tiefeninterviews hervorgegangen und beinhaltet den **spielerischen Umgang mit den bunten, formschönen, markenbasierten Elementen**. Dazu zählen das Verschieben, Stupsen, Drehen oder farbliche Umranden von Markenbotschaften. Es ist von daher eher eine Affinität zur Größe Interaktivität festzustellen ist. Die Ergebnisse der Interviews weisen darauf hin[877], dass die **Darstellung des Inhalts eng mit der Einflussgröße Interaktivität zusammenhängt**. Die Befragten stellen von sich aus den Bezug zur Interaktivität her, so dass sie thematisch auf die an sich separat zu behandelnde Determinante vorgreifen. Die **spielerische Darstellung** des Inhaltes scheint **auf zwei Komponenten zu beruhen**. Zum einen ist **das „Spielerische"** auf die bunten Farben, vielfältigen Formen,

---

876 Vgl. EPPMANN/ BECK/ KLEIN (2018), S. 98 ff.

877 Es gibt einige Überschneidungen in den Antworten der Interviewten zwischen der Frage 4a und 4b). Dies belegt, dass eine strikte Trennung dieser beiden Determinanten künstlich wäre.

Größen sowie Geräusche zurückzuführen und zum anderen auf die interaktiven Möglichkeiten, mit den markenbasierten Objekten umzugehen, (B1, B3, B8, B7). Von daher kommt der **Interaktivität in dem Kontext der Darbietung des Inhaltes** eine **Funktion als technischer Enabler** zu. Die Interaktivität ist durch die technischen Möglichkeiten in erheblichem Maße an dem qualitativen Niveau der Darstellung des Inhalts beteiligt.

Die Befragten sprechen zudem von einer **unbewussten, fast automatischen Informationsaufnahme.** *„I believe in subconscious learning.“; (B7, #17:09#).* Dies erklären sie damit, dass die Aufmerksamkeit und das emotionale Involvement bei der VR-Experience deutlich höher sind als bei klassischen Kommunikationsinstrumenten; (u.a. B3, B4, B7). Bei einer herkömmlichen Power Point Präsentation (PPP) z.B. erfolgt die Aufnahme des zu vermittelnden Inhalts, indem der **Rezipient sich normalerweise bewusst auf diesen konzentriert**. Die visuelle Aufbereitung spielt dabei eine nur eher untergeordnete Rolle. Bei der VR-Experience hingegen stehen die **Art und Weise der Darstellung als Katalysator des Inhalts** im Vordergrund. Dies führt dazu, dass der Lernprozess unbewusst, im Grunde genommen „spielerisch“, abläuft. *“I think all the kids learn in the game form, so I think this is the point that I want to make, that I was playing with it.”; (B7, #17:45#). „Ja, wenn das jetzt einfach nur auf einem Blatt Papier steht, dann hätte ich es mir sicher nicht so gut gemerkt. Es war hier* ***sehr emotional****. Man würde die Worte auf dem Papier zwar lesen, aber nicht den Sinn davon spüren.“;* (B9, #14:19#). *„Mit einem Blatt Papier und gleichem Inhalt ist das nicht in der Form möglich. Was man sieht und spürt, lässt sich besser merken und ist glaubwürdiger."; (B4).* Das Datenmaterial lässt somit vermuten, dass **die besondere Darbietung des persönlich relevanten Inhalts Emotionen wie Begeisterung und Freude evoziert.** *„The Content was still an important thing, but they evoked the emotions afterwards.",* (B6, #32:29#). Nach Aussagen der Befragten machen die Emotionen den Sinn der markenbezogenen Aussagen „fühlbar und spürbar“ (u.a. B6, B7, B8 und B9). Auf diese Art empfinden die Befragten eine erhöhte **Glaubwürdigkeit der markenbasierten Informationen.** Das Datenmaterial gibt somit Hinweise auf den **kausalen Zusammenhang zwischen den untersuchten Determinanten** „persönlich relevanter Inhalt und seine Darstellung“, Interaktivität und Emotionalisierung. So kann das **Aufkommen von Emotionen** nur durch einen für den **User persönlich**

relevanten Inhalt, der aufmerksamkeitsstark und **interaktiv transportiert** wird, entstehen.

Mehrfach wird zudem erwähnt, dass eine akustische Darbietung des textlichen Inhaltes über einen Voice-Over den Wissenstransfer noch zusätzlich unterstützen würde. So könnten die starke Dynamik und der daraus resultierende gewisse Stress in der 3. VR-Experience gemindert werden. *„I think it would have helped to have both, in writing and audio...; it would have helped to get the information.“;* (B5, *#11:14#*). *„... I have a tendency of reading very fast. If there would have been a voice-over it would have slowed the experience down, maybe pull it a little bit deeper.“;* (B6, #15:17#).

Als wesentliches Ergebnis der Interviews zum „Inhalt sowie Art und Weise seiner Darbietung“ lässt sich festhalten, dass für den Wissensaufbau die persönliche Relevanz des Inhaltes zur Identifikation des Mitarbeiters mit diesem sehr wichtig ist, wobei die Art der Darbietung als eine Art Katalysator des Inhalts dient. Die entstehende Emotionalisierung über multisensuale Reize, v.a. visueller u. akustischer Art, stärkt die Glaubwürdigkeit der Inhalte und fördert die Lernbereitschaft. Es wird ein unbewusster, automatischer, spielerischer Lernprozess in Gang gesetzt.

Insofern stützen diese Ergebnisse die 12. theoriegeleitete Annahme, dass der in einer VR-Experience gebotene persönlich relevante Inhalt zu einer **Steigerung der Emotionalisierung** des Mitarbeiters führt. Diese begründet sich im Beitrag von **Huang et. al. (2016)**[878]. Es wird somit theoriegeleitet und empirisch unterstützt folgende Hypothese formuliert:

Hypothese H2a:	**Der persönlich relevante Inhalt sowie seine spielerische Darbietung im VR-Umfeld führen zur Emotionalisierung des Mitarbeiters.**

878 Vgl. HUANG ET AL. (2016), S. 122.

Zur Wirkung des **„Inhalts sowie die Art und Weise seiner Darbietung“ auf das Markenwissen** konnten in B 3.5 keine theoriegeleiteten Annahmen formuliert werden. Basierend auf den obigen Ergebnissen wird dennoch mit wissenschaftlicher Zurückhaltung folgende weitere Hypothese formuliert, die sich aus der Emotionalisierungswirkung ableitet:

Hypothese H2b:	**Der persönlich relevante Inhalt sowie seine spielerische Darbietung im VR-Umfeld haben einen positiven Einfluss auf das Markenwissen.**

Als nächste Einflussgröße soll die „Interaktivität“ behandelt werden. Die Art und Weise der Interaktion wird ebenfalls durchweg als eine wichtige Determinante zum Wissensaufbau bestätigt[879]. Die verschiedenen Möglichkeiten der Interaktivität bieten einen spielerischen, spaßbietenden Umgang mit den markenbezogenen Inhalten. Markenbotschaften können angefasst, verschoben und mit fetter Linie eingerahmt werden; Formen und Farben lassen sich verändern. *„...touching microbes to get what's behind them was an interaction that helped me to capture the content...“; (B5, #14:45#)*. *„The special effects to be able to grab on to an element and given information, nearly as if you were touching an idea, but really touching it with your hands. I believe it is a really effective way to gather information.“;* (B6, #12:37#).

Die vielfältigen Interaktionsmöglichkeiten **erregen die Aufmerksamkeit**. Sie binden den User in die Markenwelt ein, wobei sie die **Neugier** immer wieder erneut stimulieren, noch Weiteres zu entdecken. Ein weiterer Aspekt der Interaktion ist, dass der spielerische Umgang mit den Inhalten den User aktiviert, **selbstbestimmend direkten Einfluss**[880] auf die Elemente der Markenwelt zu nehmen. *„Das Selbstgestalten fand ich einen schönen Aspekt und Sachen...selber hin und herziehen; also selbst aktiv werden.“; (B2, #03:09#). „Man hat, glaube ich, schon*

879 Dies kam bereits bei den Likes zum Ausdruck, da die Art und Weise der Interaktivität von den Befragten äußerst positiv wahrgenommen wurde.

880 Die Thematik der Selbstbestimmung wurde bei den Likes ebenfalls mehrfach hervorgehoben.

ein freiheitliches Gefühl wie Selbstbestimmung."; (B2, #14:53#)[881]. Die Beiträge der Interviewten lassen die Aussage zu, dass sich der Mitarbeiter im Laufe der VR-Experience in seine interaktiven Aktionen vertieft und **in eine Art Flow gerät,** (*B4, B1*). *„Man versinkt dabei in seine Aktivitäten und denkt an nichts anderes mehr. Es macht einfach Spaß und man macht einfach weiter!";* (B4). Der Mitarbeiter taucht dabei psychisch tief in die Markenwelt mit ihren Markenbotschaften ein. Abgeschirmt von Reizen der Außenwelt und fokussiert auf die gebotenen markenrelevanten Inhalte wird die Bereitschaft erhöht, die Fiktion zu akzeptieren. **Es scheint zur mentalen Immersion zu kommen.** Im Rahmen dieses subjektiv empfundenen Zustandes scheint die Möglichkeit zur Selbstbestimmung den Mitarbeiter zu motivieren, sich fortlaufend mit den Botschaften intensiver auseinander zu setzen und diese mit hohem Involvement zu verarbeiten.

In diesem Kontext scheinen die interaktiven Möglichkeiten das **Verständnis komplexer markenbasierter Sachverhalte zu erhöhen**. Der Inhalt wird im wahrsten Sinne des Wortes greifbar und Zusammenhänge zwischen Inhaltselementen werden deutlicher; (B7, B2, B4, B5, B9). Im Fallbeispiel Merck bedeutet dies, dass die Markenidentität und die davon abgeleitete Markenpositionierung verständlicher und nachvollziehbarer werden. *„Ich fand, dass man das vor allem bei der Experience Nummer drei gemerkt hat...dort konnte man sich Mikroben holen und Geschichten rausfinden. Wenn ich...eine Geschichte habe...dann ist das nur ein Teil des Ganzen. Das Ganze versteht man dadurch nochmal eher, als wenn es auf einem Poster einfach stehen würde.";* (B9, #16:22#)[882]. Die interaktive Greifbarkeit des Markenwissens steigert darüber hinaus die **Glaubwürdigkeit der Informationen**. *„Wenn „Vibrant and bold" auf einem Blatt Papier steht, dann glaube ich den Worten nicht, aber wenn es in einer bunten Merck-Welt gestellt ist und man interaktiv noch was machen kann, dann weiß ich auch was dahintersteckt.";* (B9, #14:57#).

Die Interaktivität in Form eines spielerischen Umgangs mit den markenrelevanten Inhalten macht den **Lernprozess spannender** und **erhöht** über gesteigerte Neugier und Freude offenkundig das **Involvement** des Mitarbeiters. Die vom

881 Vgl. weiteres Zitat: *„Man kann selbst bestimmen, was als Nächstes passiert. Das gibt einem so eine Art Macht. Das ist ein sehr schönes Gefühl.";* (B4).

882 Vgl. auch B6, B8 u. B7.

Mitarbeiter empfundene **Selbstbestimmung** fördert die mentale **Immersion**. Der Mitarbeiter wird aktiviert, sich intensiver mit den markenrelevanten Inhalten auseinanderzusetzen, was die **Lernwirkung verbessert.**

In der Marketingwissenschaft und auch in der Praxis[883] herrscht generell **Einigkeit über die kommunikative Relevanz der Interaktivität** zur Erreichung der externen Marketingziele. Insofern ist das Ergebnis der eigenen Tiefeninterviews zunächst einmal kein Erkenntnisgewinn. Hinzu kommt, dass heute die Interaktivität an sich vom User vorausgesetzt wird. Ihr Effekt auf das Markenwissen hängt stark von der **Ausgereiftheit der Technologie** ab. In der vorliegenden VR-Anwendung gab es teilweise Probleme beim Umrahmen der Botschaften oder Aktivieren einzelner Funktion. Derartige Störungen sollten vermieden werden, da sie vom Inhalt ablenken und Lernerfolge beeinträchtigen; (u.a. B5, B6). Die **Interaktivität** ist insofern **eher eine technologische Grundvoraussetzung als eine marketing-operative, kreative Determinante**. Hinzu kommt, dass sie sich nicht überschneidungsfrei von der Determinante „Inhalt sowie seine spielerische Darbietung" abgrenzen lässt. Aus diesen Gründen wird darauf verzichtet, Hypothesen direkt auf der Basis der Determinante Interaktivität zu formulieren. Dennoch ist der im Wirkmechanismus integrierte **determinierende Zusammenhang zwischen der Interaktivität, der Selbstbestimmung** und **der kognitiven Wirkung** von hohem wissenschaftlichem Interesse für die interne Markenkommunikation. Der empirische hergeleitete Wirkmechanismus bestätigt zudem die von Huang et al. (2016) nachgewiesene Erkenntnis, dass bei einer VR-Experience das psychologische Grundbedürfnis der Selbstbestimmung als motivationale Komponente zur intrinsischen Motivation befriedigt wird. Zur Bedeutung der Selbstbestimmung für den Aufbau von Markenwissen konnten keine theoriegeleiteten Annahmen im Kapitel B 3.5 formuliert werden. Basierend auf dem empirisch hergeleiteten Wirkmechanismus zur Interaktivität werden für die Selbstbestimmung dennoch vorsichtig 2 weitere Hypothesen aufgestellt:

---

883 Vgl. BRUHN (2015), S. 248. Siehe u.a. auch BURMANN/ PIEHLER (2017), S. 14; KERNSTOCK/ BREXENDORF (2014), S. 253 f.; KREUZER (2014), S. 24 u. JOACHIMSTHALER (2002), S. 29.

Hypothese H3a:	**Die Selbstbestimmung bei einer VR-Experience fördert die mentale Immersion des Mitarbeiters.**
Hypothese H3b:	**Die Selbstbestimmung bei einer VR-Experience fördert den Aufbau von Markenwissen beim Mitarbeiter.**

Im Folgenden wird die **Wirkung der Determinante „Gestaltung der virtuellen Welt mit ihrer Umgebung, Objekten und Sound" (Vividness)** näher beleuchtet. Diese Größe wird von den Befragten als wichtig bis sehr wichtig für den Aufbau von Markenwissen bestätigt. Die Befragten empfinden die Gestaltung der virtuellen Welt überwältigend, inspirierend, unglaublich und insgesamt zur Marke passend. Die **realitätsnahe Gestaltung verstärkt die Aufmerksamkeit**, **intensiviert** die Wahrnehmung **und erhöht das Involvement**. Sie **regt den User ebenfalls an, aktiv zu werden**, d.h. Mikroben zu fangen, Texte zu lesen etc. und unterstützt auf diese Art den Lernprozess. *„So, the colours, shapes…it somehow attracted me to search and find…"*; (B5, #18:05#). Man vergleiche dazu, dass bereits bei den Likes die Gestaltung der virtuellen Welt als sehr positiv von den Interviewten hervorgehoben wurde. Die bunten, leuchtenden Farben, Klänge und fliegenden Objekte der Merck-Fantasiewelt führen dazu, dass die **VR-Erfahrung echt und glaubwürdig wirkt.** Dies begünstigt, dass der Mitarbeiter komplett in die Merck-Welt abtauchen[884] kann und sich der Zustand der Immersion einstellt. Weiter wird betont, dass zudem der **angenehme, realistische Sound** bedeutsam zum subjektiven Gefühl der Immersion beiträgt; (B9, B8). Dieses Gefühl wird durch den physischen Eindruck intensiviert, sich tatsächlich im **dreidimensionalen Raum** frei bewegen zu können. *„Und auch die Möglichkeit, sich um die eigene Achse zu drehen und zu bewegen, gibt mir das Gefühl mitten drin zu sein.*"; (B4). "*Raus aus der Realität und rein in die bunte Merck-Welt. Die Farben, die Klänge, wie man mit den Objekten interagiert hat, als sie rumflogen. Das hat alles dazu beigetragen, dass man komplett in dieser Branding Welt drin war.";* (B9, #17:50#). *„It felt like a dream that you could remember afterwards….";* (*B6, #14:36#*). *„The physical ability to interact with the virtual objects* ***in the environment*** *definitely gave a* ***sense of***

[884] Dies gilt v.a. für die Achterbahnfahrt, die als sehr realitätsnah empfunden wird.

***immersion…I felt like I was there.**"; (B6, #22:24#). „Wobei ich das Eintauchen tatsächlich auch sehr stark mit der Gestaltung der Umgebung in Zusammenhang bringen würde.";* (B2, #28:09#).

Das Datenmaterial gibt Hinweise darauf, dass dem Ausmaß der **gegenständlichen Reichhaltigkeit und Lebendigkeit der virtuellen Umgebung**[885] (Vividness) eine **besondere Relevanz** für den erwirkten Zustand der **physischen Immersion** einzuräumen ist. Die Vividness scheint ein großer Hebel für die Authentizität und damit Glaubwürdigkeit der gesamten Markenerfahrung zu sein. Die Interviews bestätigen im Fallbeispiel eine hohe **Tiefe der Vividness**[886]**,** die sich in einer hohen Bildauflösung und technischen Qualität der genutzten sensualen Dimensionen zeigt. Dies erhöht die Qualität der Ausgestaltung der virtuellen Umgebung. Weiter weisen die Interviews auf eine hohe **Breite der Vividness** hin, denn die Sinne der Mitarbeiter werden über eine Vielzahl von Stimuli multisensual angesprochen. Merck arbeitet mit einer realitätsnahen, markenbasierten Umgebung, die wie auch ihre Objekte durch qualitative visuelle Reize, erzeugt wird. Dies lässt die Umgebung in materieller sowie farblich Hinsicht plastisch und authentisch anmuten. Dabei erfolgt eine **akustische Unterstützung,** indem z.B. die Bewegungen der Mikroben im Raum von Geräuschen begleitet werden. Auch nutzt Merck Fahrgeräusche bei der Achterbahn, die das Gefühl einer tatsächlichen Fahrt aufkommen lassen. Zudem sieht die VR-Experience taktile Reize vor, die das vermeintliche Gefühl beim User entstehen lassen, die Objekte tatsächlich zu berühren zu können. **Diese multisensualen Eindrücke in der dreidimensionalen Markenwelt** werden zudem über **kinematische und propriozeptive Stimuli**[887] gestützt. In der VR-Experience bei Merck ist es dem Mitarbeiter möglich, unter Nutzung[888] aller 6 Freiheitsgrade der Bewegung, in der markengestalteten Umgebung um die eigene Achse zu rotieren und sich umzuschauen. Der Mitarbeiter kann in einem annähernd realistischen 3-dimensionalem Raum, im Rahmen einer 360°-Erfahrung, immer wieder neue Markenbotschaften und Markenelemente entdecken. Es entsteht das Gefühl[889], sich frei im Raum bewegen, stolpern und auch fallen zu können. Bei der

885 Vgl. STEUER (1992), S. 81 f.
886 Vgl. (a.a.O.), S. 178.
887 Vgl. SCHMIDT ET AL. (2013), S. 113 ff. Vgl. auch VAN KERREBROECK ET AL. (2017), S. 179.
888 Vgl. DÖRNER ET AL. (2013), S. 100 f.
889 Vgl. DÖRNER ET AL. (2013), S. 100 f. u. VAN KERREBROECK ET AL. (2017), S. 178.

Achterbahn z.B. kann sich der Mitarbeiter während der Fahrt nach vorne und auch nach hinten mit verschiedenen Neigungswinkeln lehnen. Ebenso besteht die Möglichkeit, dass er sich nach rechts aus seiner Sitzposition herausdreht und nach oben oder unten beugt. In dem Fall entsteht der subjektive Eindruck, sogar Gefahr zu laufen, in die Tiefe zu stürzen. **Es lässt sich festhalten,** dass durch die multisensuale Ansprache, die Dreidimensionalität des Raumes und der Objekte, sowie die kinematischen und propriozeptiven Reize die **Ortsillusion** aufgebaut wird, sich in einer 2. Realität zu befinden (1.Komponente der physischen Immersion). Die physische Immersion wird zudem durch die aufkommende **Plausibilitätsillusion** herbeigeführt. Die Befragten teilten mit, dass die Abläufe der Aktionen in der simulierten Umgebung (z.B. Draufklopfen auf eine Box, die sich danach öffnet) so wahrgenommen werden, als seien sie tatsächlich auch geschehen. Sämtliche eigenen und objektbezogenen Aktionen in der Merck-Welt werden von den Befragten inhaltlich und in ihren Abläufen als in sich schlüssig und glaubwürdig wahrgenommen.

Die Ergebnisse der Tiefeninterviews legen die Vermutung nahe, dass die Vividness **über die Orts- und Plausibilitätsillusion** zum subjektiven Eindruck des Mitarbeiters führt, physisch an einem anderen Ort, nämlich der Markenwelt, zu sein. Die entstehende physische Immersion scheint dazu zu führen, dass der Mitarbeiter sich mit den Inhalten tiefer auseinandersetzt und sie im Gedächtnis verankert. **Die realitätsnahe Art und Weise** der Gestaltung der virtuellen Welt durch ihre Umgebung, Objekte, Sound und Farben (hohe Vividness) **erhöht offenbar das Realitätsempfinden**. Dies **fördert die Authentizität und Glaubwürdigkeit** der Umgebung sowie der VR-Experience und **führt zur physischen Immersion in die Markenwelt.** Der User wird aktiviert, sich mit den Markeninhalten interaktiv zu beschäftigen, so dass die **Lernwirkung verbessert** wird.

Die Ergebnisse der Interviews zur Vividness stützen somit die 13. theoriegeleitete Annahme, die auf den Erkenntnissen von Van Kerrebroeck (2017) basiert. Auf der Grundlage dieser Ausführungen zur Vividness werden folgende 2 weitere Hypothesen formuliert:

Hypothese H4a:	**Die Vividness ist eine wesentliche Determinante der physischen Immersion des Mitarbeiters.**
Hypothese H4b:	**Die Vividness hat einen positiven Einfluss auf das Markenwissen des Mitarbeiters.**

Als **nächste Determinante zum Aufbau des Markenwissens soll die Emotionalisierung** näher analysiert werden. Sie wird als eine der wichtigsten und von vielen Befragten **als die wichtigste Determinante** betrachtet. Die VR-Experience spricht emotional fast alle Sinne an, denn als multisensuales Erlebnis beeindruckt sie den User über visuelle, akustische und sogar vermeintlich taktile Stimuli. Die Interviews belegen, dass die emotionale Wirkung insgesamt eine **Mischung aus Spaß**[890]**, Spannung, Aufregung, Überraschung und Neugier** ist. „*...es macht auf jeden Fall Spaß, man ist ein bisschen überrascht, was geht und dass es so gut geht auch... und dass es wirklich sehr intuitiv ist.“; (B1, #12:15#).* „*Neugierig und überrascht sicherlich auch. Wenn...auf einmal etwas auf einen zufliegt, es geht auf einmal los, oder auf einmal geht es schneller...das sind für mich schon überraschende Effekte.*“; (B2, #16:34). „*The pleasure that I experienced in the third box of ideas and popping the ideas out of the box. It was definitively fun.“; (B6, #16:47#).* Aufregung und Spaß werden vor allem bei dem virtuellen Fahrerlebnis auf der Achterbahn empfunden. Neugierde im Sinne eines Forscherdrangs, „alles zu entdecken“, zieht sich durch die gesamte VR-Experience. Spannung und Aufregung sowie die erwartete Überraschung beim Berühren oder Verschieben der Objekte **steigern die Bereitschaft des Mitarbeiters, sich mit markenrelevanten Inhalten und Themen vertiefend auseinander zu setzen und steigern dadurch die Lernwirkung.** „*...einfach aus dieser Neugierde heraus, setzte ich mich dann mit Merck-Themen auseinander.“; (B3, #13:56#).* „*...actually, on the string experience where I could choose the value that I would like to base my string on, I chose the one with conscience. It spoke to me emotionally.“; (B6, #16:47#).*

890 Vgl. Kapitel C 3.3.3.1, in dem die Emotionen Spaß und Freude als besondere Likes thematisiert wurden.

Als **weitere evozierte Emotion** wird von vielen Befragten **Stolz** genannt. Das ist einerseits der **Stolz auf die eigene kreative Leistung**, z.B. eine Mikrobe individuell gestaltet zu haben. Zum anderen ist es der Stolz[891] auf Merck als Marke, dass sie durch eine derartige Markenwelt in einem an sich so farblosen Business heraussticht. *„I am proud of our design. I'm proud that our brand is standing out in a way that we are able to deliver so much colorful content in such a uncolorful business.“*; (B7, #20:40#). Stolz manifestiert sich auch darin, **ein Teil der Firma zu sein** und **bei Merck zu arbeiten.** Ergänzend sei erwähnt, dass kein Stolz bei den Mitarbeitern entstanden ist, die erst sehr neu (Betriebszugehörigkeit $\leq$ 6 Monate) in der Firma sind. Diese erklären selbst, dass 1-3 Anwendungen nicht ausreichend seien, um derartige Gefühle zu erzeugen; (B3 und B8).

Als **weitere Ausprägung der Emotionalisierung** wird wiederholt **das Gefühl von Freiheit genannt**, dass darin zum Ausdruck kommt, über sich selbst und seine Aktivitäten bestimmen zu können. *„Das freie Gefühl, wenn man schnorchelt und abtaucht; das habe ich da auch gerade gehabt.“*; (B2, #03:09#).

Die Interviews weisen zudem darauf hin, dass die Emotionalisierung erheblich dazu beiträgt, in die Markenwelt mental einzutauchen und das Empfinden stärkt, "voll drin zu sein". *„Es ist schon so, dass man voll drin ist.“*; (B1, #2:28#). *„Ja, man war mit allen Sinnen drin und es hat schon einen Unterschied gemacht, als wenn man eine Broschüre liest. Es ist einfach emotionaler.“; (B9, #18:17#). “It felt like a dream that you could remember afterwards....”*; (B6, #14:36#). *„Es ist so emotional packend, dass ich gefühlsmäßig voll drin war, so ganz und gar.“*; (B4). **Die Emotionalisierung** über Spaß, Spannung, Aufregung, Überraschung etc. fördert offenbar den subjektiv empfundenen Zustand der **mentalen Immersion in die Markenwelt**. Diese wiederum erhöht die **Bereitschaft** des Mitarbeiters, die **Fiktion zu akzeptieren** und sich **mit dem markenrelevanten Inhalt vertiefend auseinander zu setzen**; was die **Lernwirkung steigert**.

[891] Es sei darauf hingewiesen, dass das Aufkommen von Stolz eine Komponente der Markenidentifikation ist. Dieser Aspekt wird zu einem späteren Zeitpunkt bei der Wirkung von VR auf das BC wieder aufgegriffen.

Diese Ergebnisse bestätigen und konkretisieren die 14. theoriegeleitete Annahme, die auf den Ergebnissen von Kristofferson (2016) beruht. Auf dieser Grundlage sowie der eigenen empirischen Erkenntnisse wird folgende Hypothese formuliert:

Hypothese H5a:	**Die Emotionalisierung ist eine wesentliche Determinante der mentalen Immersion des Mitarbeiters.**

Dem angenommenen Wirkmechanismus scheint ein intrinsisch motivationaler Effekt immanent zu sein, der positiv auf die Lernbereitschaft wirkt, so dass markenrelevante Inhalte leichter und bereitwilliger verinnerlicht werden; (vgl. u.a. B6, B5, B4). Dazu konnte keine theoriegeleitete Annahme formuliert werden. Auf der Grundlage der eigenen empirischen Erkenntnisse und des angenommenen Wirkmechanismusses wird vorsichtig weitere Hypothese abgeleitet:

Hypothese H5b:	**Die Emotionalisierung bei einer VR-Anwendung wirkt sich positiv auf das Markenwissen des Mitarbeiters aus.**

Die Ergebnisse der Interviews führen zudem **zu der Annahme, dass im Vergleich zu herkömmlichen Kommunikationsinstrumenten die Emotionalisierung auf einem deutlich höheren Niveau liegt.** *„VR kann das sicherlich anders vermitteln, als wenn ich ein Blatt Papier habe mit den Markenprinzipien. Das bleibt auf einer ganz anderen Gefühlsebene.“;* (B2, #18:29#). *„Weil es einfach emotionalisiert und alles was vorher in irgendeiner Art theoretisches Wissen war, wird in dem Moment sicherlich in irgendeiner Form lebendig. Man hat da einen persönlichen Bezug und wird Teil davon, weil man da rein getaucht ist. Das hat man sicherlich nicht, wenn man Schulungen hat und Unterlagen liest, und die Theorie bekommt.“;* (B2, #21:25#). *„Ja, wenn das jetzt einfach nur auf einem Blatt Papier steht, dann hätte ich es mir sicher nicht so gut gemerkt. Es war sehr emotional. Man hätte die Worte zwar gelesen, aber nicht den Sinn davon gespürt.“;* (B9, #14:19#). Diese **Ergebnisse bekräftigen die 7. forschungsgeleitete Annahme,** dass VR zu einer stärkeren Emotionalisierung des Mitarbeiters führt als herkömmliche Kommunikationsinstrumente. Sie beruht auf den empirischen Ergebnissen von Huang et al. (2016), Kristofferson (2016) und der VR-Studie von Nielsen und YuMe (2017). Auf diesen Erkenntnissen basierend wird theoriegeleitet und empirisch fundiert folgende weitere Hypothese abgeleitet:

Hypothese H5c:	**Die Emotionalisierung des Mitarbeiters ist bei einer VR-Anwendung höher als bei herkömmlichen Kommunikationsinstrumenten.**

Als letzte **Einflussgröße wird im Folgenden die VR-Experience insgesamt als Ganzes** analysiert. Die Befragten zeigen geschlossene Einigkeit darüber, dass bei der Betrachtung der VR-Experience insgesamt **alle diskutierten Einflussgrößen zusammen zum Tragen kommen** und so der subjektive Eindruck erweckt wird, sich in einer 2. Welt, der bunten Markenwelt von Merck, zu befinden. „*I think I could have only gotten closer if there was some type of smell or haptic feedback. But it would have not been necessary. I felt like I was there. And I felt engaged.*"; (B6, #22:24#). Der Eindruck in eine andere Welt abzutauchen, ergibt sich als **Gesamtheit aller Stimulus-induzierten Erfahrungen:** durch den persönlich relevanten Inhalt sowie die Art und Weise seiner Darstellung, die Interaktivität, Selbstbestimmung, Vividness und Emotionalisierung in Kombination mit der VR-Technologie. Das Eintauchen in die 2. Realität wird als **konglomerater Effekt als „Immersion"** bezeichnet und von vielen daher als wichtigste übergreifende Größe bewertet; (B1, B2, B7, B6). „*Immersion…könnte die Zusammenfassung sein. Dass man damit allumfassend das Erlebnis beschreibt und den finalen Benefit, den ich… mitnehme; das „lässige Lernen"…*"; (B3, #15:42#; vgl. auch B3, B6, B7, B8, B9).

Von der immersiven Erfahrung, als Ergebnis einer subjektiven Wahrnehmung und Bewertung, ist **VR als Technik** abzugrenzen. Die virtuelle Technik schafft überhaupt erst den illusionären Raum, um die Marke in einer 2. Realität immersiv erleben zu können. VR selbst wird von daher als ein **technischer, medialer Enabler** für die Wirkung der einzelnen Einflussgrößen aufgefasst; (B4, B5, B6). **Der immersive Zustand isoliert den User** von seiner Umwelt, so dass er von allen anderen Dingen, die ablenken könnten, abgeschirmt wird. Als positiv wird von den Befragten betont, **sich stressfrei für die Marke einen Moment Zeit nehmen** zu können und „mit ihr alleine zu sein". *„Es ist insgesamt die überwältigende Natur von VR, wenn es gut gemacht ist. Man taucht ab und wird Eins mit der Umgebung."; (B4). "I would say being put in a virtual environment cuts off distractions about what is going on around us, not just visual but also in an audible sense, the music that was playing, it cuts off all the other sounds that was going on… the fact that I could not hear anything else, focused my attention."; (B6, #26.40#). „I think it is the way it appeals, the overall concept of the items because it's hard to pick out the bread crumps out of the bread…";* (B7, #31:22#; vgl. auch B8, B9). Die Immersion fördert die Konzentration auf markenrelevante Informationen, so dass sich „spielerisch", in gewisser Weise automatisch, markeninhaltsbezogene Lerneffekte einstellen.

Diese empirischen Ergebnisse können nicht durch theoriegeleitete Annahmen fundiert werden. Allein auf der Grundlage der eigenen empirischen Erkenntnisse zur Immersion werden **vorläufig folgende weitere 2 Hypothesen formuliert:**

Hypothese H6a:	**Die Immersion ist das synthetische Ergebnis der Determinanten persönlich relevanter Inhalt sowie seine spielerische Darstellung, Selbstbestimmung, Vividness und Emotionalisierung.**
Hypothese H6b	**Die Immersion bei einer VR-Experience hat einen positiven Effekt auf das Markenwissen.**

Im Rahmen der Beurteilung der Gesamterfahrung mit VR kristallisiert sich bei den Befragten heraus, dass VR **im Vergleich** zu den klassischen Instrumenten als deutlich **effektiver zum Wissensaufbau** angesehen wird. Es wird als eine sinnvolle Ergänzung zu den anderen Kommunikationsinstrumenten angesehen. *„VR ist viel besser als eine Frontbeschallung, bei der man nach einer gewissen Zeit ermüdet und einfach abschaltet. Bei VR geschieht das nicht, denn es passiert sehr viel und ist spannend.";* (B4). Überwiegend wird dies damit begründet, dass bei einer VR-Experience **über die Gefühlsebene gelernt** wird, die den Rezipienten dichter an die Marke heranführt. Das Markenwissen wird so tangibler als bei herkömmlichen Markenpräsentationen über Power Point Präsentationen, Videos oder Markenbüchern. *„Ja und unsere Markenprinzipien sind ja die Leitfäden. Und letztendlich sind die bei VR auf* ***eine ganz andere Art und Weise greifbar umgesetzt*** *als bei Markenbüchern. Das bleibt auf einer ganz anderen* ***Gefühlsebene.*** *“; (B2, #18:29# und #19:26#). „Es hat mich dichter an die Marke gebracht als es ein reines Video macht oder ein Prospekt.“;* (B8, #16:55#). *„Ich glaube es ist eine* ***hervorragende Ergänzung****, weil heutzutage, wenn ich mir Wissen aneigne, passiert das auf immer gleiche Wege. Durch Emails, durch PPP, Meetings, Besprechungen und Telefonate. Jetzt kommt aber eine neue Art und Weise, Wissen zu vermitteln und aufzunehmen, die eine gewisse Neugierde und Interesse weckt und ein Medium, wo man noch nicht bei einem „Information Overload“ angekommen ist…dass man irgendwann nach einer gewissen Zeit wie in einer Power Point vielleicht abschaltet oder die 50. Email am Tag nicht mehr so aufmerksam liest...Aber hier habe ich immer „full attention“…“;* (B3 #17:34#).

Diese Ergebnisse stützen die 15. theoriegeleitete Annahme. Fundiert auf den eigenen empirischen Ergebnissen und den theoretischen Erkenntnissen wird die Hypothese abgeleitet:

Hypothese H6c:	**Die Immersion des Mitarbeiters ist bei einer VR-Experience höher als bei klassischen Instrumenten der internen Markenkommunikation.**

3.3.3.4 Einfluss von Virtual Reality auf das Brand Commitment

3.3.3.4.1 Ergebnisse und Hypothesen zum Aufbau von Brand Commitment

In diesem Unterkapitel soll der **Forschungsfrage** nachgegangen werden:

- **Hat der Einsatz von VR einen positiven Effekt auf das Brand Commitment des Mitarbeiters?**

Es geht darum, herauszufinden **ob, sich die VR-Experience** im Fallbeispiel Merck positiv auf die Markeneinstellung der Mitarbeiter auswirkt. Zunächst wird **generell die einstellungsändernde Wirkung gegenüber der Marke** Merck untersucht. Im Weiteren wird der Einfluss der VR-Anwendung auf die operationalisierten Zielgrößen **Markenidentifikation, Markeninternalisierung** sowie die **emotionale Markenbindung** analysiert. Bei jedem Interview wurde zu jedem der genannten Ziele nach der Ausprägung der Größe gefragt. Dabei wurden **folgende Ausprägungen angeboten:** kein Effekt; verfestigt; ein wenig und deutlich. Die Ergebnisse wurden während der Befragung exakt notiert, in eine Excel-Tabelle eingetragen und im Rahmen des thematischen Vergleichs (6. Schritt der qualitativen Inhaltsanalyse) nach absoluten Häufigkeiten je Ziel ausgezählt und anschließend ausgewertet. Bei der Markenidentifikation und der Markeninternalisierung wurden bei der Auswertung der absoluten Häufigkeiten die Betriebszugehörigkeit des Mitarbeiters hinzugezogen. Diese Ergänzung ergab sich aus dem inhaltlichen Gesprächsverlauf der Interviews. Alle 9 Befragten haben zu allen Zielgrößen des BC geantwortet.

Es ist zu festzustellen, dass sich nach Durchführen der VR-Experience **bei 6 von 9** Befragten eine deutliche positive Veränderung der **Einstellung gegenüber der Marke** zeigt. Bei nur 2 Befragten ergibt sich lediglich eine verfestigende und bei 1 Befragten eine geringe Wirkung („ein wenig“) auf die Einstellung. Dies kann **insgesamt als sehr positives Ergebnis** bewertet werden, da bei 8 von 9 Befragten ein einstellungsändernder Effekt festgestellt wird.

Auch bei der **Untersuchung der Markenidentifikation** bestätigen **5 von 9** Befragten eine deutliche Verbesserung dieser BC-Dimension. Lediglich 1 Befragter teilt eine geringe Verbesserung („ein wenig“) und 1 weitere Person eine Verfestigung mit; während 2 Befragte keinen Effekt wahrnehmen. Somit kann insgesamt auch hier, wenn auch etwas schwächer ausgeprägt, **tendenziell von einer positiven Wirkung** ausgegangen werden. Es ist ebenfalls zu berücksichtigen, dass die Markenidentifikation bei der Firma Merck generell auf einem recht hohen Ausgangsniveau liegt. Dies belegen die Ergebnisse des Experimentes mit einem Niveau von 3,93 bei einem maximalen Wert[892] von 5. Um so beachtlicher ist, dass die VR-

[892] Grundlage der Messung ist eine 5er Likert-Skala. Vgl. Kapitel C 3.2.

Experience auf dieser hohen Basis eine weitere Verbesserung dieser Größe ermöglicht. Eine Mitarbeiterin (8 Jahre Betriebszughörigkeit) mit seit Jahren positiver Einstellung zu Merck äußert sich dazu wie folgt: *„Jetzt hat sich meine Einstellung wirklich noch einmal weiter positiv verändert. Vor dem Relaunch habe ich Merck als konservative Marke wahrgenommen. Nun sehe ich sie modern und progressiv an, so dass ich mich nun viel besser damit identifizieren kann.“*; (B4).

Ein wichtiger **Indikator für die Markenidentifikation ist das Gefühl von Stolz**, das bei einem Großteil der Befragten (5/ 9) (B5, B4, B5, B7, B9) nach der VR-Experience aufgekommen ist. Dieses Gefühl wurde schon bei der Diskussion der Emotionalisierung zum Aufbau des Markenwissens thematisiert. Stolz begründet sich einerseits darin, dass Merck ein derart innovatives, technisches Instrument einsetzt. Andererseits erklärt er sich damit, dass Merck in der VR-Experience tatsächlich als Science &Technology Marke gespürt und erlebt wird. Dies gelingt über die Markenstories (3. Experience), wenngleich der überwiegende Teil der Befragten diese nicht ungestützt erinnern kann. Sie verdeutlichen den Mitarbeitern, dass die kommunizierten Markenwerte wie soziale Verantwortung, Innovationsgeist auch tatsächlich von der Organisation Merck umgesetzt und gelebt werden; (B5, B6, B9). *„Wow! So modern und innovativ sind wir und wir leben wirklich Science und Technology. Vorher habe ich mich auch viel mit der Brand beschäftigt, aber bei VR war es dieses gefühlsmäßige Wow, wir sind wirklich der Leader. Wir tun auch wirklich das, was wir sagen.“; (B9, #22:23#).*

Die Ergebnisse weisen darauf hin, dass bei dem Effekt auf die Markenidentifikation die **Betriebszugehörigkeit** eine Rolle spielt. So zeigt sich bei Mitarbeitern mit längerer **Betriebszugehörigkeit > 5 Jahre** keine positive bedeutsame Veränderung, sondern es wird **lediglich ein geringer bis verfestigender Effekt bei der Markenidentifikation** konstatiert. B2 (9 Jahre Betriebszugehörigkeit) betont, dass sie sich mit guten Gründen entschieden habe, bei der Firma Merck über einen längeren Zeitraum zu verbleiben und von daher sei ihre Einstellung gegenüber der Marke generell sehr positiv. Dieses **Ergebnis stützt die Schlussfolgerungen des Experiments zur Länge der Betriebszugehörigkeit**. Auch wenn eine gruppenübergreifende Vergleichbarkeit der Ergebnisse wegen des negativ ausgefallenen Signifikanztestes bei unverbundenen Stickproben nicht möglich ist, so können die

Ergebnisse als tendenzielle Hinweise interpretiert werden, wenn man die Gruppen in sich als verbundene Stichprobe betrachtet. Das Experiment zeigt bei Mitarbeitern mit einer Betriebszugehörigkeit < 1 Jahr eine recht hohe Steigerung des BC von + 23 % und bei einer Betriebszugehörigkeit > 1 und < 5 Jahren von + 19%. Diese Ergebnisse sind nach dem Wilcoxon-Test bei verbundenen Stichproben signifikant[893]. Insofern liegt die Vermutung nahe, dass bei Mitarbeitern mit einer kurzen bis mittleren Betriebszugehörigkeit (ca. < 5 Jahre) die VR-Anwendung einen deutlich höheren Hebel auf die Einstellung gegenüber der Marke ausübt. Unabhängig davon scheint die einstellungsformende Wirkung von VR auch für skeptische oder konservative Mitarbeiter geeignet zu sein. *„...sicherlich auch für Mitarbeiter, die so ein bisschen konservativer sind. Und ich glaube, dass solche Experiences vielleicht dort tatsächlich noch einen größeren Ausschlag geben könnten, danach positiver zu empfinden. Ich bin es per se sowieso.“; (B2, 41 Jahre, 9 Jahre bei der Firma, #23:07#).*

Bei der Untersuchung des **Effektes der VR-Experience auf die Markeninternalisierung** zeigen die Resultate eine **deutlich schwächere Wirkung**. 5 von 9 Mitarbeiter stellen gar keine Veränderung fest; während nur 2 eine deutliche Wirkung und 2 eine Verfestigung der Markeninternalisierung bestätigen können. Dieses Ergebnis ist darauf zurück zu führen, dass ein Großteil der Mitarbeiter die Markenwerte bereits internalisiert hat (u.a. B1, B4, B9). Zudem erscheint einigen Befragten die VR-Experience insgesamt zu kurz und müsse wiederholt werden, um einen ausreichen persuasiven Impact aufzubauen (B3, B8).

Trotz des relativ schwachen Effektes auf die Markeninternalisierung kann eine **deutliche Stärkung der emotionalen Markenbindung des Mitarbeiters** bestätigt werden. Dies trifft auf 6 von 9 Befragten zu. Das Ergebnis für die Zielgröße „emotionale Bindung an die Marke insgesamt“ sieht wie folgt aus: kein Effekt: 2/ 9; verfestigt: 1/ 9; ein wenig: 2/9; deutlich: 4/ 9. Das deutlich bessere Ergebnis beim Globalindikator zur Markeneinstellung hängt wahrscheinlich mit der **hohen Emotionalisierungsleistung der VR-Experience** zusammen. Die sich in der Markenwelt zügig aufbauende Emotionalisierung scheint sich unmittelbar auf die affektive

---

[893] Vgl. dazu Kapitel C 3.2.2.

Markenbindung des Mitarbeiters zu übertragen. Tab. 9 zeigt die Ergebnisse zum BC im Überblick.

	Einstellung Insgesamt	Marken-identifikation	Marken-internalisierung	Emotionale Bindung
Kein Effekt	0	2	5	2
Verfestigt	1	1	2	1
Ein wenig	1	1	0	2
Deutlich	6	5	2	4
Bewertung Effekt	Deutlich-mittlerer 7/9	Deutlich-mittlerer 6/ 9	Schwacher bis kein 7/9	Deutlich-mittlerer 6/9

Tabelle 9: Quantifizierte Ergebnisse der Tiefeninterviews zum BC

Abschließend ist festzuhalten, dass die Ergebnisse tendenziell einen **persuasiven Effekt der VR-Experience** im Fallbeispiel Merck nahelegen. Dieser beeinflusst primär die Marken-Gesamteinstellung positiv. Auch wird die Markenidentifikation über die Dimension Stolz gestärkt und die emotionale Bindung des Mitarbeiters an die Marke intensiviert. Insofern **bekräftigen diese Ergebnisse die Resultate des oben bereits dargestellten Quasi-Experiments.**

Die eigenen empirischen Ergebnisse bestärken die 3. theoriegeleitete Annahme, dass VR einen positiven Effekt auf das BC hat. Gestützt auf den eigenen empirischen und theoriegeleiteten Erkenntnissen wird folgende weitere Hypothese formuliert:

Hypothese H7a:	**VR hat einen positiven Einfluss auf das Brand Commitment.**

Zudem wird auf der Basis der Ergebnisse der Interviews (B1, B2, B3, B4, B5, B6, B8, B9) folgende **weitere Hypothese formuliert:**

Hypothese H7b:	**VR hat einen stärkeren positiven Einfluss auf das Brand Commitment als klassische Kommunikationsinstrumente.**

3.3.3.4.2 Ergebnisse und Hypothesen zu den Determinanten des Brand Commitment

Im Weiteren soll der **Forschungsfrage** nachgegangen werden:

- Welche sind die wesentlichen Determinanten, die bei einer VR-Experience zum Aufbau von BC führen?

Wie beim Markenwissen werden im Folgenden die Determinanten, die zu den positiven affektiven Effekten beim Mitarbeiter beigetragen haben, nacheinander analysiert. Dabei soll **Licht in die persuasive Wirkungsweise** von VR gebracht werden. Die Befragten verweisen fast ausnahmslos auf Ihre vorherigen Aussagen zur Bedeutung der Determinanten für den Aufbau von Markenwissen. Von daher können grundsätzlich die im Zusammenhang mit dem Markenwissen gewonnen Erkenntnisse auf das BC übertagen werden, so dass auf die dazu erarbeiteten Wirkmechanismen zurückgegriffen werden kann. Im Weiteren werden zur Vermeidung von Wiederholungen lediglich zusätzliche Erkenntnisse aus den Befragungen zum BC angeführt.

Die Determinante „Inhalt sowie die Art und Weise seiner Darbietung“ scheint **im Vergleich zum Wissensaufbau für den persuasiven Effekt sogar noch wichtiger** zu sein. Dabei spielt die **persönliche Relevanz des Inhalts** eine grundlegende Rolle, **um eine überzeugende Wirkung** auf den Mitarbeiter auszuüben. Die beeindruckende Darbietung des Inhaltes ermöglicht, **in glaubwürdiger und überzeugender Form zu transportieren**. Dies ist besonders wichtig beim Transfer abstrakter Informationen wie Markenwerte. *"Bei der Beeinflussung der Einstellung lag es eher daran, wie der Inhalt dargestellt wurde; also eher das drum herum.*“; (B9, #27:49#). Basierend auf der eigenen empirisch geleiteten Annahme wird somit folgende Hypothese vorsichtig formuliert:

Hypothese H8:	**Der persönlich relevante Inhalt sowie seine spielerische Darbietung im VR-Umfeld haben einen positiven Einfluss auf das Brand Commitment.**

Mit Blick auf die untersuchte Determinante „Interaktivität" ist festzuhalten, dass die Befragten diese Größe durchweg als ebenfalls wichtig zur positiven Beeinflussung der Einstellung ansehen; (B1, B2, B4, B5, B6, B7, B9). *"It was a very colorful experience. And the ability to change the colors. And after interacting with the ideas and the values of the brand, **being able to change yourself and to interact in a meaningful way...was excellent.**"*; (B6 #13:27#). *„Durch die interessante Art, wie man hier aktiv dabei ist, hat man Lust bei der Sache zu bleiben und lässt sich auch beeinflussen. Das ist bei den normalen Instrumenten wie Markenbüchern so nicht der Fall"; B1 (Audioausfall ab Frage 6b.)*

Wie beim Markenwissen wird mit der gleichen Argumentation auf die Hypothesenbildung zur Interaktivität verzichtet und an die empirisch erschlossene Determinante Selbstbestimmung angeknüpft. Das eigene Datenmaterial stützt die 5. theoriegeleitete Annahme zur einstellungsprägenden Wirkung der Selbstbestimmung auf den Mitarbeiter. Somit wird folgende weitere Hypothese formuliert:

Hypothese H9:	**Die Selbstbestimmung bei einer VR-Experience fördert den Aufbau von Brand Commitment.**

Als nächste Determinante des BC soll die Vividness behandelt werden. Die Ergebnisse der Interviews bekräftigen die 6. theoriegeleitete Annahme zur positiven Wirkung der Vividness auf das BC des Mitarbeiters. Auf der Grundlage der eigenen empirischen und theoriegeleiten Annahmen wird folgende Hypothese formuliert:

Hypothese H10:	**Die Vividness hat einen positiven Einfluss auf das Brand Commitment.**

Der Emotionalisierung kommt bei der einstellungsformenden Wirkung eine **noch bedeutsamere Rolle zu als sie ohnehin beim Aufbau des Markenwissens hat** (u.a. B1, B4, B5, B9). Der bei den **Mitarbeitern aufkommende Stolz** ist nach dem identitätsbasierten internen Markenführungsansatz ein **Indikator für Markenidentifikation** als eine Zieldimension des BC.

Diese empirischen Erkenntnisse belegen die 8. theoriegeleitete Annahme. Es wird somit theoriegeleitet und empirisch fundiert folgende Hypothese aufgestellt:

Hypothese H11:	**Die Emotionalisierung bei einer VR-Experience wirkt sich positiv auf das Brand Commitment aus.**

Zur „Erfahrung insgesamt mit dem VR-Medium" wird folgende Hypothese formuliert:

Hypothese H12:	**Die Immersion bei einer VR-Experience hat einen positiven Effekt auf das Brand Commitment.**

3.3.3.5 Ergebnisse und Hypothesen zum Aufbau von Brand Citizenship Behavior

In diesem Unterkapitel wird der Beantwortung der Forschungsfrage nachgegangen:

- **Gibt es Hinweise auf eine positive Wirkung einer VR-Experience auf das BCB?**

Im Folgenden wird überprüft, inwieweit die zwei Zieldimensionen des BCB, **Markenpartizipation** und **Markenmissionierung** positiv durch die VR-Experience beeinflusst werden. Die Markenpartizipation wird gemäß dem internen identitätsbasierten Markenführungsansatz durch die Größen **Engagement des Mitarbeiters**, sich für den Erfolg der Marke einzusetzen und **Bereitschaft, sich selber weiterzuentwickeln** operationalisiert. Während der Tiefeninterviews wurde zur Quantifizierung der Markenpartizipation nach der Stärke des Effektes gefragt. Dabei wurden **folgende Antwortoptionen verwendet**: kein Effekt, verfestigt, ein wenig und deutlich. Die Ergebnisse wurden sorgfältig notiert und in eine Excel-Tabelle eingetragen. Bei der Erfassung der **Markenmissionierung** wurden den Befragten die **Antwortoptionen „ja" oder „nein" angeboten**. Im thematischen Vergleich der qualitativen Inhaltsanalyse wurden die Ergebnisse nach absoluten Häufigkeiten je Ziel ausgezählt und anschließend ausgewertet.

Beim Engagement des Mitarbeiters, sich für den Erfolg der Marke einzusetzen, ergeben die Tiefeninterviews **polarisierende Ergebnisse. 4 von 9** Befragten konstatieren, dass die VR-Experience bei ihnen keinen Effekt ausgelöst hat; während wiederum 4 von 9 Befragten einen deutlichen Effekt bestätigen können. 1 Befragter geht von einem eher verfestigenden Effekt beim Engagement für die Marke aus.

Die **Gruppe mit deutlichem positivem Effekt** (B5, B6, B7 und B9) beim markenbezogenen Engagement verspürt **eine gesteigerte Motivation**, sich für den Erfolg der Marke einzusetzen. So beabsichtigt B5 in Zukunft in seinem Projekt-Team bei der Gestaltung einer Power Point Präsentation dafür zu sorgen, dass im Master der Corporate Color-Code von Merck, das Marken-Logo und weitere Markenelemente verwendet werden. *„You always have this kind of power point presentation and most of the time I'm looking with a critical eye and sometimes the brand elements are not properly behind the presentation…I go to my colleagues and say, look these templates are designed with a purpose to be used... if we change the colors, it's no longer my brand it's something else. So, in this way, it is something that I tend to do, very naturally since I am aware…how to present ourselves."; (B5, #32:37#).* Die gestiegene Bereitschaft, sich für die Marke zu engagieren, ergibt sich nach Angaben der Befragten dadurch, dass sie durch die VR-Experience ein **verbessertes Gefühl und Verständnis für die Marke und ihre Werte** entwickelt haben. *„As an employee I felt after the first time virtual reality experience that I had a better understanding of the brand's…values. My willingness to interact in a way that the values are represented was definitively impacted."; (B6 #34:03#).* Die gesteigerte Motivation ist u.a. auch darauf zurückzuführen, dass sich der **Mitarbeiter empowered** fühlt. *„…but knowing that Merck...is giving…an environment, where a person is free to be curious and to find…solutions. That is empowering to me, it puts me in a place where maybe next time, when I have to take a risk that I would now do it..."; (B6, #35:58#).*

Die andere Gruppe (B1, B2, B3, B4) **die von keinem bzw. nur verfestigendem Effekt auf ihr Markenengagement** ausgeht, begründet dies damit, dass die VR-Experience zu kurz sei. Sie schöpfe ihre Motivation nicht aus einer 15-minütigen VR-Experience, sondern aus dem Spaß, der Zufriedenheit und den positiven Erlebnissen in der täglichen Arbeit.

Wie auch bei der Zielgröße der Markenidentifikation spielt bei der Wirkungswahrscheinlichkeit von VR die **Länge der Betriebszugehörigkeit** eine gewisse Rolle. Mitarbeiter, die noch in der **Einarbeitungsphase** sind (B3, B8), zeigen **per se eine eher hohe Bereitschaft, sich für den Erfolg der Marke einzusetzen**. Neue Mitarbeiter wollen und müssen sich in der Probezeit profilieren, so dass in jedem Fall von einer höheren intrinsischen und extrinsischen Motivation auszugehen ist, sich für die Marke einzusetzen. Gleiches gilt für die Bereitschaft, die eigenen markenrelevanten Fähigkeiten weiterzuentwickeln. In diesen Fällen kann das **Engagement nur gehalten und bekräftigt werden**; (B3, B8).

Insofern lässt sich tendenziell festhalten, dass VR eine wahrscheinlich **stärkere Wirkung** bei **Mitarbeitern hat, die das On-Boarding innerhalb der Sozialisierungsphase schon durchlaufen** haben. Diese Mitarbeiter konzentrieren sich primär auf ihre aktuellen Aufgaben im Tagesgeschäft im Rahmen ihrer eigenen Funktion in der Firmenorganisation. Sofern sie nicht im Marketing arbeiten, verwenden sie i.d.R. kaum bis keine Zeit darauf, sich mit markenrelevanten Themen auseinandersetzen. *„I work in the legal department, so sometimes they don't want to go out of their bubbles... and people sometimes don't want to do the brand related stuff...“; (B7*, #34:17).

Bei der **Bereitschaft, sich selber weiterzuentwickeln** konnte einheitlich **keine Wirkung** bestätigt werden[894]; eine Begründung geht aus dem Datenmaterial nicht hervor.

Ein eindeutiges positives Ergebnis zeigt sich bei der **Markenmissionierung**. Die VR-Experience fördert bei allen Befragten die Bereitschaft, positiv über die VR-

---

[894] Nur B5 geht von einer gesteigerten Bereitschaft aus, seine eigenen Fähigkeiten weiter entwickeln zu wollen.

Experience zu berichten. Die Befragten bestätigen die Absicht, diese sowie teilweise auch die Marke selbst[895], voller Freude und Stolz Kollegen, der Familie und Freunden weiterzuempfehlen. *"Yes, I tell to my colleagues that it was cool, that they have to do it";* (B7, #34:17#). *„Ich werde anderen mitteilen, wie modern und futuristisch Merck ist. Das Vibrierende und Frische kommt wirklich rüber; ein tolles Erlebnis, das man gerne teilen möchte"; (B4).* Tab. 10 stellt die Wirkung der VR-Experience auf das BCB im Überblick dar.

	Markenpartizipation		Markenmissionierung (e) WOM
	Engagement, sich für den Markenerfolg einzusetzen	**Bereitschaft, sich selber weiterzuentwickeln**	
Kein Effekt	**4**	**8**	**0**
Verfestigt	1	0	0
Ein wenig	0	0	0
Deutlich	**4**	1	9
Bewertung	**Polarisierendes Ergebnis 4/ 9**	Kein Effekt **8/ 9**	**Guter Effekt 9/ 9**

Tabelle 10: Quantifizierte Ergebnisse der Tiefeninterviews zum BCB

Alles in Allem geben die Ergebnisse der qualitativen Erhebung erste Hinweise auf einen positiven konativen Effekt, wobei die Wirkung von VR auf das BCB insgesamt etwas schwächer ausfällt als beim BC. Diese ersten empirischen Ergebnisse stützen die 9. theoriegeleitete Annahme zur Wirkung von VR auf das Mitarbeiterverhalten. Auf der Grundlage dieser Ausführungen wird **theoretisch und empirisch fundiert folgende Hypothese formuliert:**

Hypothese H13:	**VR hat einen positiven Effekt auf das Brand Citizenship Behavior.**

Als 10. theoriegeleite Annahme wurde im Kapitel B 3.5.3 festgehalten, dass der subjektive Zustand der Immersion eine positive Wirkung auf das Mitarbeiterverhalten ausübt. Diese Wirkvermutung lässt sich aus den eigenen empirischen Daten nicht ableiten, da dieser Sachverhalt nicht Gegenstand der Tiefeninterviews war.

[895] B4 und B7 teilten mit, dass sie in Zukunft auch positiv über die Marke selbst sprechen werden.

Da die Ergebnisse der Tiefeninterviews allerdings die Annahme zulassen, dass die Immersion das Markenwissen und auch das BC positiv beeinflussen, liegt der Analogieschluss nahe, dass sie sich auch positiv auf das BCB auswirkt. Hinzu kommt, dass das BCB nach dem identitätsbasierten, internen Markenführungsansatz auf dem Markenwissen und dem BC aufbaut. Somit wird die **vorsichtige Hypothese aufgestellt:**

Hypothese H14:	**Die Immersion hat einen positiven Effekt auf das Brand Citizenship Behavior.**

Auch die 11. theoriegeleite Annahme zur motivationalen Bedeutung und damit positiven Wirkung der Selbstbestimmung auf das Mitarbeiterverhalten kann durch das eigene Datenmaterial nicht direkt bekräftigt werden. Es wird dennoch mit der gleichen Argumentation wie bei H14 mit wissenschaftlicher Zurückhaltung die folgende Hypothese aufgestellt:

Hypothese H15:	**Die Selbstbestimmung bei einer VR-Experience führt zum Aufbau von Brand Citizenship Behavior.**

Tabelle 11 zeigt die gesamten erarbeiteten Hypothesen im Überblick:

H1a:	Der Einsatz von VR-Experiences wirkt sich positiv auf das Markenwissen von Mitarbeitern aus.
H1b:	VR-Experiences führen zu besseren Lernerfolgen beim Aufbau von Markenwissen als klassische Kommunikationsinstrumente.
H2a:	Der persönlich relevante Inhalt sowie seine spielerische Darbietung im VR-Umfeld führen zur Emotionalisierung des Mitarbeiters.
H2b:	Der persönlich relevante Inhalt sowie seine spielerische Darbietung im VR-Umfeld haben einen positiven Einfluss auf das Markenwissen.
H3a:	Die Selbstbestimmung bei einer VR-Experience fördert die mentale Immersion des Mitarbeiters.
H3b:	Die Selbstbestimmung bei einer VR-Experience fördert den Aufbau von Markenwissen beim Mitarbeiter.
H4a:	Die Vividness ist eine wesentliche Determinante der physischen Immersion des Mitarbeiters.
H4b:	Die Vividness hat einen positiven Einfluss auf das Markenwissen des Mitarbeiters
H5a:	Die Emotionalisierung ist eine wesentliche Determinante der mentalen Immersion des Mitarbeiters.
H5b:	Die Emotionalisierung bei einer VR-Experience wirkt sich positiv auf das Markenwissen des Mitarbeiters aus.
H5c:	Die Emotionalisierung des Mitarbeiters ist bei einer VR-Experience höher als bei herkömmlichen Kommunikationsinstrumenten.
H6a:	Die Immersion ist das synthetische Ergebnis der Determinanten persönlich relevanter Inhalt sowie seiner spielerischen Darstellung, Selbstbestimmung, Vividness und Emotionalisierung.
H6b:	Die Immersion bei einer VR-Experience hat einen positiven Effekt auf das Markenwissen.
H6c:	Die Immersion des Mitarbeiters ist bei einer VR-Experience höher als bei klassischen Instrumenten der internen Markenkommunikation.
H7a:	VR hat einen positiven Einfluss auf das Brand Commitment.
H7b:	VR hat einen stärkeren positiven Einfluss auf das Brand Commitment als klassische Kommunikationsinstrumente.
H8:	Der persönlich relevante Inhalt sowie seine spielerische Darbietung im VR-Umfeld haben einen positiven Einfluss auf das Brand Commitment.
H9:	Die Selbstbestimmung bei einer VR-Experience fördert den Aufbau von Brand Commitment.
H10:	Die Vividness hat einen positiven Einfluss auf das Brand Commitment.
H11:	Die Emotionalisierung bei einer VR-Experience wirkt sich positiv auf das Brand Commitment aus.
H12:	Die Immersion bei einer VR-Experience hat einen positiven Effekt auf das Brand Commitment.
H13:	VR hat einen positiven Effekt auf das Brand Citizenship Behavior.
H14:	Die Immersion hat einen positiven Effekt auf das Brand Citizenship Behavior.
H15:	Die Selbstbestimmung bei einer VR-Erfahrung führt zum Aufbau von Brand Citizenship Behavior.

Tabelle 11: Zusammenfassung der Hypothesen

D Schlussbetrachtung und Ausblick

1 Zusammenfassung der Ergebnisse

Die Praxis der externen Markenkommunikation zeigt im Umfeld der globalen Digitalisierung eine Reihe branchenübergreifender VR-Beispiele mit ersten Erfolgen bei der Beeinflussung des Kaufverhaltens. Das hohe Potenzial dieser neuartigen Kommunikationstechnologie hat auch in der internen Markenkommunikation großes Interesse geweckt. Fehlendes Know-how und einhergehende Unsicherheit im zielführenden Umgang mit VR bedingen zurzeit noch eine gewisse Zurückhaltung beim Einsatz dieses Instruments.

Im Kapitel A wurde im Umfeld der zunehmenden Digitalisierung der Gesellschaft, Wirtschaft und Markenkommunikation die hohe Relevanz des markenbasierten Mitarbeiterverhaltens dargestellt, um das Markenversprechen an allen Brand Touch Points konsequent zu erfüllen. Zur Generierung von Markenbotschaftern eröffnet VR den Unternehmen neuartige Möglichkeiten mit kreativem technologischem Spielraum. Aus der Perspektive der internen identitätsbasierten Markenführung sollte untersucht werden, **welchen Beitrag VR zum Erreichen der dem Brand Citizenship Behavior vorgelagerten Ziele**, **Markenwissen und Brand Commitment**, leisten kann. Insofern liegt der Schwerpunkt dieser wissenschaftlichen Arbeit auf der Wirkung von VR auf der kognitiven und affektiven Zielebene der internen Markenführung; wenngleich auch erste Hinweise auf konative Effekte erschlossen werden sollten. Auf der Basis dieser Ausführungen wurde zu Beginn der Arbeit folgende **grundlegende Forschungsfrage** formuliert:

- In wie weit hat der Einsatz von VR einen positiven Einfluss auf die Zielerreichung der internen Markenführung.

Im Fokus dieser Arbeit stehen die **Funktionsweise des neuartigen Instruments** VR sowie die **Determinanten des zugrundeliegenden Wirkmechanismus**. Von der übergeordneten Fragestellung wurden eine **Reihe weiter konkretisierender Forschungsfragen** abgeleitet:

I. Nikic-Cemas, *Virtual Reality als neuartiges Kommunikationsinstrument der internen, identitätsbasierten Markenkommunikation*, Innovatives Markenmanagement, https://doi.org/10.1007/978-3-658-32071-3_4

- Hat der Einsatz von VR einen positiven Effekt auf das Markenwissen des Mitarbeiters?
- Welches sind die wesentlichen Einflussfaktoren, die beim Einsatz von VR zum Aufbau von Markenwissen führen?
- Hat der Einsatz von VR einen positiven Effekt auf das Brand Commitment?
- Welche sind die wesentlichen Einflussfaktoren, die bei einer VR-Experience zum Aufbau von Brand Commitment führen?
- Gibt es erste Hinweise auf eine positive Wirkung von VR auf das Brand Citizenship Behavior?

Im Kapitel B wurde zur Beantwortung der Forschungsfragen **VR definiert und abgegrenzt**. Zudem wurde der **Terminus Immersion**, für den es bis dato keine einheitliche wissenschaftliche Definition gab, etymologisch hergeleitet und als duales Konstrukt definitorisch aufbereitet. Im Weiteren wurde der **Forschungsstand zu VR in der externen Markenkommunikation** dargestellt und hinsichtlich der **Implikationen** für die Erfolgswirkungen von VR **in der internen Markenkommunikation analysiert** sowie in theoriegeleitete Annahmen überführt.

Im Kapitel C erfolgte mittels einer A-priori-Untersuchung über Experteninterviews der Nachweis der praktischen Relevanz des Forschungsvorhabens. Ziel dieser Dissertation war es, die bestehende Forschungslücke zu VR in der internen Markenkommunikation zu schließen. Dabei sollte die komplexe, der Wissenschaft bislang wenig transparente Funktionsweise von VR genauer erforscht werden. Zu diesem Zwecke wurden die Wirkungen von VR auf die kognitiven und affektiven Ziele quantitativ und qualitativ empirisch untersucht. Zur Beantwortung der Forschungsfragen wurde als **Fallbeispiel die Corporate Brand Merck** herangezogen. Es wurden **quantitative Befragungen** (Quasi-Experiment) und **Tiefeninterviews** im Anschluss an eine VR-Experience durchgeführt. Aus dem qualitativen Datenmaterial wurden für die einzelnen Determinanten **Wirkmechanismen** abgeleitet, die die Bedeutung dieser in der gesamten Funktionsweise von VR erklären. Im Rahmen **der empirischen** und **theoretischen Generalisierung** wurden die Ergebnisse zur Wirkung von VR auf die Ziele der internen Markenführung mit den Erkenntnissen der externen Markenkommunikation und Lerntheorie zu VR abgeglichen. Diese Ergebnisse wiederum wurden **in 15 Hypothesen überführt**

und bilden die Basis für die Konzeption eines internen, identitätsbasierten Modells.

Allgemeinen ist festzuhalten, dass das Instrument VR von den insgesamt 34 Teilnehmern des Quasi-Experiments und den Befragten der Tiefeninterviews **sehr gut angenommen wurde.** Die Befragten der Tiefeninterviews heben hervor, dass VR eine **einzigartige und sehr emotionale Markenerfahrung** bietet und die Marke Merck **hautnah erlebbar** macht. Vor allem der **Eskapismus** und die **Freiheit** zur **Selbstbestimmung** spielen bei den Gefallenselementen eine entscheidende Rolle. Diese geschilderten Erfahrungen **beindruckten und begeistern die Mitarbeiter** sehr. Die VR-Experience wurde als schönes, von Spaß und Vergnügen geprägtes, einzigartiges Erlebnis empfunden.

Mit Blick auf die Hauptforschungsfrage kann grundsätzlich festgehalten werden, dass die empirischen quantitativen und qualitativen Ergebnisse dieser Arbeit **insgesamt einen deutlichen positiven Effekt auf alle drei Zielebenen der internen Markenführung (kognitiv, affektiv und konativ) zeigen.**

Vor allem **auf der kognitiven Zielebene** kann empirisch ein **insgesamt guter markenbezogener Wissensaufbau konstatiert werden.** Das **Quasi-Experiment** lässt mit **+ 26%** einen sehr positiven Einfluss auf das Markenwissen vermuten. Auch die Tiefeninterviews bestätigen, dass Merck über den VR-Einsatz ihre Markenpositionierung als innovative, lebendige Wissenschafts- & Technologie-Marke den Mitarbeitern erfolgreich vermitteln konnte. Zudem ist es Merck gelungen, bei den Mitarbeitern die Markenbotschaften und Markenwerte kognitiv zu verankern. **Schwächen zeigen sich lediglich beim Wissensaufbau über den Inhalt der verschiedenen Markenstories in der 3. VR-Experience.** Dies ist jedoch eher ein operatives Umsetzungsproblem aufgrund der als zu dynamisch empfundenen VR-Experience. Dennoch konnten die Markenwerte von den Mitarbeitern gut erinnert werden. Zudem weist das qualitative Datenmaterial darauf hin, dass **VR** aufgrund der faszinierenden und höchst emotionalen Ansprache **im Vergleich zu herkömmlichen Kommunikationsinstrumenten die überlegenere Alternative zum Wissensaufbau zu sein scheint.**

Auch auf affektiver Zielebene bewährt sich VR als überzeugungsstarkes Kommunikationsinstrument. Die Ergebnisse des **Quasi-Experiments (+19% beim BC)** und der **Tiefeninterviews** lassen auf einen deutlich positiven Einfluss auf das BC schließen. Die Ergebnisse fallen insgesamt im Vergleich zum Markenwissen ein wenig moderater aus. Darüber hinaus lassen die Tiefeninterviews die Annahme zu, dass der persuasive Effekt von VR vergleichsweise stärker ist als bei klassischen Instrumenten.

Bei der **Markenidentifikation** kann auf der Basis eines recht hohen Ausgangsniveaus eine **deutliche Steigerung** nachgewiesen werden. Dies belegen sowohl die Ergebnisse des Experiments (+16%) als auch die Tiefeninterviews. Trotz der positiven Resultate zeichnen sich gewisse **Wirkschwächen bei der Markeninternalisierung ab**. Der positive Effekt von 16%, den das Quasi-Experiment zeigt, kann über die Tiefeninterviews nicht bestätigt werden. Möglicherweise liegt der Grund darin, dass **zur Verinnerlichung der Markenwerte eine 1 bis 2-malige VR-Experience unzureichend** ist, da die Werteinternalisierung sich nur über einen längeren Zeitraum aufbaut. Beim Globalindikator **emotionale Markenbindung** ist wiederum ein sehr positiver Effekt zu konstatieren. Das **Quasi-Experiment** zeigt eine **Steigerung von +26%** und auch die Tiefeninterviews weisen eindeutig auf eine Intensivierung der emotionalen Marken-bindung des Mitarbeiters hin. Dies erklärt sich durch die **rasch aktivierende und hohe Emotionalisierungsleistung** von VR, die sich unmittelbar auf die emotionale Markenbindung zu übertragen scheint.

Zu den konativen Wirkungen können wegen des begrenzten Datenmaterials nur vorsichtige Aussagen getroffen werden. Dennoch zeichnen sich erste Hinweise ab, dass VR ebenfalls einen gewissen markenrelevanten Verhaltenseffekt auf den Mitarbeiter ausübt. Allerdings ist dieser im Vergleich zum Markenwissen und BC schwächer ausgeprägt. Bei der **Markenpartizipation** scheint VR nur einen gewissen Einfluss auf das **Engagement, sich für den Markenerfolg einzusetzen**, auszuüben. Dieser Effekt ist polarisierend und somit nicht eindeutig über alle Befragten belegbar. Bei der **Bereitschaft, sich selber weiterzuentwickeln,** kann kein Effekt nachgewiesen werden. Der Grund liegt wahrscheinlich darin, dass auch hier eine 1 bis 2-malige VR-Anwendung zu kurz ist, um einen konativen Einfluss zu erzielen. Bei der **Markenmissionierung** hingegen kann eindeutig ein positiver Effekt festgestellt werden. Die aufkommende Begeisterung nach der VR-Experience führt beim Mitarbeiter zur Bereitschaft, über dieses beeindruckende Erlebnis anderen zu berichten und es **über (e)WOM zu teilen.**

Folgende Determinanten wurden aus der Forschung der externen Markenkommunikation zu VR übernommen bzw. modifiziert, **um die Wirkungsweise von VR auf die internen Markenführungsziele zu untersuchen:**

- **Persönlich relevanter Inhalt und seine spielerische Darbietung**
- **Interaktivität/ Selbstbestimmung**
- **Vividness**
- **Emotionalisierung**
- **Immersion**

Das empirische Datenmaterial legt die Vermutung nahe**, dass alle diese Determinanten das Markenwissen und das Brand Commitment direkt und positiv beeinflussen**. Unter großem Vorbehalt wurde zudem formuliert, dass sich die Selbstbestimmung auch **direkt auf das BCB positiv auswirkt.** Unter den untersuchten Determinanten scheinen die Emotionalisierung und die Vividness eine besonders wichtige Rolle bei der direkten Wirkung auf das Markenwissen und BC zu spielen; wobei sie für die persuasive Leistung (BC) von VR noch bedeutsamer sind als für den Aufbau von Markenwissen. Die Analyse zeigt zudem, dass **der persönlich relevante Inhalt und seine spielerische Darstellung sowie die Selbstbestimmung entscheidend an der Entstehung der Emotionalisierung beteiligt zu sein scheinen.**

Bei der Erforschung wie der Zustand der Immersion herbeigeführt wird, kristallisierte sich als **zentrales Ergebnis** heraus, dass **alle Determinanten als konglomerater Effekt** den subjektiv empfundenen **Zustand der Immersion direkt evozieren**. VR selbst fungiert dabei als eine Art technischer Enabler.

Es stellte sich zudem heraus, dass bei der Entstehung der Immersion der **Emotionalisierung und Vividness eine besondere Bedeutung zukommt**. Im Kapitel

B 3.2 wurde für diese Arbeit der Terminus Immersion definitorisch hergeleitet. Demnach wird **Immersion als ein duales Konstrukt** mit den 2 konstituierenden „Säulen" der mentalen und physischen Immersion aufgefasst. Die **empirischen Ergebnisse** dieser Arbeit scheinen **die Validität dieses Konstrukts zu unterstützen.** Die Emotionalisierung scheint die **mentale Immersion wesentlich zu determinieren,** die die kognitiven und affektiven Voraussetzungen schafft, die Fiktion überhaupt zu akzeptieren. Sie ist die Quelle der intrinsischen Motivation, sich mit den markenbasierten Inhalten kognitiv und emotional auseinander zu setzten. Die **Vividness**, die realitätsnahe Gestaltung der virtuellen Welt, trägt primär zur **Authentizität und Glaubwürdigkeit der VR-Experience** bei. Sie scheint die **wesentliche Determinante der physischen Immersion** zu sein. Dabei sind als Voraussetzungen die 2 konstituierenden Komponenten **„Ortsillusion"** und **„Plausibilitätsillusion"** durch ein entsprechendes qualitatives Gestaltungsniveau der virtuellen Umgebung zu erfüllen.

Der immersive, von äußeren Reizen abgeschirmte, Zustand des Users **fördert die Konzentration auf den markenbasierten Inhalt**. Es scheint zu einem unbewussten, automatischen Lern- und Persuationsprozess zu kommen, wobei die **Immersion als Mediator das Markenwissen und BC direkt positiv zu beeinflussen scheint.** Unter hohem Vorbehalt wurde des Weiteren theoriegeleitet die Annahme formuliert, dass die Immersion sich ebenfalls **direkt auf das BCB positiv auswirkt.** Abb. 59 zeigt die Integration aller Untersuchungshypothesen in den Rahmen der identitätsbasierten Markenführung.

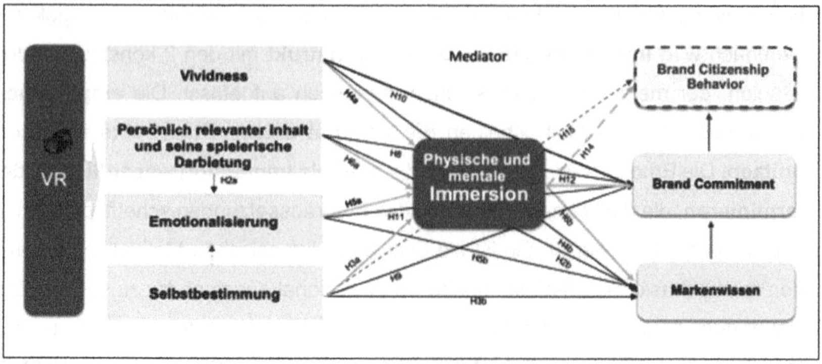

Abbildung 59: Integration aller Untersuchungshypothesen in den Rahmen der identitätsbasierten Markenführung
Quelle: Eigene Darstellung

Es ist abschließend zu konstatieren, dass die vorliegende Arbeit einen Beitrag zur Grundlagenforschung liefert. Durch die positiven empirischen Ergebnisse konnte die vermutete Relevanz von VR als zielwirksames Instrument der internen Markenkommunikation akademisch bekräftigt werden.

2 Implikationen für die interne Markenführung in der Praxis

Aus den vorliegenden Ergebnissen dieser Arbeit können zahlreiche Implikationen für die interne Markenkommunikation gewonnen werden. Zunächst ist festzustellen, dass die in der Praxis generell herrschende **Unsicherheit**, **ob das Kommunikationsinstrument VR** auch in der internen Markenkommunikation **wirksam ist, entkräftet** werden kann. Die Forschungsergebnisse geben Hinweise darauf, dass sich VR positiv auf die internen Ziele auswirkt; dies gilt vor allem auf kognitiver und affektiver Ebene. Diese **Aussage beschränkt sich jedoch nur auf Effektivitätsüberlegungen,** da die Untersuchungen dieser Dissertation keine Wirtschaftlichkeitskalküle inkludieren. Insofern wird der Praxis im Zusammenhang mit den nun folgenden Implikationen **grundsätzlich empfohlen**, **bevor Investitionen** in VR getätigt werden, den Einsatz des Instruments **einer genauen Wirtschaftlichkeitsanalyse zu unterziehen.** Zudem konzentrieren sich die vorliegenden Erkenntnisse vor allem auf die Corporate Brand Merck aus der **Chemie- und Pharma-Branche**, die überwiegend im **B2B-Bereich** tätig ist. Von daher beziehen sich die Implikationen im Folgenden primär auf diesen Bereich. Es lässt sich vermuten, dass sich die Erkenntnisse zum Einsatz von VR auch auf andere Branchen übertragen lassen. Diese Überlegung basiert auf Beispielen aus verschiedenen Unternehmen. Dazu zählen Beispiele, die in dieser Arbeit vorgestellt wurden wie die Automobilbranche (VW und Audi), Modebranche (Hilfiger und Topshop), Nahrungsmittelbranche (Coca-Cola), Kosmetikbranche (Beiersdorf) und die Luftverkehrsbranche (Lufthansa). Auch die wissenschaftlichen Erkenntnisse der externen Markenkommunikation zur positiven Wirkung von VR stammen aus unterschiedlichen Branchen wie bspw. der Möbelbranche, Tourismusbranche, Modebranche und der Automobilbranche. Auf der Grundlage dieser Ausführungen geht die Autorin davon aus, dass die folgenden Implikationen, mit gewisser Vorsicht, auch branchenübergreifend nutzbar sind.

Hinsichtlich des Ziels „Aufbau von Markenwissen bei Mitarbeitern" wird folgende Implikation für die Praxis formuliert: Der Praxis kann nahegelegt werden, sich in Zukunft mit dem Instrument **VR in der internen Markenkommunikation zum Aufbau von Markenwissen intensiver zu beschäftigen, um gegebenenfalls erste Pilotprojekte vorzubereiten.** Die Umsetzung dieser Projekte **setzt** jedoch eine **positive Wirtschaftlichkeitsanalyse voraus.** Insbesondere vor dem Hintergrund der fortschreitenden Digitalisierung und Mobilisierung der Kommunikation, dem veränderten medialen Mitarbeiterverhalten sowie den weiter sinkenden Herstellungskosten, scheint sich der Einsatz von VR in der internen Markenführung anzubieten. Gerade **im Umfeld der medialen Reizüberflutung** ist eine hervorzuhebende Stärke von VR, die Aufmerksamkeit des Users für einen längeren Zeitraum zu gewinnen und sie in den Bann zu ziehen. Typische Zapping-Effekte, wie sie gewöhnlich bei anderen Medien (bspw. TV, Radio sowie teilweise auch bei Social Media) vorkommen, bleiben wegen des von der Umwelt abgeschirmten Zustandes der Immersion aus. **Insbesondere in der Dienstleistungsbranche (B2B und B2C) kann VR die kognitive Greifbarkeit[896] der zu kommunizierenden Produkt- und Markeninformationen** für Mitarbeiter deutlich **erhöhen.** Dies trifft auch auf technikaffine **Marken der Industriebranche** (wie Biotechnik, Elektrotechnik, Chemie und Pharmazie) zu, die i.d.R. **komplexe, erklärungsbedürftige materielle Güter** herstellen. Hier kann VR ebenfalls erheblich dazu

[896] VR trägt in gewisser Weise zur „Materialisierung der Dienstleistung" bei.

beitragen, das **Produkt- und Markenverständnis** der Mitarbeiter **weitreichend zu formen und zu schärfen.** VR eignet sich, um die internen Zielgruppen mit abstrakten, vielfältigen markenidentitätsbezogenen Informationen vertraut zu machen und sie mental beim Mitarbeiter zu verankern. Das Fallbeispiel Merck verdeutlicht, dass es durchaus in einer eher „farblosen Branche" wie der Pharmazie und Chemie möglich ist, **komplexe und in Teilen technisch diffizile Wissensinhalte auf spannende Weise** den Mitarbeitern zu vermitteln.

Nach dem identitätsbasierten Markenführungsansatz zählt ebenfalls **die Kenntnis markenkonformer Verhaltensweisen**[897] am eigenen Arbeitsplatz zu einer elementaren Komponente des Markenwissens. Diese Wissensdimension wurde in der empirischen Untersuchung dieser Arbeit nicht berücksichtigt, da sie für Merck zum Zeitpunkt der Entwicklung des VR-Brand Domes keine angestrebte Zielgröße darstellte und somit nicht inhaltlicher Bestandteil der VR-Experience war. Grundsätzlich ist allerdings davon auszugehen, dass sich die im Fallbeispiel nachgewiesene positive kognitive Wirkung auch auf dieses operationalisierte Wissensziel transferieren lässt. Voraussetzung dazu ist allerdings eine entsprechende zielaffine Konzeption der Determinante „persönlich relevanter Inhalt und seine spielerische Darbietung".

Da die Forschungsergebnisse erste Hinweise auf eine positive Wirkung auf die Markeneinstellung des Mitarbeiters geben, wird **bezüglich des Ziels BC** folgende weitere Implikation formuliert: **Der Praxis wird nahegelegt, sich mit VR auch zum Aufbau von BC in der internen Markenkommunikation intensiver zu beschäftigen, um gegebenenfalls erste Pilotprojekte zu planen.** Die Umsetzung derartiger Projekte setzt wie beim Aufbau von Markenwissen eine positive Wirtschaftlichkeitsanalyse voraus. Die Entscheidung über den Einsatz von VR zum Aufbau von BC sollte **zudem in Abhängigkeit von der Dauer der Betriebszugehörigkeit des Mitarbeiters getroffen werden.** Die Ergebnisse der Arbeit lassen vermuten, dass je nach Dauer des Beschäftigungsverhältnisses eine unterschiedlich starke Wirkung auf das BC zu erwarten ist. Daraus ergibt sich eine weitere Implikation für die Praxis: **VR empfiehlt sich insbesondere für Mitarbeiter, die sich noch zu**

---

897 Vgl. BURMANN ET AL. (2017), S. 264.

Beginn ihrer Sozialisierungsphase befinden bzw. eine Betriebszugehörigkeit von weniger als 5 Jahren aufweisen. In diesen Fällen sind die Effekte auf das BC am stärksten. Grundsätzlich ist die Anwendung von VR aber auch in allen anderen Phasen der Betriebszugehörigkeit empfehlenswert, um die Markenidentifikation und die emotionale Bindung der Mitarbeiter zu stärken und zu verfestigen.

Zudem scheint VR bei tendenziell konservativen und der Marke gegenüber skeptisch eingestellten Mitarbeitern besonders empfehlenswert zu sein. So könnte sich VR als hilfreiches und unterstützendes Instrument erweisen, wenn eine Organisation markenrelevante Veränderungen vorsieht und diese überzeugend an ihre Mitarbeiter kommunizieren möchte. Dazu zählen bspw. die Kommunikation und Umsetzung einer neuen Markenpositionierung oder geplante Umstrukturierungs-/ und Rationalisierungsmaßnahmen. Die quantitativen Ergebnisse bieten erste Hinweise, dass auch bei zurückhaltenden, kritisch eingestellten Mitarbeitern VR einen hohen persuasiven Effekt hat.

Ein wesentlicher Vorteil von VR ist darin zu sehen, dass die Häufigkeit der VR-Anwendung individuell je nach kognitiven und affektiven Kompensationsbedarf des Mitarbeiters variieren kann. Somit wird als weitere Implikation für die Praxis formuliert: **VR kann zum Aufbau von BC je nach persönlichen Bedürfnissen des Mitarbeiters abhängig vom Wissens- oder BC-Status, individuell häufig eingesetzt werden.** Die empirischen Ergebnisse weisen im Übrigen mit Blick auf die Internalisierung der gelernten Markenwerte darauf hin, dass es ratsam ist, die VR-Anwendung in jedem Fall mehrfach zu wiederholen, da die Assimilation der Markenwerte erst im Zuge eines längeren Wirkprozesses sukzessive eintritt. Es wird den Organisationen empfohlen, unter der Voraussetzung des dazu notwendigen Budgets, idealerweise **verschiedene VR-Experiences als Module** zu konzipieren. So könnte sich bspw. **ein Modul nur auf die Vermittlung der Markenidentität** beziehen und über Markenstories die Markenpersönlichkeit und -werte sowie die Markenkompetenzen kognitiv und affektiv verankern. Ein anderes Modul könnte hingegen **primär zur Stärkung des BC beitragen** und über emotionale Markenstories das soziale Engagement im Rahmen der Corporate Social Responsebility (CSR) einer Firma transportieren. Die Forschungsergebnisse geben Hinweise, dass sich die entstehende Emotionalisierung über Markenstories zügig auf die emotionale Markenbindung des Mitarbeiters überträgt. Derart inhaltlich breiter konzipierte VR-Experiences bieten die Möglichkeit, entsprechend den kognitiven und affektiven Defiziten der Mitarbeiter sowie je nach Sozialisierungsphase, VR flexibel und gezielt einzusetzen. Hinzu kommt, dass eine **vielfältig und interessant gestaltete VR-Experience** vermutlich dazu beiträgt, dass der **Mitarbeiter gegebenenfalls aus eigenem Interesse bereit ist**, die VR-Experience **zum wiederholten Male zu durchlaufen.**

Die empirischen Ergebnisse geben zudem erste Hinweise darauf, dass **VR zur Zielerreichung** im Vergleich zu den klassischen Instrumenten aufgrund der hohen Emotionalisierungs- bzw. Begeisterungsfähigkeit **die effektivere Alternative ist.** Dies trifft für den Aufbau des Markenwissens, das BC und BCB zu. Auch hier ist der Praxis dringend nahe zu legen, einen Kostenvergleich der verschiedenen Instrumente anzustellen. **Zum jetzigen Zeitpunkt kann jedoch keineswegs die Empfehlung abgeleitet werden, auf die klassischen Instrumente zu verzichten.** Ein Grund dafür sind die aktuell immer noch relativ hohen Kosten, wenngleich die Entwicklungs- und Herstellungskosten sukzessive weiter sinken. Es erweist sich als schwierig, pauschale Aussagen über die Anschaffungskosten zu treffen. Diese hängen individuell von den interaktiven Fazilitäten, sonstigen technischen Besonderheiten sowie der gewünschten Qualität der Vividness des Produktes ab. Die **Kosten liegen** momentan, abhängig vom konkreten VR-Produkt, **zwischen ca. 10.000 und 300.000 Euro**[898]. Diese breite Spannweite ergibt sich dadurch, dass z.B. eine ca. 5-minütige einfachere VR-Experience mit eingeschränkter Interaktivität, wie im Fall von SwissLife mit nur einer Kundenstory, bereits zu einem Preis von ca. 10.000 € erhältlich ist. **Mit zunehmender Interaktivität und Vividness, Anzahl der Module und Länge** der VR-Experience **steigen die Entwicklungs- und Produktionskosten**[899] entsprechend. Bei einer bestehenden VR-Experience verhalten sich die Kosten für die Modifikation über eine Erweiterung derselben Experience oder über zusätzliche Module dieser unterproportional, da auf bereits vorhandene Programmierarbeiten zurückgegriffen werden kann[900]. Nach Aussa-

---

[898] Vgl. Expertengespräch mit CEO SPROCK der VR-Agentur PolygonArt, (a.a.O.).

[899] Vgl. ebenda.

[900] Vgl. ebenda.

gen von Experten[901] gilt generell **für Pilotprojekte wegen der geringen Erfahrung des Projektmanagements, bis zu 20% mehr an Kosten als üblich einzukalkulieren.** Hier entstehen anfänglich oft höhere Kosten bedingt durch Kommunikationsprobleme beim Briefing der VR-Agenturen, da häufig die Vorstellungen des Kunden über die Ausgestaltung der gewünschten VR-Experience und die technische Art der Umsetzung durch die VR-Agentur divergieren.

Des Weiteren wird folgende Implikation für die Praxis formuliert: **Zum aktuellen Zeitpunkt sollte VR komplementär im Rahmen eines crossmedialen Ansatzes, unter Nutzung der synergetischen Effekte der Instrumente, eingesetzt werden, um die kognitiven und affektiven Ziele der internen Markenkommunikation zu erreichen.** Merck setzt seit Ende 2016 VR im Rahmen ihrer breit angelegten internen crossmedialen Kommunikationskampagne als ergänzendes Instrument erfolgreich ein. Aktuelle hausinterne Erfolgsmessungen zur gesamten Kommunikationskampagne[902] zeigen in Bezug auf das Markenwissen und die emotionale Markenbindung der Mitarbeiter positive Ergebnisse. Genaue Einzelheiten dazu werden von Merck nicht bekannt gegeben. Das Management geht davon aus, das VR wesentlich an dem Erfolg der Kommunikationskampagne beteiligt ist und der Gesamterfolg nur durch die Kombination von VR mit klassischen Instrumenten zustande gekommen sei. Dennoch ist zu ergänzen, dass sich die Empfehlung der Autorin, VR nur als komplementäres Instrument einzusetzen, mittel- bis langfristig durchaus ändern kann. Denn die **technologische Entwicklung schreitet weiterhin rasant voran.** Visionäre Vorstellungen von Experten attestieren der VR-Technik in schon naher Zukunft eine „Alltagstauglichkeit“[903]. Darunter verstehen Experten, dass VR zunehmend an funktionaler Relevanz in alltäglichen Lebensbereichen gewinnt; sei es in der Freizeit, im Beruf oder während des Kaufentscheidungsprozesses. Experten gehen davon aus, dass sich private Haushalte zunehmend mit dieser Technologie ausstatten werden. Dies wird begünstigt durch die Entwicklung einfacher zu bedienender VR-Brillen sowie

---

901 Vgl. ebenda.

902 Vgl. Telefongespräch mit dem Internal Brand Management von Merck. Das Gespräch fand am 12.03. 2019 statt und dauerte 15 Minuten.

903 Vgl. Experteninterviews mit VR-Experte von DB-Systel u. Agentur-Chef der VR-Agentur 3-Spin Februar-April (2018); Kurp (2017), S. 12 ff. u. Deutscher Markenreport (2017), S. 41 ff.

weiter sinkender Preise. Die bereits in Kürze auf dem Markt erscheinenden VR-Brillen der neueren technologischen Generation[904] bieten zudem deutlich leichteren und unauffälligeren Tragekomfort (vgl. Abb. 60). Experten[905] rechnen mit weiter zunehmend ästhetischen und noch unauffälligeren technologischen Lösungen sowie mit dem ergänzenden Einsatz von VR-Kontaktlinsen.

Abbildung 60: Apple VR-Brille; Start 2020
Quelle: Webseite von Inverse Innovation

Bei der Überprüfung der konativen Leistung einer VR-Experience konnten nur eingeschränkt erste Indizien auf die Wirkung beim BCB festgestellt werden. Die empirischen Ergebnisse dieser Arbeit weisen darauf hin, dass Markenwissen und BC als grundlegende Ziele durch VR aufgebaut werden. Nach dem identitätsbasierten Markenführungsansatz fördert dieser Sachverhalt den Aufbau BCB. Dies ist allerdings im Fallbeispiel Merck nur bedingt der Fall. Die Bereitschaft, sich selbst im Sinne der Marke weiterzuentwickeln, als eine Dimension von BCB, konnte nicht aktiviert werden. Dies ist darauf zurückzuführen, dass Merck bei der inhaltlichen Konzeption der VR-Experience keine Informationen zu markenkonformen Verhaltensweisen des Mitarbeiters vorgesehen hat, da kein derartiges Wissensziel definiert wurde. Da die Bereitschaft, an seinen eigenen Fähigkeiten zu arbeiten direkt

[904] Vgl. Webseite von Inverse, https://www.google.com/amp/s/www.inverse.com/amp/article/-44297-apple-virtual-reality-headset, zugegriffen am 18.10.2019.

[905] Vgl. eigene Experteninterviews, Februar-April (2018), (a.a.O.) u. Beitrag von RAUSSCHNABEL ET AL. (2018).

auf diesem Markenwissen basiert, leuchtet es ein, dass im vorliegenden Fall ein positiver Effekt ausbleibt.

Diese Ausführungen führen zu folgender Implikation für die Praxis: **Es wird der internen Markenkommunikation empfohlen, sich mit dem Instrument VR auch zum Aufbau von BCB in der internen Markenkommunikation intensiver auseinanderzusetzen, um gegebenenfalls erste Pilotprojekte vorzusehen[906]. Für die Erzielung erfolgreicher konativer Effekte ist dabei allerdings die Voraussetzung zu erfüllen, dass die Gestaltung des Inhalts konsequent alle dafür notwendigen Wissensdimensionen abdeckt.** Von daher ist der Praxis nahezulegen, bereits in der Phase der konzeptionellen Gestaltung der VR-Experience die internen Ziele sowie die Zielbeziehungen untereinander klar zu definieren und aufeinander exakt abzustimmen. Auf dieser Basis gilt es dann im Weiteren den relevanten Inhalt der VR-Experience zu gestalten und zu präzisieren. Es ist zu erwähnen, dass aktuell die Möglichkeiten markenbasierte Verhaltensweisen in einem VR-Umfeld zu trainieren nach Expertenaussagen technisch noch begrenzt sind. Um das gewünschte Mitarbeiterverhalten in simulierten Situationen, z.B. Kundengesprächen, zu trainieren, benötigt man höchst interaktive VR-Produkte, die sich nicht nur auf eine kleine Anzahl von Verhaltensmustern eines Avatars beschränken.

Nachdem nun die Anwendungspotenziale von VR in der internen Markenkommunikation für die Praxis dargestellt wurden, stellt sich die **Frage, wie sie am besten ausgeschöpft werden** können. Zu diesem Zwecke ist es essenziell, in die Erkenntnisse dieser Arbeit zur Funktionsweise von VR tiefer einzusteigen. **Die Praxis sollte bei der konzeptionellen Gestaltung einer VR-Experience den Ausgangsfokus auf die Emotionalisierung, als Hebel für die mentale Immersion, und auf die Vividness, als Hebel für die physische Immersion, legen.** Diese sind die zentralen und damit wichtigsten Determinanten zur Erwirkung des Zustandes der Immersion.

---

906 Auch in diesem Ziel-Kontext ist eine positive Wirtschaftlichkeitsberechnung wie beim Aufbau von Markenwissen und BC vorauszusetzen.

Um die notwendige Hebelwirkung auf die Immersion und die nachfolgenden Ziele Markenwissen, BC und BCB aufbauen zu können, **muss die Emotionalisierung ein adäquates Niveau erreichen.** Die empirischen Ergebnisse legen die Vermutung nahe, dass der **persönlich relevante Inhalt eine wichtige Determinante** der Emotionalisierung ist. Dabei kommt dem **Zusammenspiel** zwischen markenbezogenem Inhalt und seiner **spielerischen Art der Darstellung** eine große Bedeutung zu. Der internen Markenführung wird empfohlen, den **markenidentitätsbasierten Inhalt im Kontext des Arbeitsumfelds persönlich bedeutsam für den Mitarbeiter zu konzipieren. Dabei sollte der Inhalt im Corporate Design über Formen, Farben und Sound den Mitarbeiter emotional ansprechend dargeboten werden.** Die Inhalte sollten über Module auf die unterschiedlichen Informationsbedürfnisse der internen Zielgruppen nach Fachbereich, Betriebszugehörigkeit und Generation abgestimmt werden. Hier ist ein ausgewogenes Maß an Individualisierung und Generalisierung des Inhalts schon allein aus Kostengründen zu finden. Bei der Festlegung des Inhalts sollten markenbezogene Inhalte gewählt werden, die im Berufsalltag des Mitarbeiters eine Rolle spielen und ihm einen Mehrwert liefern. **Wichtig ist, dass der gebotene Inhalt für den Mitarbeiter eine Identifikationsbasis bietet.** Im Fallbeispiel wurden die Inhalte der Merck-internen Curiosity-Studie, die die Bedeutung der Neugier des Mitarbeiters für den Markenerfolg aufzeigt, gewählt. Die Befragten konnten sich mit dem Inhalt der Studie sehr gut identifizieren, zumal er für sie von persönlicher beruflicher Relevanz war. So konnten z.B. die Mitarbeiter die Erkenntnis der Studie, dass für Neugier an weiterführenden Themen im Berufsalltag wenig Platz ist, für sich selbst bestätigen. Dies gilt auch für das Studienergebnis, dass Neugier für die Qualität ihrer Arbeit von hoher Bedeutung ist. Die Tatsache, dass Merck eine derartige Studie durchgeführt hat, interpretieren die Mitarbeiter so, dass Neugier in der Organisation gewünscht und willkommen ist. Dies motiviert sie, mit Neugier an ihre Arbeit heranzugehen und sich auch mit interessanten Aspekten und Sachverhalten zu beschäftigen, die nicht gerade im Fokus ihrer aktuellen und konkreten Tätigkeit stehen. Merck verspricht sich durch die Verwendung der Studie in der VR-Experience, die Kreativität der Mitarbeiter für innovative Problemlösungen zu inspirieren. Die Ergebnisse dieser Studie wurden den Mitarbeitern spielerisch über eine aufregende virtuelle Achterbahnfahrt dargeboten und erfolgreich vermittelt.

Es ist zu berücksichtigen, dass für das Ausmaß der Emotionalisierung die **spielerische Darbietung des Inhalts**, als Art Katalysator, von größerer Bedeutung ist als der Inhalt selbst. **Bei der Konzeption und Umsetzung der Darstellung des Inhalts sollte es somit gelingen,** den Mitarbeiter über Spaß, Überraschung und Begeisterung **zu emotionalisieren. Dies impliziert, dem Mitarbeiter über markenaffine, aufmerksamkeitsstarke Effekte den Inhalt „hautnah" spürbar und erlebbar zu machen, um die Glaubwürdigkeit und seine persuasive Leistung zu stärken.** Das verlangt ein hohes Maß an konzeptioneller und gestalterischer Kreativität ab, so dass es ratsam ist, eine geeignete VR-Kommunikationsagentur unterstützend hinzuzuziehen. Kreativer Input einer Agentur ist vor allem bei der Generierung origineller, zur Markenidentität passender Ideen für die spielerische Darbietung des Inhalts gefragt. Merck wählte neben der Achterbahnfahrt eine Box mit hochschnellenden Mikroben zur Darstellung der Markenstories. Eine Marke der Tourismus-Branche, spezialisiert auf Fernreisen, könnte zur Darbietung des Inhalts z.B. die Simulation einer schnellen Bootsfahrt durch einen Mangrovenwald oder einen Helikopterflug über einen tropischen Regenwald wählen. Diese grundlegenden Darbietungsformen müssten dann mit weiteren spielerischen interaktiven Gestaltungselementen und Effekten, die zur Markenidentität und -welt passen, angereichert werden. Zur spielerischen Darbietung des Inhalts sind vielfältige, kreative Möglichkeiten denkbar. **So eignet sich zur Darstellung des Inhaltes auch das Story-Telling, um komplexe Sachverhalte vereinfacht zu kommunizieren.** Merck hat diese Methodik in der 3. Experience umgesetzt. Hier können einzelne bunte Mikroben gefangen werden. Sie enthalten und kommunizieren Markenstories zu Produkterfolgen, zur Brand History oder über Mercks soziales Engagement in Entwicklungsländern. Allerdings gelang es Merck nicht, breiteres Wissen über die Stories[907] aufzubauen, obwohl sie für die Mitarbeiter interessant und persönlich berührend waren. Die Stories führten wegen des hohen Maßes an Informationen, die in kürzester Zeit auf aufpoppenden Plakaten gelesen werden mussten, zur kognitiven Überforderung des Users. Ein weiterer Grund könnte sein, dass der zu lesende Text einheitlich ohne farbliche oder sonstige visuelle Effekte dargeboten wurde. Auch wurden die Geschichten nicht bildlich oder akustisch unterstützt, was das Verständnis gefördert hätte. Zudem war es teilweise schwierig

[907] Ausnahme bilden die Markenwerte, die z.T. aus den Stories gefolgert und erinnert wurden.

die Mikroben zu fangen und sie so zu berühren, dass sie sich auch öffneten. Aus diesen Erfahrungen leiten sich **folgende Learnings** als Implikationen für die Praxis ab: **Bei der Darstellung des Inhalts ist es wichtig, die textlichen Anteile auf das zum Verständnis notwendige zu begrenzen und das technische Potenzial von VR so weit wie möglich auszuschöpfen. Dabei sollte der Inhalt nicht nur visuell über Farben und Bilder, sondern auch unbedingt phonetisch über Voice-Over und weitere Sinneseindrücke, wie haptisch, olfaktorisch, unterstützt werden.** Die Qualität und Quantität des gewählten Inhalts sowie die Geschwindigkeit der zu verarbeitenden Informationen müssen genau geprüft werden, um einen Informations-Overload zu vermeiden. Aufkommende negative Emotionen wie Hektik und Stress sind unbedingt zu vermeiden. Sie lenken die Aufmerksamkeit vom Inhalt ab, so dass gewünschte Lern- und Überzeugungseffekte u.U. beeinträchtigt werden oder gar ausbleiben. Insofern ist zwingend auf ein **ausgewogenes Zusammenspiel zwischen dem Inhalt und seiner spielerischen Darbietung zu achten.**

Die empirischen Ergebnisse zeigen zudem, dass das Ausmaß der Emotionalisierung auch von der Determinante **Selbstbestimmung** beeinflusst wird. **Der internen Markenführung wird vorgeschlagen, bei der Konzeption einer VR-Experience für den User die Option vorzusehen, ein eigenes, individuelles markenbezogenes Produkt zu schaffen.** Im Fall Merck hat der Mitarbeiter die Möglichkeit, eine eigene Mikrobe zu gestalten, mit der er auf einem Foto abgelichtet wird. Dieses Foto wird dann im Intranet auf Wunsch des Mitarbeiters veröffentlicht. Dieser interaktive Kontakt mit der Marke emotionalisiert durch Freude und Stolz. **Die VR-Experience sollte genügend interaktiven Spielraum bieten**, so dass tatsächlich **das Gefühl von Selbstbestimmung aufkommt**. Auf diese Art kann über die dadurch entstehende intrinsische Motivation die Bereitschaft des Mitarbeiters gesteigert werden, sich mit dem markenbezogenen Inhalt kognitiv und emotional auseinanderzusetzen.

Nachdem nun die Einflussgröße Emotionalisierung, als Hebel der mentalen Immersion behandelt wurde, soll im Folgenden auf die Größe **Vividness (Hebel der physischen Immersion)**, als 2. zentrale Größe **zur Erwirkung des Zustandes der Immersion,** näher eingegangen werden. Es wird folgende weitere Implikation formuliert: **Für die Entwicklung einer erfolgreichen VR-Experience ist die VR-Umwelt kompromisslos mit all ihren Elementen so realitätsnah wie möglich zu gestalten, um die physische Immersion des Users zu erreichen.** So kann einerseits der Eindruck einer 2. Realität geschaffen und andererseits die Authentizität und Glaubwürdigkeit der markenrelevanten Botschaften erhöht werden. Denn nur wenn die virtuelle Umwelt glaubwürdig wirkt, ist der Mitarbeiter bereit, die kommunizierten Inhalte als glaubwürdig und überzeugend zu perzipieren. Dies ist eine wichtige Voraussetzung für den Aufbau des Markenwissens und den einstellungsprägenden Effekt auf das BC. Bei der Gestaltung der Vividness ist es **zwingend nötig, die 2. Realität als unverwechselbare unique Markenwelt zu konzipieren.** In Anlehnung an die Erkenntnisse des Experience-Marketings[908] müssen alle multisensualen umweltbezogenen Gestaltungselemente ohne Ausnahme markenidentitätsbasiert sein. Dazu zählen ebenfalls die Nutzung des Corporate Identity Color-Codes, markentypische Key-Visuals in Form von Bild-/ und Textlogo, sämtliche Markensymbole sowie auch das Nutzen vorhandener Soundeffekte wie Jingles. Dies ist enorm wichtig, damit die zuvor vom Markenmanagement strategisch definierte Markenwelt im Umfeld des gesamten crossmedialen Markenauftritts in konsistenter und kongruenter Form in die VR-Welt transferiert wird.

Das Verständnis für die Funktionsweise von VR ist eine sehr wichtige Voraussetzung für die Konzeption und den erfolgreichen Einsatz einer VR-Experience. Bei den dargestellten Implikationen für die interne Markenführung wurde von den beiden wichtigsten Einflussgrößen „Emotionalisierung" und „Vividness" als zentrale Hebel der Immersion ausgegangen. Im Kontext ihrer Wirkungsweise wurden jeweils weitere Implikationen für die anderen Determinanten „persönlich relevanter Inhalt und seine spielerische Darbietung" sowie die „Selbstbestimmung" formuliert. Auf diese Weise konnte **„Licht" in die Black Box der Immersion** gebracht werden. Die empirisch und theoretisch **identifizierten 4 Determinanten der Immersion** bieten der Praxis darüber hinaus eine **Art Anleitung, welche „Eckpfeiler"** bei der Entwicklung einer zielführenden VR-Experience zu berücksichtigen sind. Hier sollte als Erfolgsprinzip **die Verbindung**

---

[908] Vgl. BURMANN/ KLEINE-KALMER/ HEMMANN (2014) S. 59; SCHALLEHN (2012); SCHMITT, (2009), S. 697 ff u. PINE/ GLIMORE (1998), S. 101 f.

zwischen kognitiver Konsistenz und sensualer Abwechslung unbedingt beachtet werden. Dies impliziert[909], dass alle Gestaltungskomponenten der Determinanten markenspezifisch eindeutig erkennbar und identifizierbar für den Mitarbeiter sind und gleichzeitig sensual immer wieder neuartig und spannend erscheinen. Erst die konsistente **markenidentitätsbasierte kreative Gestaltung** mit all ihren multiplen und multisensualen Facetten bringt die Markenwelt in der VR-Experience zum Leben und **lässt ihre emotionalisierende, motivierende und überzeugende Kraft entfalten.**

Abschließend soll auf gewisse Herausforderungen, mit denen das interne Markenmanagement beim Einsatz von VR konfrontiert wird, hingewiesen werden. Die empirischen Ergebnisse lassen davon ausgehen, dass **Wear-Out-Effekte** nach mehrfacher Anwendung zu erwarten sind, da durch den Gewöhnungseffekt der kollative Effekt mit der Zeit ausbleibt. Diese Problematik **hängt ab von der Qualität des Designs**, die durch die Anzahl und Vielfalt multisensualer Effekte, der Interaktionsmöglichkeiten und der Module der gesamten VR-Experience bestimmt wird. Es ist davon auszugehen, dass bei einfacheren (1-moduligen) VR-Produkten mit eingeschränkten selbstbestimmenden Möglichkeiten Ware-Out-Effekte entsprechend schneller auftreten. Generell tritt dieses Phänomen bekanntlich bei allen anderen Kommunikationsinstrumenten nach einer gewissen Zeit auf. **Bei einer VR kommt es jedoch vermutlich eher später zu diesen Effekten.** Der Grund dafür könnte darin liegen, dass die mediale Nutzung dieses Instruments deutlich erlebnis- und abwechslungsreicher ist. Auch bei wiederholter Anwendung gibt es zunächst immer wieder etwas Neues für den User zu entdecken. Dennoch erscheinen vor dem Hintergrund dieser Ware-Out-Effekte Investition in VR mittelfristig nur dann sinnvoll, wenn die VR-Experience auch von Zeit zu Zeit aktualisiert wird. **Der Praxis der internen Markenkommunikation ist zu empfehlen, die VR-Experience regelmäßig über alle 4 Determinanten zu pflegen, um den Abnutzungseffekten zu entgegnen und die Attraktivität beizubehalten.** Dies betrifft insbesondere die **Pflege des Inhalts,** der in regelmäßigen Abständen angepasst, ergänzt und ausgetauscht werden muss. Das bedeutet nicht, dass die gesamte Experience

909 Vgl. dazu auch BURMANN ET AL. (2018), S. 209 u. STONE (2014).

grundlegend erneuert werden muss. Es reicht vollkommen aus, sie über einzelne Teilbereiche modulartig zu aktualisieren oder zu ergänzen.

Im Falle Merck sollten zunächst alle 55.000 Mitarbeiter den VR Brand Dome durchlaufen, bevor eine Aktualisierung vorgenommen wird. Diese sollte jedoch rechtzeitig im Team unter Einbeziehung der ersten Erfahrungen bzw. Learnings entwickelt und vorbereitet werden. **Eine Aktualisierung** bei Merck **könnte** wie folgt aussehen: In der 2. Experience könnte die Curiosity-Studie (Achterbahn-Fahrt) durch eine andere für Mitarbeiter persönlich relevante Studie, z.B. zur Bedeutung der Kreativität für den Markenerfolg, ersetzt werden. Zudem könnte der Zugang zu den Markenstories (3. Experience), die sich in den Mikroben in einer Box befinden, durch eine andere Art und Weise der Darbietung erfolgen. So könnten die Stories in einzelnen bunten Atomen molekularer Verbindungen stecken, die durch Anfassen dieser aktiviert werden. Generell könnten zur Aktualisierung der VR-Experience auch **neue Markenstories** entwickelt werden. Zudem stellt die **Integration markenbasierter Spiele**[910] zum Training und zur Vermittlung von Markenwissen eine interessante Option dar. Hier könnte im Corporate Design von Merck ein spannendes markenbasiertes Spiel konzipiert werden, dessen Inhalt es ist, so viele bunte Mikroben wie möglich unter Integration verschiedener Spielhürden zu fangen. Das Spiel ließe sich einbetten in eine Reise durch die farbenprächtige biochemische Markenwelt mit all ihren molekularen Verbindungen und Elementen unter dem Mikroskop. Das Markenwissen ließe sich in das Spiel integrieren, indem bei den einzelnen Hürden zur nächsten Spielebene markenbezogene Fragen richtig beantwortet werden müssten. Im Anschluss an das Spiel könnte ein Ranking der Mitarbeiter aufgestellt werden, das auch im Intranet veröffentlicht wird. **Hierbei sollte sich die interne Markenkommunikation die Marketingdisziplin Gamification**[911] **zunutze machen,** um auf attraktive Weise den spannenden Erlebnischarakter von VR zu sichern.

Im engen Zusammenhang mit der Weiterentwicklung der VR-Experience ist der fortlaufende technische Fortschritt als Herausforderung zu sehen. Dieser

---

910 Vgl. dazu Gamification. Für weitere Informationen siehe KLEIN/ EPPMANN (2020) u. EPPMANN/ BECK/ KLEIN (2018).

911 Vgl. EPPMANN/ BEKK/ KLEIN (2018), S. 98.

Problematik sieht sich allerdings die interne Markenführung auch bei den anderen Kommunikationsinstrumenten gegenübergestellt. Jedoch betonen Experten[912], dass gerade im digitalen Bereich bei VR die technischen Potenziale größer und noch keineswegs ausgereift sind, so dass ihre Entwicklung deutlich rasanter vonstatten geht. Dies gilt insbesondere für die **Interaktivität**, bei der in Zukunft über bessere multisensuale wie haptische, olfaktorische Effekte noch authentischere und markenintensivere Erlebnisse möglich sein werden. Gelegentlich kommt es bei einigen Systemen nach wie vor zu Störungen in Form von Reaktionsretardationen. Experten[913] versichern jedoch, dass neue technische Lösungen zur Behebung derartiger Probleme zeitnah zur Verfügung stehen. Weitere fortschrittliche Entwicklungen stellen mobile und weltweit skalierbare VR-Systeme dar, so dass stationäre VR-Stationen wie bei Merck schon bald Geschichte sein werden. **Insofern ist die interne Markenführung angehalten, technologische Weiterentwicklungen zur funktionalen Optimierung in die bereits laufenden VR-Systeme zu integrieren und diese fortwährend auch technisch zu aktualisieren.**

Eine weitere Herausforderung ist, dass die Konzeption einer erfolgreichen VR-Anwendung eine **komplexe kreative und analytische Aufgabe** darstellt**, an der diverse Abteilungen interdisziplinär beteiligt sind.** Die sich nach der Anschaffung anschließende kontinuierliche Pflege der VR-Experience stellt je nach Größe und Umfang einen nicht zu unterschätzenden Arbeitsaufwand dar. Hierfür ist kompetentes Personal und Budget im internen Markenmanagement bereitzustellen. **Bei der jährlichen Ressourcen- und Budgetplanung sind somit neben den Entwicklungs- und Herstellungskosten der VR-Experience auch Gelder für die Pflege des Instruments und für die Personalbereitstellung zu kalkulieren.** Informationen zu den genauen VR-Budgets werden der Autorin von den Unternehmen nicht bekannt gegeben.

Hinzu kommt, dass die konzeptionelle **Gestaltung von VR nicht isoliert als „Insellösung" betrachtet werden darf; sondern konsistent in die gesamte Markenführung integriert werden muss.** Insofern werden im Folgenden auch

[912] Vgl. dazu Experteninterviews März (2018); 1. empirische Stufe.

[913] Vgl. ebenda.

die Implikationen für die anderen Instrumente der internen Markenführung angesprochen. Dabei wird auf die bedeutsamen Instrumente **markenorientiertes HR-Management und markenorientiertes Führungsverhalten** eingegangen. Beide Bereiche haben eine grundsätzlich praktische Überschneidung mit dem Instrument interne Markenkommunikation. Der nach innen gerichtete HR-Bereich (die bestehende Belegschaft betreffend) kann nur mittels der internen Markenkommunikation funktionieren. Gleiches gilt für die erfolgreiche Mitarbeiterführung[914], bei der die markenbasierte interne Kommunikation zwischen den Interaktionspartnern Führungskraft und Mitarbeiter eine grundlegende Voraussetzung ist. Von daher stehen diese beiden Instrumente der internen Markenführung unmittelbar mit der internen Markenkommunikation im funktionalen Zusammenhang. **Dies impliziert, dass somit sämtliche Implikationen, die für die interne Markenkommunikation abgeleitet wurden, auch uneingeschränkt für die Instrumente markenorientiertes Führungsverhalten und HR-Management gelten.**

Zunächst wird die Relevanz von VR für das Instrument **markenorientiertes HR-Management** behandelt, dessen Ziel nach dem identitätsbasierten Markenführungsansatz die **markenbezogene Personalsozialisation**[915] ist. Zu den wesentlichen Aufgaben dieses Instruments zählen die markenorientierte Personalrekrutierung, Personalselektion, Personaleinführung, Personalentwicklung und Personalbeurteilung. **Neben dem Einsatz auf Messen** könnte VR auch generell **bei Bewerbungsgesprächen** in der Organisation im Rekrutierungsprozess **sinnvoll Verwendung finden.** Während heute immer noch überwiegend schematisierte Fragenkataloge im Rahmen psychologischer Einstellungsinterviews vorherrschen[916], bietet VR neuartige Möglichkeiten zur Überprüfung der Persönlichkeit des Bewerbers. **Bei der Rekrutierung** der Mitarbeiter ist es nicht nur wichtig, die High Potentials, sondern vielmehr **die Right Potentials zu gewinnen**[917]. Aus dem Pool potenzieller Mitarbeiter sollten nur diejenigen ausgewählt werden, die eine besonders hohe Passung zur Markenidentität haben, d.h. einen hohen **Marke-**

914 Vgl. PIEHLER (2011), S. 454 ff.

915 Darunter wird der Prozess des Erlernens von markenbezogenen Kenntnissen, Fähigkeiten, Normen und Werten gefasst, die es den Mitarbeitern ermöglichen, sich als „Brand Citizen" zu verhalten. Vgl. BURMANN ET AL. (2018), S. 191 u. PIEHLER (2011), S. 170.

916 Vgl. BURMANN ET AL. (2018), S. 192 u. GALLO (2013).

917 Vgl. BURMANN/ PHIELER (2013), S. 226 ff. u. DE CHERNATONY ET AL. (2006), S. 822.

Mitarbeiter-Fit, aufweisen. **Die aktuellen Anwendungsbeispiele von VR zur Rekrutierung der Mitarbeiter** (vgl. Kapitel B 3.3) **schöpfen das Potenzial von VR bei Weitem noch nicht aus.** Kritisch betrachtet bieten sie, bis auf das Beispiel Nivea, primär einen Einblick in den Standort des Arbeitgebers und den Arbeitsplatz, um die Interessenten für sich als Arbeitnehmer zu gewinnen. Über adäquate markenbasierte Gestaltungsvarianten einzelner VR-Module wäre es jedoch möglich, anhand konkreter situativer Reaktionen **in der Interaktion mit der Marke zuverlässige Rückschlüsse auf die Persönlichkeit, Werte und Vorstellungen des Bewerbers** zu ziehen. So könnte auf angenehme, subtile Weise der **Marke-Mitarbeiter-Fit überprüft werden.**

Darüber hinaus bietet der Einsatz von VR auf Rekrutierungsveranstaltungen dem potenziellen Mitarbeiter die Möglichkeit, sich mit der Marke und ihren zentralen Botschaften vorab intensiv zu beschäftigen, so dass er im Vorfeld selber kritisch überprüfen und selektieren könnte, ob die eigene Identität mit der Markenidentität kompatibel ist. Kommt es anschließend zu einem Personalgespräch[918], erleichtert dies dem HR-Manager **bereits vor Ort über gezielte Fragen, die Right Potentials für die Organisation vorzuselektieren.** Dies setzt jedoch eine inhaltlich geeignete VR-Experience voraus. **Es ist der Praxis von daher zu empfehlen im Kontext der Personalrekrutierung bei der Konzeption des „persönlich relevanten Inhalts und seiner spielerischen Darstellung", in stärkerem Maße Wissenselemente zu berücksichtigen, die die Markenidentität reflektieren und kognitiv greifbar machen.** Auf diese Weise kann das Instrument genutzt werden, die Marke potenziellen Mitarbeitern substanziell in ihrer durch die Markenidentität geprägten Welt erlebbar zu machen und näher zu bringen. **Multi-User-Applikationen** bieten den Unternehmen zudem mehr zeitliche und örtliche Flexibilität, da sich die Interaktionspartner an unterschiedlichen Orten zum Zeitpunkt des virtuellen Treffens befinden können. So können nicht zuletzt auch Reisekosten gespart werden.

Auch bei der **Personaleinführung** und **Personalentwicklung** kann VR gute Dienste leisten. So könnte über virtuelle Erfahrungen, strukturiert nach unterschied-

---

[918] Vgl. Webseite von BEIERSDORF; https://www.beiersdorf.de/beiersdorf-live/karriere-blog/blog-uebersicht/2017/09/26-virtuelle-reise-durch-die-haut.

lichen Themenbereichen, weitreichendes **Markenwissen** aufgebaut werden. Im Dienstleistungssektor besteht bspw. die Möglichkeit über Rollenspiele, **markenidentitätsbasierte Verhaltensweisen simulativ im direkten Umgang mit dem Kunden zu trainieren.** Durch Multi-User-Anwendungen können bei gegebenen technischen Voraussetzungen verschiedene Teilnehmer an unterschiedlichen globalen Standorten an den Rollenspielen teilnehmen. VR erlaubt gleichzeitig im Rahmen der **Personalbeurteilung die Dokumentation (Monitoring) und Bewertung der Lernfortschritte.** Positiv kann dabei hervorgehoben werden, dass der auf diese Weise im Fokus stehende Mitarbeiter vermutlich weniger das Gefühl einer Assessment-Situation hätte. Vielmehr lässt die virtuelle Erfahrung den Eindruck eines angenehmen, spielerischen und spannenden Markenerlebnisses aufkommen. Was das Trainieren von Verhaltensweisen angeht, sei wiederholt auf die zurzeit noch begrenzten interaktiven Möglichkeiten hingewiesen. Bisher ist es nicht möglich, Verhalten umfassend für alle situativen Eventualitäten des Arbeitsumfeldes zu trainieren. **Die Ausführungen verdeutlichen, dass VR auch im Bereich der Personalentwicklung und -beurteilung der internen Markenführung zielführend eingesetzt werden kann, um Markenbotschafter aufzubauen.** Auch hier gibt es vielfältige Möglichkeiten diverser themenbezogener VR-Experiences, die je nach Fachbereich und Betriebszugehörigkeit des Mitarbeiters kreativ konzipiert werden können. Auf Grund des Fokus dieser Arbeit auf die interne Markenkommunikation können nur selektiv Implikationen für das Instrument markenorientiertes HR angesprochen werden.

Im Weiteren soll auf die Implikationen für das **Instrument markenorientiertes Führungsverhalten**[919] zur Erreichung der internen Markenziele eingegangen werden. **Aktuell kann jedoch wegen der momentan noch begrenzten technischen Voraussetzungen VR im Bereich der Mitarbeiterführung nur bedingt**

---

919 Nach dem identitätsbasierten Markenführungsansatz wird beim Führungsverhalten zwischen dem markenorientierten transaktionalen und transformationalen Führungsziel unterschieden. Die transaktionale Führung wird definiert als Verhaltensweisen, die auf sozialen Austauschprozessen beruhen. Dazu zählen 1. die Festlegung von Verhaltensstandards und die Belohnung von Mitarbeitern, wenn die Erwartungen erfüllt werden. 2. zählen dazu die Klarstellung, was nicht erwünschte Verhaltensweisen sind und die Bestrafung von Mitarbeitern, die sich nicht im Einklang mit den festgelegten Standards verhalten. Die markenorientierte transformationale Führung ist definiert „als Verhaltensweisen, die die Werte und Einstellungen von Mitarbeitern so beeinflussen („transformieren"), dass diese ihre eigenen Interessen hinter die Markenziele zurückstellen". Vgl. BURMANN ET AL. (2018), S. 196 f.

empfohlen werden. Aufgrund des hohen Potenzials wird in dieser Arbeit allerdings auch auf zukünftige Implikationen hingewiesen, die im Weiteren kurz erläutert werden. Im Folgenden wird nach dem identitätsbasierten Markenansatz nur auf die **transformationale Führung**[920] eingegangen. Denn dieser Stil erlaubt den Mitarbeitern im Umgang mit den Nachfragern mehr Spontanität und Flexibilität, so dass eher ein unverfälschtes markenbasiertes Verhalten zu erwarten ist. Bei dieser Führungsform spielt **das authentische Vorleben der Marke in Form von BCB** eine besondere Rolle. Genau an dieser Stelle könnte VR zielführend ergänzend zum Zuge kommen. Die Kommunikations- und Lerntheorie belegt zudem, dass Individuen Einstellungen und Verhaltensweisen durch Beobachtung dieser bei anderen Menschen deutlich besser annehmen und erlernen[921]. **Die Führungskraft könnte über Multi-User-Anwendungen markenorientierte Verhaltensstandards eines Brand Citizens über interaktive Rollenspiele dem Mitarbeiter demonstrieren und ihn trainieren.** Dabei könnte die Führungskraft spielerisch auf das Verhalten des Mitarbeiters Einfluss nehmen und ihn individuell auf subtile, angenehme Weise in seiner Entwicklung coachen. Prinzipiell könnten **VR-Experiences mit diversen verhaltensrelevanten Themen** für die Interaktion zwischen Vorgesetzten und Mitarbeitern entwickelt werden. So lassen sich Markenvision, Markenversprechen und der Verhaltenskodex auf lebendige und faszinierende Weise vermitteln. Bspw. könnte in einer VR-Experience das **Verhalten der Führungskraft** in einem **simulierten Gespräch einer Kundenbeschwerde** demonstriert werden. In dem Fall könnte der Mitarbeiter die Rolle des Kunden übernehmen, um empathisches Verhalten zu erlernen. Die Führungskraft könnte gleichzeitig dem Mitarbeiter vorbildlich ein die Markenwerte reflektierendes Verhalten zu Trainingszwecken zeigen. Denkbar wäre ebenfalls, die VR-Experience um weitere spielerische Komponenten wie einen Wissens-Quiz zu markenrelevanten Inhalten konzeptionell zu ergänzen, um gleichzeitig verhaltensnotwendiges Markenwissen zu überprüfen. Auch hier ist der Vorteil gegeben, dass virtuelle Meetings der Teilnehmer bei durchaus unterschiedlichen internationalen Standorten mit einem oder sogar mehreren Mitarbeitern praktizierbar sind. Dabei ist zu vermuten, dass die spielerische und emotionalisierende Art und Weise der Interak-

---

920 Vgl. BURMANN ET AL. (2018), S. 197 u. MORHART ET AL. 2012, S. 394.

921 Vgl. WATZLAWICK ET AL. (2017), S.135 ff. u. BANDURA (1977).

tion zwischen Vorgesetzten und Mitarbeiter eine **entspannte Kommunikations- und Lernatmosphäre schafft.**

Abgesehen von Rollenspielen zur Vermittlung von Markenidentität und BCB könnte VR auch bei **Mitarbeitergesprächen wirksam eingesetzt werden. Diese könnten über eine spannende und markenaffine Gestaltung der Vividness in der virtuellen Markenwelt stattfinden.** Hierzu sind kreative Umsetzungsideen gefragt. So könnte z.B. ein Mitarbeitergespräch einer Airline-Marke in der luxuriösen ersten Klasse eines großen Fliegers erfolgen. Im Falle eines Reiseveranstalters könnte das Gespräch an Deck einer exklusiven Ferienyacht stattfinden. Bei einer Genussmittelmarke mit einer tropischen Markenwelt bietet sich als Meeting-Point ein Palmenstrand an. Durch Implementierung multisensualer Effekte wie Rauschen des Meeres, Spüren von Sand, Wärme und Wind auf der Haut kann eine für die Mitarbeiter beeindruckende, inspirierende Kulisse entstehen. Es ist zu vermuten, dass die Wahl **markenbasierter Örtlichkeiten und Darbietungsformen des führungsrelevanten Inhalts bei Mitarbeitergesprächen zu einer konstruktiven Kommunikationsatmosphäre erheblich beiträgt.**

Hinzu kommt, dass die **Emotionalisierung** des Mitarbeiters[922] sich nicht nur auf die Marke, sondern wahrscheinlich **ebenfalls auf die emotionale Bindung an die Führungskraft überträgt**. Ein derartiger Effekt würde sich auf die Beziehung zwischen Mitarbeiter und Vorgesetzten positiv auswirken und möglichweise das Involvement und die Leistungsmotivation des Mitarbeiters fördern.

Es ist darauf hinzuweisen, dass die VR-Nutzung auch in der markenbasierten Mitarbeiterführung aufgrund der aktuell begrenzten Anzahl der simulierbaren Situationen durch technische Barrieren noch stark limitiert ist. In Rollenspielen z.B. kann momentan die Führungskraft nur als Avatar in einer geringen Anzahl konstruierter Situationen integriert werden. Insofern ist momentan der persönliche Kontakt noch zu präferieren. Dennoch sollte sich die interne Markenführung schon jetzt grundsätzlich mit dem optionalen Einsatz von VR im Bereich HR auseinander

---

[922] In dieser Arbeit wurde im empirischen Teil Kapitel C bereits herausgearbeitet, dass die situative Emotionalisierung während der VR-Experience sich unmittelbar auf die emotionale Markenbindung des Mitarbeiters überträgt.

setzten, um sich auf die digitale Zukunft vorzubereiten. Es ist davon auszugehen, dass in nächster Zeit die kommunikationstechnologischen Voraussetzungen über Big Data und künstliche Intelligenz nahezu grenzenlose Möglichkeiten der Interaktion bei multipler situativer Flexibilität bieten.

Zusammenfassend ist zum Instrumente-übergreifenden Einsatz von VR in der internen Markenführung festzuhalten, dass es wegen der hohen emotionalisierenden und intrinsisch motivationalen Qualitäten grundsätzlich komplementär zum Aufbau von Markenbotschaftern in Erwägung zu ziehen ist. Eine Ausnahme bildet das Instrument „markenbasierte Mitarbeiterführung". Zur Aufgabenerfüllung ist in diesem Bereich der persönliche Kontakt zwischen Führungskraft und Mitarbeiter zwingend notwendig. Der spontane, direkte zielführende Gedanken- **und Aktionsaustausch kann von den aktuell auf dem Markt verfügbaren Technologien** noch nicht geleistet werden. Für alle anderen Instrumente der internen Markenführung stellt VR jedoch eine erlebnisreiche Möglichkeit dar, den **Mitarbeiter wirkungsvoll im Rahmen der emotionalen Markenführung gezielt kognitiv und affektiv anzusprechen**.

Was die konsistente Integration von VR in das Instrumente-Mix der internen Markenkommunikation angeht, so ist davon auszugehen, dass der Planungsprozess anspruchsvoller wird. Die Markenführung steht vor der Aufgabe für VR und alle anderen Instrumente der internen und auch externen Markenkommunikation ein in sich **stimmiges, integratives Kommunikationskonzept zu entwickeln.** Dabei sind die einzelnen medialen Optionen stringent und kongruent hinsichtlich der Markenbotschaften aufeinander abzustimmen und zu kombinieren, um die Wirkungen der unterschiedlichen Modalitäten auf die Ziele der internen und externen Markenführung bestmöglich auszuschöpfen[923]. Dies stellt eine herausfordernde Aufgabe dar, da durch VR und Social Media mit einer Vielzahl an Kanälen und Instrumenten die **Komplexität der internen Markenkommunikation in naher Zukunft weiter zunehmen wird**[924]. Der damit verbundene **Workflow und das Management der Informationsflüsse** der beteiligten Kommunikationsplattfor-

---

923 Dabei bietet das Social Intranet eine gute technische Plattform auf die VR und die klassischen Instrumente transportiert werden können. Vgl. MASST (2014), S. 1136.

924 Vgl. LEENDERTSE (2017), S. 21.

men und Abteilungen ist von der Organisation realistisch einzuschätzen und zu planen[925]. Gleichzeitig stellt die interdisziplinäre Arbeit für die interne Markenführung aber auch eine Chance dar.

Die Ausführungen verdeutlichen, dass die Implementierung von VR in die interne Markenkommunikation zu **bedeutsamen Implikationen für die Gestaltung der Organisationsstruktur und die Ressourcenplanung führt.** Der erfolgreiche Einsatz aller Instrumente setzt zudem **umfangreiche Content Management Systeme[926] und einen geeigneten und strukturellen, formellen Ordnungsrahmen** voraus[927]. Ein Content Management System[928] ist ein EDV-gestütztes Redaktionssystem, mit dessen Hilfe der Inhalt z.B. von Websites und VR-Experiences verwaltet wird. Es erfolgt eine Trennung von eigentlichem redaktionellem Inhalt und dem Layout, sodass sowohl Inhalt als auch Layout getrennt voneinander modifiziert werden können, ohne in den jeweils anderen Bereich eingreifen zu müssen. Der breit angelegte Ordnungsrahmen[929] legt klare organisatorische Regelungen der Zuständigkeiten im Unternehmen fest. Er umfasst nach Linke/ Zerfaß[930] u.a. Ressourcen wie ein Team ausgebildeter Mitarbeiter mit zugeordneten Verantwortlichkeiten und Kompetenzen, moderne Informationstechnologien für ein Feedbacksystem, ein angemessenes Budget sowie eine unterstützende Organisationskultur. Eine weitere zu klärende Thematik in diesem Zusammenhang ist der Umgang mit dem **Personendatenschutz**. Es stellt sich die Frage, in wie weit beim VR-Einsatz Aufzeichnungen (Monitoring) von Verhalten, Sprache und Bildern in das Personenrecht eingreifen. Aufzeichnungen können vorgesehen werden zur Dokumentation und Kontrolle von Lernfortschritten im Wissen oder Verhalten des Mitarbeiters.

---

925 Vgl. PLEIL/ ZERFASS (2014), S. 744.

926 Vgl. ARNS (2015) Social Media – Leitfaden 2015, S. 42 f.

927 Für weitere Informationen vgl. PLEIL/ ZERFASS (2014), S. 744 u. LINKE/ ZERFASS (2012), S. 286.

928 Vgl. Beitrag von Prof. Dr. Richard Lackes im online Gabler-Lexikon, https://wirtschaftslexikon.gabler.de/definition/content-management-system-cms-31303/version-254863; zugegriffen am 08.09.2019.

929 Die Autoren weisen empirisch nach, dass das Erfüllen dieser Anforderung der „Schlüssel" für den erfolgreichen Einsatz von SM in der externen und in der internen Kommunikation ist. Vgl. LINKE/ ZERFASS (2013), S. 281 f.

930 Vgl. (a.a.O.), S. 286.

Abschließend sollen als weitere Herausforderung für die interne Markenkommunikation etwaige **Berührungsängste bei weniger technikaffinen Mitarbeitern gegenüber diesem modernen Instrument** angesprochen werden[931]. Organisationen müssen hier kommunikative Wege finden, wie sie auch diese Mitarbeiter respektive Generationen überzeugen und gewinnen können, an VR in nutzbringender Weise zu partizipieren.

Aktuell hat der Einsatz der VR-Technik in der internen Markenkommunikation **noch einen enormen Neuigkeitseffekt.** Eine **Entscheidung zu Gunsten von VR** stellt im Umfeld der zunehmenden globalen Digitalisierung zum jetzigen Zeitpunkt **vermutlich einen großen Wettbewerbsvorteil dar.** Das Fallbeispiel Merck verdeutlicht, wie wichtig und effektiv der Fit zwischen dem angestrebten Image (innovative, vibrierende Technologie und Wissenschafts-Marke) und dem gewählten Kommunikationsinstrument zur Erreichung der internen Ziele ist. Die VR-Experience erhöht die Glaubwürdigkeit des Auftritts als innovativ und futuristisch ausgerichtete Unternehmung und erleichtert den Mitarbeitern, sich mit der Marke zu identifizieren. Das Aufkommen von Stolz auf die Marke und für diese arbeiten zu können, bindet die Mitarbeiter emotional an die Organisation, steigert ihre markenbasierte Performance und reduziert auf diese Weise auch die Fluktuation. Neue technologische Lösungen und weiter sinkende Preise ebnen der Praxis den Einstieg in diese zukunftsweisende Technologie. Gerade in Zeiten der Informationsüberflutung und des erlebnisorientierten Konsums scheint VR ein geeignetes ergänzendes Instrument zum Aufbau von Markenbotschaftern zu sein.

3. Implikationen für die Wissenschaft

Die vorliegende Arbeit liefert der Wissenschaft einen ersten Erklärungsansatz für die komplexe Funktionsweise von VR. Es wurde **ein integratives, identitätsbasiertes Modell entwickelt, das die Kausalzusammenhänge zwischen den verschiedenen Determinanten und Zielen der internen Markenführung abbildet (vgl. Abb. 59).** Dieses Modell wird als integrativ bezeichnet, da erstmalig

931 Die empirischen Ergebnisse geben darauf keine Hinweise, da die Teilnahme an dem Experiment und den Interviews freiwillig war.

die diversen wissenschaftlichen Erkenntnisse der externen Markenkommunikation zu VR hinsichtlich der einzelnen Determinanten gebündelt berücksichtigt werden. Der Wissenschaft werden zudem erste empirische Hinweise geliefert, wie beim Einsatz von VR der subjektiv empfundene Zustand der Immersion erreicht werden kann und wie sich dieser wiederum auf das Markenwissen, BC und BCB auswirkt. **Die Limitation dieser wissenschaftlichen Arbeit besteht jedoch darin**, dass das Modell bisher nicht empirisch umfassend überprüft wurde und nur auf ersten wissenschaftlichen Erkenntnissen der Grundlagenforschung beruht. **Dies impliziert für die weitere zukünftige Forschung, dass das Modell empirisch, vor allem quantitativ, zu überprüfen und zu validieren ist.**

Die Aussage, VR sei im Hinblick auf die Ziele der internen Markenkommunikation effektiver als die klassischen Instrumente basiert nur auf einer ersten eigenen qualitativen Untersuchung. Es ergibt sich somit als **weitere Limitation dieser Arbeit,** dass alle Hypothesen im Rahmen der quantitativen Untersuchung aufgrund der fehlenden Kontrollgruppe beim Quasi-Experiment nicht überprüft werden konnten. **Insofern gilt für die weitere wissenschaftliche Arbeit, VR-Experiences mit diversen klassischen Instrumenten der Markenkommunikation mit gleichem Inhalt auf ihre kognitive, affektive und konative Wirksamkeit hin zu untersuchen und zu vergleichen[932].** Dabei bieten sich methodisch im Rahmen der quantitativen Forschung Experimente an, für die als Kontrollgruppen Nutzer von z.B. Markenhandbüchern/ -broschüren, Corporate Brand Videos oder klassischen Markenpräsentationen in Frage kommen.

Eine weitere Limitation dieser Arbeit ist, dass sich die qualitative Untersuchung **im Fallbeispiel Merck auf den Aufbau von speziellem, Merck-relevanten Markenwissen** wie die Markenpositionierung, Markenwerte und -Botschaften und Inhalte der Curiosity-Studie **konzentrierte.** Zudem wurde mittels Quasi-Experiments das **Markenwissen nur über einen Globalindikator[933] überprüft**, der insgesamt das Wissen reflektiert, wofür die Marke steht und was sie ausmacht. **Die weitere**

---

[932] Vgl. dazu auch BURMANN/ KROL (2018), die die Effektivität verschiedener Maßnahmen des markenorientierten HR-Managements hinsichtlich der Ziele der internen Markenführung im Vergleich untersuchen. Vgl. BURMANN/ KROL (2018), S. 66 ff.

[933] Globalindikator Markenwissen: „Insgesamt weiß ich sehr gut, was die Marke ausmacht und wofür die Marke steht". Vgl. Kapitel C 3.2.1.

Forschung sollte darüberhinausgehend die Überprüfung der Wirkung von VR auch auf die weiteren Wissensdimensionen des internen identitätsbasierten Markenführungsansatzes ausdehnen. Dies sollte die Untersuchung der Wirkung der einzelnen Determinanten „persönlich relevanter Inhalt und seine spielerische Darbietung", „Selbstbestimmung", „Vividness", „Emotionalisierung" und Immersion auf die operationalisierten Ziele[934] des Markenwissens inkludieren. Zu diesen zählen die „Kenntnis der Markenrelevanz für den Unternehmenserfolg", „Kenntnis der Relevanz des eigenen Verhaltens" sowie „Kenntnis der Markenidentität und der markenkonformen Verhaltensweisen"[935]. Zu diesem Zwecke müssten VR-Experiences mit geeignetem Inhalt zu den Wissensdimensionen entwickelt und die Wirkung von VR empirisch auf Basis des Modells dieser Arbeit überprüft werden.

Eine weitere Limitation dieser Arbeit ist, dass das Datenmaterial **auf affektiver Zielebene nur Hypothesen zur Wirkung von VR** und der untersuchten Determinanten auf **das BC zulässt.** Es konnte nicht zwischen der Markenidentifikation und der Markeninternalisierung differenziert werden. **Auch hier sollte durch zukünftige qualitative und quantitative Forschung die Wirkung von VR auf die operationalisierten Zieldimensionen des BC genauer überprüft werden,** um präzise Aussagen zu den Kausalzusammenhängen treffen zu können. Limitierend kommt hinzu, dass die durchaus positiven Ergebnisse des Quasi-Experiments bei der Wirkung von VR auf die Markeninternalisierung nicht über die Tiefeninterviews in gleicher Form bestätigt werden konnten. Hier sollte **weitere Forschungsarbeit Klarheit über die divergierenden Ergebnisse zur Markeninternalisierung** bringen.

Aufgrund des gewählten Forschungsfokus und -settings konnte die VR-Wirkung auf das BCB nur begrenzt im Rahmen der qualitativen Forschung untersucht werden. **Aus dieser Limitation ergibt sich**, dass nur erste tendenzielle Hinweise auf konative Effekte resultierten. **Um differenziertere Aussagen über die Wirkung von VR auf das BCB treffen zu können, müssen sich im Folgenden qualitative und quantitative Untersuchungen zu den Effekten auf die behavioristischen**

---

934 Vgl. BURMANN ET AL. (2018), S. 87 f.

935 Vgl. ebenda.

Zieldimensionen Markenakzeptanz, -missionierung und -partizipation anschließen.

Eine weitere Limitation besteht darin, dass im Rahmen der Forschungsarbeiten bei den Zielwirkungen nicht nach internen Zielgruppen unterschieden wurde. Hieraus leitet sich für die Wissenschaft die Implikation ab, dass für alle behandelten Ziele der internen Markenführung **die Wirkung von VR differenzierter nach speziellen Stakeholdergruppen zu erforschen ist.** So geben die eigenen empirischen Ergebnisse erste Anhaltspunkte dazu, dass die Wirkung von VR bspw. je nach Dauer der Betriebszugehörigkeit und Alter des Mitarbeiters variiert. Im Rahmen des Quasi-Experimentes konnten wegen der eher kleinen Stichprobe keine statistisch validen Aussagen gruppenübergreifend getroffen werden. **Der Wissenschaft der internen Markenführung wird empfohlen, die Untersuchungen auf die Überprüfung der Effekte nach Dauer der Betriebszugehörigkeit, dem Alter sowie der Position der Mitarbeiter und einzelnen funktionalen Abteilungen auszudehnen.** Zu diesem Zwecke sollten deutlich größere Test- und Kontrollgruppen gewählt werden, die signifikante gruppenübergreifende Vergleiche auch bei unverbundenen Stichproben zulassen. Dies könnte der Praxis weitere Erkenntnisse für einen effektiven zielgruppenbezogenen Einsatz von VR liefern.

Eine nächste Limitation dieser Arbeit ist, dass sich die empirische Untersuchung nur auf eine Corporate Brand (Merck) der Pharma- und Chemiebranche, die ein globales Großunternehmen darstellt, beschränkt. Dies impliziert für die weitere Forschung, dass **zudem eine differenzierende Analyse der Wirkung für die Bereiche B2B und B2C, weitere Branchen und verschiedene Unternehmensgrößen vorgenommen werden sollte. Hier bietet es sich an, den zielbezogenen Einsatz von VR nach verschiedenen Branchen wie Tourismus, Transport, Finanzen, Telekommunikation etc. näher zu erforschen, um weitere Erkenntnisse über die Potenziale des Instruments in unterschiedlichen Sektoren zu gewinnen.**

Aus der Limitation heraus, dass das konzipierte Modell empirisch nicht umfassend überprüft wurde, lässt sich nur die Annahme formulieren, dass der **Zustand der Immersion die zentrale mediierende Größe** im Kontext des gesamten

Wirkmechanismus von **VR ist.** Die verschiedenen untersuchten Determinanten scheinen sich kausal in dem Mediator „Immersion" zu bündeln. Dabei kommen anscheinend der mentalen und physischen Immersion eine zentrale Rolle zu. Diese beschriebenen Sachverhalte **bieten weitere wissenschaftlich interessante Untersuchungsflächen.** Zunächst sollte die weitere **Forschung validieren, dass die Immersion sich als konglomerater Effekt aus den hier untersuchten Determinanten ergibt.** Dabei gilt es empirisch zu untersuchen, ob die mentale und physische Immersion tatsächlich die wichtigsten Determinanten der Immersion darstellen. **Zudem sollten die beiden kategorischen Immersionsarten (mental und physisch) in Zukunft noch genauer und differenzierter erforscht werden, um einen profunderen Einblick in die ablaufenden Wirkmechanismen zu erhalten**. So z.B. geben die eigenen empirischen Erkenntnisse nur Hinweise darauf, **dass die mentale Immersion am stärksten durch die Emotionalisierung determiniert wird.** Das Datenmaterial deutet aber auch an, dass die Selbstbestimmung ebenfalls einen gewissen Einfluss auf die mentale Immersion zu haben scheint. Dieser Effekt kann jedoch mit den Erkenntnissen dieser Arbeit nicht weiter quantifiziert werden. Hinzu kommt, dass vermutlich auch die Determinante „persönlich relevanter Inhalt und seine spielerische Darstellung" an dem Entstehen der mentalen Immersion direkt beteiligt ist. Für die zukünftige Forschungsarbeit impliziert dies, **die Bedeutung der Determinanten** Emotionalisierung, „persönlich relevanter Inhalt und seine spielerische Darstellung" und Selbstbestimmung **für die mentale Immersion im Vergleich zu einander näher zu untersuchen**. Zudem wird der Wissenschaft empfohlen, die **Wirkungen unterschiedlicher Niveaus dieser Determinanten zu überprüfen.** Dies gilt auch für die direkten Wirkungen auf die internen Ziele. Die **physische Immersion** hingegen scheint primär durch die Größe Vividness bestimmt zu werden. Auch hier ist die Wissenschaft gefragt, dies empirisch zu überprüfen **und auch die Wirkung unterschiedlicher Niveaus der Vividness zu untersuchen.** So könnten unterschiedliche Ausprägungen der realitätsnahen Gestaltung und Reichhaltigkeit der virtuellen Welt mit ihrer Umgebung, ihren Objekten und dem Sound alternativ untersucht werden.

Als weitere Limitation dieser Arbeit ist anzuführen, dass **keine Wirtschaftlichkeitsberechnungen** durchgeführt wurden. **Insofern sollten bei der nachfolgenden Forschungsarbeit auch Effizienzuntersuchungen zum Einsatz von**

VR erfolgen. Da aktuell die Anschaffungskosten für VR immer noch recht hoch sind, wäre es für die Praxis von Interesse, valide Informationen über den **Return on Investment** zu erhalten. Dabei ist insbesondere ein Effizienzvergleich mit den klassischen Instrumenten vorzunehmen. Idealerweise sollten über Simulationsmodelle im Rahmen des crossmedialen Instrumente-Mixes die Effizienz der einzelnen Instrumente und ihre Relevanz für den ökonomischen Erfolg der Marke wissenschaftlich untersucht und separiert werden. Forschungsbemühungen in diese Richtung sind ebenso wichtig, da wegen der z.T. beträchtlichen Investitionen in VR i.d.R. eine **ökonomische Rechtfertigung vor der Geschäftsleitung** notwendig ist. Experten zufolge ist in naher Zukunft von weiteren, deutlichen technologischen Verbesserungen dieser Technik auszugehen. Dies impliziert die Entwicklung von bei Weitem noch intelligenteren Interaktionssystemen, die auf der Basis künstlicher Intelligenz funktionieren. Derartige Systeme ermöglichen annähernd unbegrenzte Möglichkeiten[936] der kontextbezogenen individuellen Interaktion mit dem User bzw. unter den Usern. Es ist davon auszugehen, dass **der technische Fortschritt der Kommunikationstechnologie die Effektivität steigern und die Effizienz der VR-Technologie durch weiter sinkende Anschaffungspreise erhöhen wird**.

Im Folgenden soll im Rahmen eines Ausblicks auf zukünftige Forschungsanknüpfungspunkte im weiteren Sinne hingewiesen werden. **Einen Forschungsansatz liefert die Integration der Erkenntnisse der jungen Marketingdisziplin Gamification[937].** Einer VR-Experience und einer markenbasierten Game-Experience ist der immersive Zustand des Users gemein. Das gänzliche Versinken und Abtauchen in die markenrelevante Umgebung ist eine konstitutive Voraussetzung für die Wirksamkeit beider Experience-Arten. Aus diesem Grunde ist es naheliegend, dass beide Wissenschaftsbereiche zur Nutzung synergetischer, interdisziplinärer Effekte zueinander finden. Die **Tiefeninterviews zeigen,** dass bei der erfolgreichen Vermittlung des relevanten Inhalts (kognitive Wirkung) und der persuasiven Leistung von VR (affektive Wirkung) **der spielerischen Darbietung eine große Rolle zukommt**. In der überprüften VR-Experience von Merck sind

---

936 Vgl. eigene Experteninterviews mit DB-Systems und diversen VR-Agenturen, Februar bis März (2018); (a.a.O.).

937 Vgl. EPPMANN/ BECK/ KLEIN (2018) und BERGER ET AL. (2017).

jedoch bisher keine Gaming-Elemente enthalten. Es lässt sich dennoch in Anlehnung an dieses Ergebnis vermuten, dass die professionelle Einbindung von markenbasierten Spielen die kognitiven und affektiven Effekte der VR-Experience zusätzlich intensivieren könnte. **Zukünftige wissenschaftliche Forschungsarbeiten** sollten die Wirkung **einer VR-Experience mit einem markenbasierten Spiel** (Testgruppe) **im Vergleich zu einer VR-Experience bspw. mit Storytelling (Kontrollgruppe) auf die internen Ziele über Experimente testen.** Dabei sollte die Voraussetzung erfüllt sein, dass beide VR-Experiences den gleichen markenbezogenen Inhalt bieten und alle anderen Determinanten ansonsten konzeptionell vergleichbar sind. Dabei können verschiedene Arten von Spielen mit unterschiedlichen Spielmechaniken und -regeln überprüft werden. Dies impliziert die Untersuchung **moderierender Effekte wie z.B. den Schwierigkeitsgrad, Anzahl der Hürden, Spielgeschwindigkeit, Anzahl markenbezogener Botschaften und auch diverse Belohnungssysteme (Ranking).** Hier könnten weitere wissenschaftliche Erkenntnisse Aufschluss darüber geben, wie Gamification sinnvoll in eine VR-Experience integriert werden kann, ohne Gefahr zu laufen durch die spielerischen Elemente von den Markeninhalten abzulenken und so die positiven Zielwirkungen zu beeinträchtigen. Somit könnten der Praxis konkrete Handlungsempfehlungen gegeben werden, wie das Potenzial der Determinante „persönlich relevanter Inhalt und seine spielerische Darbietung" bestmöglich in einer VR-Experience genutzt werden kann.

Einen weiteren Forschungsansatz bietet die Überprüfung der Relevanz von VR für die anderen Instrumente der internen Markenführung. In diesem Kontext ist z.B. die Wirkung inhaltlich, einschlägiger VR-Experiences auf die internen Ziele **im Kontext den markenbasierten HR zu überprüfen**. Die Ausführungen zu den Implikationen für die Praxis bieten hierzu thematisch und gestalterisch erste Anknüpfungspunkte zur Entwicklung von VR-Experiences. Hohes, qualitatives und quantitatives, Forschungspotenzial ist im Bereich der **Personalrekrutierung** zu sehen. Hier müsste die **Wirkung alternativer VR-Experiences** auf die **Bereitschaft, sich für die Unternehmung als potenziellen Arbeitgeber zu entscheiden**, untersucht werden. So könnten der Praxis zukünftig Anleitungen geboten werden, welche Faktoren bei der Konzeption einer VR-Experience zu berücksichtigen sind, um die Right Potentials im Rahmen des Employer Brandings für die

Organisation zu gewinnen. Zudem könnten auch alternative VR-Konzepte hinsichtlich ihrer **Eignung zur Überprüfung des Marke-Mitarbeiter-Fits untersucht werden,** um zuverlässige Rückschlüsse auf die Persönlichkeit, Werte und Vorstellungen des Bewerbers zu ziehen. Eine Überprüfung des VR-Einsatzes im Bereich des markenbasierten Führungsverhalten wäre zum jetzigen Zeitpunkt wegen des technologisch begrenzten VR-Einsatzes verfrüht.

Die Darstellungen verdeutlichen, dass VR in der internen Markenführung generell ein hoch exploratives Forschungsgebiet darstellt, dass eine Fülle von interessanten Untersuchungsgenständen bietet. Im Rahmen dieser Arbeit wurden nur beispielhaft die wichtigsten Forschungsbereiche umrissen und vorgestellt. Die Praxis zeigt großes Interesse an dieser zukunftsweisenden Technologie. Viele Projekte sind grundsätzlich in Planung. Die vorliegende Dissertation liefert der Praxis eindeutige Hinweise auf eine positive Wirkung von VR auf die Ziele der internen Markenführung und bietet eine Orientierung über die Funktionsweise. **Aufgrund der rasanten Entwicklungen in der Kommunikationstechnologie ist nun die Wissenschaft angehalten, die Forschung in den beschriebenen Richtungen zu forcieren und zügig voranzutreiben.** Sie soll der Praxis auf ihrem Weg in die weitere unausweichliche Digitalisierung durch handfeste Handlungsempfehlungen bei der Konzeption und Nutzung von VR zum Aufbau von Brand Citizens unterstützend zur Seite zu stehen.

Anhang

Fragebogen: Quasi-Experiment Merck

MERCK

Fragebogen zur Durchführung des VR-Experiments bei Merck

Datenschutzerklärung

Die Teilnahme an der Befragung ist freiwillig, eine Verweigerung der Teilnahme hat keine negativen Folgen. Zur Vermeidung von Rückschlüssen auf einzelne Personen wird die Auswertung nur bei einer Mindestgröße von 5 auswertbaren Rückläufern erfolgen. Bitte machen Sie keine Angaben zu Ihrem Namen und Namen oder Angaben zu anderen Personen.

Welche personenbezogenen Daten werden erfasst?
Wir erfassen von Ihnen Alter, Geschlecht, Dauer der Betriebszugehörigkeit, Führungskraft (ja, nein), Ihre Funktion, Ihre Zuordnung innerhalb der Organisation, Ihre Einstellung gegenüber VR, Ihre Einschätzung über die Wirkung von VR auf Ihr Markenwissen und Ihrer Einstellung gegenüber der Marke Merck. Lediglich für den Fall, dass Sie einem freiwilligen Interview für einen späteren Zeitraum zustimmen oder sich das in „Erfahrung Nr. 3" erstellte Selfie zuschicken wollen, wird für Kontaktaufnahmezwecke zudem Ihr Name und Ihre Emailadresse erfasst.

Wie werden die Beantwortungen verwendet?
Das Merck Branding Team führt diese Umfrage durch, um den Einfluss von Virtual Reality auf das Markenwissen und die Einstellung der Mitarbeiter gegenüber der Marke zu untersuchen. Diese Daten werden im Rahmen einer wissenschaftlichen Arbeit (Doktorarbeit) verwendet.

Werden die Beantwortungen für andere Personen veröffentlicht?
Die Umfrageergebnisse werden anonymisiert in einer Doktorarbeit veröffentlicht, in der Merck beispielhaft als Unternehmen genannt wird, das Virtual Reality in der internen Markenkommunikation anwendet. Die Ergebnisse der Umfrage werden nur anonymisiert mit Dritten außerhalb von Merck ausgetauscht, die gemeinsam mit Merck an der Auswertung arbeiten.

Verantwortlich für die Umfrage:
Laura Schum (+49 151 14543554)
laura.schum@merckgroup.com

☐Einverstanden

☐Nicht einverstanden

Alter: ____________________

Geschlecht: ☐ männlich ☐ weiblich

Dauer der Betriebszugehörigkeit (in Jahren): ____________________

Abteilung (HR, Marketing, etc. ...): ____________________

Führungskraft: ☐ Ja ☐ Nein

I. Nikic-Cemas, *Virtual Reality als neuartiges Kommunikationsinstrument der internen, identitätsbasierten Markenkommunikation*, Innovatives Markenmanagement, https://doi.org/10.1007/978-3-658-32071-3

Part I: Vor der VR Experience

Die Aussagen sind auf einer Skala von 1 bis 5 zu bewerten; wobei der Wert 1 bedeutet „trifft gar nicht" zu und der Wert 5 bedeutet „trifft voll und ganz zu". Zudem können Sie die Option „Keine Antwort" wählen.

Ich bin Virtual Reality gegenüber positiv eingestellt.

1 ☐ 2 ☐ 3 ☐ 4 ☐ 5 ☐ Keine Antwort ☐

Insgesamt weiß ich sehr gut, was die Marke Merck ausmacht und wofür die Marke steht.

1 ☐ 2 ☐ 3 ☐ 4 ☐ 5 ☐ Keine Antwort ☐

Ich bin froh, dass ich zur Marke Merck gehöre.

1 ☐ 2 ☐ 3 ☐ 4 ☐ 5 ☐ Keine Antwort ☐

Ich bin stolz, wenn ich anderen erzählen kann, dass ich für die Marke Merck arbeite.

1 ☐ 2 ☐ 3 ☐ 4 ☐ 5 ☐ Keine Antwort ☐

Wenn jemand die Marke Merck lobt, empfinde ich dies als ein persönliches Kompliment.

1 ☐ 2 ☐ 3 ☐ 4 ☐ 5 ☐ Keine Antwort ☐

Die Marke Merck steht für lebendige und faszinierende Wissenschaft und Technologie, was für mich wichtig ist.

1 ☐ 2 ☐ 3 ☐ 4 ☐ 5 ☐ Keine Antwort ☐

Die Marke Merck passt zu mir.

1 ☐ 2 ☐ 3 ☐ 4 ☐ 5 ☐ Keine Antwort ☐

Die Werte der Marke Merck Verantwortung, Integrität und Leistung entsprechen den Werten, die mir persönlich wichtig sind.

1 ☐ 2 ☐ 3 ☐ 4 ☐ 5 ☐ Keine Antwort ☐

Insgesamt fühle ich mich mit der Marke Merck sehr verbunden.

1 ☐ 2 ☐ 3 ☐ 4 ☐ 5 ☐ Keine Antwort ☐

MERCK

Part II: <u>Nach</u> der VR Experience

Die Aussagen sind auf einer Skala von 1 bis 5 zu bewerten; wobei der Wert 1 bedeutet „trifft gar nicht" zu und der Wert 5 bedeutet „trifft voll und ganz zu". Zudem können Sie die Option „Keine Antwort" wählen.

Ich bin Virtual Reality gegenüber positiv eingestellt.

1 ☐ 2 ☐ 3 ☐ 4 ☐ 5 ☐ Keine Antwort ☐

Insgesamt weiß ich sehr gut, was die Marke Merck ausmacht und wofür die Marke steht.

1 ☐ 2 ☐ 3 ☐ 4 ☐ 5 ☐ Keine Antwort ☐

Ich bin froh, dass ich zur Marke Merck gehöre.

1 ☐ 2 ☐ 3 ☐ 4 ☐ 5 ☐ Keine Antwort ☐

Ich bin stolz, wenn ich anderen erzählen kann, dass ich für die Marke Merck arbeite.

1 ☐ 2 ☐ 3 ☐ 4 ☐ 5 ☐ Keine Antwort ☐

Wenn jemand die Marke Merck lobt, empfinde ich dies als ein persönliches Kompliment.

1 ☐ 2 ☐ 3 ☐ 4 ☐ 5 ☐ Keine Antwort ☐

Die Marke Merck steht für lebendige und faszinierende Wissenschaft und Technologie, was für mich wichtig ist.

1 ☐ 2 ☐ 3 ☐ 4 ☐ 5 ☐ Keine Antwort ☐

Die Marke Merck passt zu mir.

1 ☐ 2 ☐ 3 ☐ 4 ☐ 5 ☐ Keine Antwort ☐

Die Werte der Marke Merck Verantwortung, Integrität und Leistung entsprechen den Werten, die mir persönlich wichtig sind.

1 ☐ 2 ☐ 3 ☐ 4 ☐ 5 ☐ Keine Antwort ☐

Insgesamt fühle ich mich mit der Marke Merck sehr verbunden.

1 ☐ 2 ☐ 3 ☐ 4 ☐ 5 ☐ Keine Antwort ☐

Literaturverzeichnis

Aaker, D.A. (1991): *Managing Brand Equity: Capitalizing on the Value of a Brand Name*, NY The Free Press, New York 1991.

Abu ElSamen, A.A. ***(2015):*** *Online Service Quality and Brand Equity: The Mediational Role of Perceived Value and Customer Satisfaction, in:* Journal of Internet Commerce, Nr. 14, S. 509-530.

Ad Reaktion – Gen X, Y and Z (2017): Quantitative und Qualitative Studie von der Markforschungsagentur Kantar Millward Brown, online abgerufen am 28.08.2017; https://millwardbrown.de.

Ahmad, A./ Thyagaraj, K.S. (2014): *Brand personality and Brand Equity Research: Past Developments and Future Directions*, in: IUP Journal of Brand Management, Vol. 6, Nr. 3, S. 19-57.

Albers, S./ Klapper, D./ Konradt, U./ Walter, A./ Wolf, J. (2009): *Methodik der empirischen Forschung,* 3. Aufl., Springer, Wiesbaden 2009.

Alm, A. (2007): *Motivationstheoretische Grundbedingungen für den erfolgreichen Einsatz von neuen Medien im Fremdsprachenunterricht*, in: Zeitschrift für interkulturellen Fremdsprachenunterricht, Vol. 12, Nr. 1, Seite 6-7.

Alpar, P./ Blaschke, S. (2008): *Web 2.0. Eine empirische Bestandaufnahme,* Wiesbaden 2008.

Amirkhizi, M. (2005): *Suche nach der Weltformel*, in: Horizont, Nr. 6, S. 3-4.

ARD/ ZDF Online-Studie (2016): Medienforschung, Projektgruppe Multimedia ARD/ ZDF, B. Frees und W. Koch, zugegriffen am 28.08.2017, http://www.ard-zdf-onlinestudie.de.

Arnhold, U. (2014): *User-Generated Branding (UGB) – An exploration of a new field of study focusing on the effectiveness of participatory communication programs*, Gabler, Wiesbaden 2014.

Arthur, J.W./ Bell, S.T./ Villado, A.J. / Doverspike, D. (2006): *The use of person-organization fit in employment decision making: An assessment of its criterion-related validity*, in: Journal of Applied Psychology, Jg. 91, Nr. 4, S. 786-801.

Arthur, R. (2015): *Hands-On with Tommy Hilfigers' In-Store Virtual Reality Catwalk Experience,* Online Beitrag auf der Webseite von Forbes, http://www.forbes.com/sites/rachelarthur/2015/10/25/hands-on-with-tommy hilfigers-in-sto-re-virtual-reality-catwalk-experience/#68dc8487128a; zugegriffen am 16.09.2019.

I. Nikic-Cemas, *Virtual Reality als neuartiges Kommunikationsinstrument der internen, identitätsbasierten Markenkommunikation*, Innovatives Markenmanagement, https://doi.org/10.1007/978-3-658-32071-3

ASCH, S.E. (1946): *Forming impression of personality*, Journal of Abnormal and Social Psychology, Nr. 41, S. 258 - 290.

ASMUSSEN, B./ WIDER, R./ STEVENSON, N./ WHITEHEAD, E./ CANTR, A. (2016): *Defining content for the digital age. The industry experts' views on branded content as a new marketing concept.* A collaborative research project commissioned by the BCMA and conducted by Oxford Brookes University and Ipsos MORI, Juni 2016.

AUER-SRNAO, K. J. (2009): *Hypothesen und Vorwissen in der qualitativen Marktforschung*, in: R. Buber und H.H. Holzmüller (Hrsg.): Qualitative Marktforschung - Konzepte, Methoden, Analysen, Springer Verlag, Wiesbaden 2009, S. 159-184.

BACKHAUS, K./ TIKOO, S. (2004): *Conceptualizing and researching employer branding*, in: Career Development International, Jg. 9, Nr. 1, S. 501-517.

BADOVICK, G.J./ BEATTY, S.E. (1987): *Shared organizational values: Measurement and impact upon strategic marketing implementation,* in: Journal of the Academy of Marketing Science, Vol. 15, Nr. 1, S. 19-26.

BAKER, T./ RAPP, A./ MEYER, T./ MULLINS, R. (2014): *The role of brand communication on front line service employee beliefs, behaviors, and performance,* in: Journal of the Academy of Marketing Science, Vol. 42, Nr. 6, S. 642-657.

BANDURA, A. (1977): *Social learning theory*, Prentice-Hall, Englewood Cliffs 1977.

BARNEY, J.B. (1991): *Firm resources and sustained competitive advantage*, in: Journal of Management, Jg.17, Nr. 1, S. 99-120.

BASS, B.M. (1985): *Leadership and performance beyond expectations*, Free Press, New York 1985.

BAUER, H.H./ HEINRICH, D./ SAMAK, M. (2012): *Eine Einführung in das Konzept der Erlebniskommunikation,* in H.H. Bauer, D. Heinrich u. M. Samak (Hrsg.), Erlebniskommunikation - Erfolgsfaktoren für die Marketingpraxis, 11. Aufl., Springer Verlag, Heidelberg 2012, S. 3–11.

BERYLNE, D.E. (1974): *Konflikt, Erregung, Neugier – Zur Psychologie der kognitiven Motivation,* Klett Verlag, 1. Auflage, Stuttgart.

BENDER, G. (2011): *Die Marketingrevolution in Zeiten von Web 2.0 – Herausforderungen und Chancen für ein neues beziehungsaktives Kundenmanagement*, in: Hass, B./ Walsh, G./ Kilian T. (Hrsg.), Web 2.0: Neue Perspektiven für Marketing und Medien, 2. Aufl., Springer, Berlin, S. 143-156.

BEREKOVEN, L./ ECKERT, W./ ELLEORIEDER, P. (2009): *Marktforschung: Methodische Grundlagen und praktische Anwendung*, Gabler, 12. Aufl., Wiesbaden.

Berg, L.F./ Vance J.M. (2017): *Industry use of virtual reality in product design and manufacturing: a survey*, Springer, London 2009, S. 1-17.

Berger, A./ Schlager, T./ Sprott, D.E./ Herrmann, A. (2018): Gamified interactions: Whether, When, and How Games Facilitate Self-Brand Connections, in: Journal of the Academy of Marketing Science, Nr. 4, S. 652-673.

Berger-Remy, F./ Michel, G. (2015): *How brand gives employees meaning: Towards an extended view of brand equity,* in: Recherche et Applications en Marketing, S. 1-25.

Bettinghaus, E.P./ Cody, M.J. (1994): *Persuasive Communication,* 5th ed., New York.

Bhagat, K.K./ Liou, W.K.L./ Chang C.Y. (2016): *A cost-effective interactive 3D virtual reality system applied to military live firing training*, in: Virtual Reality, Nr. 20, S. 127-140.

Bielefeld, K.W. (2012): *Consumer Neuroscience: Neurowissenschaftliche Grundlagen für den Markenerfolg,* Gabler, Wiesbaden 2012.

Bitkom-Studie (2019): *Zukunft der Consumer Technology, Marktentwicklung, Trends, Mediennutzung, Technologien, Geschäftsmodelle,* Hrsg. Bitkom, Bundesverband Informationswirtschaft, Telekommunikation und neue Medien e.V., Berlin 2019.

Blazecic, V./ Hammedi, W./ Gernefeld, I. (2013): *Beyond traditional Word-of-Mouth: An Expanded Model of Customer Influence*, in: Journal of Service Management, Vol. 24, Nr. 3, S. 294-313.

BMW Group (2005): Geschäftsbericht 2005, Bayerische Motoren Werke Aktiengesellschaft, München.

Böhler, H./ Fürst, A. (2014): Marktforschung, 4. Aufl., Kohlhammer Verlag, Stuttgart 2014.

Böhringer, M./ Richter, A./ Koch M. (2009): Awareness 2.0 - Ein Anwenderbeispiel von Microblogging im Unternehmen, in: Information Wissenschaft und Praxis, Vol. 60, Nr. 4, S. 209-213.

Bogner, A./ Menz, W. (2005): *Das theoriegenerierende Experteninterview: Erkenntnisinteresse, Wissensformen, Interaktion*, in: Bogner, A., Littig, B. und Menz, W. (Hrsg.), Das Experteninterview: Theorie, Methode, Anwendung, Wiesbaden 2005, S. 33-45.

Borba, E.Z./ Zuffo, M.K. (2017): *Advertising with Immersive Virtual Reality Devices*, in: IEEE Virtual Reality (VR), März 2017, S. 18-22.

Bortz, J./ Döring, N. (2006): *Forschungsmethoden und Evaluation für Human- und Sozialwissenschaftler.* 4. Aufl., Springer Medizin, Heidelberg.

Boukis, A./ Kostopoulus, G./ Katsaridou, I. (2014): *IMO and different fit types as key enablers of employee brand-supporting behaviour,* in: Journal of Strategic Marketing, Vol. 22, Nr. 2, S. 117-134.

Bowen, D.E. / Lawlaer, E.E. (1995): *Empowering Service Employees,* in: Sloan Management Review, Vol. 36, Nr. 4, S. 73-84.

Bracht, U./ Geckler, D./ Wenzel, S. (2011): *Digitale Fabrik: Methoden und Praxisbeispiele,* Springer Verlag, Berlin/ Heidelberg 2011.

Brand Experience und Trust Monitor (2015): Hrsg. United Digital Group GmbH, Hamburg 2015.

Breusch, A. (2009): *Customer-Equity-Management in einem dynamischen Wettbewerbsumfeld-Konzeption und Anwendung eines Customer-Equity-Wettbewerbsmodells,* Gabler, Wiesbaden 2009.

Brexendorf, T.O./ Tomczak, T. (2004): *Interne Markenführung,* in: S. Albers, V. Hassman und T. Tomczak (Hrsg.), Verkauf: Kundenmanagement, Vertriebssteuerung, E-Commerce, S. 1-26, Düsseldorf Symposium Publishing.

Brexendorf, T.O. / Tomczak, T./ Kernstock, J./ Henkel, S./ Wentzel, D. (2014): *Der Einsatz von Instrumenten zur Förderung von Brand Behavior,* in: T. Tomczak, F.R. Esch, J. Kernstock u. A. Herrmann (Hrsg.), Behavioral Branding, 3. Auf., Gabler, Wiesbaden 2014, S. 337–371.

Bresciani, L./ Ewing, M. (2015): *Brand building in the digital age: The ongoing battle for customer influence*, in: Journal of Brand Strategy, Vol. 3, Nr. 4, S. 322–331.

Brodie, R.J./ Ilic, B./ Hollebeek, L. (2013): *Consumer engagement in a virtual brand community: an exploratory analysis*; in: Journal of Business Research, Vol. 66, Nr.1, S. 105-114.

Bruhn, M. (2006): *Integrierte Unternehmens- und Markenkommunikation: strategische Planung und operative Umsetzung*, 4. Aufl., Stuttgart 2006.

Bruhn, M. (2014): *Marketing – Grundlagen für Studium und Praxis,* 12. Aufl., Springer Gabler, Wiesbaden 2014.

Bruhn, M. (2015): *Kommunikationspolitik – Systematischer Einsatz der Kommunikation für Unternehmen*, 8. Aufl., Vahlen, München 2015.

Bruhn, M. (2019): *Kommunikationspolitik – Systematischer Einsatz der Kommunikation für Unternehmen*, 9. Aufl., Vahlen, München 2019.

Bruhn, M. (2016): *Instrumente der Dialogkommunikation: ein Überblick*, in: M. Bruhn, F.R. Esch, T. Langner (Hrsg.), Handbuch Instrumente der Kommunikation, Springer Fachmedien, Wiesbaden 2016.

Bruhn, M./ Batt, V./ Holzer, M. (2013): *Der Einfluss des Sponsering auf das Markenverhalten von Mitarbeitern*, in: Die Unternehmung, Nr. 67 (3), S. 289-308.

Bruhn, M./ Hadwich, K. (2012): *Customer Experience – Forum Dienstleistungsmanagement,* 4. Aufl., Springer Gabler, Wiesbaden 2012.

Bughin, J. (2014): *Brand success in an era of digital Darwinism,* in: *Journal of Brand Strategy,* Vol. 2, Nr. 4, S. 355–365.

Bundesministerium für Wirtschaft und Energie (BMWi) (2015): Wirtschaft digital - Erfolge und Ziele, eine Bilanz zum IT-Gipfel 2016. Publikation des Bundesministeriums für Wirtschaft und Energie.

Bundesverband Digitale Wirtschaft (2018): *Virtual und Augmented Reality als fester Bestandteil der Unternehmensstrategien*, BVDW e.V., Berlin, Juli 2018.

Burmann, C. (2002): *Strategische Flexibilität und Strategiewechsel als Determinanten des Unternehmenswertes* (Habilitationsschrift Universität Münster), dt. Universitäts-Verlag, Wiesbaden 2002.

Burmann, C. (2003): *"Customer Equity" als Steuerungsgröße für die Unternehmensführung*, in: Zeitschrift für Betriebswirtschaft Heft Nr. 2.

Burmann, C. (2005): *Interne und externe Kommunikation in Ad-hoc Krisen, in*: C. Burmann, J. Freiling und M. Hülsmann (Hrsg.), Management von Ad-hoc-Krisen: Grundlagen, Strategien, Erfolgsfaktoren, Wiesbaden 2005, S. 461-479.

Burmann, C. (2006): *Direktmarketing im Kontext einer markt- und wertorientierten Unternehmensführung*, in: W.B. Wirtz und C. Burmann (Hrsg.): Ganzheitliches Direktmarketing, Gabler, Wiesbaden 2006, S. 23-45.

Burmann, C./ Eilers, D./ Hemmann, F. (2010): *Bedeutung der Brand Experiences für die Markenführung im Internet*, Arbeitspapier des Lehrstuhls innovatives Marketing (LiM) der Universität Bremen, Nr. 46, Bremen.

Burmann, C./ Kleine-Kalmer, B./ Hemmann, F. (2014): *Vermittlung von Markenerlebnissen durch die Nutzung von Big Data,* in: Marketing Review St. Gallen, Nr. 1, S. 56-66.

Burmann, C. (2015): *Erfolgreiche Markenführung im digitalen Zeitalter,* in*:* Fachzeitschrift „Markenartikel“, September 2015.

Burmann, C./ Halaszovich, T./ Hemmann, F./ Schade, M. (2015): *Identitätsbasierte Markenführung, Grundlagen – Strategie – Umsetzung – Controlling*, 1. Aufl., Wiesbaden 2015.

Burmann, C./ Halaszovich, T./ Hemmann, F./ Schade, M. (2016): *Identitätsbasierte Markenführung, Grundlagen – Strategie – Umsetzung – Controlling*, 2. Aufl., Wiesbaden 2016.

Burmann, C./ Halaszovich, T./ Schade, M./ Piehler, R. (2018): *Identitätsbasierte Markenführung, Grundlagen – Strategie – Umsetzung – Controlling*, 3. Aufl., Wiesbaden 2018.

Burmann, C./ Jost-Benz, M. (2005): *Brand Equity Management vs. Customer Equity Management? Zur Integration zweier Managementkonzepte*, LiM-Arbeitspapier 19, Bremen 2005.

Burmann, C./ Jost-Benz, M./ Riley, N. (2009): *Towards an identity-based brand equity model*, in: Journal of Business Research 62, S. 390-397.

Burmann, C./ Kleine-Kalmer, B. (2013): *Professionell im Netz*, in: Markenartikel, Heft 4, S. 55-57.

Burmann, C./ Meffert, H. (2005): *Theoretisches Grundkonzept der identitätsorientierten Markenführung,* in: H. Meffert, C. Burmann, M. Koers, (Hrsg.), Markenmanagement - Identitätsorientierte Markenführung und praktische Umsetzung, 2. Aufl., Wiesbaden 2005, S. 37-72.

Burmann, C./ Nikic-Cemas, I. (2017): *Interne Markenbewertung*, LiM-Arbeitspapier Nr. 58, Bremen 2017.

Burmann, C./ Krol (2018): *Markenorientiertes HR-Management als Instrument der innengerichteten Markenführung*, LiM-Arbeitspapier Nr. 61, Bremen 2018.

Burmann, C./ Piehler, R. (2017): *Interne und externe Markenkommunikation im Rahmen des Internal Branding*, in: F.R. Esch et al. (Hrsg.), Handbuch der Markenführung, Springer, Wiesbaden 2017, S. 1-25.

Burmann, C./ Stolle, W. (2007): *Markenimage; Konzeptualisierung eines komplexen mehrdimensionalen Konstrukts*, LiM-Arbeitspapier Nr. 28, Bremen 2007.

Burmann, C./ Warwitz, C. (2014): Einflussfaktoren auf die Konsumentenakzeptanz von Location-Aware Advertising mit personalisierter Ansprache, LiM-Arbeitspapier Nr. 53, Bremen 2014.

Burmann, C./ Zeplin, S. (2005): *Building Brand Commitment: A Behavioral Approach to Internal Brand Management*, in: Journal of Brand Management, Vol. 12, Nr. 4, S. 279-300.

Burmann, C./ Zeplin, S./ Riley N. 2009): *Key Determinants of Internal Brand Management Success: An Exploratory Empirical Analysis*, in: Journal of Brand Management, Vol. 16, Nr. 4, S. 264-284.

Burns, J.M. (1978): *Leadership*, Harper Perennial Modern Classics, New York.

Buttkereit, A. (2017): *Erweiterte Werberealität*, in: Tendenz, Das Magazin der bayrischen Landeszentrale für neue Medien, Nr. 1. (17), S. 24-26.

CARDY, L./ MILLER, J./ ELLIS, D. (2007): *Employee Equity: Towards a person-based approach to HRM,* in: Human Resource Management Review Nr. 17, S. 140-151.

CARROL, B./ AUVIA, A. (2006): *Some antecedents and outcomes of brand love*, in: Marketing Letters, Vol. 17, Nr. 2, S. 79-89.

CHATMAN, J.A. (1991): *Matching people and organizations: selection and socialization in public accounting firms*, in: Administrative Science Quarterly, Jg. 36 (3), S. 459-484.

CHENG, L.K./ CHIENG, M.H./ CHIENG, W.H. (2014): *Measuring virtual experience in a three-dimensional virtual reality interactive simulator environment: a structural equation modeling report*, in: Virtual Reality, Band 18, Springer Link, London (2014) S. 173-188, https://link.springer.com/article/10.1007/s10055-014-0244-2, zugegriffen am 18.07.2018,

CHIESILSKI, M.A./ SCHUTZ, T. (2016): *Digitale Führung - Wie die neuen Technologien unsere Zusammenarbeit wertvoller machen*, Gabler Verlag, Wiesbaden 2014.

CHITTARO, L./ SIONI, R./ CRESCENTINI, C./ FABBRO, F. (2017): *Mortality salience in virtual reality experiences and its effects on users' attitude towards risk,* in: International Journal of Human – Computer Studies, Nr. 101, S. 10-22.

CHOI, Y.K./ TALER, C.R. (2014): *How do 3-dimensional images promote products on the Internet?, in:* Journal of Business Research, Nr. 67, S. 2164-2170.

CHRISTODOULIDES, G./ JEVONS, C./ BONHOMME, J. (2012): *Memo to marketers: Quantitative evidence for change: How user-generated content really affects brands*, in: Journal of Advertising Research, 52 (1), S. 53-64.

CLEFF, T./ LIN, I./ WALTER, N. (2014): *Can you feel it? – The Effect of Brand Experiences on Brand Equity,* in: The IUP Journal of Brand Management, Vol. 11, Nr. 2.

CRAIG, A.B./ SHERMAN, W.R./ WILL, J.D. (2009): *Developing Virtual Reality Application – Foundation of effective Design*, Burlington 2009, MA, Elsevier Inc.

COHEN, J. (1988): Statistical power Analysis for the Behavioral Sciences, Hillsdale-Erlbaum.

COURT, D./ ELZINGA, D./ MULDER, S./ VETVIK, J. (2009): *The consumer decision journey.* Onlineportal-Publikation: McKinsey Quarterly, Juni 2009, S. 1-6.

CSIKSZENTMIHALYI, M. (1985): *Das Flow-Erlebnis*, Klett-Cotta, Stuttgart 1985.

CSIKSZENTMIHALYI, M. (1990): *Flow: The psychology of optimal experience,* Harper & Row, New York 1990.

CSIKSZENTMIHALYI, M. (1998): *Finding Flow: The Psychology of Engagement with Everyday Life*, (Masterminds Series), Basic Books, New York 1998.

Csikszentmihalyi, M./ Nakamura, J. (2009): *The Concept of Flow,* in: R. Sidner, S.J. Lopez (Hrsg.), Oxford Handbook of positive Psychology, Oxford University Press, USA, S. 89-105.

Damasio, A. R. (2002): *Ich fühle, also bin ich. Die Entschlüsselung des Bewusstseins*, List, München 2002.

Daughtery, T./ Biocca, F. (2008): *Consumer learning and the effects of virtual experience relative to indirect and direct producer experiences*, in: Psychology and Marketing, Vol. 25, S. 568-586.

Day, G.S. (1969): *A two-dimensional concept of brand loyalty*, in: Journal of Advertising Research, Jg. 9 (3), S. 29-35.

Deci, E.L./ Ryan, R.M. (1985): *Intrinsic Motivation and Self-Determination in Human Behavior*, Plenum New York 1985.

Deci, E.L./ Ryan, R.M. (2000): *Self-Determination Theory and the Facilitation of intrinsic Motivation, social Development and Well-Being,* in: Am. Psychology Vol. 55, Nr. 1, S. 68-78.

De Chernatony, L./ Cottam, S. (2006): *Communicating Service Brands' Values Internally and Externally*, in: The Service Industries Journal, Vol. 26, Nr. 8, S. 819-836.

De Chernatony, L. (2012): *From Brand Vision to Brand Evaluation. The strategic process of growing and strengthening brands*, (3), Butterworth-Heinemann, Oxford 2012.

De Chernatony, L./ Drury, S./ Segal-Horn (2004): *Communicating services brands' values internally and externally*, in: Service Industries Journal, Jg. 26 (8), S. 819-836.

De Chernatony, L./ Drury, S./ Segal-Horn, S. (2005): *Using triangulation to assess an identity successful services brand*, in: Service Industries Journal, Jg. 25 (1), S. 5.

De Chernatony, L./ McDonald, M./ Wallace, E. (2013): *Creating Powerful Brands,* Butterworth-Heinemann, Boston 2013.

De Chernatony, L./ Vallaster, C. (2006): *Internal brand building and structuration: The role of leadership*, European Journal of Marketing Nr. 40, (7/8), S. 761-784.

De Chernatony, L./ Cottam, S. (2006): *Internal brand factors driving successful financial services brands*, in: European Journal of Marketing, 40 (5/6), 611-633.

Deitmar, H.L. (2012): *Die Beziehung von Unternehmenskultur und Unternehmensmarke. Ein Beitrag zum Behavioral Branding,* in Meffert et al. (Hrsg.)

Unternehmensführung und Marketing, Gabler Research, Band. 54, Dissertation Münster.

DEUTSCHER MARKENREPORT (2017): Virtual & Augmented Reality und Markenführung, Heim, A. und Dertinger, H., (Hrsg.) Brandoffice und Absatzwirtschaft, München 2017.

DIGITALISIERUNGSTRENDS (2017): Studie von United Planet Research GmbH, Freiburg 2017.

DOBROWOLSKI, M./ POCHWATKO, G./ SKORKO, M./ BIELECKI, M. (2016): *The effects of Virtual Experiences on Attitudes Toward Real Brands, in*: Cyberpsychology, Behavior, and Social Networking, Volume 17, Nr. 2, S. 125-128.

DÖRING, N./ Bortz, J. (2016): *Forschungsmethoden und Evaluation in den Sozial- und Humanwissenschaften*, 5. Aufl., Springer, Berlin/ Heidelberg 2016.

DÖRNER, R. / BROLL, W. / GRIMM, P. / JUNG, B. (2013): *Grundlagen und Methoden der Virtuellen und Augmentierten Realität.* Springer Verlag, Berlin/ Heidelberg 2013.

DRAKE-BRIDGES, E./ STRELZOFF, A./ SULBARAN, T. (2011): *Teaching Marketing Trough a Micro-Economy in Virtual Reality*, in: Journal of Marketing Education, Vol. 33, S. 295-311.

DROULERS, O./ ROULLET, B. (2007): *Emergence du neuromarketing: apports et perspectives pour les particien et les chercheurs*, in: Decision Marketing Nr. 46, S. 9-22.

DU BOIS GELB, B./ RANGARAJAN, D. (2014): *Employee Contributions to Brand Equity*, in: California Management Review, Vol. 56, Nr. 2, S. 95-112.

DU PREEZ, R./ BENDIXEN, M.T. (2015): *The impact of internal Brand Management on employee job satisfaction, brand commitment and intention to stay*, in: International Journal of Bank Marketing, Vol. 33, S. 78-91.

DUTTON, J.E./ DUKERICH, J.M./ HARQUAIL, C.V. (1994): *Organizational images and member identification*, in: Administrative Science Quarterly, Jg. 39, Nr. 2, S. 239-263.

EBERLE, M. (2016): *Die Rolle der internen Kommunikation bei der Weiterentwicklung einer dialoggesteuerten Unternehmenskultur*, in: Rolke, L. (Hrsg.): Kommunikationssteuerung - Wie Unternehmenskommunikation in der digitalen Gesellschaft ihre Ziele erreicht, Berlin-Boston 2016.

EBERSBACH, A./ GLASER, M. (2009): *Wiki als zentrales Suchportal. Das Beispiel bluepedia*, in: Information, Wissenschaft und Praxis, Nr. 60, (4), S. 197-201.

EPPMAN, R./ BEKK, M./ KLEIN, K. (2018): *Gameful Experience in Gamification: Construction and Validation of a Gameful Experience Scale (GAMEX),* in: Journal of interactive Marketing Nr. 43, S. 98-115.

ERLACH, C./ THIER, K. (2005): *Geschichten in der Unternehmenskultur: Was Narrationen mit Cultural Change zu tun haben,* in: G. Reinmann, (Hrsg.), Erfahrungswissen erzählbar machen. Narrative Ansätze für Wissenschaft und Schule, S. 141-157.

ESCH, F.R. (2012): *Strategie und Technik der Markenführung,* 7. Aufl., Vahlen, München 2012.

ESCH, F.R. (2013): *Moderne Markenführung: Grundlagen - innovative Ansätze – praktische Umsetzungen,* Gabler, Wiesbaden 2013.

ESCH, F.R./ ARMBRECHT, W. (2009): *Best Practice der Markenführung,* Springer Verlag, Wiesbaden 2009.

ESCH, F.R./ FISCHER, A./ STRÖDTER, K. (2012): *Interne Kommunikation zum Aufbau von Markenwissen bei Mitarbeitern,* in: T. Tomczak, F.R. Esch, H. Kernstock, A. Hermann, (Hrsg.), Behavioral Branding, Gabler, 3. Aufl., Wiesbaden 2012, S. 101-120.

ESCH, F.R./ KNÖRLE, C./ STRÖDER, K. (2014): *Internal Branding – Wie Sie mit Mitarbeitern die Marke stark machen,* Vahlen, München 2014.

ESCH, F.R./ EICHENAUER, S. (2016): *Bedeutung der Internen Markenkommunikation,* in: M. Bruhn et al. (Hrsg.), Handbuch Instrumente der Kommunikation, Gabler, Wiesbaden 2016.

ESCH, F.R./ TOMCZAK, T./ KERNSTOCK, J./ LANGNER, T./ REDLER, J. (2019): *Corporate Brand Management: Marken als Anker strategischer Führung von Unternehmen;* Gabler, 4. Aufl., Wiesbaden 2019.

EILERS, D. (2014): *Wirkung von Social Media auf Marken - Eine ganzheitliche Abbildung der Markenführung in Social Media,* Springer/ Gabler, Wiesbaden 2014.

EVANS, J. (2011): The Funnel is dead – Long live the Measurable Narrative, in: http://www.marketingprofis.com/articles/2011/5707, zugegriffen am 20.02.1916.

FIEDLER, L. (2007): *Stakeholderspezifische Wirkung von Corporate Brands: Ein Modell zur integrierten Evaluation und Steuerung von Unternehmensmarken auf* *netzwerk- und verhaltenstheoretischer Basis,* Innovatives Markenmanagement, Deutscher Universitäts-Verlag, Wiesbaden 2007.

FIELD, A. (2018): Discovering Statistics using IBM SPSS Statistics, 5. Aufl., Sage Verlag, London.

FINGAS, J. (2015): *Here's how Microsoft HoloLens could teach the next wave of doctors, VR-Blogbeitrag vom 08.07.2015* von Engadget, 2019, http://www.engadget.com/2015/07/08/microsoft-hololens-medical-student-demo/, abgerufen am 05. 09.

FISCHER, A. / KNAUP, A. (2016): Interne Markenkommunikation als Innovationstreiber, in: L. Rolke und J. Sass (Hrsg.), Kommunikationssteuerung. Wie Unternehmenskommunikation in der digitalen Gesellschaft ihre Ziele erreicht, Berlin/ Boston 2016.

FLICK, U. (2008): *Triangulation: Eine Einführung*; 2. Aufl., VS Verlag, Wiesbaden 2008.

FLICK, U. (2012): *Qualitative Sozialforschung - Eine Einführung*, Reinbek, Hamburg 2012.

FOSCHT, T./ SWOBODA, B./ SCHRAMM, K. (2018): *Käuferverhalten: Grundlagen, Perspektiven, Anwendungen;* 6. Aufl., Gabler, Wiesbaden 2018.

FOURNIER, S. (1998): *Consumers and their Brands: Developing Relationship Theory in Consumer Research*, in: Journal of Consumer Research, Jg. 24 (März), S. 343-373.

FREILING, J. (2004): *Competence-based View der Unternehmung - Die Unternehmung*, in: Schweizerische Zeitschrift für betriebswirtschaftliche Forschung u. Praxis, 58, S. 5-25.

FREUNDT, T.C. (2006): *Verhaltensrelevanz emotionaler Markenimages - eine interindustrielle Analyse auf empirischer Grundlage*, Dt. Univ.-Verlag, Wiesbaden 2006.

FRIEDRICH, R./ PETERSON, M./ KOSTER, A. (2011): *The rise of generation C,* in: Strategy & Business, Vol. 62.

GABRIEL, R./ RÖHRS, H.P. (2017): *Social Media - Potenzial, Trends, Chancen und Risiken*, Gabler, Wiesbaden 2017.

GALLO, C. (2013): *How southwest and Virgin America win by putting people before profit.* https://www.forbes.com/sites/carminegallo/2013/09/10/how

southwest-and-virgin-america-win-by-putting-people-before profit/# 59d77f1 d695a, zugegriffen am 18.03. 2018.

Gallup-Studie (2017): Engagement-Index 2016; Gallup GmbH, Berlin 2017.

Gläser, J./ Laudel, G. (2010): *Experteninterviews und qualitative Inhaltsanalyse*, Springer Fachmedien, 4. Aufl., Wiesbaden 2017.

George, W.R./ Berry, L.L. (1981): *Guidelines for the advertising of services, in:* Business Horizons, Vol. 24. Nr. 4, S. 52-56.

George, W.R./ Grönroos, C. (1995): *Internes Marketing: Kundenorientierte Mitarbeiter auf allen Unternehmensebenen*, in: M. Bruhn, (Hrsg.), Internes Marketing - Integration der Kunden- und Mitarbeiterorientierung: Grundlagen, Implementierung, Praxisbeispiele, Gabler, Wiesbaden 1995, S. 63-86.

Gutknecht-Gmeiner, M. (2009): *Externe Evaluierung durch Peer Review Qualitätssicherung und -entwicklung in der beruflichen Erstausbildung;* Spinger Verlag, Wiesbaden 2009.

Guttentag, D.A. (2010): *Virtual Reality Applications and implications for tourism*, in: Tourism Management, Nr. 31, S. 637-665.

Gersch, M./ Freiling, J./ Goeke, C. (2005): *Grundlagen einer „Competence-based Theory of the Firm"*, Arbeitsbericht, Institut für Unternehmensführung der Ruhr Universität Bochum, Bd. 100, Bochum 2005.

Giberson, J./ Griffin, T./ Dodds, R. (2017): *Virtual Reality and Tourism: Will the Future of Travel be Virtual?*, HTM Research Working Paper, Nr. 2017 (1), TED Rogers School of Management, Institute for Hospitality and Tourism.

Gilbert, B. (2015): *I experienced mixed reality with Microsoft' s holographic computer headset, 'HoloLens',* Blogbeitrag vom 05.09.2015 von Engadget, http://www.engadget.com/2015/01/21/microsoft-hololens-hands-on/, abgerufen am 05. 09 2019.

Gilmore, G. (1919): *Animism or thought currents of primitive peoples*, Boston 2019.

Goldmann Sachs Group (2016): Studie *Virtual and Augmented Reality – Understanding the race for the next computing platform*, Equity Research, Januar 2016.

Hackman, J.R./ Oldham, K. (1975): *Development of the job diagnostic survey,* in: Journal of Applied Psychology 60 (2), S. 159-170.

Hackman, J.R./ Oldham, K. (1976): *Motivation through the design of work: Test of a theory*, in: Organizational Behavior and Human Performance 16, S. 250-279.

HALLET, W. (1999): *Ein didaktisches Modell für den bilingualen Sachfachunterricht*: the Bilingual Triangle. *Neusprachliche Mitteilungen aus Wissenschaft und Praxis,* Vol. 52, Nr. 1, 23–27.

HARTMANN, K. (2010): *Wirkung der Markenwahrnehmung auf das Markenkommittment von Mitarbeitern,* Dissertation, Verlag Dr. Kovac, Hamburg 2010.

HEFFNER, T. S./ RENTSCH, J. R. (2001): *Organizational Commitment and Social Interaction: A Multiple Constituencies Approach,* in: Journal of Vocational Behavior, Vol. 59, S. 471-490.

HEGNER, S. (2012): *Die Relevanz des Vertrauens für das identitätsbasierte Management globaler Marken - Ein interkultureller Vergleich zwischen Deutschland, Indien und Südafrika*, Gabler, Wiesbaden 2012.

HEIM, A./ DERTINGER, H. (2017): *Virtual & Augmented Reality und Markenführung - Stand, Entwicklungstendenzen und Wachstumschancen für Marken und Unternehmen*, in: Deutscher Markenreport vom 15.03.2017, http://brandoffice.com/wpcontent/uploads/2017/03/170315_Deutscher_Marken report_2017.pdf, abgerufen am 04.07.2017.

HELFFERICH, C. (2009): Die Qualität qualitativer Daten: Manual für die Durchführung qualitativer Interviews, 3. Aufl., VS-Verlag, Wiesbaden 2009.

HELM, S./ RENK, U./ MISHRA, A. (2016): *Exploring the impact of employees' self-concept, brand identification and brand pride on brand citizenship behaviors,* in: European Journal of Marketing, Vol. 50, Nr. 1/2, S. 58-77.

HENKEL, S./ TOMCZAK, T./ HEITMANN, M./ HERMANN, A. (2007): *Managing brand consistent employee behavior: relevance and managerial control of behavioral branding,* in: Journal of Product and Brand Management, Vol.16, Nr. 5, S. 310-320.

HENKEL, S./ TOMCZAK, T./ HEITMANN, M./ HERMANN, A.T. (2012): *Determinanten eines erfolgreichen Behavioral Branding*, in: T. Tomczak, F.R Esch, J. Kernstock, A. Hermann (Hrsg.), Behavioral Branding – Wie Mitarbeiterverhalten die Marke stärkt, Gabler, Wiesbaden 2012, S. 215-236.

HENKEL, S. (2008): *Werbung als Verhaltensvorbild für Mitarbeiter*, Kovač, Hamburg 2008.

HENNING, T./ WALSH, T.G. (2003): *Electronic Word-of-Mouth: Motives for and Consequences of Reading customer Articulations on the Internet,* in: International Journal of Electronic Commerce, Nr. 8, (2), S. 51-74.

Herbst, D.G. (2016): *Digitalisierung als Herausforderung für die interne Kommunikation*, in: Trendmonitor – Interne Kommunikation 2016, (Hrsg.) School of Communication and Management (SCM) und MPM Corporate Communication Solutions, S. 37-43.

Hertel, S./ Klug, J./ Schmitz, B. (2010): *Quasi-experimentelle Versuchspläne,* 1. Aufl., Göttingen, erschienen in: H. Holding, B. Schmitz (Hrsg.): Handbuch Statistik, Methoden und Evaluation; S. 49-62.

Hillmann, M. (2017): *Das 1x1 der Unternehmenskommunikation* – Ein Wegweiser durch die Praxis, Gabler/ Springer, Wiesbaden 2010.

Homburg, C./ Bruhn, M. (2013): *Kundenbindungsmanagement – Eine Einführung in die theoretischen und praktischen Problemstellungen*, in M. Bruhn u. C. Homburg (Hrsg.), Handbuch Kundenbindungsmanagement (8. Aufl.), S. 3-39, Springer Gabler, Wiesbaden 2013.

Hommel, E.M. (2015): *Wissensmanagement, der Kollege mein Lehrer*, in: online Manager Magazin, 15.10.2015, http://www.manager-magazin.de/unternehmen-/karriere/wissen-teilen-unternehmen-unterstuetzen-lernen-vom-kollegen-a-1054521.html, zugegriffen am 26.09.2017.

Huang, Y.C./ Backmann, K.F./ BAckmann, S.J./ Chang, L.L. (2016): *Exploring the implications of virtual reality technology in tourism marketing: an integrated research framework*, in: International Journal of Tourism Research, Nr. 18, S. 116-128.

Iglesias, O./ Ind, N./ Alfaro, M. (2013): *The organic view of the brand: A brand value co-creation model,* in: Journal of Brand Management, Vol. 20, Nr. 8, S. 670-688.

Iglesias, O./ Boent, E. (2012): *Persuasive brand management – How managers can influence brand meaning when they are losing control over it,* in: Journal of Organizational Change Management, Vol. 25, Nr. 2, S. 251-263.

Ind, N. (2007): Living the brand: How to transform every member of your organization into a brand champion, MPG Books, Cornwall 2007.

Ind, N. (2014): *How participation is changing the practice of managing brands,* in: Journal of Brand Management, Vol. 21, Nr. 9, S. 734-742.

Ind, N./ Coates, N. (2013): *The meanings of co-creation,* in: European Business Review, Nr. 25 (1), S. 86-95.

Jäger, W. (2018): *Recruiting 1.0 – 4.0": Strategien, Prozesse und Systeme im Wandel der Zeit,* Springer Verlag, Wiesbaden, 2018.

Jalilvand, M./ Samiei, N. (2012): *The Effect of Electronic Word of Mouth on Brand Image and Purchase Intention,* in: Marketing Intelligence & Planning, Nr. 30. (4), S. 460-476.

Jannett, C.A.L./ Cox, P.C./ Paul, C./ Samira, D./ Andrew, E./ Tim, T./ Alison, W. (2008): *Measuring and Defining the Experience of Immersion in Games,* in: International Journal of Human-Computer Studies, Vol. 66, Nr. 9, S. 641-661.

Javornik, A. (2014): *Classifications of Augmented Reality Uses in Marketing*, IEEE International Symposium on Mixed and Augmented Reality München 2014, Media, Art, Social Science, Humanity and Design Proceedings, Vol. 10, S. 67-68.

Javornik, A. (2016): *'It' s an illusion, but it looks real!' Consumer affective, cognitive and behavioral responses to augmented reality applications,* in: Journal of Marketing Management (2016), Vol. 32, S. 987-1011.

Jaworski (1998), B: *Towards a Theory of Marketing Control: Environmental Context, Control Types, and Consequences*, in: Journal of Marketing, Vol. 52, Nr. 3, S. 23-39.

Jesko, P./ Freundt, T./ Spilleke, D. (2015): *The brand is back: Staying relevant in an accelerating age*, Portalsveröffentlichung Mckinsey&Company, Mai 2015, S. 1-7.

Joachimsthaler, E. (2002): *Mitarbeiter – Die vergessene Zielgruppe für Markenerfolge*, in: Absatzwirtschaft, Vol. 45, Nr. 11, S. 28-34.

Johnson, R.E./ Chang, C.H.D./ Yang, L.Q. (2010): *Commitment and motivation at work: the relevance of employee identity and regulatory focus,* in: Academy of Management Review Vol. 35, Nr. 29, 226-245.

Jost-Benz, M. (2010): *Identitätsbasierte Markenbewertung; Grundlagen, theoretische und praktische Anwendung am Beispiel einer Technologiemarke, C.* Burmann und M. Kirchgeorg (Hrsg.), Innovatives Markenmanagement, Springer/ Gabler, Wiesbaden 2010.

Kapferer, C. (1992): *Die Marke – Kapital des Unternehmens,* Landsberg/ Lech 1992.

Kaplan, A.M./ Haemlein, M. (2010): *Users of the world unite – The challenges and opportunities of Social Media*, in: Business Horizons, Jg. 53, Nr. 1, S. 59-68.

Keller, K.L. (1993): *Conceptualizing, Measuring, and Managing Customer-Based Brand Equity, in:* Journal of Marketing, 57, S. 1-22.

Keller, K.L. (1998): *Strategic Brand Management - Building, Measuring, And Managing Brand Equity*, Upper Saddle River, Prentice Hall 1998.

Keller, K.L. (2001): *Building customer –based brand equity: A blueprint for creating strong brands,* in: Marketing Management Nr. 57, (2), S. 14-19.

Keller, K.L. (2009): *Building strong Brands in a modern marketing communication environment*, in: Journal of Marketing Communications, Vol. 15, Nr. 2-3, April - July 2009, S. 139-155.

Keller, K.L. (2013): *Strategic Brand Management, Building, Measuring and Managing Brand Equity*, Global Edition.

Kernstock, J. (2012): *Behavioral Branding als Führungsansatz*, in T. Tomczak et al. (Hrsg.), Behavioral Branding. Wie Mitarbeiterverhalten die Marke stärkt, Springer, Wiesbaden 2012, S. 3-34.

Kernstock, J./ Brexendorf T.O. (2014): *Die Corporate Brand in Richtung Mitarbeiter gestalten und verankern*, in: Esch et al. (Hrsg.), Corporate Brand Management, Springer, Wiesbaden 2014.

Kimpakorn, N./ Tocquer, G. (2009): *Employees' commitment to brands in the service sector: Luxury hotel chains in Thailand*, in: Brand Management, Nr.16 (8), S. 532-544.

King, C./ Grace, D. (2010): *Building and measuring employee-based brand equity*, in: European Journal of Marketing, Vol. 44 Nr.7/8, S. 938-971.

King, C./ Grace, D./ Funk, D. (2012): *Employee brand equity: Scale development and validation,* in: Journal of Brand Management, Vol.19, Nr. 4, S. 268-288.

King, R./ Racherla, P./ Bush, D. (2014): *What we Know and don' t Know About Online Word-of-Mouth: A review and Synthesis of Literature, in: Journal of* Interactive Marketing, Juni 2014, S. 167-183.

Kinzinger, A./ Tatzgern, M./ Emsenhuber, G./ Vallaster, C. (2018): *Der Einsatz von Virtual Reality im Marketing: Implikationen für die Entwicklung von neuen Vertriebsmodellen,* Arbeitspapier, Tagungsband des 12. Forschungsforum der österreichischen Fachhochschulen (FFH), Wien 2018.

Kiriakidou, O./ Millward, L. (2000): *Corporate Identity: External reality or internal fit?* in: Corporate Communications - An international Journal, Vol. 5, Nr.1, S. 49-58.

Klaffke, M. (2014): Generationen-Management, Springer, Wiesbaden 2014.

Klein, K./ Eppman, R. (2020): *Spielbasiertes Marketing – Marketing weiterdenken mit Spielen und Spieldesign*, in: M. Bruhn und M. Kirchgeorg (Hrsg.): Marketing Weiterdenken, Zukunftspfade für eine marktorientierte Unternehmensführung, Springer Gabler, 2. Auflage (Veröffentlichung ca. Sommer 2020), Wiesbaden 2020.

Kleine-Kalmer, B. (2016): *Brand Page Attachment. An Empirical Study on Facebook Users' Attachment to Brand Pages, C.* Burmann und M. Kirchgeorg (Hrsg.), Innovatives Markenmanagement, Springer/ Gabler, Wiesbaden 2016.

KPMG (2016): *Neue Dimensionen der Realität – Eine Analyse der Potenziale von Virtual und Augmented Reality für Unternehmen*; E. Ebert, H. von der Gracht, P. Lichtenau, K. Reschke, KPMG AG Wirtschaftsprüfungsgesellschaft, Schweiz.

Koch, M./ Richter, A. (2009): *Enterprise 2.0 – Planung, Einführung und erfolgreicher Einsatz von Social Software im Unternehmen*, München 2009.

Kollmus, A./ Agyemann, J. (2002): *Mind the gap: Why do people act environmentally and what are the barriers to pro-environmental behavior?* in: Environmental Educational Research Nr. 8, (3), S. 239-260.

Kotler, P./ Keller, K./ Bliemel, F. (2007): *Marketing-Management, Strategien für wertschaffendes Handeln*, Pearson Deutschland GmbH, 12. Aufl., München 2007.

Krause, J. (2013): *Identitätsbasierte Markenführung im Investitionsgüterbereich – Management und Wirkungen von Marke-Kunde-Beziehungen,* Reihe: Innovatives Markenmanagement, Springer/ Gabler, Wiesbaden 2013.

Kreutzer, R.T. (2014): *Praxisorientiertes Online-Marketing,* 2. Auflage, Springer/ Gabler, Wiesbaden 2014.

Kreutzer, R.T. (2014): *Internal Branding – Ein zentraler Baustein des Corporate Reputation Managements*, Springer/ Gabler, Wiesbaden 2014.

Kristof, A.L. (1996): *Person-Organization Fit: an integrative Review of its Conceptualizations, Measurement and Implications*, in: Personnel Psychology, Jg. 49 (1), S. 1-49.

Kristof-Brown, A.L./ Zimmermann, R.D./ Johnson, E.C. (2005): *Consequences of individual's fit at work: a meta-analysis of person-job, person-organization, person-group, and person-supervisor fit*, in: Personnel Psychology, Jg. 58 (2), S. 281-342.

Kristofferson, K. (2016): *Positive Effects from Negative Virtual Experiences: How Virtual Reality can be used Effectively in Marketing*; in: Advances in Consumer Research, Vol. 44, S. 524-525.

Kroeber-Riel, W./ Esch, F.R. (2015): *Strategie und Technik der Werbung,* 8. Aufl., Kohlhammer, Stuttgart 2015.

Kroeber-Riel, W./ Weinberg, P. (2003): *Konsumentenverhalten*, 8. Aufl., München 2003.

Krooß, C. (2012): *Connect.BASF - ein Netzwerk für das beste Team*, in L. Dörfel und T. Schulz (Hrsg.), Social Media in der internen Kommunikation, SCM, Berlin 2012, S. 283–296.

Kurp, M. (2017): *Virtual in Raum und Zeit;* in: Tendenz, Magazin der Bayrischen Landeszentrale für neue Medien, Nr. 1., München 2017,

Kuss, A./ R. Wildner/ R./ Kreis, H. (2014): *Marktforschung: Grundlagen der Datenerhebung und der Datenanalyse*, 5. Aufl., Springer/ Gabler, Wiesbaden 2014.

Kumar, V. (2015): *Evolution of marketing as a discipline: What has happened and what to look out for,* in: Journal of Marketing, Vol. 79, Nr. 1, S. 1-9.

Larkin, T. J./ Larkin, S. (1996): *Reaching and Changing Frontline Employees*, in: Harvard Business Review, 74(3), 95–104.

Laux, H./ Liermann, F. (2005): *Grundlagen der Organisation: die Steuerung von Entscheidungen als Grundproblem der Betriebswirtschaftslehre,* Springer, 6. Aufl. Berlin 2005.

Lawson, B.D. (2014): *Motion sickness symptomatology and origins,* in: K.M. Stanney (Hrsg.), Handbook of Virtual Environments: Design, Implementation, and Applications, Boca Raton, Florida 2014, S. 531–599.

Leendertse, J. (2017): *Mitarbeiterkommunikation*, in: Creditreform, Unternehmermagazin der Verlagsgruppe Handelsblatt, Nr. 03/ 17, S. 16-21.

Lin, I.C. (2015): *Innovative brand experience's influence on brand equity and brand satisfaction.* Yi Hsin Lin. Journal of Business Research, Vol. 68, S. 2254-2259.

Linke, A. / Zerfass, A. (2013): *Social Media Governance regulatory frameworks for successful online Communications*, in: Journal of Communication Management, Vol. 17, Nr. 3, S. 270-286.

Lierow, M./ Freiling, J. (2006): *Determinanten der Bildung von Kompetenzen und ihr Einfluss auf den Internationalisierungserfolg*, in: C. Burmann, J. Freiling und

Hülsmann (Hrsg.), Neue Perspektiven des Strategischen Kompetenz-Managements, Dt. Universitäts-Verlag, Wiesbaden 2006, S. 123-148.

Lies, J. (2017): *Die Digitalisierung der Kommunikation im Mittelstand*, Springer, Wiesbaden 2017.

Lippold, D. (2017): Marktorientierte Unternehmensführung und Digitalisierung – Management im digitalen Wandel, De Gruyter Verlag, Berlin 2017.

Livadic, D./ Kunze, P. (2016): *Was Shopper wirklich wollen: aktuelle Omnichannel-Strategien*, Ipsos Connect Germany 2016.

Ludlow, B.L. (2015): *Virtual Reality: Emerging Applications and Future Directions,* in: Rural Special Education Quarterly, Vol. 34, Nr. 3, S. 3-10.

Maier, G. (2016): *Intrinsische und extrinsische Motivation*, Beitrag von Prof. Dr. Maier, Online Gabler Lexikon, HTTPS://WIRTSCHAFTSLEXIKON.-GABLER.DE/DEFINITION/INTRINSISCHE-MOTIVATION-41764, zugegriffen am 03.08.2016.

Maloney, P.B. (2008): *Absatzmittlergerichtetes, identitätsbasiertes Markenmanagement,* Wiesbaden 2008.

Matanda, M.J./ Ndubisi, N.O. (2013): *Internal Marketing, internal branding, and organizational outcomes: The moderating role of perceived goal congruence*, in: Journal of Marketing Management, Vol. 29, Nr. 9-10, S. 1030-1055.

Mast, C. (2014): *Interne Unternehmenskommunikation – Mitarbeiter führen und motivieren*, in: A. Zerfaß u. M. Piwinger (Hrsg.), Handbuch der Unternehmenskommunikation, Springer/ Gabler, 2. Aufl., Wiesbaden 2014.

Mayerhofer, W. (2009): *Das Fokusgruppeninterview*, in: R. Buber und H.H. Holzmüller, (Hrsg.): Qualitative Marktforschung: Konzepte, Methoden, Analysen, Wiesbaden 2009, S. 477-490.

Mayring, P. (2015): *Qualitative Inhaltsanalyse. Grundlagen und Techniken*, Beltz, 12. Aufl., Weinheim Basel 2015.

McMillan, S.J./ Hwang, J.S. (2002): *Measures of perceived Interactivity: An Exploration of the Role of Direction of Communication, User Control, and Time in Shaping perceptions of Interactivity,* in: Journal of Advertisement, Nr. 31 (3), S. 29-42.

Meffert, H. (1974): *Interpretation und Aussagewert des Produktlebenszyklus-Konzeptes,* in: P. Hammann, W. Kroeber-Riel und C.W. Meyer (Hrsg.), Neuere

Ansätze der Marketingtheorie, Festschrift zum 80. Geburtstag von Otto Schutenhaus, S. 85-134, Berlin 1974.

MEFFERT, H./ BURMANN, C. (1996): *Identitätsorientierte Markenführung - Grundlagen für das Management von Markenportfolios*, Arbeitspapier Nr. 100, Wirtschaftliche Gesellschaft für Marketing und Unternehmungsführung e.V., Münster (1996).

MEFFERT, H. (2015): *Markenführung im Wandel – alte Weisheiten und neue Erkenntnisse,* in: C. Burmann et al., Identitätsbasierte Markenführung, Grundlagen – Strategie – Umsetzung – Controlling, 2. Aufl., S. 269-273, Wiesbaden 2015.

MEFFERT, H./ BURMANN, C. (1996): *Identitätsorientierte Markenführung– Grundlagen für das Management von Markenportfolios*, in H. Meffert, H. Wagner, und K. Backhaus (Hrsg.), Arbeitspapier Nr. 100 der Wissenschaftlichen Gesellschaft für Marketing und Unternehmensführung e. V. Arbeitspapier der Wissenschaftlichen Gesellschaft für Marketing und Unternehmensführung e.V., Bd. 100, Münster 1996.

MEFFERT, H./ BURMANN, C./ KIRCHGEORG, M. (2010): *Marketing, Grundlagen marktorientierter Unternehmensführung: Konzepte – Instrumente – Praxisbeispiele*, Meffert Marketing Edition, 10. Aufl., Wiesbaden 2010.

MEFFERT, H./ BURMANN, C./ KIRCHGEORG, M. (2015): *Marketing, Grundlagen marktorientierter Unternehmensführung: Konzepte – Instrumente – Praxisbeispiele*, Meffert Marketing Edition, 12. Aufl., Wiesbaden 2015.

MEUSER, M./ NAGEL, U. (2016): *Experteninterviews*, in: M. Dick, W. Marotzki, H. Mieg (Hrsg.): Handbuch Professionsentwicklung, Julius Klinkhardt Verlag, Bad Heilbronn 2016, S. 344-352.

MEUSER, M./ NAGEL, U. (2009): *Das Experteninterview – Konzeptionelle Grundlagen und methodische Anlage,* in: S. Pickel, G. Pickel, H.J. Lauth und D. Jehn (Hrsg.), Methoden der vergleichenden Politik- und Sozialwissenschaft: Neue Entwicklungen und Anwendungen, Wiesbaden 2009, S. 465-479.

MEUSER, M./ NAGEL, U. (1991): *Experteninterviews – vielfach erprobt, wenig bedacht. Ein Beitrag zur qualitativen Methodendiskussion*, in: D. Garz und K. Kraimer (Hrsg.), Qualitative-empirische Sozialforschung, Opladen 1991, S. 441-468.

Milgram, P./ Kishio, F. (1994): *A Taxonomy of mixed Reality Visual Displays*, in: Transactions on Information Systems, Band E77-D, Nr. 12, December 1994.

Mindshare & Zappar (2018): *The Future of Augmented Reality*, (Hrsg.) Jeremy Pounder, Mindshare UK 2018, S. 1-33.

Mitchell, C. (2002): *Selling the brand inside*, in: Harvard Business Review, Nr. 80 (1), S. 90-105.

Mollen, A./ wilson, H. (2010): *Engagement, telepresence and interactivity in online consumer experience: Reconciling scholastic and managerial perspectives,* in: Journal of Business Research, Nr. 63 (9-10), S. 919-925.

Morgan, G./ Muzellec, L./ Nolan, E. (2014): *Consumer Moments of Truth in the Digital Context; How Search and E-Word-of-Mouth can fuel Consumer Decision Making*, in: Journal of Advertising Research, June 2014, S. 200-204.

Morhart, F.M./ Herzog, W./ Tomczak, T. (2009): *Brand-specific leadership: Turning employees into brand champions*, in: Journal of Marketing, Jg. 73, Nr. 5, S. 122-142.

Morhart, F./ Jenewein, W./ Tomczak, T. (2012): *Mit transformationaler Führung das Brand Behavior stärken*, in: T. Tomczak, F.R. Esch, J. Kernstock und A. Herrmann (Hrsg.), Behavioral Branding – Wie Mitarbeiterverhalten die Marke stärkt, S. 389–406, Springer/ Gabler, Wiesbaden 2012.

Morley, M.J. (2007): *Person-Organization fit*, in: Journal of Managerial Psychology, Jg. 22 (2), S. 109-117.

Müller, J. (2012): *Multisensuale Gestaltung der Ladenatmosphäre zur Profilierung von Store Brands - Ein theoriegeleitetes, experimentelles Design zum Shopperverhalten,* Reihe: Innovatives Markenmanagement, Band 39, Wiesbaden 2012.

Mütterlein, J. (2018): *The thee Pillars of Virtual Reality? Investigating the Roles of Immersion, Presence and Interactivity*, in: Proceedings of the 51th Hawaii International Conference on System Science 2018, S. 1407-14012. Online Veröffentlichung, https://scholarspace.manoa.hawaii.edu/handle/10125/-50061, zugegriffen am 20.02.2019

Neuman, W. (2013): *Social research methods – Qualitative and quantitative approaches,* 7. Aufl., Pearson Education Limited, Boston 2013.

NORTHUP, T./ MULLIGAN, N. (2014): *Online advertisements and conceptual implicit memory: Advances in theory and methodology,* in: Applied Cognitive Psychology, 28 (1), S. 66-78.

NOWAK, R. / REUTER, M. (2016): *Interne Organisationskommunikation - theoretische Fundierungen und praktische Anwendungsfelder*, Springer, Wiesbaden 2016.

OACHIMSTALER, E./ PFEIFFER, M. (2004): *Der Zweck heiligt die Mittel,* in: Absatzwirtschaft - Sonderausgabe zum Markenaward 2004, S. 134-139.

O'REILLY, C.A./ CHATMAN, J./ CALDWELL, D.F. (1991): People and organizational culture: a profile comparison approach to assessing person-organization fit, in: Academy of Management Journal, Jg. 34 (3), S. 487-516.

ORGAN, D.W./ PODSAKOFF, P.M./ MACKENZIE, S.P. (2006): *Organizational citizenship behavior: Its nature, antecedents, and consequences,* Sage Publications, London 2006.

PARK, C./ MCINNIS, D./ PRIESTER, J. (2007): *Brand Attachment and Management of a Strategic Brand Exemplar*, in: B.H. Schmitt, (Hrsg.), Handbook of Brand and Experience Management, Elgar Publishing, Februar 2007.

PAPADOPOULOS, A./ SHAH, N. (2013): *A brand journey to engage today's customers: Prudential Financial*, in: Journal of Brand Strategy, Vol. 2, Nr, 2, S. 121–127.

PATTLOCH, A./ RUMLER, A. (2013): *Kommunikation 2.0: Von Push zu Pull,* in G. Hofbauer, A. Pattloch und M. Stumpf (Hrsg.), Marketing in Forschung und Praxis, S. 275–286, Uni-Edition, Berlin 2013.

PAUWELS, K./ VAN EWIJK, (2013): *Do Online Behaviour Tracking or Attitude Survey Metrics Drive Brand Sales? An Integrative Model of Attitudes and Actions on the Consumer Boulevard*, MSI, Marketing Science Institute Working Paper, Series 2013, Report Nr. 13-118.

PERRY, J./ FREUNDT, T./ SPILLECKE, D. (2015): *Power Brands: Measuring, Making, and Managing Brand Success,* Düsseldorf 2015, (Hrsg.) McKinsey.

PERREY, J./ FREUNDT, T./ SPILLEKE, D. (2015): *The brand is back: Staying relevant in an accelerating age*, Portalsveröffentlichung Mckinsey&Company, Mai 2015, S. 1-7, https://www.mckinsey.com/business-functions/marketing-and-sales/our-insights/the-brand-is-back-staying-relevant-in-an-accelerating-age, zugegriffen am 16.06.2017.

PETKOVIC, M. (2008): *Employer Branding ein markenpolitischer Ansatz zur Schaffung von Präferenzen bei der Arbeitgeberwahl*, in: Hochschulschriften zum Personalwesen, 37, Hampp, München 2008.

PFANNENBERG, J. (2011): *Corporate Communication im Web 2.0 – Relevanz und Legitimität für das Unternehmen*, Verlag PR Career Center, Düsseldorf 2011.

PIEHLER, R. (2011): *Interne Markenführung – Theoretisches Konzept und fallstudienbasierte Evidenz*, Gabler, Wiesbaden 2011.

PIEHLER, R./ HANISCH, S.T./ BURMANN, C. (2015): *Internal Branding – Relevance, Management and Challenges*, in Marketing Review St. Gallen, Nr.1., S. 52-60.

PILLAR, F.T. (2006): *Mass Customization. Ein wettbewerbsstrategisches Konzept im Informationszeitalter,* 4. Aufl., Wiesbaden 2006.

PINE, B./ GILMORE, J. (1998): *Welcome to the experience economy,* in: Harvard Business Review, Juli-August 1999, S. 97-105.

PINE, B./ GILMORE, J. (1998): *The Experience Economy: Work Is Theater & Every Business a Stage*, Library of Congress Cataloging USA 1998.

PLATTNER, H./ MEINEL, C./ WEINBERG, U. (2009): *Design-Thinking: Innovation lernen – Ideenwelten öffnen*, Wirtschaftsbuch, München 2009.

PLEIL, T./ ZERFAß, A. (2014): *Internet und Social Media in der Unternehmenskommunikation*, in: A. Zerfaß und M. Piwinger (Hrsg.), Handbuch Unternehmenskommunikation, Springer, Wiesbaden 2014.

PLEIL, T./ ZERFASS, A. (2014): *Mehr Vertrauen - Digitale Transformation,* in: Creditreform, *04/17, S. 3.*

PORICELLI, M.S./ YUROVA, Y.V./ ABRATT, R./ BENDIXEN, M. (2014): *Antecedents of Brand Citizenship Behavior in Retailing*, in: Journal of Retailing and Consumer Services, Vol. 21, Nr. 5, S. 745-752.

PORTER, M.E./ HEPPELMANN, J.E. (2017): *Why every Organization needs an Augmented Reality Strategy*, in: Harvard Business Review, Nov.-Dez., S. 46-57.

POWELL, G./ GROVES, S./ DIMOS, J. (2011): *ROI of Social Media*, Singapore 2011.

PRICE, P.C./ JHANGIANI, R./ CHIANG, I.C.A. (2015): *Research Methods in Psychology*, Kwantlen Polytechnic University und Quest University Canada, lizensiert unter Creative Commons Attribution-NonCommercial-ShareAlike4.0 International License, Online-Version, https://opentextbc.ca/researchmethods/-front-matter/about-this-book/, zugegriffen am 23.04.2019.

PRICEWATERHOUSECOOPERS, (2012): *Markenstudie,* (Hrsg.) Pricewaterhouse-Coopers AG Wirtschaftsprüfungsgesellschaft, März 2012.

PRIVITERA, G.J./ AHLGRIM-DEZELL, L. (2019): *Research Methods for Education, Sage Edge Publishing*, USA; Online-Publikation, https://uk.sagepub.com/en-gb/eur/research-methods-for-education/book245749#description, zugegriffen am 24.04.2019.

PROFF, H./ BURMANN, C./ FREILING, J. (2009): *Der kompetenzbasierte Ansatz auf dem Weg zu einer „Theorie der Unternehmung" in:* Jahrbuch strategisches Kompetenzmanagement, Bd. 3, Hampp Verlag, München 2009.

PUNJAISRI, K./ WILSON, A. (2007): *The role of internal Branding in the delivery of employee brand promise*, in: Journal of Brand Management, Vol. 15, S. 57-70.

PUNJAISRI, K./ WILSON EVANSCHITZKY, H. (2008): *Exploring the influences of internal branding on employees' brand promise delivery: implications for strengthening customer-brand relationships*, in: Journal of Relationship Marketing, Jg. 7 (4), S. 407-424.

PUNJAISRI, K./ WILSON, A. (2010): *Internal Branding process: key mechanism, outcomes and moderating factors*, in: Journal of Marketing, Vol. 45, Nr. 9, S. 1521-1537.

PUNJAISRI, K./ EVANSCHITZY, H./ WILSON, A. (2009): *Internal Branding: an enabler of employees' brand-supporting behaviors*, in: Journal of Service Management, Vol. 20, Nr. 2, S. 209-226.

PUTO, C.P./ WELLS, W.D. (1984): *Informational and transformational advertising: the differential effects of time*, in: Advances in Consumer Research, Nr. 11, S. 638-643.

RAAB, G./ UNGER, A./ UNGER, F. (2009): *Methoden der Marketing-Forschung – Grundlagen und Praxisbeispiele,* 2. Aufl., Gabler, Wiesbaden 2009.

RAUCHHAUPT, J. (2015): *Auf ein Neues*, in: Magazins Adizine für Online-Werbung, Editorial: Digital Marketing 2015.

RAUSCHNABEL, A/ PICK, D. ***(2018):*** *Zukunftstechnologie Datenbrillen: Erfolgsfaktoren von Augmented Reality Smart Glasses,* Online-Beitrag von ResearchGate, https://www.researchgate.net/-publication/331810897, zugegriffen am 02.05.2019,

RHEINBERG, F. (1995): *Flow-Erleben, Freude an riskantem Sport und andere "unvernünftige" Motivationen*, in: J. Kuhl und H. Heckhausen (Hrsg.), Enzyklopädie der Psychologie Motivation, Volition und Handlung, S. 101–118,

Hogrefe-Verlag, Göttingen 1995.

RIEDMANN-STREITZ, C. (2017): *Gibt es noch Marken der Zukunft? Hybrid Brands – Eine Zukunftsvision für starke Marken*, Springer/ Gabler, Wiesbaden 2017.

ROSE, C. (2017): *Mitten Drin*, in Acquisa – Magazin für Marketing Manager, Haufe Verlag, Nr. 2, S. 46-51.

RUDELOFF, C./ MÜLLER, N. (2018): *Virtual Reality am Point of Sale – Ergebnisse einer qualitativen Befragung,* in D. Pietzcker, C. Vaih-Bauer (Hrsg.), Luxus als Dienstleistungsstrategie, Springer Verlag, Wiesbaden 2018, S. 301-315.

SADISH, W.R/ COOK, T.D./ CAMPBELL, D.T. (2002): *Experimental and quasi-experimental designs for generalized causal inference*, Houghton Mifflin Company, Boston 2002.

SADOWSKI, W./ STANNEY, K.M. (2002): *Presence in virtual environments,* in: Stanney KM (Hrsg.), Handbook of virtual environments: Design, Implementation, and Applications, Lawrance Erlbaum Assoc., Mahwah, S. 313-332.

SALCHER, E. (1995): *Psychologische Marktforschung,* 2. Aufl., De Gruyter Verlag, Berlin 1995.

SALEEM, F.Z./ IGLESIAS, O. (2016): *Mapping the domain of the fragmented field of internal branding,* in: Journal of Product and Brand Management, Vol. 12, Nr. 1, S. 43-57.

SCHALLEHN, M./ BURMANN, C./ RILEY, N. (2014): *Brand authenticity: model development and empirical testing,* in: Journal of Product & Brand Management, Vol. 23, Nr. 3, S. 192-199.

SCHALLMO, D.R.A. (2016): *Jetzt digital transformieren - So gelingt die erfolgreiche digitale Transformation Ihres Geschäftsmodells*, Springer, Wiesbaden 2016.

SCHENK, I. (2017): *Mehr Vertrauen – Mitarbeiterkommunikation,* in: Creditreform, Nr. 3, 2017, S. 16-21.

SCHMITT, B. (2009): *Customer Experience Management,* in: M. Bruhn, F. Esch und T. Langer (Hrsg.), Handbuch der Kommunikation Grundlagen – Innovative Ansätze - praktische Umsetzungen, Gabler, Wiesbaden 2009, S. 697-711.

SCHMIDT, R. (2013): *Neuro- und Sinnesphysiologie.* Springer, Wiesbaden 2016.

SCHOLZ, J./ SMITH, A. (2016): *Augmented Reality: Designing Immersive Experiences That Maximize Consumer Engagement*, in: Business Horizons, Vol. 59, Nr. 2, S. 149-161.

SCHULTZ, D.E. (2011): *IMC measurement: The challenges of an interactive market place*, in: International Journal of Integrated Marketing Communications, *Vol. 3, Nr. 1, S.* 7-24.

SCHWEIGER, W. (2010): *Handbuch der Online-Kommunikation*, Beck, K. (Hrsg.), Springer, Wiesbaden 2010.

SEDELMEIER, P. / RENKEWITZ, F. (2013): *Forschungsmethoden und Statistik – Ein Lehrbuch für Psychologen und Sozialwissenschaftler*, 2. Aufl., Pearson Verlag, Halbergmoos 2013.

SHERMAN, W.R./ CRAIG A.B. (2003): *Understanding Virtual Reality: Interface, Application and Design*, Morgan Kaufmann Publishers, San Francisco 2003.

SILVER, L./ STIVENS, R./ WRENN, B./ LOUDON, D.: (2013): *The Essentials of Marketing Research*, Routeldge, 3. Aufl., Abington 2013.

SIMONS, H.W. (1988): *Persuasion: Understanding, Practice, and Analysis*, 2nd ed., Reading.

Slater, M. (2003): *A note on presence terminology*, in: Presence Connect, Volume 3, Nr. 3.

SLATER M. (2009): *Place illusion and plausibility can lead to realistic behavior* in immersive virtual environments, in: The Royal Society Publishing, Vol. 364, S. 3549–3557.

SLATER, M./ SPANLANG, B./ COROMINAS, D. (2010): *Simulating virtual environments* within virtual environments as the basis for a psychophysics of presence. ACM Trans. Graph., Vol. 29, Issue 4, Artikel Nr. 29.

SLATER, M./ WILBUR S. (1997): *A framework for immersive virtual environments (FIVE): speculations on the role of presence in virtual environments*, in: Teleoperators and Virtual Environments, Nr. 6, (6), S. 603–616.

SHADISH, W./ COOK, T./ CAMPBELL, D. (2002): *Experimental and quasi-experimental designs for generalized causal inference*, Cengage Learning, Boston 2002.

SMIDTS, A./ PRUYN, A.T.H./ VAN RIEL, C.B.M. (2001): *The Impact of Employee Communication and Perceived External Prestige on Organizational Identification*, in: Academy of Management Journal, Vol. 44, S. 1051-1062.

SOCIAL MEDIA LEITFADEN (2015): Bitkom, Bundesverband Informationswirtschaft, Telekommunikation und neue Medien e.V., Arns, T. Redaktion, 3. Aufl., Berlin 2015.

SPRINGER, C. (2008): *Multisensuale Markenführung – Eine verhaltenswissenschaftliche Analyse unter besonderer Berücksichtigung von Brand Lands in der Automobilwirtschaft, Springer,* Wiesbaden 2008.

STENGER, D. (2012): *Virale Markenkommunikation: Einstellungs- und Verhaltenswirkungen viraler Videos,* Springer/ Gabler, Wiesbaden 2012.

STEUER, J. (1992): *Defining virtual reality: Dimensions determining Telepresence*, in: Journal of Communication, Nr. 42, S. 73-93.

STONE, D./ PULIDO, A./ STREVEL, J. (2014): *Customer Satisfaction Survey: Who's up and who's down.* http://www.mckinsey.com/business-functions/marketing-and-sales/our-insights/ customer-satisfaction-survey-who039s-up-and-who039s-down, zugegriffen am 20.02. 2019.

STRÖDTER, K. (2008): *Markencommitment bei Mitarbeitern: Bedeutung der Kongruenz von Mitarbeiter und Marke für das Markencommitment in Unternehmen*, Berlin 2008.

STUDIE INTERNE KOMMUNIKATION (2016): *Zwischen Beteiligung und Dialog - Social Media in der internen Kommunikation*, (Hrsg.) Hochschule Pforzheim 2016.

SUNDAR, S.S./ WADELL. T.F./ HUANG, Y. (2015): *Towards a theory of interactive media effects (TIME)*, in: S. Sundar (Hrsg.), The handbook of the psychology of communication technology, Chinester Verlag, S. 47-86.

SWOBODA, B./ FROSCHT, T. (2011): *Käuferverhalten: Grundlagen, Perspektiven, Anwendungen*, 4. Aufl., Springer, Wiesbaden 2011.

SWAP, L./ SHIELDS, M./ ABRAMS, L. (2001): *Using Mentoring and Storytelling to transfer knowledge in the Workplace*, in: Journal of Management Information Systems; Vol.18, Nr.1, S. 95-114.

THOMSON, M./ MACINNIS, D./ PARK, C.W. (2005): *The ties that bind: Measuring the strength of consumers' emotional attachments to brands,* Journal of Consumer Psychology, Vol. 15, Nr.1, S. 77-91.

THOMSON, K./ DE CHERNATONY, L./ ARGANBRIGHT, L./ KHAN, S. (1999): *The buy-in benchmark: How staff understanding and commitment impact brand and business performance*, Journal of Marketing Management, Vol. 15, Nr. 8, S. 819-835.

TOMCZAK, T./ ESCH, F./ KERNSTOCK, J./ HERRMANN, A. (2012): *Behavioral Branding - Wie Mitarbeiterverhalten die Marke stärkt,* 3. Aufl., Gabler Verlag, Wiesbaden 2012.

TOMETSCHEK, R./ KRIWAN, M. (2016): *Interne Kommunikation mit dem Kompass der Marke: Internal Branding – Marke innen beginnen*, in: R. Nowak und M. Roither (Hrsg.), Interne Organisationskommunikation, Springer, Wiesbaden 2016, S. 287-404.

TROMMSDORF, V. (2011): *Konsumentenverhalten,* Kohlhammer, 8. Aufl., Stuttgart 2011.

TRENDMONITOR INTERNE KOMMUNIKATION (2017): L. Dörfel (Hrsg.), School for Communication and Management (SCM), Berlin 2017.

TUOMINEN, S./ HIRVONEN, S./ REIJONEN, H./ LAUKKANEN, T. (2016): *The internal branding process and financial performance in service companies: An examination of the required steps,* in: Journal of Brand Management, Vol. 23,

Nr. 3, S. 306-326.

Tuten, T.L./ Solomon, M.R. (2014): *Social media marketing*, Prentice Hall, New Jersey 2014.

Van Kerrebroeck, H./ Brengmann, M./ Willems, K. (2017): *When brands come to life: experimental research on the vividness effect of Virtual Reality in transformational marketing*, in: Virtual Reality, Band 21, Heft 4, Springer Link, London 2017, S. 177-191, https://link.springer.com/article/10.1007/s10055-017-0306-3, Online zugegriffen am 19.08.2018.

Van Nierop, E./ Bronnenberg, B.J./ Paap, R./ Wedel, M./ Franses, P.H. (2010): *Retrieving unobserved consideration sets from household panel data,* in: Journal of Marketing Research, Vol. 47, Nr. 1, S. 63-74.

Van Noort, G./ Voorveld, H.A.M./ van Reijmersdal, E.A. (2012): Interactivity in Brand Web Sites: cognitive, affective, and behavioral responses explained by consumers' online flow experience, in: Journal of interactive Marketing, Vol. 26, Nr. 4, S. 223-234.

Vargo, S.L./ Lusch, R.F. (2004): *Evolving to a new dominant logic for marketing,* Journal of Marketing, Vol. 68, Nr. 1, S. 1-17.

Verquer, M.L./ Beehr, T.A./ Wagner, S.H. (2003): *A meta-analysis of relations between person-organization fit and work attitudes,* in: Journal of Vocational Behavior, Jg. 63, Nr. 3, S. 473-489.

Wallace, E./ de Chernatony, L. (2009): *Service employee performance: Its components and antecedents*, in: Journal of Relationship Marketing Vol. 8, Nr. 2, S. 82-102.

Wallace, E./ de Chernatony, L. (2011): *The influence of culture and market orientation on services brands: insights from Irish Banking and retail firms*, in: Journal of Services Marketing, Vol. 25, Nr. 7, S. 475-488.

Warwitz, C. (2015): *Location-based Advertising im Kontext von Big Data – Determinanten der Konsumentenakzeptanz: Eine empirische Untersuchung zur Ermittlung verhaltensrelevanter Faktoren der Nutzungsintention*, Dissertation, Bremen 2015.

Watzlawick, P./ Beavin, J.H./ Jackson, D.D. (2017): *Menschliche Kommunikation*, Hofgrefe, Bern 2017.

Weinberg, T. (2014): Social Media Marketing - Strategien für Twitter, Facebook & Co, 4. Aufl., O'Reilly, Köln 2014.

Wenske, A.V. (2008): *Markenmanagement und Wirkungen von Marke-Kunden-Beziehungen im Konsumgüterbereich*, Gabler Edition Wirtschaft, Wiesbaden 2008.

WENTZEL, D./ TOMCZAK, T./ KERNSTOCK, J./ BREXENDORF, T./ HENKEL, S. (2012): *Der Funnel als Analyse- und Steuerungsinstrument von Brand Behavior*, in: T. Tomczak, F. Esch, J. Kernstock und A. Herrmann (Hrsg.), Behavioral Branding - Wie Mitarbeiterverhalten die Marke stärkt, Gabler, 3. Aufl., Wiesbaden 2012, S. 81-100.

WENTZEL, D./ TOMCZAK, T./ HERMANN, A. (2012): Story-Telling im Behavioral Branding: in: T. Tomczak, F. Esch, J. Kernstock, A. Herrmann, A. (Hrsg.), Behavioral Branding - Wie Mitarbeiterverhalten die Marke stärkt, Gabler, 3. Aufl., Wiesbaden 2012, S. 427-439.

WIJAYA, P.K./ HERMAWAN, A. (2018): *E-Marketing Applications Based on Virtual Reality Using Sostac Planning Method On Sales Property*; in: Journal Teche-E, Vol. 1, Nr. 2, S. 16-39.

WILKENING, K./ WILKENING, F.: (1986): *Quasi-experimentelle Pläne (FIM-Psychologie Modellversuch, Version 9)*, Universität Erlangen, Themenbereich Methodenlehre, Studieneinheit Versuchsplanung, Erlangen 1986.

WILLIAMS, S. (2006): *Tourism and hospitality marketing: fantasy, feeling and fun*, in: International Journal of Contemporary Hospitality Management, Nr. 29, S. 482-495.

Wisdom Mobile Internet Technology Training Institution (2016): *A Case Study – The Impact of VR on Academic Performance*, Studie in Kooperation mit Beijing Bluefocus E-Commerce Co., Ltd. und Beijing iBokan Wisdom Mobile Internet Technology Training Institutions, China/ Pecking 2016, S.1-20.

WITMER, B.G., SINGER, M.J. (1998): Measuring presence in virtual environments: a presence questionnaire. Presence – Teleoperators and Virtual Environments, Vol. 7, Nr. 3, 225–240.

WITTKE-KOTHE, C. (2001): *Interne Markenführung: Verankerung der Markenidentität im Mitarbeiterverhalten*, Gabler, Wiesbaden 2001.

WUNSCH-VINCENT, S./ VICKERY, G. (2007): *Participative Web and User-Created Content: Web 2.0, Wikis and Social Networking*, OECD Directorate for Science, Technology and Industry, Paris 2007.

XIONG, L./ KING, C./ PIEHLER, R. (2013): *Exploring the employee perspective in the development of brand ambassadors,* in: International Journal of Hospitality Management Nr. 35, S. 348-359.

YAOYUNEYONG, G./ FOSTER, J./ JOHNSON, E./ JOHNSON, D. (2016): *Augmented Reality Marketing: Consumer Preferences and Attitudes Toward Hypermedia Print Ads*, in: Journal of Interactive Advertising, Nr. 1, S. 16-30.

YIN, R. (2016): *Qualitative research from start to finish;* The Guilford Press; New York 2016.

YuMe und Nielsen (2017): *Exploring immersive Technologies – Understanding Viewer Engagement in new Environments*; Consumer Neuroscience Studie, The Nielsen Company USA, www.nielsen.com/consumerneuroscience, online zugegriffen am 21.02.2019.

Zajonc, R.B. (1968): *Attitudinal effects of mere exposure*, in: Journal of Personality and Social Psychology, Monograph Supplement, Vol. 9, Nr. 2, S. 1-27.

Zahay, D./ Schultz, D.E./ Kumar, A. (2015): *Reimagining branding for the new B2B digital marketplace*, in: Journal of Brand Strategy, Vol. 3, Nr. 4, S. 357–372.

Zeplin, S. (2006): *Innengerichtetes identitätsbasiertes Markenmanagement*, Wiesbaden 2006.

Zerfass, A. (2005): *Corporate Blogs: Einsatzmöglichkeiten und Herausforderungen,* http://www.albatros-media.at/pdfs/CorporateBlogs-AZ-270105.pdf; zugegriffen am 26.09.2017.

Zerfass, A. / Franke, N. (2013): *Enabling, advising, supporting, executing: a theoretical framework for international communication consulting within organizations*, in: International Journal of Strategic Communication, Vol. 7, Nr. 2, S. 118-135.

Zhu, Yanhan (2013): *Individual Behavior: In-role and Extra-role,* in: International Journal of Business Administration, Vol. 4, Nr. 1.

Druck:
Customized Business Services GmbH
im Auftrag der
KNV Zeitfracht GmbH
Ein Unternehmen der Zeitfracht - Gruppe
Ferdinand-Jühlke-Str. 7
99095 Erfurt